초등도덕과
교육론

초등도덕과 교육론

서강식
김태훈
이범웅
박찬석
지음

인간사랑

머리말

초등교사가 될 예비교사들에게 도덕교육 이론을 어떻게 소개할 것인가는 매우 고심되는 일이다. 교육대학생들이 교단에 서면 거의 반평생을 학생들과 함께 수업을 하게 된다. 그래서 그들이 잘못 습득한 도덕적 인식을 시도하게 되면 교단에 서는 반평생 동안 학생들을 잘못 인도한다. 그들이 학생들을 잘못 지도하는 것은 상당부분 교대 교수들의 책임이라 해도 지나치지 않다. 그래서 교대 교수들의 어깨는 그만큼 무겁다고 할 수 있다. 즉 교육대학 강단에 서서 초등학생을 가르칠 예비교사들을 가르치는 일은 결코 녹녹한 일이 아니다.

고심에 고심을 거듭한 끝에 2015년 개정 도덕과 교육과정에 부합하는 도덕교육 이론을 예비교사들에게 소개하고자 하였다. 특히 교육대학의 경우는 교과교육 교육과정에서 한 학기는 주로 교과지도의 기본적 이론을 소개하고, 또 한 학기는 실제로 초등학교 현장에서 교과를 지도하는 방법의 습득에 주안점을 둔다. 그래서 이 책도 이런 추세를 따라 먼저 교과지도의 기본적 이론을 소개하고자 하였다. 문제는 엄청난 양의 내용을 한 학기 강좌에서 다루어야 한다는 것이다. 그 누가 어떻게 가르치더라도 만족할 만한 해답을 내놓기는 매우 어렵다. 이 책에서도 가능한 많은 내용을 포괄적으로 소개하고자 무척 노력하였지만 필자들 모두가 흡족하게 생각하지는 못한다. 그러나 다른 어떤 책보다도 교육대학생들에게 필요한 내용을 알차게 담고 있다는 자부심은 있다. 그리고 이 책을 통해 '인생에서 어떻게 살아야 하는가' 하는 근본 문제에 대한 방향 설정을 할 수도 있다.

초등학교에서 가르치는 교과 중에서 중요하지 않은 교과는 하나도 없다. 하지만 근본적으로 우리가 어떻게 살아야 하며 우리가 어떤 사람이 되어야 하는가 하는 존재의 근본 의미를 다루는 교과는 도덕 교과 외에는 없다. 그래서 도덕과가 다른 교과에 앞서 존재하는 근본적 중요성을 지닌 교과이다. 이런 교과를 제대로 지도하기 위해 꼭 필요한 내용을 이 책에 담고자 노력했다.

제1장은 도덕교육에 관한 예비적 고찰로서 우리의 윤리적 상황과 도덕교육의 필요성, 그리고 도덕교육이 목표로 해야 하는 것이 무엇인지를 중점

적으로 소개하였다. 제2장은 도덕교육과 윤리학으로서 한국윤리, 동양윤리, 서양윤리를 개론적으로 소개하였다. 특히 한국윤리를 새로이 언급하면서 동서양 윤리를 넘어서 윤리적 관점에서 우리의 정체성을 인식하고자 노력하였다. 제3장은 도덕교육과 심리학으로서 심리학에서는 인간을 이해하려는 영역구분에 따라 내용을 전개하였다. 이 부분은 2학기 도덕과 교수·학습지도 방법의 배경적 이론을 제공하는 중요한 내용을 담고 있다. 한정된 지면에 많은 내용을 담고자 하였으므로 특히 학생들이 정독하여 도덕교육과 연관된 심리학의 여러 이론을 숙지할 필요가 있다.

제4장은 도덕교육과 교육학으로서 교육학의 관점에서 바라본 도덕교육 이론을 소개하고자 하였으며, 도덕교육의 현대적 동향으로서 최근 학계의 주목을 받고 있는 인격교육론, 덕교육론, 배려윤리, 공동체주의 등을 다루었다. 특히 배려윤리 이론은 콜버그의 인지발달론의 한계를 보완할 수 있는 이론으로서 각광을 받기 시작하고 있고, 인격교육 내지는 덕교육론은 현행 도덕과 교육과정의 바탕을 이루고 있는 이론으로서 매우 중요하다. 제5장은 도덕과 교육과정으로서 해방 이후 오늘에 이르기까지 도덕과 교육과정의 변천을 다루고 있다. 또한 2015년 개정 도덕과 교육과정에서는 인성 프로젝트의 선도 교과로, 앞으로 인성과 도덕적 실천을 다루고 있다. 제6장은 세계의 도덕교육으로 우리나라 이외의 세계 여러 나라에서는 도덕과 교육

을 어떻게 실시하고 있는지를 소개하고 있다. 일부 사람들은 도덕 교과가 우리나라에만 있는 교과라고 생각하는데, 이곳의 내용을 잘 살펴보면 자신들의 무지를 깨달을 수 있을 것이다. 제7장은 도덕과 교육의 과제로서 향후 우리들이 살아갈 세상에서 중요하게 다루어야 할 응용윤리 분야를 소개하고 있다. 즉 정보윤리, 환경윤리, 생명윤리와 평화 및 인권과 같은 윤리적 주제들을 중심으로 한 2015 개정 교육과정 내용을 소개하였다.

아무쪼록 초등학교 교단에 서서 우리나라의 미래를 짊어질 초등학생을 가르칠 예비교사들이 이 책을 통하여 더 나은 도덕과 교육에 대한 소양과 자질을 함양하기를 기대한다.

2018년 10월 25일

집필자 일동

차례

제1장
도덕교육에 관한 예비적 고찰

1. 한국 사회의 현실과 윤리적 상황

1) 한국 사회의 현실과 문제

오늘날 우리 사회의 정치·사회·경제적 문제는 사회의 왜곡과 모순이 오랫동안 쌓여오면서 빚어낸 결과라고 하겠다. 압축적 산업화는 경제력 집중, 부와 소득격차의 확대를 초래하였다. 여기에서는 해방 이후 압축적 성장 과정에서 나타난 우리 사회의 밝음과 어두움을 함께 살펴보도록 하겠다. 그리고 우리 사회가 지향해야 할 방향도 모색하도록 하겠다.

해방 이후 국민들은 땀과 눈물로 산업화의 괄목할만한 성장을 일구었다. 이제 세계에서 10대 경제 강국의 성취를 이룬 한국은 이제 선진국[1] 문턱에 다가선 나라로 평가된다. 한국 사회는 민주적 정치체제를 이룩하였고, 사회적으로는 폐쇄사회에서 개방사회로 전환되었다. 하지만 이처럼 화려한 모습 뒷전에는 OECD 국가 최고의 자살율과 낮은 행복지수, 미래에 대한 불안, 극심한 국론분열과 사회적 불신, 악화일로인 사회적 격차가 자리한다. 사회경제적·정치적 압축 성장은 극단적으로 대조되는 빛과 그림자를 동반한다.[2]

우리 사회는 아무도 믿을 수 없고 어디에도 기대기 어려운 각자도생(各自圖生)의 사회이다. 이런 사회에서 자살률이 세계최고인 것은 단순한 우연이 아니다. 그리고 민주주의를 이루었다고 하지만 시민 간의 우정과 신뢰 대신에 적의와 불신이 넘치는 나라는 성숙한 공동체라고 볼 수 없다. 오늘의 한국인과 한국사회는 호화찬란한 겉모습과 엇갈리는 민주시민의 성숙성을 이루기 위한 많은 과제를 안고 있다.

구체적인 사례로 국제투명성기구가 발표한 2017년 우리나라의 국가 청렴도가 100점 만점에 53점을 받아 세계 176개국 중에 52위를 기록하여 역대 가장 낮은 순위로 추락했다. 국제투명성기구의 2016년도 국가별 부패인식지수는 OECD 회원국 35개국 중 29위로 최하위를 기록하고 있다. 2016 사회통합 실태조사에 따르면 75.3%가 정부를 신뢰하지 않는다고 답

---

1 일반적으로 ①1인당 GDP가 3만 달러 이상이 되고, ②정치 여건, 사회 분위기, 생활 환경이 편안하고, ③사회 질서가 잘 잡혀 있고 법집행이 엄격하며, ④각종 사회 편의 시설이 잘 정비되어 있고, ⑤역사와 예술을 존중하며, ⑥공중도덕을 잘 떠받드는 사회를 선진국이라고 부른다.

2 윤평중, "한국의 시민정신과 공화(共和)의 사람", 한국행동과학연구소 창립 50주년 기념 학술세미나 발표 논문집, 『한국사회의 변화와 행동과학연구』, 2018. 9, pp. 45–46.

했으며, 국민의 자긍심은 2013년 80.0%에서 62%로 하락했다. 대한민국 사회는 현재 경제성장에 따른 사회 성숙의 성장통을 극심하게 겪고 있는 지도 모른다.[3]

그리고 '세계가치관조사(World Value Survey)[4]에서도 한국에서 "생면부지의 다른 사람을 신뢰할 수 있습니까?"의 질문에 '그렇다'고 답한 사람은 2010년 26%였다. 더 심각한 문제는 신뢰수준이 1982년 38%, 1990년 34%, 1996년 30%, 2000년 27%에서 2010년에는 26%까지 계속 추락하고 있다는 사실이다. 위에서 살펴본 바와 같이 우리 사회에서 공공 기구에 대한 사회 신뢰도가 대기업 같은 사적 기구에 대한 신뢰도보다 만성적으로 낮다는 사실은 심각한 문제이다. 왜냐하면 공공 기구에 대한 신뢰 없이 선진국의 실현은 불가능하기 때문이다.

유엔이 발표한 2014년 긍정경험지수에 따르면 대한민국은 143개국 중 118위에 그쳤을 뿐만 아니라 세계보건기구의 자살 예방 보고서에서도 173개국 중 자살률 3위의 불명예를 기록했다. 자살률 세계 최상위권, 삶에 대한 만족도 세계 최하위권의 오명을 지닌 대한민국이 어떻게 해야 더 행복한 나라가 될 수 있을지 해결해야 할 과제이다. 저출산, 고령화 등의 문제로 유발되는 인구 감소 및 인구의 불균형적인 분포에 따라 지방은 공동화 현상 등으로 극심하게 쇠퇴하고 있으며, 대도시는 인구가 편중되면서 교통 문제, 주택 문제, 환경 문제 등의 몸살을 앓고 있다. 비관적이고 침체된 대한민국

---

3 주형근·김선태, "사회적 자본이 경쟁력이 된다.", 국제미래학회·한국교육학술정보원, 『제4차 산업혁명 시대 대한민국 미래교육 보고서』(파주: 광문각, 2017), p. 74.

4 미국 미시간대가 5년마다 조사해 발표함.

은 이제 제 4차 산업혁명이라는 또 다른 거대한 시대의 변화에 직면해 있다.[5]

우리 사회도 제4차 산업혁명 시대가 본격적으로 열리게 될 것이다. 인공지능을 중심으로 사물인터넷 기술 등이 발달하면서, 모든 것이 연결되는 초연결사회가 되고 있다. 기술 분야 전반에 걸쳐 융합이 강조되는 시대, 즉 기술영역 사이의 경계를 넘나들며 새로운 가치를 창조하는 기술융합(technology convergence)의 시대는 궁극적으로 산업 간, 서비스 간 융합을 유발하여 경제 및 산업 전 분야에 영향을 미치고, 나아가 미래 사회 구성원의 삶을 획기적으로 바꾸는 계기가 될 것으로 예견된다.[6] 이제 정보화 사회를 넘어 제 4차 산업혁명 시대의 도래로 우리의 생활양식은 획기적으로 변화될 것으로 예상된다. 우리는 이에 대한 대비와 교육의 과제를 안고 있다.

그리고 정치적으로 우리 사회에서 거리 투쟁의 급증은 결국 약화된 거버넌스의 상징이며, 민주주의의 쇠퇴를 초래한다. 이는 곧 민주정치의 가장 중요한 지표인 '대변'과 '책임' 기능이 제대로 작동하지 않는다는 의미이다. 스위스 국제경영개발원(IMD)의 '2016 국가경쟁력지수' 조사에서 한국의 사회적 결속력이 지난 2012년에 비해 반(半)으로 떨어졌음을 보여주고 있다. 민사소송이 일본의 10배에 달한다는 점도 우리 사회의 개인 간의 갈등도 심각함을 잘 보여 주고 있다.

---

5 장순흥, "글로벌 시민 교육으로 함께 행복한 사회를 만든다", 국제미래학회·한국교육학술정보원, 『제4차 산업혁명 시대 대한민국 미래교육 보고서』(파주: 광문각, 2017), p. 418.

6 신현석, "한국 교육의 변화와 미래 전망", 한국행동과학연구소 창립 50주년 기념 학술세미나 발표 논문집, 『한국사회의 변화와 행동과학연구』, 2018. 9, p. 115.

이처럼 우리 사회의 갈등 구조가 더욱 증폭되고, 이에 따른 국력 낭비가 고착화되고 있다는 것이다. 우리 사회의 점증하는 대북 인식과 통일의 관점에 대한 이념 갈등은 시민 민주주의를 정착시키기 위한 기회비용이지만, 기회비용이 너무 큰 상태를 지속하면 오히려 민주주의의 훼손을 감수해야 한다. 이와 같은 불평등, 사회 분절, 불신과 같은 '사회 갈등 요인'이 크면 클수록 성장 잠재력은 떨어진다. 격돌사회, 타협을 찾지 못하는 충돌사회가 치를 비용은 우리 세대에서 끝내야 한다.[7] 그러기 위해서는 개방적 토론 문화와 합리적 갈등 해결 능력을 함양하는 교육이 절실하게 요구된다고 하겠다.

2018년 현재 국내 자동차 등록 대수는 2,000만 대를 넘어섰다고 한다. 이러한 수치로 보면 한국은 분명히 과학기술문명의 첨단을 걷고 있다고 보아야 할 것이다. 그런데 경찰청에 따르면 한 해 자동차 사고 건수가 약 22만 건이며, 자동차보험에서 발생한 사고 건수는 약 400만 건이다. 우리나라에서 연간 교통사고로 목숨을 잃는 사람의 수는 줄곧 5,000명을 넘나든다고 한다. 문제는 이것이 경제협력개발기구(OECD) 국가들의 평균을 거의 2배에 육박한다는 점이다. 이러한 결과는 법질서를 지키지 않는 탓이고, 법을 존중하는 정신이 정착되지 않은 결과이다. 우리나라는 과학기술문명에 비해서 정신문명이 비정상적으로 뒤처진다는 것이다.[8] 성숙한 시민의 온전한 자유를 향유하기 위해 질서의식의 확립이 절박함을 보여주고 있다.

지금까지 살펴본 바와 같이 한국 사회는 산업화화로의 이행과 정보화

---

7 송호근, 『나는 시민인가』(파주: 문학동네, 2015), pp. 211–213.

8 엄정식, "자유와 질서", 성숙한사회가꾸기모임, 『성숙의 불씨』 469호, 2016. 3. 8.

사회로의 진행 과정 그리고 제 4차 산업 혁명의 진입 과정에서 발생하는 많은 문제점을 안고 있다. 이는 빠르게 변화하는 전환기 시대를 맞이하여 정치·경제·문화·사회적 차원에서 생겨난 문제이기도 하다. 이러한 문제 중의 일부는 한국 사회만의 고유한 문제도 있을 수 있고, 세계적인 공통의 문제일 수도 있다. 지구촌 곳곳에서 일어나고 있는 환경문제, 인권문제, 빈민문제 등이 텔레비전이나 인터넷을 통해 전 세계적으로 신속하고 생생하게 전해지고 있다. 그뿐만 아니라 국내문제와 국제문제의 구별이 점점 모호해지고 있다. 환경문제는 더 이상 한 나라에 국한된 문제가 아닐 뿐만 아니라, 한 나라의 노력만으로 해결될 수도 없는 문제이기도 하다. 전 지구촌의 공동 대응이 필요한 문제가 점점 더 늘어나고 있다.

위에서 살펴본 우리 사회가 안고 있는 문제점은 선진국으로 진입하기 위해 반드시 극복해야 할 과제이다. 특히 정직, 준법 의식, 시민성, 합리적 의사결정 능력, 개방적인 토론 문화, 공공 의식 등을 함양하는 것은 도덕 교육의 해결 과제이기도 하다.

2) 우리 사회의 윤리적 상황

최근 들어 "거짓말을 하지 말라" 또는 "제 욕심만 차리면 못 쓴다"라는 따위의 도덕적 훈계를 "공부 열심히 하라"는 말과 함께 전혀 하지 않는 것은 아니다. 그러나 실천적 행동으로써 그러한 훈계와 일치하는 모범을 잘 보여주지 못하는 부모의 말이 자녀들에게 감명 깊게 받아들여지기는 어렵다는 점이다. 모두 인성교육이 중요하다고 하나 입시 위주의 교육체계와 부모의 출세지향적 독려 속에 올곧은 성품을 길러주는 교육은 설 땅이 없다.

특히 젊은 부모들 가운데는 '도덕교육'이라는 것을 할 필요가 없다고 믿는 사람들도 적지 않다. 내 아이가 타인에게 피해를 줄 행동을 하려고 했을 때 말릴 필요가 없다고 단호하게 대답하는 젊은 어머니도 있다. 그 이유로 귀여운 내 아기의 기(氣)를 꺾고 싶지 않다는 것이고, 또 다른 이유는 무엇이 옳고 무엇이 그른가를 어린이가 자라는 가운데 저절로 알게 될 것이므로 굳이 서둘러 그것을 가르칠 필요가 없다는 것이다. 가정에서 도덕을 가르칠 필요가 있다는 생각 자체가 점차 약화되는 경향이 나타나고 있다.

이러한 가정에서 자란 우리의 아동과 청소년들은 개인주의와 이기주의, 현실적 쾌락 추구, 부정적 사회관, 황금만능주의 등에 물들어 있어 더불어 사는 삶의 측면에서 적지 않은 문제점을 지니고 있는 것으로 보인다. 오늘날의 부모들은 자녀들을 바르게 키우는 데 관심을 기울이기보다는 공부만 잘 해줄 것을 기대하는 경향을 보이고 있다. 그러다 보니 오늘날의 아동과 청소년들은 대체로 남을 위해서 자신을 희생하는 것을 싫어하고, 국가나 사회를 위해 봉사하는 것보다는 나 하고 싶은 대로 인생을 즐겁게 살고자 하는 성향을 보이고 있다.

또한 한국식 경쟁교육도 문제의 진원지다. 그러다 보니 협력과 배려를 모른다. 학교에서는 남을 밟고 서도록 가르치고, 가정에서는 '기 안 죽도록' 교육한다. 동료는 투명인간으로 존재하거나 진로를 방해하는 장애물일 뿐이다. 결국 한국 교육의 목표는 이기적이고 뻔뻔한 사람을 길러내자는 것이다. 이렇게 자라난 아동들이나 청소년이 남을 배려하지 못하고 이웃과 조화롭게 살지 못하는 건 당연하다. 현재 우리나라 사람들은 올바른 민주시민의 행동규범에서 벗어나 무책임하고 비도덕적이며, 무분별한 언행을 예사로 하며 살아가고 있다. 시민들의 사회 기초질서나 법의 준수 수준은 아직 낮은 상태이다. 또한 치솟는 이혼율, 가정폭력, 서민경제의 파탄 등 갖가지 사유로 수많은 가정들이 파괴되어 가는 현실에서는 건강한 가정교육을 기대할 수 없다. 더욱이 우리나라의 출산율은 세계 최저 수준이다. 아이를 하나씩만 낳아 기르다보니, 형제자매들의 부대낌 속에서 스스로 절제하며 서로의 갈등을 조절해 가는 지혜를 체득할 수 있는 기회가 상실되어 가고 있다.

전통적으로 한국사회는 집합적 사회(collectivisitic society)였다. 집합적 사회란 개인보다 집단의 이익을 중요시하는 반면, 개인적 사회(individual society)는 집단 보다 개인의 이익을 중시하는 사회다. 유교권 문화는 예의, 인간관계의 화목, 특히 가족 간의 유대를 강조했다. 그러나 최근 연구에 따르면 한국의 집합주의는 가족 간에만 국한하여 편협한 방향으로 나가고 있다. 한국인의 편협한 개인주의는 타민족에 대한 반감과 더불어 잘못된 국수주의로 치달을 수 있다. 한국사회에 다문화 가정이 점차 늘고 있는데 이들 가정의 자녀들이 지역사회나 학교에서 차별을 받는 경우가 많다. 외국인이나 다문화 가정을 차별하는 순혈 민족주의는 극복되어야 한다. 한국인의 집합적 사고의 변화를 조사하고 그 원인을 규명하며, 타 인종을 존중하는 성숙한 민족을 육성하는 방법을 모색해야 할 것이다.[9]

서울대 사회발전연구소와 SBS의 공동조사 결과는 한국사회의 궁극적인

9 이훈구, "인간심리 연구: 과거와 미래", 한국행동과학연구소 창립 50주년 기념 학술세미나 발표 논문집, 『한국사회의 변화와 행동과학연구』, 2018. 9, pp. 24–25.

문제를 "공공성의 부재" 로 명명한 바 있다. 공공성은 사람들로 하여금 자신 만의 이기적 목표를 위해서가 아니라 사회 구성원 전체의 이익을 위해 활동할 수 있는 가치관과 제도 등의 사회 인프라를 의미한다. 공공성의 구체적인 내용에는 공익성, 공정성, 공개성, 공민성이 있는데, 한국은 이러한 항목 중 공정성과 공익성이 33개 OECD국가 중 33위, 공민성은 32위, 그리고 공개성은 31위로 나타났다. 나라건 사회건 조직 내에서 내게 불리한 것은 조금도 못 참는다. 내 가족, 내 집, 내 자식, 내 이익에 어긋나면 모두가 내 관심 밖이다.[10]

이와 같이 공공성의 낙후와 신뢰의 부재가 상호 되먹임 관계를 맺고 있는 건 두말할 필요가 없다. 우리는 공공의 개념, 공익의 정신, 공동체 의식을 점차 망각하고 있는 것 같다. 공동체를 중시하는 공익정신과 도덕적 담론을 만들어내는 사회적 관습을 쌓아야 갈등을 줄이는 사회개혁이 가능해진다.[11] 시민의 공공성은 자신들이 서로의 이해관계를 다투고 조정하면서 공익 증진에 기여할 수 있는 해결책을 모색하는 과정에서 발현되는 윤리적 준칙이다.

요즘 아동과 청소년들은 매스미디어와 인터넷의 발달로 사회의 악습들을 더욱 빨리 배우게 된다. 그리고 성공을 위해 거짓말과 편법은 대수롭지 않게 여기는 기성세대의 세태, 성적에만 매몰된 지나친 경쟁주의 교육이 자라나는 세대들의 인성을 망치고 있다. 이제 정직·배려·자기조절 등 학생들에게 특히 부족한 품성을 우선 키워주는 교육이 이루어져야 하고, 어른들

---

10 윤평중, *op. cit.*, pp. 64–65.

11 송호근, *op. cit.*, p. 171.

이 특히 이런 덕목에서 모범을 보여주어야 한다.

제4차 산업혁명이 그리는 미래사회는 현재보다 복잡성이 더하고 불확실성은 더욱 높아지게 된다. 이처럼 인간 정체성의 혼란이 가중될 미래 사회에는 인간의 존엄성에 대한 의심과 도전이 지금보다 더 근본적으로 제기될 수 있다. 성찰하는 사고력은 인간인 나 스스로에 대한 성찰을 통해 나 자신의 존엄과 더불어 타자의 존엄을 지킬 수 있는 윤리적 성찰로 나아갈 수 있다. 자신과 타자의 존엄을 지키는 삶은 인간과 인간 아닌 존재들이 더불어 공생할 수 있는 좋은 삶으로 연결될 것이다.

따라서 미래 사회에 필요한 인간의 능력은 경쟁에서 이기기 위해 주어진 자원을 보다 효과적이고 빠르게 획득하는 능력이 아니라 나 스스로에 대해서 성찰하고 다른 인간과 협력하며 인간 이외의 자연, 사물과 공생할 줄 아는 능력이다. 보다 구체적으로는 인간은 무엇인지, 사회는 무엇인지에 대한 질문에 답을 찾고, 인간으로서의 존엄을 지키기 위한 윤리가 무엇인지에 대한 질문을 제기하는 능력이다. 이러한 능력을 갖추고 있는 인간이 과학기술의 발전과 더불어 급격한 변화가 이루어질 미래 사회를 주체적으로 기획하고 만들어갈 수 있을 것이다.[12]

신세대들의 경우 소비와 욕망의 '작은 이야기'에만 관심을 기울일 뿐 정치와 경제 같은 '큰 이야기'에는 도대체 주목하지 않는다. 정보화와 세계화의 도도한 물결은 개인화의 경향을 심화시켰다. 돈과 권력, 그리고 소비에 대한 욕망이 더 강해 보이는 것 또한 사실이다. '이기적이고 탈정치적인 개인주의'가 우리 신세대의 심층의식을 이루고 있다고 보여진다. 이들은 과정

12 신현석, *op. cit.*, pp. 137–138.

보다는 결과, 협동보다는 경쟁, 절제보다는 과시를 우선시하는 가치관 속에서 성장해 왔다.

우리 학생들의 자기 통제나 절제의 능력도 부족한 것으로 나타나고 있다. 최근 들어 중·고교생들의 환각제 복용 경험이 10% 내외에 이르러 미국 중등학생들의 11.9%와 비슷한 경향을 보이고 있으며, 음주와 흡연 등에 있어서는 미국의 경우를 능가하는 추세에 있다. 그런가 하면 여학생이 출산을 하는 등 성 관련 사안도 적지 않은 문제가 되고 있다. 그리고 이런 음주, 흡연, 약물 오남용, 무절제한 성행위 등은 해마다 급증하는 추세를 보이고 있어 교육적 대처가 매우 시급한 상황임을 보여주고 있다.

또한 자아실현과 관련하여서도 어린이들은 정신적 가치에 소홀한 면을 보여주고 있다. 어린이가 제대로 먹지 못하면 신체적 성장이 잘 이루어질 수 없는 것과 마찬가지로 영혼이 제대로 양육되지 못하면 개인에게 고통을 가져다 준다. 현대인에게서 나타나고 있는 부정적 현상 가운데 하나는 바로 영적인 공허함이다. 그들은 일상적이고, 물질적이고, 분화된 존재 그 이상의 어떤 중요한 것을 동경하고자 하는 것, 외적인 것보다는 인간 경험의 보다 심층적인 내적인 삶에 대한 탐색에 있어서 소홀함을 보여주고 있다.[13]

해방 이전이나 분단 이후 지금까지 이념적 갈등을 계속하여 겪어 왔다. 최근 들어 우리 사회는 대북정책이나 통일문제를 둘러싼 진보세력과 보수세력 간의 첨예한 대립이 있다. 우리 국민들은 북한체제에 대한 평가와 통일의 전망과 방안에서 극심한 차이를 노정되고 있다. 다원 사회와 개방 사회에서 어느 정도까지의 이견과 갈등은 있을 수 있지만 상호 간의 수렴이

---

13 R. Kessler(2000), *The Soul of Education*(Washington, DC: ASCD).

어려울 정도로 입장의 차이를 드러내고 있는 것이 현실이다. 이처럼 한 국가 내부에 정면으로 대항하는 두 가지의 이데올로기가 서로를 적대시할 경우에 그 나라의 윤리적 상황은 매우 어려운 지경에 놓이게 된다. 남북한 통일 이전에 남한 내의 갈등을 치유하는 노력이 이루어져야 한다.

이상에서 살펴본 바와 같이 우리 학생들의 도덕발달 상황은 개인 도덕생활에서 시작하여 가정 및 학교 도덕생활, 사회 도덕생활, 그리고 국가 도덕생활에 이르기까지 전체적으로 볼 때 그리 만족스러운 수준은 아니다. 특히 학생들의 도덕발달과 관련하여 두드러지게 나타나고 있는 문제 현상은 초등학교에서 중학교, 고등학교로 올라갈수록 대체로 학생들의 도덕생활에 대한 긍정 반응이 더 낮아지고 있다는 점이다. 말하자면 연령이 높아지거나 학교급이 올라갈수록 학생들의 도덕생활에 관련된 태도나 행동이 좋아지기보다는 오히려 나빠지거나 만족할 만한 수준이 되지 못하고 있다는 것이다.

그리고 이러한 경향은 공동체 의식 영역에서 더욱 두드러지게 나타나고 있다. 여기에는 가정과 학교, 그리고 사회의 환경과 풍토 등 구조적 요인과 학생들의 성장에 따른 신체적·심리역동적 요인 등 여러 가지 원인이 있겠지만, 다른 한편으로는 연령과 학년이 증가할수록 도덕적 가치규범에 대한 합리적 이해를 통한 깊은 신념화가 이루어지지 못하고 도덕적 정서나 의지, 행동적 실천성향의 강화가 뒤따르지 못하고 있는 데에도 그 중요한 원인이 있는 것으로 보인다.

따라서 우리 사회가 화급히 필요로 하는 것은 도덕성의 회복이다. 특히 자신의 삶을 소중히 하는 동시에 타자와 공존할 수 있는 '배려의 윤리'를 내면화하는 것이 현재의 신세대에게 요구되는 교육적 과제라 하지 않을 수 없다. 그리고 혈연주의, 지역주의, 온정주의 등의 폐쇄적 사고로부터 개방적·합리주의적 사고방식으로 전환해야 한다. 오늘날 세계를 추동하는 흐름은 다양성과 복합성이다. 중요한 것은 자율과 공존의 윤리에 입각해 세계사적 흐름에 걸맞은 새로운 개인주의 원리를 어떻게 모색하느냐에 있다. 우리 사회의 미래가 바로 여기에 달려 있다 해도 과언이 아니다. 그와 함께 사회적으로 올바른 가치관을 뿌리내리게 하고 이를 실천하도록 하는 것이 우리 사회의 중차대한 과제라고 할 수 있다.

미국의 캘리포니아 주가 현재 교도소를 운영하는 데 쏟는 돈이 고등교육을 위해 대학교를 지원하는 비용에 거의 맞먹을 정도라고 한다.[14] 한국 사회도 범법자로 인한 피해와 관리 비용에 많은 비용이 들어갈 것이다. 올바른 인성을 기르는 교육을 통해 범죄자 수를 줄이는 것이 사회적 비용을 최소화하는 길이며, 세상을 더 살기 좋게 만드는 최선의 방법이라는 것이다.

2. 도덕교육의 필요성

도덕교육의 필요성을 논하기에 앞서 개인주의나 자유주의 입장에서 도덕교육의 무용론자나 불가론자들의 주장을 살펴보는 것이 필요하다. 개인주의 입장을 대변하고 있는 닐(T. Neil)은 인간이 본래 선하게 태어났기 때

---

14 Jared Mason Diamond 저, 강주헌 역, 『어제까지의 세계』(서울: 김영사, 2013), p. 165.

문에 도덕교육이 필요 없다고 주장하기까지 한다. 따라서 개인주의자들은 도덕교육이 갖는 문제를 해결하기 위해 두 가지 해결책을 제안하고 있다. 첫째, 학교란 본질적으로 억압적인 것이므로 이를 완전히 폐지하자는 사회의 탈교육화 정책이다. 둘째, 강조점을 교수가 아니라 학습에 두고 모든 종류의 강제와 조작이 없는 학교를 만들자는 것이다.

자유주의자들은 공교육을 통해 학생을 가르치는 것은 말할 것도 없고, 어떤 특정 도덕 기준을 권고하는 것에 관해 불편하게 생각한다. 자유주의자들은 사실상 특정 제도나 도덕적 전통을 지지하기를 항상 꺼린다. 종교는 전형적으로 사적인 문제로 본다. 현대의 자유주의는 특별한 가족 모형뿐 아니라 어떤 가족에 대한 생각도 지지하길 꺼린다.[15] 이와 같이 도덕교육의 불가론을 주장하는 사람들은 학교에서는 검증 가능하고 객관적인 지식을 가르쳐야 하는데 도덕적 지식 혹은 도덕성은 과학과 같은 의미에서의 검증 가능성이나 객관성이 없기 때문에 학교에서 이를 가르치는 것은 합당하지 못하다고 한다. 학교교육은 '과학적'이고 '합리적'인 내용을 가르쳐야 하는데 도덕적 지식은 그러한 지식의 조건을 갖추고 있지 못하다는 것이다. 그들은 국가나 특정집단이 자기 자신을 영속화할 속셈으로 자신의 가치를 부여하는 수단으로 사용하고 있는 것이 바로 '도덕교육'이라고 보며, 이런 의미에서 도덕교육에 반대하고 있다.

따라서 그들은 "개인을 조작하고 강제하는 수단인 도덕교육을 공교육이 해서는 안 된다."는 입장을 공유하고 있다. 특히 닐은 "도덕을 교수하는

---

15 로저 트리그 저, 박정희 역, 『도덕성이란 무엇인가』(서울: 철학과 현실사, 2006), p. 273.

일은 우리들 각자의 내부에 있는 도덕성의 진정한 근원을 개발하는 일을 하고 있는 것이 아니라, 아이들을 외부의 권위와 관습에 복종시키는 일을 하고 있을 뿐이다."라고 주장한다. 그러나 공적으로 배운 공적인 기준이 없다면, 개인이 잘살아 나가거나 자신의 이상을 성취하기를 바랄 수 없다.

이와 같이 개인주의와 자유주의 흐름에 편승하여 나타난 미국에서 인격교육의 쇠퇴와 도덕교육의 진공을 가져온 요인들에 대해서 리코나는 다음과 같이 지적하고 있다. 첫째, 진화론과 상대성 이론 같은 과학적 사고의 유입에 따라 사람들이 옳고 그름의 문제마저도 모두 상대적인 것으로 치부해 버리는 습성이 생겼기 때문이다. 둘째, 사실과 가치 사이의 분리를 주장하면서 인간의 도덕성을 단순한 감정의 표출로 간주하려는 논리실증주의의 만연에 따라서 도덕성이 학교를 통해 전수될 수 있는 기반이 붕괴되었기 때문이다.

셋째, 개성주의의 등장에 따라 도덕적 권위와 객관적인 도덕규범에 대한 신념이 붕괴되고 자기 만족의 논리가 지배하게 됨으로써 학교에서 도덕적 덕을 갖추는 것이 개별성과 개성에 대한 근본적인 위협으로 간주되었기 때문이다. 마지막으로 미국 사회의 다원화 경향으로 "누구의 가치를 가르쳐야 하는가?"의 논쟁이 제기되었으며, 점증하는 공적 영역의 세속화 경향으로 말미암아 "도덕교육이 교회와 국가의 분리원칙에 위배되지 않는가?"라는 미묘한 상황적 문제가 제기되어 학교에서의 도덕교육에 대한 지지기반이 무너졌다는 것이다.[16] 그러나 분명한 사실은 우리가 학교에서 또는 집이

16 토마스 리코나 저, 박장호·추병완 역, 『인격교육론』(서울: 백의출판사, 1988), p. 273.

나 사회에서 가치와 도덕성을 고양하기를 실제로 원하고 있다면, 우리는 그 과제를 위하여 많은 시간을 할애해야만 한다. 그렇게 하지 않는다면, 우리는 그 어떤 성과도 기대할 수 없다.[17]

오히려 "학교가 도덕을 올바르게 가르치지 못해 도덕교육의 성과가 나타나지 않으므로 이의 해결을 위한 효과적인 교육적 노력이 필요하다."는 주장으로 받아들여야 할 것이다. 반도덕교육 운동을 도덕교육에 반대한다는 쪽으로만 파악할 것이 아니라, 오히려 이런 움직임이야말로 현재의 도덕교육의 문제점을 지적하는 것이므로 기존 도덕교육의 개선에 반영해야 할 내용을 담고 있는 것으로 파악하는 것이 바람직한 자세일 것이다. 정말로 인간이 완전히 순선(純善)하고 한 사회가 건강하고 어른들이 훌륭한 삶을 살아가고 있으면 특별한 노력 없이도 원만한 도덕교육은 저절로 이루어질 것이다.

이처럼 사회가 도덕적으로 건강할 때는 도덕교육이 가능하긴 하지만 불필요하고, 반대로 사회가 도덕적으로 타락해 있을 때는 도덕교육이 필요하긴 하지만 불가능하게 되는 것이다. 위에서 한국 사회의 윤리적 상황을 살펴본 바와 같이 우리의 현실은 아주 절망적인 상황이라기보다는 개선의 가능성이 있는 사회이다. 그러한 의미에서 우리 사회는 도덕교육의 필요성이 더욱 절실하다고 볼 수 있다.

특히 대립과 파괴로 점철되었던 20세기를 역사의 뒤로 한 채 이제 우리는 21세기라는 새로운 시대에 살고 있다. 그러나 지금 우리 시대를 규정하

---

17 하워드 커센바움 저, 추병완·김항인·정창우 역, 『도덕·가치교육을 위한 100가지 방법』(서울: 울력, 2009), p. 112.

고 우리의 미래를 조형해 줄 수 있는 시대정신이 무엇인지에 대해 우리는 심각한 고민을 하고 있지 않다. 우리가 겪었던 20세기 문명위기의 근본 원인은 참된 윤리의 결여에 있다. 그러므로 이제 우리가 20세기의 유산인 도덕성의 나락으로부터 벗어날 수 있는 유일한 방법은 세상에 더 많은 윤리를 바로 세울 수 있도록 우리의 교육을 효율화하는 데 있다.

창의성이 중요한 제4차 산업혁명 시대의 인재는 정서적 능력과 함께 사회성도 갖추어야 한다. 왜냐하면 제 4차 산업 혁명 시대의 융합은 다양한 영역의 지식과 재능을 지닌 사람들이 함께 어울려 이루어 내는 집단지성을 뜻한다. 집단지성은 다른 사고방식을 지닌 사람들이 협업할 때 기대할 수 있다. 집단지성을 발휘하려면 관계를 조율해 나가는 능력이 중요하다.[18] 제 4차 산업 시대에 우리가 직면하는 문제 자체가 융합적이기 때문에, 한 개인의 탁월한 지식의 역량으로만 해결할 수 없는 문제가 대부분이다. 이에 협업은 선택의 문제가 아닌 새롭게 열린 시대의 필수적 덕목이 된 것이다.[19] 그리고 남과 더불어 일하기 위해 갈등관리, 소통, 신뢰, 배려 등 사려 깊은 행동이 필요하다. 미래 사회에 이런 능력을 함양하기 위해서도 도덕교육이 더욱 더 필요하다고 볼 수 있다.

지식기반사회 출현과 함께 삶의 실제적 맥락에서 수행과 성취를 가능하게 하는 인간 능력에 대한 관심이 증가하면서 1998년부터 4년간 OECD를 통해서 이루어진 프로젝트에서는 인간 역량의 범주를 (1) 상호작용적으로

---

18 조벽, "미래 사회는 인성교육으로 지속 가능해진다", 국제미래학회·한국교육학술정보원, 『제4차 산업혁명 시대 대한민국 미래교육 보고서』(파주: 광문각, 2017), pp. 411–413.

19 장순흥, *op. cit.*, p. 419.

도구를 사용하기, (2) 이질적 집단 내에서 함께 생활하기, (3) 자율적으로 행동하기 등 3가지로 범주화한 후 각각의 영역에서 3개씩 총 9개의 핵심역량을 도출하였다.

〈표 1-1〉 OECD의 DeSeCo 프로젝트에서 제시한 핵심역량(DeSeCo, 2005)[20]

역량범주	핵심역량
상호 작용적으로 도구사용하기	언어, 상징, 텍스트를 상호작용적으로 활용하는 능력
	지식과 정보를 상호작용적으로 활용하는 능력
	기술을 상호작용적으로 활용하는 능력
이질적인 집단에서 상호작용하기	다른 사람과 관계를 잘 맺는 능력
	팀으로 일하고 협동하는 능력
	갈등을 관리하고 해결하는 능력
자율적으로 행동하기	넓은 시각에서 행동하는 능력
	인생 계획과 개인적 과제를 설정하고 실행하는 능력
	권리, 관심, 한계와 요구를 옹호하고 주장하는 능력

위의 표에서 지적하는 OECD는 핵심역량을 "삶의 장면에서, 인간의 지정의(知情意)의 역량을 활용하여, 삶이 요구하는 복잡한 과제를 성공적으로 수행할 수 있는 능력(abilities)"으로 규정하고 세 가지 맥락에서 역량을 발휘하는 것으로 규정하였다. 타인과의 관계, 협력, 갈등관리, 신뢰 등의 사

20 21세기가 필요로 하는 역량에 대한 연구의 대표적인 것으로는 OECD가 2005년 연구해서 발표한 DeSeCo는 '핵심역량의 정의와 선정(The definition and selection of key competencies)의 약어이다.

회적 자본(social capital)[21] 그리고 정서적 지능(emotional intelligences)까지 포함하고 있다. 이런 역량 역시 도덕교육을 통해 길러지는 것이며, OECD에서 제시한 핵심역량 역시 도덕교육의 필요성을 뒷받침하고 있다.

또한 국제사회의 차원에서 살펴볼 때 유엔은 2001년을 '문명 간 대화의 해'로 결정했다. 이슬람권의 영향력 있는 정치가이자 종교지도자인 모하마드 하타미 이란 대통령이 유엔에서 2001년을 '문명 간 대화의 해'로 정할 것을 제안했고, 회원 국가들의 전폭적 지지로 이 안이 채택된 것이다. 이미 2000년 G7, G8 등 세계 정상들의 모임과 세계 종교지도자의 모임에서도 동서문명의 대화와 협조가 논의됐다. 유엔이 21세기 첫 해인 2001년을 '문명 간 대화의 해'로 정한 것은 1989년 베를린 장벽 붕괴를 계기로 이데올로기의 대립이 급속히 약화된 대신 문명간 충돌이 세계평화를 위협하는 새로운 요인으로 떠올랐기 때문이다.

이제 지구상 각 지역에서 고립적으로 발전해 온 문명은 서로 소통하지 않고서는 미래를 설계할 수 없는 상황이다. 따라서 유엔의 '문명 간 대화의 해' 사업 주무기관으로 선정된 유네스코는 1997년부터 문명 간의 대립을 극복할 수 있는 인류 공동의 가치를 찾기 위한 작업을 추진해 왔다. 이른바 '보편윤리'를 제정하는 일이다. 유네스코는 이 성과를 1차적으로 종합해 1999년 9월에 보고서와 함께 "21세기 윤리를 위한 공동의 틀"이라는 초안을 만들었다.

여기에서는 21세기 인류가 추구해야 할 보편윤리의 기본 원칙으로 (1)

---

21 사회적 자본이란 일반적으로 집단 내 또는 집단 간의 협력을 촉진하는 사회적 기제로서 네트워크, 신뢰, 참여, 규범 등으로 정의하고 있다.

자연의 자생능력을 파괴하지 않는 범위에서의 자연 이용, (2) 권리와 책임의 자유로운 행사에서 인간의 자아실현, (3) 개인과 공동체의 상호 보완, (4) 정의에 기초한 평화 등을 제시하고 있다. 과학기술의 급속한 발전, 신자유주의적 세계화, 종교와 민족 간 대립 등으로 가치관 혼란이 심화되자 그 대안을 모색하는 일이 인류의 시급한 과제로 등장한 것이다.

앞으로 인류는 20세기에 자행된 잔인한 갈등과 대립 그리고 전쟁의 역사를 반성하며 문명 간의 대화를 통해 인류의 공존과 화합의 길을 찾기 위한 새로운 윤리의 정립을 모색하고 있음을 알 수 있다. 이를 위해 도덕교육의 중요성은 그 어느 때보다 절실한 과제라고 볼 수 있다.

현실적으로도 내 주변이 행복해야 결국 나도 행복하고, 내 공동체가 안전해야 내 안위도 보장된다는 것은 결국 공공의 도덕이 필요한 이유이다. 즉, 선악을 확실하게 구별하고 비도덕적인 행동은 배척하도록 교육시키는 것은 결국 개인과 사회 모두 행복해질 수 있는 필요조건이기 때문이다. 지금까지 살펴본 바와 같이 도덕교육을 통해 도덕성이나 민주 시민성, 바른 인성을 함양할 필요성은 미래 사회에 더욱 커지고 있다고 볼 수 있다.

3. 학교 도덕(과) 교육의 중요성

타고난 본연의 성질은 좀처럼 바뀌지 않는다. 천성대로 사는 데도 주변과 융화가 잘된다면 좋은 천성을 타고난 것이고, 그렇지 않다면 '제2의 천성'인 인성을 키워 부족한 천성을 보완해줘야 한다. 천성은 타고나지만 어떻게 갈고 닦느냐에 따라 인품이 달라진다. 다른 사람들과 원만하게 화합하며 살면서 국가 및 인류사회에 기여하는 인간의 육성은 교육의 우선 과제이다. 따라서 학생들에게 도덕을 가르치는 책임을 다하지 않는 교육체계는 자기파괴적일 뿐만 아니라 삶의 본질 자체를 무시하는 것이 된다.

이런 점에서 볼 때, 도덕 교과교육은 우리 사회에 있어서 학생들로 하여금 선한 삶을 고무시켜 주는 매우 중요한 역할을 수행하고 있는 셈이다. 우리가 의도적으로 행하든 그렇지 않든 간에 가치교육은 모든 곳에서 행해진다. 학생들이 만나는 모든 성인들은, 선하든, 악하든, 야심적이든 간에 모두 하나의 역할 모델이다. 학생들이 교실에서, 학교 버스에서, 운동장에서 어떻게 대우받고 또 어떻게 서로를 존중하며 대우하도록 고무되는가 하는 것이 바로 그들이 받게 되는 가치교육의 일부이다.[22] 자라나는 세대들에 대한 도덕교육은 가정과 학교, 그리고 사회라는 교육의 세 주체에 의한 협동적 노력에 의할 때만이 그 진정한 성과를 거두어낼 수 있다.

그러나 현대사회에서의 그 핵심은 학교 도덕교육에 두어질 수밖에 없다. 도덕은 신의 계시에 의한 것이 아니라 이성에 기초를 두는 것이며, 그런 만큼 도덕의 세속화를 특징으로 하는 현대사회에서 종교에 의한 도덕교육은 한계를 지닐 수밖에 없다. 여려 종류의 종교인들 또는 무교인들이 함께 살아가는 현대 국가는 하나의 종교가 국교로 정해진 국가에서처럼 종교교육이 도덕교을 대신할 수 없다. 혈연과 온정적 유대를 특징으로 하는 가정은 엄격한 사회적 도덕과 의무의 추상적 관념을 형성시키는 데는 역부족이다. 오히려 가정에서도 인성교육이 사라지고 있다. 더 나아가 인성교육에 소극

---

22 하워드 커센바움 저, 추병완·김항인·정창우 역, *op. cit.*, p. 97.

적인 정도가 아니라 아예 반인성교육을 하고 있지는 않은가 걱정된다.[23]

사회 역시 도덕교육 측면에서 볼 때 매우 무계획적이고, 비조직적이며, 종종 지나치게 과다하거나 너무 미약한 요구를 가하여 자라나는 세대들의 도덕적 능력과 품성을 적절히 발달시키는 데 비효율적인 경우가 많다. 특히 산업화, 도시화, 정보화되어 가고 있는 현대사회의 여러 가지 조건 하에서 종교와 가정, 지역사회의 도덕교육적 역할과 기능은 현저하게 약화되어 가고 있다. 따라서 적어도 현대사회에서 자라나는 세대들에게 시민사회의 한 구성원으로서 요구되는 도덕적 자질을 온전하게 가르칠 수 있는 기관은 가정과 사회를 매개하는 학교의 역할이 대단히 중요해지고 있다.

일찍이 도덕철학자인 뒤르껭(E. Durkheim)은 자라나는 세대들을 도덕적으로 발달시키는 일이 학교의 중요한 과업이라 주장하였다. 따라서 도덕교육은 사회를 구성하는 개개인이 건전한 도덕적 신념체제를 갖고 인격의 통합을 기하도록 돕는 동시에 개개인이 바람직한 사회를 성립시키는 원리를 공유하고, 또 그것에 기꺼이 따르는 성향을 형성할 수 있도록 함으로써 도덕적인 인간과 사회를 함께 구현하는 데 공헌해야 하는 것이다.

학교 도덕교육이 자라나는 세대들에게 공통의 도덕감을 형성시키는 적극적 수단인 동시에 사회적 도덕성의 기반 구축에 필수적인 공통된 가치관의 핵심적인 설득자가 되지 않으면 안 됨을 뜻하는 것이기도 하다. 로크(J. Locke)의 '인상이론'은 근대 교육사상의 원천이다. 그에 따르면 아이는 백지(blank page)로 태어나서 경험과 이성과 교육으로 성장한다고 했다. 그리고 지식은 외부환경으로부터 받은 '인상'의 결과로 얻게 되며, 학교는 정신형성

23 조벽, *op. cit.*, p. 408.

의 가장 중요한 기구라고 했다.

또한 학교는 학생들이 부정적인 사회현실의 영향 속에서 수동적으로 사회화되어 가는 것을 방지하면서 마땅히 있어야 할 바람직한 사회를 구성해 나갈 수 있는 능력과 자질을 길러주는 곳으로 자리 잡아야 하는 것이다. 초등학교 시기의 도덕교육은 구체적이고 생생한 경험을 통해 학습이 이루어지는 것이 중요한데, 이 점을 고려한다면 학교 도덕교육을 위한 풍부한 자료와 제도적 지원과 실천 체험의 장은 정책적 차원에서 뒷받침되어야 한다.

특히 가치관의 혼란과 사회적 갈등 및 분열이 점점 증대되어 가고 있는 현대사회에서 학교는 사회질서의 근저가 되는 공통된 가치체계를 형성하기 위해 필수적이고도 중요한 도덕교육의 역할과 책임을 성실히 수행하지 않으면 안 된다. 이는 학교 도덕교육이 자라나는 세대들에게 공통의 도덕성을 형성시키는 최후의 보루가 되어야 함을 뜻하는 것이기도 하다. 오늘날 우리 사회의 도덕적 위기에 대처하고 21세기의 한국 사회의 발전과 관련하여 학교 도덕교육의 책무는 그 어느 때보다도 무겁다고 하겠다.

4. 도덕교육의 목표 및 지도내용

1) 도덕과 교육의 목표와 성격

학교에서의 도덕교육은 도덕적 규범이나 원리의 파악(머리의 습관), 도덕적 감정과 실천의지의 형성(마음의 습관), 그리고 도덕적 행동의 실천(행동의 습관)이 상호 유기적으로 조화를 이루는 방향 속에서 전개되어야 한다. 도덕과 교육의 목표는 초등학교 3학년부터 시작하여 중학교 3학년에 이르기까지의 기간 동안 도덕 교과를 통해 이루고자 하는 궁극적 도달점을 말하는 것이다. 도덕과 교육과정상에 나타나 있는 이러한 교과의 목표는 총괄 목표와 하위 목표로 구성되어 있다. 먼저 도덕과의 총괄 목표는 다음과 같다.

도덕과는 기본적으로 성실, 배려, 정의, 책임 등 21세기 한국인으로서 갖추고 있어야 하는 인성의 기본 요소를 핵심 가치로 설정하여 내면화하는 것을 일차적 목표로 삼는다. 이를 토대로 자기 삶의 의미를 자율적으로 찾아갈 수 있는 도덕적 탐구 및 윤리적 성찰, 실천 과정으로 이어지는 도덕함의 능력을 길러 도덕적인 인간과 정의로운 시민으로 살아갈 수 있도록 돕는 것을 목표로 한다.

2015 도덕과 교육과정에서 도덕과의 하위 목표는 다음과 같이 규정하고 있다.

(1) 21세기 한국인으로서 보편적으로 갖추고 있어야 하는 핵심 가치인 성실, 배려, 정의, 책임을 내면화하는 것을 목표로 삼는다. 가치 관계 확장을 전제로 자신에서 타자, 사회와 공동체, 자연과 초월로 이어지는 각 영역의 핵심 가치를 내면화하여 인성의 기본 요소를 실천적으로 확립하는 것을 목표로 한다.

(2) 자신을 둘러싸고 전개되고 있는 삶의 상황 속에 어떻게 살아야 할 것이냐는 물음을 근간으로 삼는 가치의 차원이 있음을 인식하고, 그것을

현실 속에서 어떻게 구현해 갈 것인가를 고민할 수 있는 실천적인 시간과 공간을 제공하는 것을 목표로 한다. 이러한 목표는 자신을 둘러싼 도덕 현상에 관한 탐구와 내면의 도덕성에 대한 윤리적 성찰과 일상적 실천을 포함하는 도덕함의 능력을 길러 주는 것으로 구체화한다.

(3) 독립된 인격체로서의 개인이 시민 사회와 국가, 지구 공동체를 어떻게 인식하고 받아들일 것인가의 문제를 특히 삶의 의미 물음과 연관 지어 찾아볼 수 있는 능력과 실천 성향을 기르는 것을 목표로 한다. 특히 이러한 능력과 성향은 교사와 학생 사이의 도덕적 담화 공동체 형성이라는 과정적 목표를 통해 길러질 수 있을 것으로 기대된다.

2015 교육과정에서 설정된 초등학교 도덕과 목표를 보면 다음과 같다.

초등학교 단계에서는 '바른 생활'과에서 형성된 인성을 바탕으로 자신, 타인, 사회, 공동체, 자연, 초월과의 관계에서 자신의 생활을 반성하고 다양한 도덕적 문제를 탐구하여, 더불어 살아가는 데 필요한 기본적인 가치, 덕목과 규범을 이해하고 도덕적 기능과 실천 능력을 함양한다.

2015개정 교육과정에서는 도덕과 교육의 성격을 다음과 같이 규정하고 있다.

도덕과는 학교 인성 교육의 핵심 교과이다. 도덕적인 인간과 정의로운 시민이라는 중첩된 인간상을 지향점으로 삼아 21세기 한국인으로서 갖추고 있어야 할 인성의 기본 요소인 핵심 가치를 확고하게 내면화하고, 학생의 경험 세계에서 출발하여 자신을 둘러싼 현상을 탐구하고 내면의 도덕성을 성찰함과 동시에 스스로의 삶 속에서 실천하는 과정을 추구하는 '도덕함'의 시간과 공간을 제공하는 교과이다.

도덕과에서는 교육과정 총론에서 추구하는 핵심 역량의 바탕 아래 다음과 같은 능력을 함양하고자 한다.

① 자신을 존중하고 사랑하는 토대 위에서 자주적인 삶을 살고 자신의 욕구나 감정을 조절하며 이겨낼 수 있는 자기 존중 및 관리 능력
② 일상의 문제를 도덕적으로 인식하고 도덕적 판단 및 추론의 탐구 과정을 거쳐 타당한 근거를 가지고 옳고 그름을 분별할 수 있는 도덕적 사고 능력
③ 의사소통 과정에서 타인의 도덕적 요구 인식 및 수용과 이상적인 의사소통 공동체를 지향하면서 타인과 더불어 살아갈 수 있는 도덕적 대인 관계 능력
④ 도덕성을 전제로 자신 및 타인의 감정을 인식하고 배려할 수 있는 도덕적 정서 능력
⑤ 도덕규범과 정서 및 유대감을 근간으로 자신이 속한 다양한 공동체의 구성원으로서의 소속감을 갖고 살아갈 수 있는 도덕적 공동체 의식
⑥ 일상 세계에서 자신의 삶을 윤리적으로 성찰하는 토대 위에서 도덕적 가치와 규범을 지속적으로 실천할 수 있는 윤리적 성찰 및 실천 성향

도덕과는 성실·배려·정의·책임이라는 네 개의 핵심 가치를 내면화함으로써 인성의 기본 요소를 갖추게 함과 동시에 도덕적인 삶을 자율적으로

이끌어갈 수 있는 자율성과 책임성을 길러주고자 하는 실천적 성격의 교과이다. 4개의 영역에서 중점적으로 추구하는 가치는 다음과 같다.

① 자신과의 관계 영역: 자신에 대한 존중을 바탕으로 진정성을 추구하는 성실을 내면화

② 타인과의 관계 영역: 타자에 대한 존중을 토대로 바람직한 관계 설정을 지향하는 배려를 중시

③ 사회 및 공동체와의 관계 영역: 공정성을 토대로 바람직한 사회를 추구하는 정의를 중시

④ 자연 및 초월과의 관계 영역: 자신의 행위에 대한 인과적 책임과 삶의 의미 물음에 대한 존재적 책임을 포용하는 포괄적인 의미의 책임을 지향하는 도덕적인 인간과 정의로운 시민을 이상적 인간상 제시

도덕과는 학교가 인성 교육의 중심축 역할을 해내야 한다는 시대적 요청을 적극적으로 수용하여 바람직한 인성의 핵심인 도덕성 발달뿐만 아니라, 학생들의 정서적·사회적 건강을 제고함으로써 인성 교육의 핵심 교과로서의 역할을 수행한다. 나아가 인문학적 사유와 성찰을 바탕으로 삶의 의미를 탐색하도록 함으로써 타 교과 및 학교생활 전반을 통한 인성 교육을 통합하는 역할을 담당하는 학교 인성 교육의 주관 교과로서의 성격을 갖는다.

도덕과에서는 자율적이고 통합적인 인격 형성을 위해 윤리학적 접근을 중심으로 하되, 다루는 주제의 성격에 따라 도덕심리학, 정치철학 등 연관된 여러 학문의 접근 방법을 학제적으로 활용한다. 또한 도덕과에서 추구하는 도덕함은 학문적 탐구로서의 윤리학 공부나 윤리 사상사에 관한 지적 이해를 넘어서서 한 사회에서 작동하고 있는 도덕 현상에 대한 민감성

에 기반을 둔 관심과 분석, 그 도덕 현상과의 상호작용을 통해 개인 내면에서 작동하는 도덕성에 관한 성찰과 실천 과정 자체를 의미하는 개념이라고 정의하였다.

2) 도덕교육의 지도내용

2015개정 초등 도덕과 교육과정에서는 가치 관계 확대법에 따라 자신과의 관계, 타인과의 관계, 사회, 공동체와의 관계, 자연, 초월과의 관계라는 네 개 영역을 설정하고 교육 내용의 체계화를 도모하고 있다. 또한. 성실, 배려, 정의, 책임 네 개의 핵심 가치를 설정하고 일반화된 지식 및 이를 기르는 데 관련되는 내용 요소를 선정하였다. 2015 개정 초등 도덕과 교육과정에서는 내용을 체계화할 때 네 가지 영역을 설정하였다. 이는 2009개정 초등 도덕과 교육과정과 유사하면서도 영역별 명칭을 달리하는 방향으로 설정하고 있다.

– '자신과의 관계' 영역은 도덕과 교육에서 가장 기본이 되는 것이 자율적 인격을 가진 도덕적 주체의 형성이라고 보고, 도덕의 개념, 삶의 목적, 자율적 도덕성 등을 다루는 가운데 개인의 도덕적 성장의 출발점이자 기반이 되는 내용으로 구성하고자 하였다.

– '타인과의 관계' 영역은 가깝거나 먼 타인을 포함한 모든 인간관계에서 생겨나는 도덕의 문제와 거기서 실현되는 도덕적 가치를 다루고자 하였다. 특히 가정, 학교, 이웃 관계에서 그들을 존중하고 배려하기 위해 노력하며, 나아가 정보 사회에서의 올바른 태도와 실천에 대

해서도 다루도록 하였다.

– '사회, 공동체와의 관계' 영역은 사회, 국가, 지구 공동체에서 발생하는 도덕적인 문제를 다룰 수 있도록 설정하였다. 개인과 집단과의 관계 속에서 책임과 의무를 생각하고, 집단이 추구해야 할 가치로서 사회 정의가 실현될 수 있는 맥락을 도덕적 주체의 관점에서 인식할 수 있도록 내용을 구성하였다. 이에 따라 남북 분단과 통일의 문제, 세계화와 국가, 다문화 문제, 인권 문제 등 국가, 사회적인 요구를 고려하여 관련 내용을 지도한다. 다만, 국가, 민족의 문제라 하더라도 이를 한반도라는 시공간적 차원에만 국한하여 보는 것이 아니라 세계화와 지구 공동체라는 더 넓은 맥락에서 그리고 객관적이고 보편적인 시각에서 다루어야 한다.

– '자연, 초월과의 관계' 영역은 인간관계와 집단 수준의 도덕을 넘어 생명 존중, 자연, 고귀하고 숭고한 삶 또는 그러한 목적, 진리, 아름다움, 선함 등과 같은 초월적 가치, 풍부한 내면적 삶 또는 진정한 행복, 영성, 종교 등과 같은 초월적인 차원의 도덕을 다룸으로써 도덕과 교육 내용의 질적 심화와 범위 확장을 가져오는 데에도 기여하고 있다.

위의 4개 영역에 근거하여 초등학교 도덕과의 내용 체계는 다음의 표와 같이 정리할 수 있다.

〈표 1-2〉 2015개정 초등 도덕과 교육과정 내용 체계표

영역	핵심 가치	일반화된 지식	내용요소		기능
			3~4학년군	5~6학년군	
자신과의 관계	성실	인간으로서 바르게 살아가기 위해 자신에게 거짓 없이 정성을 다하고 인내하며, 스스로 자신의 욕구를 다스린다.	*도덕 시간에는 무엇을 배울까?(근면, 정직) *왜 아껴 써야 할까?(시간 관리와 절약) *왜 최선을 다해야 할까?(인내)	*어떻게 하면 감정을 잘 조절할 수 있을까?(감정 표현과 충동 조절) *자주적인 삶이란 무엇일까?(자주, 자율) *정직한 삶은 어떤 삶일까?(정직한 삶)	*도덕적 자아 정체성 –자기 인식 및 존중하기 –자기 감정 조절하기 –자기 감정 표현하기 *도덕적 습관화 –생활 계획 수립하기 –모범 사례 반복하기 –유혹 이겨 내기
타인과의 관계	배려	가족 및 주변 사람들과 더불어 살아가기 위해 서로 존중하고 예절을 지키며 봉사와 협동을 실천한다.	*가족의 행복을 위해 무엇을 해야 할까?(효, 우애) *친구와 사이좋게 지내기 위해 어떻게 해야 할까?(우정) *예절이 없다면 어떻게 될까?(예절) *함께하면 무엇이 좋을까?(협동)	*사이버 공간에서 지켜야 할 것은 무엇일까?(사이버 예절, 준법) *서로 생각이 다를 때 어떻게 해야 할까?(공감, 존중) *우리는 남을 왜 도와야 할까?(봉사)	*도덕적 대인 관계 능력 –경청, 도덕적 대화하기 –타인 입장 이해, 인정하기 –약속 지키기 –감사하기 *도덕적 정서 능력 –도덕적 민감성 갖기 –공감 능력 기르기 –다양성 수용하기
사회, 공동체와의 관계	정의	공정한 사회를 만들기 위해 법을 지키고 인권을 존중하며, 바람직한 통일관과 인류애를 지닌다.	*나는 공공장소에서 어떻게 해야 할까?(공익, 준법) *나와 다르다고 차별해도 될까?(공정성, 존중) *통일은 왜 필요할까?(통일 의지, 애국심)	*우리는 서로의 권리를 왜 존중해야 할까?(인권 존중) *공정한 사회를 위해 무엇을 해야 할까?(공정성) *통일로 가는 바람직한 길은 무엇일까?(통일 의지) *전 세계 사람들과 어떻게 살아갈까?(존중, 인류애)	*공동체 의식 –관점 채택하기 –공익에 기여하기 –봉사하기 *도덕적 판단 능력 –도덕적 가치, 덕목 이해하기 –올바른 의사 결정하기 –올바른 결과 도덕적으로 상상하기
자연, 초월과의 관계	책임	인간으로서 도덕적 책임을 다하기 위해 인간의 생명과 자연, 참된 아름다움과 도덕적 삶을 사랑하고, 긍정적인 삶의 자세를 가진다.	*생명은 왜 소중할까?(생명 존중, 자연애) *아름답게 살아가는 사람들의 모습은 어떠할까?(아름다움에 대한 사랑)	*어려움을 겪을 때 긍정적 태도가 왜 필요할까?(자아 존중, 긍정적 태도) *나는 올바르게 살아가고 있을까?(윤리적 성찰)	*실천 능력 –실천 의지 기르기 –책임감 있게 행동하기 *윤리적 성찰 능력 –심미적 감수성 기르기 –자연과 유대감 갖기 –반성과 마음 다스리기

5. 도덕(과) 교사의 역할

"국가의 장래는 교육에 의해 결정되고 교육의 성패(成敗)는 교사에게 달려 있다.", "교사는 교육의 알파요 오메가이며 성장하는 어린이와 청소년의 삶과 인생관, 세계관 형성에 결정적인 영향을 미친다.", "교육의 질은 교사의 질을 능가할 수 없다.", "교육은 학교가 하는 것이 아니고 교사가 한다." 등의 말들은 한 국가에서 교육이 차지하는 비중과 교육에서 교사의 역할이 얼마나 중요한가를 단적으로 보여주는 것이다.

초등 도덕과 교육의 목표를 달성하는 데 가장 효율적인 도덕 교사의 역할은 무엇인가? 도덕 교사는 다른 과목을 가르치는 교사와 어떤 점에서 다른 것인가? 어느 과목을 가르치는 교사이든지 간에 교사는 많은 중요한 역할을 수행하고 있다. 도덕과 교육에서도 교사의 역할은 매우 중요하다. 도덕과 교사는 여타 교과 교사와 동등한 역할과 자질이 요구됨과 동시에 도덕과 교사만의 고유한 역할과 자질이 요구된다고 볼 수 있다. 왜냐하면 교사가 지닌 교육철학과 인생에 대한 태도를 수업에 반영할 수 있고, 교사의 솔선수범이 그 어떤 교과보다 요구되기 때문이다. 여기서는 도덕과 교사에게 요구되는 독특한 자질과 역할을 알아보도록 하겠다.

1) 가치 설명자·전수자로서 교사

교사는 자신이 속한 사회의 가치와 도덕성을 학생들에게 심어주고, 집단적 가치와 도덕성을 제시하기 위해 존재하는 것이다.[24] 가치 설명자로서 교사는 도덕적 규범에 대하여 학생들에게 합리적인 설명을 해주는 사람이 되어야 한다. 교사는 어떤 것이 좋은 습관인지, 그리고 그것이 왜 중요한지를 설명해 주어야 한다. 또한 교사는 어떤 것이 미덕이고 어떤 것이 악덕인지, 그리고 우리가 미덕을 추구하고 악덕을 회피해야 할 이유가 무엇인지에 대한 합리적인 설명을 해주어야 한다. 그러한 설명은 단순히 학생의 머리 속을 온갖 규칙과 규제로 가득 채워놓는 것이 아니라, 인류의 위대한 도덕적 대화 속에 학생을 참여시키는 것이 되어야 한다. 때로는 토론, 역할놀이, 영화가 설명을 위한 유익한 수단이 될 수도 있다.[25]

또한 가치 전수자로서 교사는 학교에서 학생들의 도덕적 사회화에서 중심적 위치를 차지한다. 이러한 교사의 역할을 강조한 뒤르껭은 가치의 주입에 대해 양심의 가책이나 거리낌이 없어야 하며, 오히려 가치를 주입하려 하지 않음이 무책임한 것이라고 보았다. 왜냐하면 그것은 아동이 진정한 인간이 될 수 있는 기회를 박탈하는 것이기 때문이다. 뒤르껭은 유능한 교사의 자질 가운데 중요한 하나의 요소는 권위(authority)라고 보고 있다. 특히 도덕적 권위는 교육자의 중요한 특성이다. 그리고 교사의 과업에 대한 사명감과 그것을 수행하고자 하는 열정이 동반되어야 한다.

그와 함께 뒤르껭은 교사의 주요 목적이 지식의 단편을 아동에게 제공하는 것이 아니라 아동에게 심오한 내적인 정신상태, 명확한 방향을 갖는

---

24 하워드 커센바움 저, 추병완·김항인·정창우 역, *op. cit.*, p. 83.

25 추병완 외, 『초등 교사교육을 위한 교과교육 프로그램 개발(도덕) 연구』(교사교육프로그램개발과제 2003-9-1), p. 29.

일종의 사회적 정향(orientation)을 심어주는 데 있다고 본다. 교사는 모범적 모델로서의 교사의 역할이 중요함을 시사해 준다. 또한 도덕적 행동에 대한 교사의 적절한 강화(상·벌)의 효율적 사용의 필요성을 제안한다. 이 경우 학생들이 교수학습 과정에서 지나치게 피동적인 입장에 놓이게 된다는 점을 문제로 꼽을 수 있다.

2) 도덕성 발달 촉진자로서 교사

콜버그에 따르면 교사는 도덕성 발달의 촉진자로서 도덕적 추론의 단계를 발달시킴으로써 각 개인이 자율적인 도덕적 행위자가 될 수 있도록 고무시켜 주는 촉진자의 역할을 수행해야 한다는 것이다. 가치 전수자로서 교사와 달리 도덕성 발달 촉진자로서 교사는 학생을 능동적 존재로 바라본다. 또한 일방적인 교사의 역할보다는 자율적 사고를 가진 학생의 주체성을 인정함으로써 학생과 상호작용의 관계를 형성하는 교사의 역할이 도덕성 발달에 중요함을 시사해 준다.

특히 도덕 딜레마 토론에 가장 적합한 주제는 쉽게 답을 내리기 어려운 것이다. 이런 딜레마를 통해 다양한 추론 수준과 더불어 광범위한 도덕적 논증을 이끌어 낼 수 있다. 토론을 진행하는 데 있어서 중요한 점은 도덕적 추론에 초점이 맞춰져 있다는 점을 인식하는 것이다.[26] 예를 들어 "철민아, 너는 인정받기 위해서는 어떤 일도 하겠다는 거니? 나쁜 일도 하겠다는 말

26 하워드 커센바움 저, 추병완·김항인·정창우 역, *op. cit.*, p. 330.

이니?" 이와 같은 질문이 도덕성 발달을 촉진하는 질문일 수 있다.

콜버그가 제안하는 교사의 역할은 첫째, 교사는 학생의 순수한 도덕적 갈등에 초점을 맞춰 그것에 대처할 수 있도록 도와야 한다. 이를 위해 교사는 가설적인 도덕적 딜레마를 체계적으로 제시해 주어야 한다.

둘째, 교사는 학생이 도덕적 갈등에 관해 대안적인 추론과 그 갈등 해소 방법에 대해 반성적으로 사고할 수 있도록 도와주는 것이다.

셋째, 교사는 학생이 채택한 사고과정의 적합성과 부적합성을 비판적으로 반성하도록 도와주는 것이다.

끝으로 교사는 학생에게 그가 사용하고 있는 방법보다 더 효율적인 사고 및 해결의 절차과정을 제시하는 일이다. 최소한 현 단계보다 더 높은 수준인 도덕판단의 단계로 인도하는 것이다.

그러나 도덕성 발달 촉진자로서 교사는 학생에게 가치의 옳고 그름에 대해 자신의 입장을 제시할 수 없다는 문제를 안고 있다. 따라서 발달 촉진자로서의 교사는 수업을 구조화하고 안내하는 역할에 더욱 충실해야 한다.

3) 문제해결의 조력자이자 다양한 경험의 제공자로서 교사

듀이에게서 도덕교육 교사는 "문제 상황을 해결하는 능력을 길러주는 일을 돕는 사람"이라고 할 수 있다. 듀이의 경우 도덕교육은 내용의 문제라기보다는 방법과 절차의 문제이다. 따라서 교사는 무엇을 가르치느냐보다는 문제상황을 어떻게 해결하느냐 하는 방법에 주안점을 두어야 한다. 도덕과 교사는 생활의 방편으로서의 참여적인 민주주의의 건설자요, 아동의 다양한 경험을 통합해 주는 경험의 통합자라고 할 수 있다.

교사는 학생들에게 다양한 도덕적 경험의 기회를 제공해 주어야 한다. 도덕적 경험의 기회를 부여하는 것은 학생들에게 그들 자신을 도덕적 행위자로 여길 수 있는 기회를 제공함으로써 학생들이 건전한 도덕적 자아감을 지닐 수 있게 해준다. 또한 도덕적 경험을 통하여 도덕적 지식을 도덕적 행동으로 옮길 수 있는 습관과 수행능력, 의지를 함양하게 해준다. 특히 제 4차 산업혁명 시대에 교사는 정보의 원천, 지식의 전달자, 문제의 해답 제공자로 기능하기보다는 학습자가 학습하는 과정에서 발생하는 개념적, 방법적 오류를 예방하고 바로 잡아 주는 역할을 담당해야 할 것이다. 또한, 이와 더불어 문제 중심 학습과 같은 수업을 위해서 교사는 학습자에게 제공할 문제를 발견하고 이를 학습자의 인지 발달 수준에 맞도록 재구성하는 등의 선험적 탐구자로서의 역할도 간과해서는 안 될 것이다.[27] 문제를 인식하고, 재구조화하고, 해결할 수 있는 능력을 키워주는 것이 도덕과 교사에게도 중요한 역할이 되고 있다.

4) 배려 및 인간관계 전문가로서 교사

나딩스는 교사의 역할과 자세를 어머니가 어린 자녀에게 베푸는 사랑과 보살핌의 행위에 비유하여 강조하고 있다. 교사는 단순한 지식의 전달자가 아니라 학생들을 항상 애정과 모성적인 사랑으로 이끌어 주는 배려자가 되

---

27 김경훈, "산업 구조는 어떻게 변화하나?", 국제미래학회·한국교육학술정보원, 『제 4차 산업혁명 시대 대한민국 미래교육 보고서』(파주: 광문각, 2017), p. 324.

어야 한다. 그녀는 따뜻한 배려의 공동체(caring community)로서의 학교를 강조하고 있다. 나딩스의 배려교육론에서 가장 중요한 역할을 하는 것은 배려자로서의 교사이다. 배려자로서의 교사의 역할 중에서 가장 핵심적인 것은 학생들에게 배려의 본보기가 되어주는 일이다.

그리고 배려자로서 교사는 지적인 성장과 함께 육체적·정신적 성장을 위한 교육을 실시해야 한다. 그리고 교사는 학생들이 세상에 대처할 수 있는 능력을 갖출 수 있도록 그들과 함께 협동적으로 일해야 한다. 이러한 역할을 수행하기 위해 나딩스는 도덕교육에서 대화를 필수적인 요소로 본다. 왜냐하면 대화는 상호 간의 배려를 지속하게 하고, 배려하는 사람과 배려받는 사람의 성장에 도움을 주기 때문이다.

에치오니(Amitai Etzioni)가 지적한 바와 같이, 교사가 어떤 관계를 형성하고 있을 때만이, 학생들에게 가치를 전수할 수 있는 것이다.[28] 심리학에서 말하는 래포와 유사하게 친밀한 인간관계가 교사와 학생 간에 형성될 때, 가치교육이 가능하다. 이런 친밀한 인간관계 없이 도덕적 가치나 정서를 가르친다는 것은 요원한 일이다.

5) 가치명료화 촉진자로서 교사

가치 명료화는 개인이 신봉하는 가치와 행동 간의 간극을 줄이도록 권해 준다. 교사는 학생들에게 자신들의 생각을 조직화하고, 그들이 들은 내

28 하워드 커셴바움 저, 추병완·김항인·정창우 역, *op. cit.*, p. 79.

용을 상기하며, 그들이 혼동하고 있는 어떤 것을 명료화할 수 있는 기회를 제공하여 준다.

가치명료화 방법에서 교사는 특별한 실제적 가치를 가르치지 않으며, 바람직한 도덕적 행위 모델로서의 역할은 하지 않는다. 오히려 교사는 학생들에게 혼란스럽고 불확실한 가치갈등 상황을 효과적으로 벗어날 수 있도록 도와주는 촉진자이다. 가치명료화 접근 방법에서 교사는 치료자나 촉진자에 더욱 가깝다. 따라서 가치명료화 접근 방법에서 교사는 적절한 문제를 제기하여 개인들로 하여금 가치 소유자가 되는 데 필요한 기술을 발전시키는 데 도움을 줄 수 있는 교사를 강조하고 있다.

6) 통합적 인격교육자로서 교사

통합적인 도덕교육의 방법을 모색한 리코나는 인격교육의 목표를 달성하는 데 있어서 책임감 있는 유능한 교사의 역할이 가장 중요하다고 보았다. 통합적 인격교육자로서 교사는 다음과 같은 역할이 있어야 한다고 보았다.

첫째, 교사는 학생들에게 따뜻하게 배려해 주는 사람, 역할 모델, 윤리적 스승으로서 활동해야 한다. 즉 교사는 학생을 사랑과 존경으로 대우하고, 훌륭한 모범사례를 보여주며, 긍정적인 사회적 행동을 지지해 주고, 개인적 지도 및 학습토론을 통하여 그릇되거나 남에게 해로움을 주는 행동을 교정해 주어야 한다.

둘째, 교사는 교실에 하나의 도덕적인 공동체를 만들어야 한다. 학생들이 서로 소중한 인격체로서 여기고, 상호 존중하고 따뜻하게 배려해 주며,

집단에 대한 가치 있는 소속감과 책임감을 느낄 수 있도록 도와주어야 한다.

셋째, 교사는 학생과의 공유적 삶의 장소인 교실 안에 도덕적 규율을 도입해야 한다. 교사는 학생의 도덕적 추론과 규칙에 대한 자발적 순응, 그리고 타인에 대한 존중감을 촉진하기 위한 기회로서 규칙을 제정하고 이를 지속적으로 실행해 나가야 한다.

넷째, 교사는 민주적이고 도덕적인 교실환경을 만들어야 한다. 교사는 학생들을 의사결정에 참여시키고, 교실이 학생들이 생활하고 공부하는 데 있어서 좋은 장소가 될 수 있도록 만드는 데 필요한 학생들의 책임감을 고무해 주어야 한다.

다섯째, 교사는 교과 교육과정을 통하여 학생들에게 가치를 가르쳐야 한다. 윤리적으로 풍부한 내용을 담고 있는 문학·역사·과학 등과 같은 교과목들, 그리고 성과가 입증된 훌륭한 가치교육 관련 프로그램을 통하여 학생들에게 가치를 가르치고 도덕적 문제에 대해 조사해 보도록 해야 한다.

여섯째, 교사는 협동학습(coorperative learning)을 활용해야 한다. 교사는 학생들이 다른 학생들을 올바르게 인식하고 관점채택 능력을 발달시키며, 공동의 목표를 향해 협동할 수 있는 능력을 신장시키기 위하여 협동학습을 활용해야 한다.

일곱째, 교사는 학생들이 장인정신을 발달시킬 수 있도록 고무해야 한다. 학생들이 학습하는 기회 자체를 소중하게 여기며, 만족을 지연시키는 가운데 힘든 일을 수행할 수 있는 능력을 발달시키고, 실의와 실패를 극복해 나갈 수 있는 인내력을 키워주며, 우리의 일이 타인의 삶에 영향을 미친다는 것에 대한 공적인 인식을 갖게 하는 동시에 탁월성에 대한 관심을 갖도록 도와주어야 한다.

여덟째, 교사는 학생들의 도덕적 숙고능력을 고무해 주어야 한다. 교사는 독서, 조사 혹은 연구, 작문활동, 일기 쓰기, 토론, 그리고 논쟁을 통하여 학생들의 도덕적 숙고를 발달시켜야 한다. 교사는 도덕적 딜레마에 대한 토론을 통하여 학생들의 도덕적 논의 수준을 향상시키고, 논쟁적인 이슈나 문제를 통하여 우리 시대의 어려운 도덕적 문제를 해결해 나갈 수 있는 능력을 신장시켜 주어야 한다.

아홉째, 교사는 학생들에게 갈등 해결 능력을 가르쳐야 한다. 교사는 학생들로 하여금 학급 회의를 통하여 갈등의 원인에 대해 토의하게 하고, 그러한 갈등은 공정한 방법으로, 그리고 폭력을 사용하지 않는 가운데 원만하게 해결될 수 있다는 가치를 설정하도록 도와주어야 한다.

끝으로, 도덕과 교사뿐만 아니라 타교과 교사들의 지원과 협조가 필요함을 시사해 준다. 또한 학생들과 가장 많은 시간을 보내는 학급 담임의 역할은 학생들의 도덕적 생활에 직접적인 영향을 줄 수 있는 사람임을 알려준다.

7) 심판자·모범자로서 교사

학급 내외에서 학생들 간에 의견이 일치하지 않거나 갈등이 대립되는 상황이 흔히 있다. 이럴 경우 심판자로서 교사는 공정하게 사리를 분명히 밝힐 수 있어야 한다. 왜냐하면 교사의 공정성, 타당성이 발휘될 때 교사의 권위도 생겨나고 문제 해결의 준거를 제공해 줄 수 있기 때문이다. 그리고 모델링(시범보이기)이 삶을 살아가면서 부딪치게 되는 가치 갈등이나 도덕적 딜레마에 대한 최상의 해답을 학생들에게 가르쳐 주거나 시범 보이는 것이다. 교사는 그 스스로가 도덕생활의 모범을 보여주는 사람이 되어야 한다. 도덕 교사는 학교생활의 모든 측면을 통해 도덕적 사고의 본보기, 도덕적 감정의 본보기, 도덕적 행동의 본보기가 되어야 한다.

지금까지는 주로 교사는 도덕적 행동의 본보기가 되어야 한다는 점만이 강조되어 왔다. 교사는 학교의 안과 밖에서 일어나는 도덕적으로 중요한 문제에 적극적으로 반응하고 추론함으로써 학생들에게 도덕적 사고의 본보기, 도덕적 감정의 본보기가 될 수 있어야 한다. 이렇게 될 때 동일시 대상으로서의 교사의 행동특성은 학생들에 의해 모방된다는 것을 유의해야 한다.[29] 언행이 일치하지 않는 교사의 가르침은 큰 감응을 줄 수 없다. 특히 도덕과 교사의 경우 솔선수범이 열 마디의 말보다 더 큰 호소력을 지닐 수 있는 것이다.

따라서 교사는 학생들을 따뜻하게 배려하고, 도덕적 모범이 되며, 윤리적 삶을 가르치는 훌륭한 지도자로서 행동해야 한다. 특히 초등교사는 아직 미성숙한 상태에 있는 아동을 가르쳐야 하기 때문에 중등교사에 비해서도 모범자로서의 역할에 충실해야 한다. 초등학교 교사는 머리로 가르치는 것이 아니라 온몸으로 가르친다는 말이 있듯이 올바른 정서와 가치관, 태도, 도덕성과 윤리의식 등 전인적인 품성을 몸소 실천함으로써 교육해야 하는 책무를 안고 있다.[30] 학생들의 관점에서 훌륭한 모델은 다음과 같은 교사이다.

29 김광자, 『교수학습방법의 이해』(서울: 집문당, 2000), pp. 16−23.

30 김신복, "초등교사교육체제의 과제와 개선 방안," 교육대학교 교사교육 프로그램 개발 추진기획단 2004년 합동연구 발표회, 『초등교사교육 내실화를 위한 프로그램 개발과 적용』, 2004, p. 6.

- 열심히 일하며, 학생의 학습을 진정으로 보살펴 준다.
- 밝고, 일관되고, 성실한 메시지를 준다.
- 명령으로 누르지 않는다 – 결코 권위주의자가 아니다.
- 높은 기대감을 표시한다.
- 진심으로 듣는다.
- 행동으로 그의 헌신하는 마음을 전한다.
- 열심히 일하며, 학생의 학습을 진정으로 보살펴 준다.
- 존경받을 만하다.[31]

8) 도덕적 풍토 조성자로서 교사

교사는 학급과 학교에 도덕적 풍토를 조성해야 한다. 교사는 교실이나 학교 규칙의 공정한 적용과 실행을 통하여, 경쟁과 협동의 균형을 통하여, 개별성의 존중 및 집단 책임감의 구현을 통하여, 학생들의 능동적인 참여를 조장하는 활동을 통하여, 그리고 도덕적 당위에 대한 대화와 토론을 통하여 긍정적인 도덕적 환경을 조성해야 한다. 동시에 교사는 학생들이 도덕적 문제를 상호 간의 진지한 도움과 협력에 의하여 해결하고자 하며, 그러한 문제를 자기 교정적인 방식에서 숙고하고자 하는 도덕적 탐구공동체를 형성해야 한다.

그 외에도 도덕과 교사는 개인별 혹은 모둠별 이해 수준을 파악하는 것

31 하워드 커센바움 저, 추병완·김항인·정창우 역, *op. cit.*, p. 253.

이 중요하다. 또한, 학생의 질문과 답변에 민감하게 반응하고 격려해 줌으로써 학생들이 수업에 자신감을 갖게 할 수 있다.[32] 이 과정에서 학생들의 이야기를 귀 기울여 경청한다면, 학생들도 교사의 이야기를 더욱 잘 경청할 것이다. 이러한 경청과 주목은 교사와 학생간의 신뢰와 존중의 기초가 되기 때문이다. 그런 믿음과 존중이 있어야 가치교육이 가능하다.

9) 좋은 스토리텔러(storyteller)로서 교사

학교에 다닐 때 선생님들께 감명적인 이야기를 듣거나 이야기를 들려달라고 졸라댔던 기억을 누구나 가지고 있을 것이다. 이야기 안에는 교훈도 들어 있고, 중요한 가치나 덕목이 담겨져 있으며, 감동을 자아내는 내용이 들어 있다. 에드워드 윈(Edward Wynne)과 케빈 라이언(Kevin Ryan)은 좋은 문학과 내러티브와의 만남이 학생들에게 다음과 같은 학습이 가능하도록 해준다고 보았다.

· 선하고 악한 사람들의 삶과 그들이 그와 같이 행동하도록 이끈 것이 무엇인가에 대한 지적이고 감정적인 이해를 갖도록 해준다.

· 내러티브의 인물들에 대한 연구를 통해 정의와 동정심 같은 인간적 감정을 갖도록 해준다.

---

32 이경화, "미래 학교 교사의 역할은 어떠해야 하나?", 국제미래학회·한국교육학술정보원, 『제4차 산업혁명 시대 대한민국 미래교육 보고서』(파주: 광문각, 2017), pp. 324–325.

· 어떤 삶에 대해서는 감동을 받고 다른 삶에 대해서는 거부감을 갖도록 해준다.
· 내러티브의 영웅과 악당의 삶을 통해 삶과 이상의 도덕적 사실에 대한 이해와 이에 대한 느낌을 지속적으로 심화하도록 해준다.
· 내러티브 속의 인물의 삶을 대리 경험함으로써 도덕적 상상력과 도덕적 민감성을 향상시키도록 해준다.
· 문학과 역사에 묘사된 삶과 이야기에 대해 보다 훌륭한 통찰력을 갖도록 해준다.

이처럼 스토리텔링은 모든 연령대의 학생들에게 가치 교육을 위한 탁월한 도입이자 중요한 내용이 될 수 있다. 구체적으로 공감 능력 개발에 유익한 최선의 방법들 중 하나는 독서를 통해 타인의 경험을 음미해 보도록 하는 것이다.[33] 이처럼 도덕교육의 성공은 교사가 스토리텔레로서의 역할을 얼마나 잘하느냐에 달려 있다고 해도 과언이 아니다. 교사 자신이 겪은 이야기이든 문학 작품속의 이야기이든 가르치는 덕목에 맞는 이야기를 구성하여 잘 전달하는 것은 도덕과 교사의 중요한 자질이기도 하다.

---

33 하워드 커센바움 저, 추병완·김항인·정창우 역, *op. cit.*, pp. 132–137.

제2장
도덕교육과 윤리학

1. 도덕교육과 한국윤리

우리나라 사람들은 해외여행을 자주 간다. 그 중에서 우리나라와 가까운 중국 여행을 갈 경우 먹는 음식 때문에 어려움을 겪는 사람들도 있다. 그러한 어려움은 음식문화의 이질성에서 비롯된다. 이것으로 미루어 보면 우리는 중국 화하족(華夏族)인 한(漢)민족과 확연하게 구별되는 우리 문화와 민족적 정서를 가지고 있음을 알 수 있다.

우리 민족은 예로부터 한족과는 확연한 차이를 갖는 문화권이었다. 무수한 교류와 접촉을 통해서도 우리 민족과 중국 한족의 차이는 없어지지 않고 여전히 남아 있다. 우리 민족은 상고시대부터 동북아시아에 거주하여 왔다. 동북아시아의 근원 문화를 보면 중국의 역사학자들은 중국 문명의 기원을 동이족에서 찾고 있다.[1] 중국의 고대서인 『산해경』(山海經)이나 현대 중국 사학자 유절(劉節), 부사년(傅斯年)에 의하면 중국 대륙에 지대한 영향을 주는 동이문화 집단이 존재함을 보여주고 있다. 이러한 현상은 고고학적 자료로 증명될 뿐만 아니라 우리의 고대국가였던 고조선, 예맥, 부여의 위상은 지금 상상하는 것과는 달리 한반도, 중국 요동, 요하에까지 영향을 미친 것에서도 드러난다.

특히 우리의 고대 사회에 대해 많은 사람들이 논박하고 있으나, 사실 우리 민족은 중국 한족(漢族)과의 관계 속에서 청동기 문화를 꽃피웠고, 그 위상은 계속적으로 고고학적 연구과정에서 밝혀지고 있다.[2] 이처럼 고조선의 성립을 전후하여 우리 민족문화는 중국의 한민족에 깊이 영향을 미치고 있었다. 이는 우리 문화가 일방적으로 중국과 일본의 영향 속에서 있었다는 잘못된 생각을 바꾸는 객관적인 역사적 사실을 제공해 준 것이다. 여기서 분명한 것은 우리의 고대 문명은 중국 문명에 중대한 영향을 끼치며 우리 민족문화가 의미 있는 동북아의 문화적 족적을 남겨놓은 것이다.[3]

삼국시대를 거쳐 이후 고려는 분열의 시기를 극복하고 통합의 새 장을 열었으며, 유교와 불교의 융합에 힘쓰는 한편 자주적인 사상을 강조한 시대라고 할 수 있다. 고려는 동북아시아의 인근 거란족, 여진족, 몽골의 침략에도 굴하지 않으려는 자주정신을 갖추었다. 특히 거란의 요나라의 3차에 걸

1 양태호, "전통사상과 윤리의 원류," 한국국민윤리학회 편, 『현대사회와 윤리』(서울: 형설출판사, 2001), pp. 105-107.

2 이기백, "고조선의 국가형성," 『한국사 시민강좌』 제2집(서울: 일조각, 1988), pp. 9-10.

3 최창규, 『한국의 사상』(서울: 서문문고, 1996), pp. 11-12.

친 전쟁에서 고려는 거란의 30여만 명에 달하는 침략에 강인하게 대처하였다. 거란은 당시 중국의 송과의 전쟁에서 치욕적인 조약을 맺게 하는 거대한 반농반목 국가였다. 특히 발해를 멸망시킨 거란의 침략에 대해 고려는 각 지방민을 중심으로 하는 광군을 조직하여 백성과 조야가 하나가 되어 외침을 막았다. 이처럼 고려는 수많은 어려움을 극복하고 터전을 지킨 제국이었다. 이러한 역사적 사건들은 우리 민족사의 위풍을 그대로 중세 고려에서도 유지·발전한 개가라고 할 수 있다.

이러한 민족정신은 조선에도 이어받아 강화되어 왔다. 고려는 불교를 중심으로 사회가 유지되었다면, 이후 개국한 조선은 불교보다는 성리학의 이념으로 발전되어 왔다. 이 과정에서 우리 유교정신은 동중국(同中國)하려는 경향으로 폐단도 있었다.[4] 중국의 유교사상에 대해 심오한 인식체계를 갖게 된 것은 우리의 문화유산을 풍성하게 한 선례이지만, 한편으로는 지나치게 관념적인 인식으로 흐르는 경향을 보인 경우도 있다. 또한 우리 역사인식을 중국의 역사기술에 의존하거나 성리학에 대해서는 지나치게 정이천과 주자의 학설에 집착하는 경향을 보였다.[5] 이러한 집착은 유교의 합리성보다는 대의명분을 강조하는 현실과는 상당한 괴리가 있었다. 실로 우리의 역사기술과 문화유산에 대해 스스로 폄하하는 현실왜곡은 조선 왕조에 많이 이루어졌다.

한편, 조선 초기 이후 유학의 문화발전이 왕성하여 이황, 이이에 이르러 그 철학적 기반을 확고히 하였다. 그러나 그 철학적 변론이 심화되면서 관

---

4 최인, 『한국사상의 신발견』(서울: 오늘, 1988), pp. 265−266.

5 황준연, 『한국사상의 이해』(서울: 박영사, 1995), pp. 120−121.

념론으로 흐르며 임진왜란과 병자호란의 전쟁 이후 주자학의 변화가 예고되었다. 조선 후기 사회는 새롭게 발생한 상황과 국면을 진지하게 고려하고 그 해결책을 제시하는 체계적인 노력이 요구되었다. 이러한 요청으로 실학이 등장하게 되었다.

분명 우리 한민족은 가장 치열하게 살아온 역사적 실체가 있었고, 그 실체 속에서 우리는 한반도를 주류로 하여 동북아시아에서 살아온 것이다. 우리는 이러한 삶의 도덕적 유형과 윤리적 자취를 오늘에 되살려야 할 것이다. 그러한 작업은 우리의 전통 문화에 대해 쇼비니즘을 주장하는 것이 되어서는 안 될 것이다. 오늘날 한반도에 살고 있는 모든 구성원들은 한반도에 터전을 만들었던 삶들에 대해 아는 것이 중요하다. 이제 우리 대한민국은 한민족을 중심으로 한 많은 다문화 사회가 형성되고 있다. 우리는 이러한 현실을 감안하여 호혜평등적인 홍익인간의 정신을 문화적 기반의 원류로 삼아 우리 전통 윤리에 대한 올바른 시각을 형성하여야 할 것이다.

우리는 주체성을 말하기 전에 주체성에 너무 매몰되어 있지 않았나 생각할 필요가 있다. 또한 한국적인 도덕과 윤리사상을 찾다 보면 지나치게 고유성에 매몰될 수 있다. 그래서 우리는 음식이나 골동품에 있어서 원조를 내세우거나 찾으려는 심각한 기현상을 보이고 있다. 또한 스스로 자랑이 지나치거나 스스로 폄하에 빠지는 과도한 이중 잣대로 문화나 사상을 바라보는 경향도 보인다.[6] 우리 문화의 유형에서 특히 조선 시대에는 중국 한(漢)족의 명왕조에 대해 지나치게 숭상하며, 일본이나 청에 대해서 철저하게 인식하지 못하는 조치를 취하다가 왜란과 호란을 겪기도 하였다. 이러한 문화

6 탁석산, 『한국의 정체성』(서울: 책세상, 2000), pp. 84-90.

적 파행은 오늘날에도 지나치게 이중성을 보이는 경향도 보인다.[7]

앞에서와 같이 전반적으로 우리 민족의 윤리사상의 면면을 보았다. 그 속에는 어느 민족문화에 비하여 손색이 없는 것도 있으며, 한편 지나치게 자기파괴적인 경도된 유산도 존재하고 있다. 이러한 우리 윤리사상의 장단점을 잘 파악하여 오늘의 도덕적 교훈을 시사하는 것을 찾는 것이 필요하다.

미래를 바라보며 한반도의 구성원들은 올바른 우리 윤리사상의 중심적인 내용을 모색하여야 한다. 우리 문화는 한(韓)민족의 원류로부터 현대에 이르기까지의 근간과 융합을 바탕으로 하고 있다. 그렇기에 오늘날의 다문화 사회 속에서도 우리 문화와 올바르게 통섭(統攝, consilience)하도록 하는 방향을 모색하여야 할 것이다. 역사를 호령하던 많은 선진국들은 바로 다문화에 대한 깊은 인식에서 번영을 구가했던 것을 볼 때, 우리 한반도의 국운은 바로 다양한 문화를 향유할 줄 아는 문화시민으로서의 행동 여부에 달려 있다.

그렇기에 우리 사회구성원들은 전통 윤리사상을 오늘에 새롭게 거듭남을 되새겨 보아야 할 것이다. 그러한 바탕 위에서 논란의 여지는 있지만 다양한 기준과 범주를 수렴하려는 노력을 실시할 필요가 있다. 한국윤리학회에서 실시한 1993년 민족정신의 설정 연구는 상당한 민족 윤리사상의 재인식을 보여주고 있다.[8] 이 연구는 한국 민족정신을 9개의 요체로 구별하여

---

7 예를 들면 사람 됨됨이보다는 미추에 대한 강박적인 속성을 보이고 있으며, 외국인에 대해서도 출신 나라에 따라 매우 판이하게 대우하는 문제가 발생하기도 한다.

8 한국국민윤리학회 편(1993), 『한국인의 민족정신』, pp. 3–27.

제시하였다. 즉 한민족의 철학적 성격이 강한 경천사상, 조화정신, 생명존중사상으로 파악할 수 있다. 또한 한민족 민족정신의 정치·경제학적 성향은 평화애호정신, 선비정신, 장인정신으로 표출될 수 있다. 그리고 한민족의 사회·문화인류학적 성격은 공동체 의식, 경로효친사상, 풍류정신으로 요약할 수 있다. 그러면 이에 대한 구체적 사례를 찾아보도록 하자.

1) 한민족의 철학적 인식

(1) 경천사상

우리 민족의 경천사상은 고래로부터 우리의 건국신화인 단군신화에서도 잘 드러난다. 『삼국유사』에 따르면, 단군은 천상의 신인 환인의 아들로 웅녀와 결합하여 탄생한다. 환웅은 바람, 비, 구름 등을 관장하는 여러 신을 거느리고 내려왔으며, 인간 사회에서 절실하게 필요한 식량과 생명, 질병과 형벌, 그리고 선악 등을 효과적으로 처리하는 능력을 가지고 있었다. 단군신화는 우리 민족이 하늘에 그 근본을 두고 살아왔으며, 인간을 널리 이롭게 하는 것을 삶의 지표로 삼는 홍익인간(弘益人間)의 정신을 보이고 있다.[9] 또한 이 땅에서 앞서 간 많은 나라들의 국호들이 하늘과 동쪽을 상징하는 국호에서 찾아볼 수 있다. 북한 사회과학원 역사학연구소 공명성 박사는 우리나라의 역대 국호 이름 부여는 태양과 불을 절대적으로 숭배하

---

9 한국국민윤리교육학회 편, *op. cit.*, p. 10.

는 나라라는 의미이고, 고구려는 태양, 선손이라는 뜻으로 설명하였다. 또한 백제는 밝은 산의 의미를 갖고 있으며, 신라는 새날이 밝는 곳이라는 의미를 갖는다고 설명하고 있다. 또한 발해는 '밝은 해가 비치는 나라'라는 뜻이며, 고려는 고구려를 계승한 나라라는 의미를 갖는다.[10]

이러한 설명 속에서 우리 민족은 태양이 떠오르는 동쪽 하늘을 생명의 근원지로 생각한 것을 알 수 있다. 동쪽에서 광명을 받았다는 의미에서 예맥(濊貊), 조선(朝鮮), 또한 한(韓)으로 자처하였다. 이러한 사상은 부여의 영고, 동예의 무천, 고구려의 동맹 제천행사로 이어졌다. 이러한 우리의 건국신화로부터 이어온 경천사상은 우리 민족 스스로 일상적인 삶 속에서 하늘에 대한 경외를 가지면서 오늘날 다양한 사회문제에 있어서 인간다움을 유지하려는 근간이 되는 정신이다.

⑵ 조화정신

우리 민족에게 흐르고 있는 조화정신은 서로 대립되거나 갈등을 일으키는 요소들을 잘 융합시켜 새로운 형태로 만들어 가는 주체적인 의식을 의미한다.[11] 역사적으로 볼 때 원효의 원융회통은 조화정신의 전형이라고 할 수 있다. 원효는 통일신라 전후의 다양한 불교 종파 속에서 이례적으로 당으로 유학을 가지 않고 종파 간의 대립과 편견을 초월한 스님이시다. 그는

10 『민족 21』(2003), 11월호 참조.

11 한국국민윤리교육학회 편, *op. cit.*, p. 12

오늘날 한국 불교의 특징인 통불교, 원융불교의 근원이라고 하겠다.[12] 통불교는 "막힘 없이 모든 것에 통한다"는 뜻이고, 원융불교란 말도 "모나지 않아서 모든 것과 두루 어울린다"는 뜻이다. 그러므로 원융회통은 그야말로 합침의 불교라고 할 수 있다. 즉 '한 가지라도 부정하거나 거부하지 않고 다 끌어안는다"는 뜻이다. 이러한 전통의 시작이 바로 원효이다.

원효 철학의 기본 논리는 화쟁의 논리이다. 화쟁이란 "말다툼, 즉 논쟁을 조화시킨다"는 뜻이다. 원효는 당대의 논쟁 중심에 있으면서 고구려와 백제를 흡수한 신라의 분열적 모습에서 진정한 통합의 길을 실천하였다. 그렇기에 그는 귀족과 서민 구별 없이 학승이나 구도승도 마다하지 않았다. 원효는 전국 방방곡곡을 돌아다니면서 서민계층에 '나무아미타불'을 거듭 외우기만 하는 단순하고 소박한 교리를 포교하여 국민 대부분을 신앙의 세계로 인도하였다.[13] 이러한 조화정신은 불교와 무속의 결합에서도 잘 나타나고 있다. 유명 사찰에 가면 삼신각과 칠성당이 있는 곳이 많다. 이는 전통 토속신앙과 불교의 조화를 잘 드러낸 것이라고 하겠다. 또한 근세 이후에 들어온 천주교와 기독교도 우리 사회에 알맞은 조화정신이 발휘되어 한국 천주교, 한국 기독교로의 의미를 강화하고 있다.

이러한 정신은 조선시대에서도 엿볼 수 있다. 그 시대 퇴계 이황과 율곡 이이는 공자의 가르침에 따라 중용을 중시하며 유교의 근본정신을 통해 융통성을 발휘하는 너그러움을 우리 현실에 맞게 조화시켰다. 특히 공자의 가르침 속에서 이 두 분을 중심으로 한 이상적 인간상인 군자(君子)상을 실

---

12 김교빈, 『한국 철학 에세이』(서울: 동녘, 2003), pp. 41−42.

13 김태길, 『한국윤리의 재정립』(서울: 철학과 현실사, 1995), pp. 89−90.

천하는 데 많은 유학자들이 노력을 경주하였다. 유학의 양대 산맥인 두 철학자는 주관적인 개인의 마음세계와 객관적인 사물의 법칙세계를 일치시키려는 중화(中和)의 사상으로 발전하려고 하는 조화사상의 전형을 보여주었다.

(3) 생명존중사상

생명존중사상이란 생명의 존귀함을 소중히 여기는 것을 뜻한다. 즉 살아 있는 모든 것에 대한 애착을 갖는 것이다. 우리 고유의 생명존중사상은 인간 존중에 그 뿌리를 두고 있다. 그러한 사상은 단군신화, 화랑도의 세속오계, 보우의 사상 그리고 동학에서 그 원류를 찾아볼 수 있다.[14] 단군신화에서 나오는 홍익인간의 정신은 '널리 인간을 이롭게 한다'는 입장에서 인간의 생명과 삶을 존중하였다. 이는 건국신화에서 인간을 중심으로 두는 진정한 인간을 위한 방향을 제시하고 있다.

화랑도 세속오계의 마지막 계율인 '살생유택'은 평상시나 전시에도 자연의 미물까지 고려하여 행동할 것을 이야기하고 있다. 이와 같은 화랑도의 '살생유택' 정신을 따라 우리 조상들은 인간에 대한 경외심을 늘 갖추려고 노력하였다. 그 한 예가 백제의 계백 장군이 어린 화랑 관창을 전쟁 중이었음에도 불구하고 세 번씩 살려 돌려보낸 일이다. 이러한 역사에서 보듯이 삼국시대에 이미 생명존중의 의미는 우리 민족에게 깊게 뿌리내려 있었다.

고려 중기의 승려인 보우는 '천즉인 인즉천'(天卽人 人卽天)의 사상을 통

14 한국국민윤리교육학회 편, *op. cit.*, pp. 14–15.

해 "사람이 곧 하늘이요, 하늘이 곧 사람이다"라고 설파하였다. 이는 사람을 하늘과 같이 존귀한 것으로 여겼다는 것을 말해준다. 누구나 존귀하여 스스로 깨우치기만 하면 석가와 다를 바 없다고 보았다.

조선 후기 혼란한 사회에서 최제우에 의해 시도된 동학은 생명존중정신을 전면에 내세웠다. 그 핵심 사상은 인내천(人乃天)이다. 이것은 '사람이 곧 하늘'이라는 의미로 인간 속성의 존귀함을 강조하는 것이다. 이처럼 우리 민족은 사람과 자연에 대한 깊은 인식과 더불어 생명존중과 인간존중을 같은 맥락에서 실천하려고 노력하였다.

2) 한민족의 정치·경제학적 특성

(1) 평화애호정신

평화란 국내외적으로 사회가 전쟁이나 무력충돌 없이 평온한 상태를 유지하는 것이다. 평화는 사람 사는 사회에서 서로에 대한 이해를 통해 스스로 자기와 가족, 사회를 지키는 힘이라고 하겠다. 우리는 이러한 평화를 지켜 나가는 데 주력하였다. 우리 민족의 건국이념인 재세이화(在世理化)는 '세상을 질서 있게 다스리는 뜻'을 두는 것이다. 세상을 질서 있게 다스리는 것은 바로 현명한 지도자와 어진 백성들이 함께 더불어 살아가는 곳에서 이루어진다고 볼 수 있다. 재세이화의 정신에 비추어 보면, 우리의 건국신화는 대동사회(大同社會)를 토대로 하고 있음을 알 수 있다.[51]

또한 예부터 우리 민족이 가진 평화애호정신은 임진왜란의 의병활동, 동학혁명, 3·1운동 정신이나 진정한 민주주의를 지키려는 4·19 혁명, 5·18 민주화 운동으로 그 맥이 이어진다. 이러한 평화정신은 바로 우리 민족이 강압적인 외세나 독재정권에 저항하여 평화를 일구어내는 원동력이다. 이처럼 평화를 지키려는 마음으로 더불어 사는 사회를 추구하는 모습이 순결한 백의를 즐겨 입었던 것에서도 드러난다. 우리의 전통사상에서 있었던 평화의 정신은 생명 없는 화석화된 고정불변의 것이 아니다. 우리 사상은 바로 한국적 주체성의 중추적 생명력이 되는 동시에 한국인의 삶을 지탱하고 한국의 역사를 추진해 나가는 원동력이 되는 것이다.[52] 따라서 우리는 과거의 평화애호정신을 한국인들의 도덕정신으로 현대적으로 알맞게 재창조하여야 할 것이다.

(2) 선비정신

선비정신이란 인격의 완성을 위해 끊임없이 학문과 덕성을 키우며 대의를 위하여 목숨까지도 버리는 지조의식이다.[17] 나라가 어려울 때는 분연히 일어나 나라를 살리고자 한 우국충절이 선비정신의 전형이다. '선비'는 나라에 충성을 다하고 백성을 사랑하는 애민의 정신이 나타난 인간이며, 학문적으로 뛰어나며 덕을 베푸는 인간이다. 고래로부터 선비정신은 인격수양과 의리를 존중하였다. 고구려의 을파소 재상은 선비는 "때를 만나지 못

---

15 심우섭, 『한국전통윤리사상의 재조명』(서울: 이회, 2005), pp. 24–25.

16 양태호, *op. cit.*, pp. 104–105.

17 한국국민윤리교육학회 편, *op. cit.*, pp. 18–19.

하면 숨어 살고, 때를 만나면 벼슬을 하는 것이 떳떳한 일이다"라고 밝혔다. 이러한 정신은 백제 성충에게서도 보여진다. 그는 자신의 충심을 의자왕이 받아들일 때까지 목숨을 버리면서도 선비정신을 잃지 않았다.[18] 또한 신라의 강수는 자신과 사랑하던 미천한 여인과의 결혼을 주위의 만류에도 불구하고 끝까지 지키는 절의도 보였다.

이러한 선비정신은 삼국, 고려, 조선으로 이어져 오면서 국난에 처했을 때 모든 부와 명예를 버리고 오로지 나라를 위한 마음을 실천한 분들에게서 찾아볼 수 있다. 그 중에 명문가 출신 이회영 선생은 6형제 포함 일가친척의 모든 재산을 처분하고 일제에 항전하는 신흥무관학교를 세워 많은 독립운동가를 배출하였다. 일제에 의해 많은 민족 변절자들이 훈장을 받고 있을 당시 모든 서울의 재산을 팔고 만주로 향한 이회영 일가 400명은 바로 진정한 선비정신이 무엇인가를 보여주는 의거라고 하겠다.

우리의 선비정신은 진정한 노블레스 오블리제(Noblesse Oblige)라는 귀족의 책무로 생각해도 무방하다. 나라가 어려우면 의병을 이끌었던 선비들의 정신은 바로 진정한 사회의 귀감으로 우리 역사에 남아 있다. 그러한 정신은 임진왜란 때 충청을 호령했던 조헌의 외침에도 나타난다. 그는 "오직 의라는 한 글자에 마음을 두라. 오늘은 한번 죽음이 있을 뿐이다. 죽고 사는 것과 나아가고 물러섬을 의라는 글자에 부끄럽지 않게 하라"고 단언하였다.

---

18 김태길, *op. cit.*, pp. 72–73.

⑶ 장인정신

장인정신이란 자기가 하고 있는 일에 전념하거나 한 가지 기술에 전공하여 그 일에 정통하려고 하는 철저한 직업정신이다. 우리 민족은 예로부터 일정한 직업에 전념하거나 한 가지 기술에 전공하여 그 일에 정통한 사람을 '장이'라고 하였다. 이 용어는 우리 민족의 철저한 장인정신과 직업윤리의 한 표현이다.

장이는 우리말로 전문가를 뜻하며, 사람이 전력을 다하여 자신이 할 소임을 다하려는 노력을 철저한 장인정신으로 보았다. 백제 무령왕릉에서 귀중한 장인의 이름이 나왔다. 왕비의 팔찌에 장인의 이름이 있었다. 왕비의 왼쪽 팔목에 끼워져 있던 은으로 만든 팔찌는 국보 제160호로 바깥지름 8cm(국립공주박물관 소장)이다. 팔목이 닿는 안쪽의 테두리 부위에는 수직의 짧은 선무늬를 가지런히 돌렸고, 바깥면에는 3마리의 용이 힘차게 새겨져 있다. 내면에는 "庚子年二月多利作大夫人分二百州主耳"라는 명문이 들어 있어서 이 팔찌가 다리라는 공인이 대부인, 즉 왕비를 위해 경자년(520)에 제작했음을 알 수 있다.[19]

이처럼 삼국시대의 장인에 대한 예우는 상당히 높았던 것을 알 수 있다. 장인들은 물건을 생산할 때, 기법의 수준을 스스로 속이거나 공법에 어긋나는 경우에는 장인정신을 어기는 것으로 보았다. 장인 스스로 최선을 추구하는 것에서 자신의 직업적 만족을 찾았다. 장인들은 자신의 작업 속에

---

19 http://enc.daum.net/dic100/viewContents.do?&m=all&articleID=b08m0156b(2007년 3월 21일 검색).

서 전문적인 기능과 품성을 갖춘 개인적인 측면만이 아니라, 그 철저한 장인정신이 사회적으로 확대되어 공동체 속에서 철저한 직업윤리를 갖추었다.[20] 이는 신바람이 절로 나야 자신의 예술을 창조했던 장승업의 삶에서도 보여진다. 그는 대원군과 고종의 총애에도 불구하고 자유로운 예술활동에 대해 누구보다도 잘 알고 실천한 자유인이었으며, 그러한 삶 속에서 창조적인 능력을 절대적으로 추구하는 장인정신의 올바른 삶의 모습을 보여주었다.

이러한 장인정신은 오늘에도 이어져 조선술, 반도체 기술과 첨단기술에도 흐르고 있다. 또한 이러한 정신을 바탕으로 세계적인 예술의 반열에 오른 많은 이들을 찾아볼 수 있다.

3) 한민족의 사회·문화인류학적 성격

(1) 공동체 의식

전통적으로 우리 민족은 순천절물(順天節物), 유교의 수기치인(修己治人), 도교의 무위자연(無爲自然), 불교의 전미개오(轉迷皆悟)를 통한 도덕적 원리를 갖고 있다. 즉 순천절물은 자연의 이치를 따르고자 하는 것, 수기치인은 자기를 연마하고 남을 다스리지만 베풀어 가는 것, 무위자연은 억지로 만들지 말고 스스로 저절로 되고자 하는 입장, 전미개오는 어리석음이

20 한국국민윤리교육학회 편, *op. cit.*, pp. 20–21.

나 욕심을 바꾸어 깨달음을 얻는 마음가짐의 전통인 것이다.

이러한 정신은 바로 공동체에서의 어울림을 의미하는 것이다. 이 공동체 정신은 나와 공동체를 떼려야 뗄 수 없는 밀접한 관계를 인식하고 공동체를 위해 노력하는 존재를 의미 있게 생각하는 것에서 찾아볼 수 있다. 우리의 공동체 의식은 말보다는 행동을 몸소 실천하는 것을 강조한 것에서 찾아볼 수 있다.

우리 사회는 '내 가족', '내 나라'라는 인식보다는 '우리 가족', '우리 민족'을 내세우는 좋은 공동체 중심의 사고를 가지고 있다. 이러한 생각에서 지나치게 공동체 내에 대한 관심과 입장을 가지고 있지만, 이러한 소아적인 사고는 우리 민족의 대의명분 정신에 의하면 매우 건전하지 못한 생각으로 파악할 수 있다.

근자에 많은 외국인들이 결혼과 취업으로 새로운 터전을 우리 사회에 만들어 나가고 있다. 이러한 상황에서 우리 사회는 새로운 공동체적 의식이 필요하게 되었다. 이러한 의미에서 우리 민족의 공동체적 삶은 자민족중심주의로 변모하지 않는 모습을 우리 역사에서 찾아야 할 것이다. 예를 들면 신라인들이 서역과의 교류를 실시하여 그들과 많은 교류를 한 역사가 있으며, 고려 시대의 개방적이며 진취적인 세계관에서 많이 찾아볼 수 있다.

자기와 다른 이들에게 갖는 자민족중심주의로 변질되지 않는 생명력 있고 올바른 사회공동체를 만들기 위해서는 좀더 우리 사회에서 소수 단체나 소수 의견에 대해 보다 겸허한 자세와 올바른 인식을 함께 모색하려는 노력이 증진되어야 할 것으로 본다.

(2) 경로효친사상

우리나라를 예로부터 '동방예의지국'이라고 칭하였다. 일부는 이것이 외세의 요구에 대해 제대로 항변하지 못하는 것에 대한 미화라고 말하는 극단적인 입장도 있다. 그러나 우리 민족은 외부에서 온 손님을 진심으로 맞아들이는 정이 넘치는 사회이다. 그러한 환대는 의식적이거나 이익을 바라는 것과는 상당히 거리가 있다. 그러한 대접을 받는 이들은 우리 민족을 '동방예의지국'이라고 칭했을 것이다. 우리 민족은 예로부터 충과 효 그리고 예의를 중시하는 민족이다. 그래서 우리 민족은 효친과 경로를 진심으로 하는 경로효친의 생활태도를 지녔다. 그래서 고래로부터 배워온 많은 도덕 교과서들은 내용 강화를 통해 최소한의 도덕적 인품과 충효를 강화하는 데 진력을 다하였다.

이러한 의미에서 우리 민족의 경로효친사상은 미풍과 양속을 사회에 잘 결합시키려는 부단한 노력을 경주하였다. 그래서 공자는 일찍이 바다 건너 사는 우리 민족을 가리켜 "군자불사지국"(君子不死之國)이라고 칭송한 바 있다. 이는 철저하게 중화적인 사고를 하는 공자가 부러워했던 우리 민족이라는 것을 알게 해준다. 또한 서양의 소설가 게오르규는 우리나라 여행에서 우리나라 사람들이 정초에 성묘하는 모습을 보고 감명을 받았다고 말한 바 있다. 바로 우리 민족은 도덕적 본체인 충과 효의 덕목을 높여 받듦을 중요시하였다. 이러한 정신은 도덕과 교육을 통해 전통을 회복하고 인성교육, 덕교육, 인격교육으로 강화되어야 할 것이다. 즉 과거로부터 도덕교육에서 배웠던 공자, 맹자, 순자의 인성에 관련된 유교적 전통에 대한 올바른 이해도 중시될 필요가 있다.[57] 우리 초등 도덕과의 이론적인 성숙은 결국 전통적인『소학』,『격몽요결』 등 고전적 도덕교육의 내용을 어떻게 현대에 적용하는가에 대한 진중한 노력이 요구된다.

분명 우리 한민족은 가장 치열하게 살아온 역사적 실체로 한반도를 삶의 터전으로 하여 동북아시아에서 살아왔다. 이제 우리는 올바른 충효정신을 오늘에 올바르게 계승하여야 할 것이다.

⑶ 풍류정신

우리 민족은 고대 사회에서부터 한(漢)문화의 확대 속에서 치열하게 우리 문화의 정체성을 형성하여 왔다. 그러한 성향의 대표적인 상징성이 표현된 것은 최치원의 난랑비 서문에서 찾아볼 수 있다. "우리나라에 현묘한 도(道)가 있으니 풍류(風流)라 한다. 그 교(敎)를 창설한 내력은 선사(仙史)에 자세히 실려 있으니 실은 삼교(유교, 불교, 도교)를 포함하여 생을 접화하는 것이다. 들어와서는 집에서 효도하고 나가서는 나라에 충성하는 것은 노사구(魯司寇, 공자)의 뜻과 같은 것이요, 무위로 일을 처리하고 말없이 교를 행함은 주주사(周柱史, 노자)의 종지(宗旨)와 같은 것이요, 악한 일은 하지 말고 선한 일은 받들어 행하는 것은 축건태자(竺乾太子, 석가)의 교화와 같은 것이다."[22]

최치원의 이 서문을 통해 우리 민족의 자생적인 풍류도에 대한 자긍심

---

21 김태훈,『덕교육론』(서울: 양서원, 1997), pp. 280－282.

22 國有玄妙之道 曰風流 設敎之源備詳神史 實內包含三敎 接化群生 且如入則孝於家 出則忠於國 魯司寇之旨也 處無爲之事 行不言地敎 周柱史之宗也 諸惡莫作 諸善奉行 竺乾太子之化也(崔致遠, 鸞郎碑 序文).

을 알 수 있다. 특히 당대의 성인 반열인 공자를 노사구, 노자를 주주사, 석가를 측건태자로 명명한 것에서 최치원의 호방함을 드러냄과 동시에 우리 고유문화의 탁월성을 강조한 경향을 읽을 수 있다. 그 근거는 7세기 당대의 상황에서 이전의 역사서가 갖는 동이민족의 위상이 중국과 대등한 것임을 반영하는 것이다. 이는 신라가 가장 강성한 자긍심을 갖고 있는 삼국 통합의 기초를 마련한 것에 기인될 것이다. 신라는 고구려, 백제의 문화를 통합함으로써 우리 민족문화의 커다란 한 축을 이루었다고 할 것이다.

우리 민족이 가지고 있는 이러한 정신을 풍류정신이라고 하겠다. 이 정신은 가무를 통하여 신과 만나고 자연을 즐기며 도의를 연마하는 정신을 가리킨다. 우리 민족은 예로부터 조의선인, 화랑도, 제천행사에서 조성되어 오늘에 이르고 있다. 놀이를 하더라도 흥을 갖게 하는 것이다.

우리 민족의 풍류정신은 인공이 아닌 자연의 벗을 즐기는 것이며, 정원을 만들더라도 자연을 가공하지 않고 그 순수미를 유지하려고 하였다. 이러한 문화전통은 김부식의 『삼국사기』에서 칭한 백제 궁궐의 아름다움에도 잘 드러난다. "검이불누(儉而不陋) 화이불치(華而不侈)"라는 논평에서 백제문화의 자연을 살리는 정신은 풍류의 일면목을 찾아볼 수 있다.[23]

우리 민족의 문화에 대해 기술한 것은 전통 문화에 대해 쇼비니즘에 빠지려고 주장하는 바가 아니다. 한반도의 모든 구성원들이 한반도에 터전을 만든 많은 앞서 간 이를 아는 것이 중요하다는 것이다. 이제 우리 대한민국

---

23 이병도 역주, 『삼국사기 하』(서울: 을유문화사, 1986), p. 9. 儉而不陋 華而不侈라는 것은 백제 온조왕이 새 궁궐을 지었는데 검소하되 누추하지 않고 화려하되 사치하지 않았다는 말이다.

은 많은 다른 문화권의 사람들이 어울려 살고 있다. 그들과 함께 이 땅에 터전으로 살아온 한민족은 조화와 평화 그리고 공동체를 만들어가는 중요한 과제를 안고 있다.

이제 우리 사회를 구성하는 민족논리에 있어서 다양한 입장들과 현상들이 나타나고 있다. 그 가운데 하나로 민족주의의 해체를 주장하는 시민계층이 등장하였다. 우리 사회에서 점차 그 중요도를 더해가는 다문화적 요소들로 인해 인종적 민족주의에 기반을 둔 한민족 정책을 주장하는 것은 한계가 있다. 이런 관점에서 새로운 인식의 전환을 요하는 도덕교육은 공동체 구성원의 이익과 민족공동의 이익을 동일시하는 토대에 그 근거를 두어야 한다. 다양한 문화로 구성된 새로운 한국 시민사회를 다양한 모델을 추구하면서 통합력을 강화하여야 한다. 그리고 한반도에 삶의 터전을 둔 모든 구성원들이 단순한 일면적 사고를 넘어서 다차원 사고를 하도록 해야 한다. 그리고 이와 같은 과정 속에서 한국사회의 구성원들 모두가 더불어 살고자 노력해야 한다.

2. 도덕교육과 동양윤리

인성(人性)이란 글자 그대로 풀이한다면 사람의 품성, 성품(性品) 혹은 본성(本性)이다. 인간의 본성에 관한 논의는 도덕교육적 관점에서 볼 때 매우 중요하다. 어떤 관점에서 인간을 바라보느냐에 따라 그에 따른 교육적 접근이 달라지기 때문이다. 여기에서는 동양윤리에서 '성선설'과 '성악설'이란 인간 본성론의 토대를 구축한 공자와 맹자, 그리고 순자의 사상을 검토해 본다.

1) 공자·맹자의 인성론

(1) 인성론의 토대

공자는 인성론을 우주론적 시각에서 전개하였다. 이는 인간의 내면적 본성의 근거를 우주의 질서에서 찾고자 한 결과였다. 우주론적 관점의 중심개념은 당연히 '천'(天)에 있었다. 그러나 공자가 말한 하늘의 개념은 오늘날의 종교적 개념과는 거리가 있다. 즉 "천의 지성지순(至誠至純)하고 공평무사(公平無私)한 관념을 근본으로 한 것이지만 주재자(主宰者) 천 또는 운명적 천에서 오는 종교적 경천사상과는 다르다."[24] 공자는 천을 우주질서의 총체적 이치로서 인식한 것이다.

공자는 인간의 근원인 하늘을 근거로 인간 행동의 원리로서의 '도'(道)를 확립하였다. 따라서 '도'는 시공(時空)을 초월한 자연의 기본 원리인 형이상자적(形而上者的) 보편원리에 해당한다. 반면에 '덕'(德)은 시공에 대처한 인간행위에 나타난 도의 구현, 또는 구체적으로 드러나는 형이하자적(形而下者的) 실제 행동을 가리킨다. 우주론적·본질적 원리인 '도'가 현상론적·실천적 구현인 '덕'으로 드러날 때, 인간은 인간에게 주어진 본성에 따른 삶을

---

24 崔丞, 『동양윤리학사』(서울: 새문사, 1989), p. 47.

영위하는 것이다. 그러므로 도와 인성과 덕은 동일선상에 놓여 있는 개념들이다.

공자는 정작 인성(人性) 그 자체에 대해 선악을 단정하여 말하지는 않았다. 다만 인간의 본성에 관해 "본성은 서로 비슷하나 습관에 의하여 서로 멀어지게 된다"[25]고 하여 그의 천부성과 함께 후천적 습성의 중요성을 동시에 피력하였다. 선천적인 인성으로 말하면 사람이 서로 비슷하고, 후천적인 습성으로 말하면 피차의 거리가 멀게 된다는 것이다. 공자는 이와 더불어 "오직 지극히 지혜로운 사람과 지극히 어리석은 사람은 변화시킬 수 없다"[26]고 말함으로써 한편으로는 사람에 따라 인성의 천부성이 후천성보다 더 강함을 주장하기도 하였다.

공자는 비록 인간의 성(性)을 명확하게 선악으로 구분하여 말하지는 않았지만 맹자가 성선설을 주장할 수 있는 논리적 토대를 제공해 주었다. 공자가 말한 인성의 천부성에는 성선설적 요소들이 배어 있기 때문이다. 공자는 "사람의 삶은 곧은 법이니, 곧지 아니하면서도 살아가고 있음은 요행히 형벌을 면하고 있는 것"[27]이라고 말할 뿐만 아니라, "사람은 누구나 진실로 뜻을 인(仁)에 두기만 하면 악함은 없어지게 된다"[28]고 함으로써 본성이 선함을 암시하고 있다. 인간이 타고난 본성을 잃지 않는다면 인간은 부여받은 천명에 따라 선한 사람이 될 수 있다는 것이다. 공자는 본성에 대하여 "잡으면 보존되며 놓으면 잃어버리고, 나가고 들어옴이 정한 때가 없으니 그

25 『論語』, 「陽貨」, 性相近也 習相遠也.

26 『論語』, 「陽貨」, 唯上智與下愚不移.

27 『論語』, 「雍也」, 人之生也直 罔之生也 幸而免.

28 『論語』, 「里仁」, 苟志於仁矣 無惡也.

고향을 알 수 없다"[29]고 하였다.

맹자는 공자의 사상을 토대로 자신의 인성론을 완성하였다. 그는 "사람에게는 누구나 남에게 차마 못하는 어진 마음이 있다(不忍人之心)"고 하였다. 그는 이에 대하여 다음과 같이 말하면서 인간의 본성이 선함을 강조하였다. "사람에게는 누구나 남에게 차마 못하는 어진 마음이 있다고 하는 까닭은 이러하다. 이제 사람들이 어린아이가 우물에 빠지는 것을 갑자기 당하면 누구나 놀라고 불쌍한 마음이 들어 달려가 그를 붙든다. 이것은 그 어린아이의 부모와 가까이 교제하기 위해서 그러는 것도 아니며, 마을 사람들과 벗들에게서 칭찬을 받기 위해서 그러는 것도 아니며, 구하지 않으면 사람들로부터 원성 듣기가 싫어서 그러는 것도 아니다. 이런 사실에 의거하여 살펴본다면, 측은히 여기는 마음이 없으면 사람이 아니며, 부끄러워하는 마음이 없으면 사람이 아니며, 사양하는 마음이 없으면 사람이 아니며, 옳고 그름을 가리는 마음이 없으면 사람이 아니다. 측은히 여기는 마음은 인(仁)의 실마리이고, 부끄러워하는 마음은 예(禮)의 실마리이며, 사양하는 마음은 의(義)의 실마리이고, 옳고 그름을 가리는 마음은 지혜(智)의 실마리이다. 사람들이 이 사단(四端)의 마음을 지니고 있는 것은 마치 그들이 사지(四肢)를 가지고 있는 것과 같다."

(2) 성(性)의 구성요소

동양철학에서 '성'(性)자는 본래 '생'(生)자와 통용되어 생리적 욕구본능

29 『孟子』, 「告人」, 孔子曰 操則存 舍卽亡 出入無時 莫知其鄕.

같은 것으로 쓰였다. 그러나 공자는 성의 생리적인 면에는 자사자리한 욕구 본능만 있는 것이 아니라 존양(存養)해야 할 면도 있는 것으로 이해하였다. 다시 말해 공자는 종래의 생리적 본능 외에 자연생명에서 밖으로 드러나는 정감이 있음을 아울러 생각하는 인성론을 발달시켰다. 성에는 부모와 자식 사이의 친친(親親), 어른과 아이들 사이의 존현(尊賢)과 같은 정감(情感)이 있다고 보았다. 그 정감의 순수무잡(純粹無雜)함이 다름 아닌 '인'이라는 것이다.

맹자는 '성'(性)이 '생'(生)과 '심'(心)을 포함한다고 보았다. 맹자에 이르러 성의 심리적 측면이 처음으로 구체화된 것이다. 이제 성은 심리적 측면과 생리적 측면을 포괄한다. 맹자는 마음(心)의 순수한 본질을 뜻(心志)이라 하고, 생(生)의 순수한 본질을 몸(신체)이라 하였다. 그리고 생으로부터 기인하여 심리적 현상으로 드러나는 것을 정(情)이라 하였고, 심리적 추진력으로서 뜻과 정에 속하지 않으면서도 또한 그것들에 속할 수 있는 것으로 기(意氣)를 들었다. 여기에서 지(志)는 이성이고, 기(氣)는 의지요, 정(情)은 곧 욕망을 뜻한다.

몸은 정의 원천이다. 인간은 오감(五感)을 일으키는 다섯 감각기관인 눈(시각), 귀(청각), 코(후각), 혀(미각), 피부(촉각)를 가지고 있다. 그리고 여기에 덧붙여 여섯 번째 감각으로서 육감(六感), 곧 무엇을 직접 느껴서 깨닫는 한 신비한 심리작용을 갖추고 있다. 이들은 외부와의 자극에 대응하며, 신체에 생리적 양분과 자극을 제공하여 생존을 유지시킨다. 이들로부터 발현되는 감각은 지극히 본능적이며 생리적이다. 인간의 생존에 있어서 가장 기초적인 작용에 해당된다.

신체로부터 기인한 심리적 현상으로서의 정(情)은 욕망으로 반응한다.

인간은 신체의 여섯 가지 기능으로부터 욕망을 느끼게 된다. 이러한 인간의 욕망은 심리적 측면의 감정(情) 안에 포함되어 있는 것으로 이해된다. 유가 철학에서는 인간의 감정을 일곱 가지로 분류한다. 기쁨(喜), 노함(怒), 슬픔(哀), 두려움(懼), 사랑(愛), 증오(惡), 욕망(慾) 등이 그것이다. 인간은 이러한 감정을 따로 학습하지 않아도 자연적으로 느낄 수 있다.[30] 이것은 어디까지나 심리적 현상에 속한다.

기(意氣)는 뜻과 정에 속하지 않으면서도 그것들로부터 영향을 받을 뿐만 아니라 그것 중의 어느 하나에 편승하여 기능을 발휘한다. 뜻의 통솔을 받을 수도 있고, 몸의 감각의 통솔을 받을 수도 있다. 기가 어떤 쪽의 기능을 발휘하도록 작용하느냐에 따라 인간은 선해질 수도 있고 악해질 수도 있는 것이다. 뜻에 따라 성이 작용하도록 기가 기능을 발휘하면 그때의 정은 선정(善情)이 되고, 몸의 감각에 따라 기능을 발휘하면 악정(惡情)이 된다. 그래서 맹자는 이 기를 잘 길러야 한다(養氣)고 강조하였던 것이다.

인간을 인간 되게 만드는 가장 본질적인 요소는 마음이요, 그 마음 중에서도 뜻(心志)이다. 뜻에는 천부적으로 주어진 사단(四端)이 내재해 있다. 따라서 뜻은 인간을 다른 동물들과 구분시켜 주는, 그리고 인간을 비로소 인간으로 만들어 주는 핵심 요소이다. 그것은 한 사람의 생각과 언어, 그리고 행동의 주재자이다. 양심(良心), 본심(本心), 대인심(大人心), 도심(道心), 인심(人心) 등으로 불리는 마음(心志)은 "사상과 행위의 중심지로 모든 말과 생각, 행동이 이를 경유하여 결정된다."[31]

---

30 『禮記』, 「禮運」, 何謂人情 喜怒哀懼愛惡慾七者 弗學而能.

31 陳立夫·鄭仁在 譯, 『중국철학의 인간학적 이해』(서울: 민지사, 1988). p. 83.

몸, 기, 그리고 뜻은 어떤 관계로 설정되어야 하는가? 맹자는 이들의 관계를 분명하게 밝혔다. 인간의 기(意氣·氣質)는 뜻(心志)을 주인으로 삼아야 마땅하다고 하였다. 뜻은 사단(四端)의 가치 자각을 함유하고 있다. 기는 의지를 가리킨다. 몸(體)은 신체로서, 구체적으로는 오관(五官)을 가리킨다. 신체의 활동은 기의 움직임을 그 내용으로 삼는다. 그러므로 기는 몸에 가득 차 있는 것이라고 하였다. 기는 뜻의 통솔을 받아야 한다. 그러므로 그 방향을 정하게 되면 기는 그를 따른다. 뜻이 이르면 기는 부차적으로 따라간다. 대저 마음은 기운을 거느리고 기운은 몸을 거느리는 것이니, 마음이 나타나면 기운이 뒤따르게 마련이다.

(3) 성선(性善)의 근거

맹자는 성선의 근거를 "천(天)의 내재성(內在性)과 합목적성(合目的性)"[32]에 두었다. 하늘의 합목적성 때문에 성이 선하다고 주장한 것이다. 맹자는 그 증거로 '불인인지심'(不忍人之心)을 내세웠다. 맹자는 사람에게는 모두 '불인인지심'이 있다고 하여 그것을 인(仁)에서는 측은(惻隱), 의(義)에서는 수오(羞惡), 예(禮)에서는 사양(辭讓), 지(智)에서는 시비(是非)라 하며, 이 네 가지를 사성(四性)의 단(端)이라 하였다. 그리고 이 사단이 있으므로 선을 실행하여 근본을 이룰 수 있다고 보았다. 즉 측은, 수오, 사양, 시비는 성의 인, 의, 예, 지의 단서로 마음 가운데에 반응된 선정(善情)이다. 측은함을 느끼게 되는 것은 인성(仁性)에 기인한 것이요, 남의 잘못을 미워하고 나의 잘

---

32 崔丞, *op. cit.*, p. 75.

못을 부끄럽게 느끼는 것은 의성(義性)에, 사양하는 마음을 일으키게 되는 것은 예성(禮性)에, 옳고 그름을 분별하게 되는 것은 지성(智性)에 기인한다. 측은, 수오, 사양, 시비는 인심(人心)의 측면에서 하는 말이요, 인, 의, 예, 지는 인성(人性)의 측면에서 하는 말이다.

인간의 본성은 성인이나 보통 사람이 서로 비슷하다고 본다. 맹자는 "이제 보리와 밀을 뿌리고 덮는데, … 그러므로 동류인 것은 모두 비슷하니 어찌 사람에 대해서만 의심하겠는가? 성인도 나와 같은 종류의 사람이다"라고 하였다. 또한 맹자는 신발이 서로 비슷한 것은 온 세상 사람들의 발의 크기가 서로 비슷하기 때문이라고 비유하면서 세상의 모든 같은 종류들은 다 서로 같은 법이니 사람에 있어서도 이와 마찬가지라고 보았다. 마음 또한 누구나 다같이 옳다고 여기는 것이 존재한다고 보았다. 그것은 다름 아닌 도리(理)와 옳음(義)이다. 사람의 마음은 천성적으로 이(理)와 의(義)를 좋아하게 되어 있다는 것이다.

⑷ 인성발달을 위한 교육적 접근

① 교육의 목적

공자에게 있어서 교육의 목적은 하늘의 이치인 도를 깨닫고 이를 일상생활에서 구체적으로 실천함으로써 덕을 발휘하도록 하는 데 있다. 다시 말해 하늘의 이치인 도가 인간에게 천부적으로 내재되어 있는바, 이러한 도의 인간학적 표현인 인성을 올바로 구현하도록 하는 데 교육의 목적이 있었던 것이다. 인성은 모든 사람들에게 천부적으로 주어져 있다. 얼마나 그것을 후천적으로 익히느냐에 따라 사람의 질이 달라진다. 그래서 공자는 "가르치면 악인이 없다"[33]고 하였다. 올바른 교육을 받는다면 누구나 선한 사람이 될 수 있는 것이다.

맹자가 강조한 교육의 목적도 기본적으로 공자의 그것과 다르지 않다. 맹자에게 있어서 교육의 목적은 곧 마음을 보존하고 본성을 기르는 것(存心養性)에 있다. 이상적 인간은 본래 타고난 양지(良知)·양능(良能)의 존양(存養)을 통해서 가능하다는 것이다. 여기서 존(存)이란 인간이 원래 가진 본심을 보존하는 것을 의미한다. 그리고 양(養)이란 인간이 원래 가진 본심을 기른다는 뜻이다. 맹자에 따르면, 이것은 결국 인, 의, 예, 지를 보존하는 것이다. "군자가 보통 사람과 다른 까닭은 그가 본심을 지니고 있기 때문이다."[34]

맹자는 마음을 보존하고 본성을 지키는 과업을 한마디로 "놓아버린 마음을 되찾는 것", 곧 구방심(求放心)으로 표현하였다. 맹자는 사람이면 누구나 타고 난 선단(善端)을 확충해 나간다면 착한 사람이 될 수 있다고 하였다. 그럼에도 불구하고 사람들은 마음을 잃고 사는 경우가 대부분이라는 것이다. 마음을 놓아버렸다는 것은 우리 인간에게 선천적으로 부여된 선단을 붙잡지 않고 육체적 욕망에 사로잡혀 삶을 살아간다는 것을 뜻한다. 되찾는다는 것은 그 선단을 회복한다는 것을 의미한다.

② 교육의 방법

• 학사병진(學思竝進)이다.

33 『論語』, 「衛靈公」, 有敎 無類.

34 『孟子』, 「離婁下」, 君子所以異於人者 以其存心也.

학문과 사색을 병행하는 것을 뜻한다. 공자는 군자가 되기 위한 방법으로 서책(書冊)에 의한 교육의 비중을 상대적으로 적게 두었다. 학문은 타인의 경험을 탐구의 대상으로 삼아 자신의 주관을 충실케 하려는 것이다. 학(學)은 이에 해당하는 방법이다. 사람은 누구나 배워야 한다. 하물며 군자가 덕을 쌓기 위해서는 학문을 꾸준히 해야 함은 당연한 일이다. 학문을 한다는 것은 도를 닦는 것이요, 이는 인성을 올바로 깨닫는 것이다. 공자에게 있어서의 학(學)이란 무지로부터의 탈출이다. 무지란 천부적으로 부여된 인성의 본질에 대한 무명(無明)이다.

사(思)는 원시유가 교육사상에서 반성적 사고를 의미하였다. 이러한 사는 내성적 방법으로 자기 자신을 탐구의 대상으로 삼아 도를 자각하려는 것이다. 이는 배우는 데 있어서 학(學)과 함께 반드시 병행되어져야 할 또 다른 방법으로 여겨졌다. 인간의 마음이 발휘하는 중요한 기능이 반성적으로 사고하는 것이다. 공자는 타인의 경험을 탐구의 대상으로 삼아 자신의 주관을 충실케 하려는 것으로서 '학'과 자기 자신을 탐구의 대상으로 삼아 도를 자각하려는 '사'를 병행할 것을 권고하였다. 그 까닭은 사람들이 "배우기만 하고 사색하지 않으면 어둡고, 생각하기만 하고 배우지 않으면 위태롭기"[35] 때문이다.

• 과욕(寡慾)과 원욕(遠慾)이다.

맹자는 인간이 본성을 회복하여 인간으로서 삶을 영위하기 위한 교육방법을 구체적으로 제시하였다. 인간은 욕망을 절제해야 한다는 것이다. 맹자

35 『論語』, 「爲政」, 學而不思則罔 思而不學則殆.

는 욕망을 절제하기 위해서 안으로는 과욕을, 그리고 밖으로는 원욕을 그 방법으로 들었다. 과욕은 마음 내부에서 욕망을 줄이는 것으로, 억제할 수 있는 힘을 키움이다. 우리 인간은 본성이 본래 착하지만 외적 사물과 접하게 되면 욕심이 도발하게 되어 양심을 잃게 되기 쉽다. 그렇다고 욕심을 전적으로 없애서도 안 된다. 그래서 무욕(無慾)을 주장하지 않고 과욕(寡慾)을 주장한 것이다. 욕망을 절제하기 위한 또 다른 방법은 '욕망을 멀리하는 것', 즉 '원욕'이다. 이 원욕은 유혹받기 쉬운 것을 멀리 치우는 것으로, 외부로부터 욕망을 일으킬 수 있는 감정을 감소시키는 것이다.

•마음을 오로지 하고 뜻을 다한다(專心致志).

맹자는 본성을 기르기 위한 구체적인 방안으로 이를 제시하였다. 마음을 한 곳으로 모으고 뜻을 향해 끊임없는 자기 정진이 필요하다. 그렇다고 급히 서둘러서는 결코 이룰 수 없는 일이다. 마음을 오로지 하고 뜻을 다하는 것은 자신의 가까운 일상생활 속에서 실천해 나갈 때 가능하다. 맹자는 "도는 가까운 곳에 있는데 먼 곳에서 구하며 일이 쉬운 곳에 있는데 어려운 데서 구하니, 사람마다 그 친한 사람을 친하게 대하며 그 어른을 어른으로 모시면 천하가 평안해질 것"[36]이라 하였다.

---

36 『孟子』, 「離婁上」, 道在爾而求諸遠 事在易而求諸亂 人人親其親長其長而天下平.

2) 순자의 인성론

(1) 자연과 인위

순자의 자연관은 당시 유가사상의 주류를 형성하였던 공자와 맹자의 관점과는 현격한 차이를 드러낸다. 중국 고래의 종교적 천명사상(天命思想)이나 신비주의의 천인감응설(天人感應說)은 하늘을 자연과 인간사회 양자를 주관하는 존재로 파악하여 인간의 일에 대해 감응하는 능력과 의지를 갖춘 인격신으로 설정했다. 자연과 사회의 모든 변화나 국가의 흥망, 인간의 재앙과 복은 결국 하늘에 의해 결정된다고 주장했다. 이러한 사상은 유가의 종교성을 부각시키는 결과를 초래하였다.

순자는 하늘(天)과 인간(人)의 분수를 엄연히 구분하였다. 순자는 '천'을 의지적이고 주재적(主宰的)인 존재자로 보지 않고 다만 하나의 운행법칙으로 보았다. 그 점에서 그의 사상은 유가의 목적론적인 '천'사상을 부정한다. 자연계의 운동변화는 인간의 의지나 천의 의지가 아니며, 천인감응에 의하여 이루어지는 것도 아니라는 것이다. 자연 그 자체의 인과법칙에 의하여 이루어진다는 것이다. 순자에 따르면, 자연계는 그 자체의 일정한 법칙과 질서가 있어서 인간사회를 성왕이 다스리건 폭군이 지배하건 그것은 자연계의 자연현상과는 전연 상관이 없다.

인간은 자연계의 질서에 간섭할 수도 없고 간섭해서도 안 된다. 인간은 자신의 역할에 충실하면 되는 것이다. 그런 점에서 순자는 "인간으로서의 노력을 버리고 하늘을 생각하면 곧 만물의 본성을 잃게 된다"[73] 고 경고하였다. 군자와 소인의 차이도 기본적으로 이러한 자연관에서 비롯된다. 군자는 자신에게 있는 것을 소중히 할 뿐 하늘에 있는 것을 바라지 않으므로 나날이 진보하지만, 소인은 자신에게 있는 것은 버려두고 하늘에 의지하므로 나날이 퇴보한다는 것이다.

순자는 인간의 삶 그 자체를 자연과 완전히 격리시켜 이해한 것은 결코 아니다. 그는 인간을 자연에 의하여 생성되고 자연과의 밀접한 관련에 의하여 생명을 유지하는 존재로 파악하였다. 인간의 역할은 자연계의 역할과는 분명히 구분되지만 인간은 외적 자연과의 관계 속에서 생명을 유지해 간다는 입장이다. 순자는 "인간은 자연의 생성작용에 의하여 육체가 갖추어지고 정신이 생겨 좋아함과 싫어함 및 희노애락 등의 감정이 모두 내적으로 생기는데, 이것을 자연적 감정"이라고 하였다. 또한 "이목구비와 몸(피부)은 저마다 사물과의 접촉을 통하여 서로 다른 기능을 다하는데, 이것을 자연적 감관(天官)"이라고 하였으며, "사람의 마음은 가슴 속에 자리잡고 있어서 다섯 가지 감관을 다스리는데, 이것을 자연적 임금(天君)"이라고 하였다. 순자는 인체의 감관을 관장하는 기관 역시 자연이 직접 생산하였다고 보고 이를 '천군', 곧 마음(心)이라고 하였다.

아울러 순자는 땅에서 나는 산물은 인간의 육체나 정신과는 류가 다르지만 인간의 생명을 길러준다고 하였다. 그는 이것을 '자연의 길러줌'(天養)으로 표현하였다. 인간은 자신의 생명을 유지시키는 생존욕망을 잘 길러나가야 하며, 그것은 곧 '자연적 질서에 따르는 것'(天政)이라고 하였다. 이처럼 순자는 자연과의 관계 속에서 인간의 존재를 파악하면서도 그의 구분을 분명히 하였던 것이다.

---

37 박재주, 『동양의 도덕교육사상』(성남: 청계, 2000), p. 289.

자연과 구분된 인간의 직분은 무엇인가? 그리고 순자는 그 근거를 어디에서 찾고 있는 것인가? 순자는 전통적으로 내려오는 천(天), 지(地), 인(人) '삼재'(三才)의 관념을 달리하였다. 하늘에 사시의 운행이 있고 땅에 만물의 생산이 있듯 인간은 인간사회를 다스려 가는 역할이 있는 것이므로, 인간이 그 역할을 충실히 하는 것이 천지와 나란히 되는 방법이고 인간의 도리로 이해하였다. "하늘에 일정한 질서가 있고, 땅에 일정한 조리가 있으며, 군자에게는 일정한 체통이 있다"는 것이다. 군자의 체통이란 인간의 불변의 직분과 역할에 충실하는 것이다. 그것은 바로 내 안에 있는 것을 찾는 것으로서, 뜻(志意)을 닦고 덕행을 두텁게 하며 지려(知慮)를 밝히는 일 등이다.

인간은 천군(天君)인 마음을 밝게 하고 그 육체적 감관을 바르게 하며, 자연적 감정을 도야하여 그 자연적 작용을 완성시켜 나가야 한다는 것이다. 순자는 이것이 바로 인간의 직분과 하늘의 직분을 알게 되는 것이며, 또한 인간을 완성시키고 천지가 그 직분을 이루게 하며 만물이 그 직분에 맞는 작용을 할 수 있는 길이라고 하였다. 순자는 이러한 구분에 밝은 사람을 지인(至人), 곧 '완전한 인간'이라 하였다.

순자는 인간이 그 직분을 알 수 있는 근거를 마음에서 찾았다. 마음은 지려(知慮), 징지(徵知), 변지(辨知) 등 분별의 기능을 발휘한다. 마음이 오관(五官)을 다스린다는 것도 육체적 감각기관의 작용을 조절하고 판단하는 정신작용을 뜻한다. 이 마음의 분별작용이 다름 아닌 인위(人爲)이다. 이는 사람 안에 이미 도덕적 행위와 지려의 원천이 존재하고 있다는 것을 뜻한다. 이런 점에서 보면 순자의 인성론은 기본적으로 맹자의 심성론과 큰 차이가 없다.

(2) 성(性)과 정(情)

순자는 하늘과 사람을 구분한 것처럼 성(性)과 인위(人僞)를 구분하였다. "성은 아직 가공되지 않은 소재이자 위(僞)의 바탕이다. 위는 성이라는 질박한 재료를 인위적으로 가공하고 개조한 것이다. 성은 사람의 자연성이며, 위는 사람의 사회성이다. 순자는 이 둘의 결합을 강조한다."[38]

인간의 본성이 선천적으로 주어지는 자연성이라면, 사람이라면 누구나 그러한 본성을 지니게 됨은 당연한 귀결이다. 즉 모든 인간이 동일한 성을 소유하게 된다. 그래서 순자도 "오랑캐의 자식이라도 선천적·자연적 본질은 같으며",[39] "군자나 소인이 동일하다"[40]고 하였다. 순자는 보다 구체적으로 "무릇 사람에게는 동일한 것이 있다. 배고프면 먹고 싶고, 추우면 따뜻하게 입고 싶고, 고단하면 쉬고 싶고, 이익을 좋아하고 손해를 싫어하는 것은 사람이 태어나면서부터 가지는 것이요, 기다려서 그러한 것이 아니다"라고 하였다.

정(情)이란 무엇인가? 순자는 인간의 자연적 경향성으로서의 성(性)의 질료를 정(情)으로 보았다. 적어도 정을 성의 한 내용으로 파악한 것이다. 여기에서 정이란 자연적 감정을 뜻한다. "인간본성의 좋아함, 싫어함, 기뻐함, 노여워함, 슬퍼함, 즐거워함을 정"[41]이라 하였다. 그리고 정의 반응을 욕망으로 보았다. "인간본성은 하늘이 이룬 것이다. 정은 본성의 바탕이다. 욕망은

---

38 『荀子』, 「天論」, 錯人而思天 則失萬物之情.

39 『荀子』, 「勸學」, 干越夷貊之子 生而同聲.

40 『荀子』, 「榮辱」, 材性知能 君子小人一也.

41 『荀子』, 「正名」, 性之好惡喜怒哀樂 謂之情.

정의 반응"이라고 하였다. 순자는 성과 정과 욕망[42]을 같은 선상에 올려놓은 것이다.

⑶ 성악(性惡)

순자의 인성론의 핵심은 정(情)의 반응으로서의 욕망(慾望)이 무한하다는 데에서부터 출발한다. "무릇 귀하게는 천자가 되고 부하게는 천하를 가지는 것은 사람의 정이 모두 바라는 바이다."[43] 바로 이 점이 인간의 성이 악하다는 관점의 토대를 제공하고 있다. "사람의 본성은 악하다. 그 선은 인위적인 노력의 결과이다. 이제 사람의 본성은 태어나면서 이익을 좋아한다. 그래서 싸움과 빼앗음이 생겨 양보가 사라진다. 또 태어나면서 싫어하고 미워한다. 그래서 해치고 상하게 하여 성실과 믿음이 사라진다. 또 태어나면서 귀와 눈의 욕망은 소리와 색을 좋아한다. 그래서 음란함이 생겨 예의와 문리가 사라진다." 이는 정(情)의 구체적인 외부 표출인 욕망을 문제삼은 것이다. 인간의 욕망이 필연적으로 투쟁을 낳고 혼란을 야기시킨다는 점에서 인간의 성을 악으로 규정한 것이다.

순자는 맹자의 성선설을 비판하면서 자신의 관점을 정당화하였다. 순자는 맹자가 성선설을 주장하게 된 까닭과 오류는 성(性)과 위(僞)의 구별을 잘못한 데에서 비롯된 것으로 해석하였다. 맹자는 사람이 학문을 하는 것은 그 본성이 선이기 때문이라고 하였다. 그러나 그것은 잘못된 생각이라

42 『荀子』, 「正名」, 性者天之就也 情者性之質也 欲者情之應也.
43 『荀子』, 「榮辱」, 夫貴爲天子 富爲天下 是人情之所同欲也.

는 것이다. 사람의 본성을 잘못 이해하여 타고난 본성과 후천적으로 교정된 성정을 구분하지 못한 까닭이라는 것이다. 순자는 이에 대해 "무릇 본성이란 타고난 대로를 말하는 것이니, 배워서 되는 것이 아니고 행동해서 되는 것도 아니다. 그러나 예의는 성현이 인위적으로 만들어낸 것이니, 배우고 노력하면 되는 것이다. 배우지 않고 행하지 않아도 그대로 있는 것을 본성이라 하며, 배우고 노력해야 되는 것을 인위라 하니, 이것이 성(性)과 위(僞)의 구별"이라고 하였다.

인간은 인간다움을 어디에서 찾아야 할 것인가? 순자는 자연적 본성에 따르는 인간을 일단 소인으로 규정하지만, 순자는 욕망의 추구 자체를 전적으로 부정하지는 않았다. 순자에 따르면, 인간은 욕망을 추구하면서도 인간됨을 실현할 수 있다. 인간의 성이 악함에도 불구하고 무엇이 있어 인간은 인의와 규범을 알 수 있는가? 순자는 사람이 외부 사물의 같음과 다름을 구별하는 것은 천관(天官), 즉 타고난 감각기관에 의해서 가능하다고 보았다. 형태와 빛깔과 무늬는 눈으로 구별하고, 음성의 청탁 및 음조와 음악의 변화는 귀로 구별하며, 달고 쓰고 짜고 싱겁고 맵고 시고 이상한 맛은 입으로 구별한다. 향기롭고 향긋하고 비릿하고 시큼하고 이상한 냄새는 코로 구별하며, 아프고 가렵고 차고 뜨겁고 부드럽고 꺼칠하고 가볍고 무거운 것은 촉각으로 안다. 그러나 "말이나 사건과 희(喜), 노(怒), 애(哀), 락(樂), 애(愛), 증(憎), 욕(慾), 즉 칠정(七情)은 마음으로 구별한다. 마음은 감각을 주재하므로 마음에는 징지(徵知), 즉 밝은 인식이 있는 것이다. 인식이란 귀가 음성을 듣는 데 작용하고 눈이 형태를 보는 데 작용한다." 인간의 본성이 비록 악하지만 인간이 인간됨을 확립할 수 있는 근거는 결국 마음의 작용에 있다고 본 것이다.

(4) 예(禮)

순자의 인성론에서 '예'(禮)는 매우 중요한 의미를 내포하고 있다. 순자가 성악을 말한 까닭이 인간의 주체적 능동성으로서의 '위'(僞)를 강조하고자 하였다면, 그 '위'의 결과가 바로 '예'이기 때문이다. 곧, 위의 형식이 예라 볼 수 있다. 맹자와 순자 모두는 인간의 자연적인 도덕적 감정을 인정하였으나, 맹자는 사단(四端)이 주어져 있는 심지(心志)를 본성으로 보았기에 그 내적인 측면, 곧 인의(仁義)에 초점을 두고 이를 보존하고 길러나갈 것(存心養性)을 강조한 반면, 순자는 정(情)을 본성으로 간주하였기에 그의 외적 규제수단인 예를 강조하였던 것이다. 이 차이는 결국 성을 선으로 보느냐 악으로 보느냐의 차이를 노정시킨 결정적 단서로 작용하기도 하였다.

순자는 학문의 최종 목적을 예(禮)의 확립에 두었다. 예는 궁극적으로 모든 사람들이 악한 인성을 선으로 교화할 수 있는 교정의 틀로 작용하게 된다. 인간에게는 생존욕망이란 기본적인 성향이 존재한다. 이와 함께 순자는 인간에게는 또 다른 하나의 생존조건이 있다고 보았다. 그것은 바로 무리생활이다. 순자는 인간이 다른 존재들보다 우월한 이유는 사회를 구성할 수 있기 때문이라고 보았다.

인간의 이러한 무리지음의 특성이 순자의 인간관에 커다란 영향을 미쳤다. 순자는 개인적 차원의 생존욕망이 무리 속에서 그대로 사회적 차원의 생존욕망과 연결된다고 본 것이다. 사회가 혼란스러운 것은 누구나 천부적으로 타고난 개인적 차원의 욕망이 사회 내에서 조화롭게 충족되지 못하기 때문이다. 본능의 자연스런 드러남은 인간이 규정한 가치질서에 맞아들기 어렵다. 필연적으로 다툼과 투쟁이 발생할 수밖에 없다. 그래서 인간의 본성을 악이라 규정한 것이다. 인간이 선하기 위해서는 그 악의 경향성을 인위적으로 교정할 필요가 있다. 이 교정의 틀이 다름 아닌 예이며, 이러한 욕망의 충족과 조절이 다름 아닌 예의 기본원리가 되는 것이다.

인간의 본성이 악이라면 예의는 어떻게 하여 나온 것인가? 이 물음에 대해 순자는 "예의라고 하는 것은 바로 성인의 위, 곧 작위에서 생긴 것으로 인간의 본성에서 나온 것은 결코 아니다"[44]라고 대답하고 있다. 인간의 본성을 그대로 방치해두면 사람은 예의도 없거니와, 예의를 전혀 알지 못한다고 하는 것이 확실하다. 사람은 예의가 없으면 어지러워지고 예의를 모르면 인도(人道)에서 벗어난다. 이것으로 미루어 볼 때 본성 그대로 놓아두면 사람은 인도에서 벗어나 혼란에 빠지고 만다.

⑸ 인성발달을 위한 교육적 접근

① 교육의 목적

순자는 교육의 목적을 인간됨의 실현에 두었고, 이의 근거를 성과 위의 구분(性僞之分)에서 찾았다. 성을 악으로, 위를 선으로 규정하였다. 성은 선천적·자연적 욕망의 경향성으로서 그 경향성에 따라 욕망을 분별 없이 추구할 경우 사회적 혼란을 가져오기 때문에 악이다. 반면에 위는 주체적 능동성을 바탕으로 하고 사법의 교화와 예의의 인도로서 욕망을 충족하고 분별하여 사회의 평안을 이루기 때문에 선이다. 성은 자연적 본질이고, 위는 인간이 배울 수도 일삼을 수도 있는 후천적 작위(作爲), 곧 인간이 자신

---

44 『荀子』, 「性惡」, 凡禮義者 是生於聖人之僞 非故生於人之性也.

의 자연적 본질에 스스로 행하는 주체적 행위이다.

성과 위의 구분은 위를 통한 교화로 선하게 해야 한다는 순자의 성악설의 핵심 주장이다. 그러면서 또한 이것은 교육의 목적을 함의하고 있기도 하다. 곧, "인간의 본성은 근본이요, 처음이요, 소박한 것이오. … 그러기에 말하기를 천지가 합하여 만물이 생기고, 음양이 접하여 변화가 일어나고, 성위가 합하여 천하가 다스려진다"[45]고 하였듯이 교육을 통해 성과 위의 합을 이루고자 하였다. 성과 위의 합(性僞合)은 인간의 본성이 소박한 바탕이고, 그 소박한 바탕을 후천적인 노력을 통하여 선으로 가꾸어 간다는 논리이다.

성인이 일반 사람과 다른 것은 주체적 행위로서의 위를 실천하였다는 점이다. 그러면 후천적 작위의 근원은 무엇인가? 위가 사려로부터 출발했으므로 위의 근원은 바로 사려의 기능을 지니는 마음이다. 마음은 천군(天君)이다. 마음은 선천적이고 자연적인 것이다. 따라서 사람이라면 누구나 천군인 마음을 지니고 있게 마련이다. 그러므로 인간은 태어나면 진실로 소인이지만 마음의 작용 여하에 따라 성인도 될 수 있고, 걸왕(桀王)이나 도척(盜拓) 같은 사람도 될 수 있으며, 목수나 장인, 농군이나 상인도 될 수 있다는 것이다.

순자에 있어서 교육의 목적은 인간됨을 실현하는 데에 있으며, 그 인간됨의 전형을 '지인'(至人)으로 보았다. 그러나 어디까지나 순자가 말하는 지인이란 교육의 최고 목표로서 하나의 이상형이었다. 오히려 현세에서의 실질적인 바람직한 인간형은 '군자'라 일컬었다. 따라서 순자가 상정하는 교육

---

45 『荀子』, 「禮論」, 性者 本始材朴也 …性僞合而不治.

의 일차적인 목표는 군자를 양성하고자 하는 데 있었다고 보아야 할 것이다.

② 교육의 방법

• 훌륭한 스승의 사사(師事)를 받는다.

순자는 요긴함에 있어서 이를 으뜸으로 간주하였다. 그는 "배우는 데 있어 어진 이를 가까이 하여 지도를 받는 것보다 더 편리한 것이 없다"고 하였다. 그 스승의 익히는 바를 모방하고 군자의 말씀을 깊이 새겨 널리 본받는다면 세상 일에 두루 통할 것으로 믿었다. 그래서 순자는 학문을 하는 데는 어진 이를 가까이 하는 것보다 더 편리한 방법이 없다고 하였다. "학문의 첩경은 어진 이를 따르는 것보다 더 빠른 길이 없으니, 예를 숭상하는 것은 그 다음에 할 일"이라고 분명히 밝히고 있다. 순자는 "예란 몸을 바르게 해주는 것이요, 스승이란 예를 바르게 해주는 사람"이라고 하였다. 사람은 예가 있어서 자신의 몸을 바로잡을 수 있다. 예에 그렇게 되어 있으므로 그렇게 하는 것이니, 곧 그 마음 속에 예가 자리잡고 있는 까닭이다. 그러나 스승은 그 예의 옳은 행사를 일러주는 자이다. 만약 스승이 없다면 그 예의 옳은 행사를 알 수가 없다. 그러므로 스승으로부터 가르침을 받는 것이 가장 편리한 방법이다.

스승은 예의 옳은 행사를 일러줄 뿐만 아니라 스스로 몸으로써 모범을 보여준다. 그럼으로써 사람들로 하여금 예에 안주하도록 이끌어준다. "학문이란 것은 바로 예법을 배우는 것이다. 무릇 스승이란 몸으로써 모범이 되고 우리들로 하여금 스스로 예법에 안주하게 해주는 자이다."[46] 학문하는 사람은 스승의 가르침을 들었을 때, 이를 진실한 마음으로 받아들이고 온

정성을 다하여 실천해야 한다.

• 선인들이 남긴 예를 터득한다.

예는 자연적 감정을 교정해 주는 틀이다. 인간은 예에 의거하여 안주할 때 천정(天情)을 다스릴 수 있으며, 비로소 자신의 몸을 바르게 할 수 있다. 그래서 순자는 공자의 가르침을 본받아 "예의 없이 묻는 사람에게는 대답하지 말고, 예의 없이 말하는 자에게는 묻지도 말라. 예의 없이 담론하는 자의 말도 듣지 말고, 다투기를 잘하는 사람과는 변론을 하지 말라"고 하였다. 따라서 "도에 의거하여 행하는 것을 안 후에야 접근할 것이요, 도에 합당하지 않으면 피해야 한다. 그러므로 예와 공경함이 갖추어진 뒤에야 함께 도의 방법을 논할 수 있고, 말씨가 온순한 뒤에야 도의 원리를 말할 수 있으며, 표정이 공손한 뒤에야 함께 도의 극치를 말할 수 있는 것이다."

• 경전을 읽고 사색하며 통달한다.

순자는 "나는 일찍이 종일토록 사색에 잠긴 일이 있었으나 잠깐 동안 공부하여 얻은 것만 못하였다. 내 일찍이 발돋움을 해가며 멀리 바라보려고 하였으나 높은 곳에 올라가 바라보는 것만 못하였다. 높은 곳에 올라가서 손짓을 하면 팔이 더 길어지는 것도 아니지만 멀리까지 볼 수 있고, 바람을 따라 소리치면 더 커지는 것은 아니지만 분명하게 들을 수 있다. 수레와 말을 이용하는 사람은 발걸음이 더 빨라지는 것도 아니지만 멀리 천리 길을 갈 수 있고, 배와 노를 이용하면 사람은 물에 익숙하지 않더라도 강을 건널

---

46 『筍子』, 「修身」, 學也者 禮法也 夫師以身爲正儀 而貴自安者也.

수가 있다. 군자도 나면서부터 남다른 것이 아니라 다른 사물의 이치를 잘 빌려 선용한 결과"라고 하였다. 혼자 사색만 하는 방법이 갖는 한계를 비유를 통해 적절히 지적하였다.

경전을 있는 그대로만 읽고 외우는 것으로 그친다면 이 역시 학문하는 올바른 방법이 아님을 지적하였다. 경전을 통해 익힌 도를 깊게 사색하여 하나로 통달해야만 제대로 공부하는 것이다. 순자는 여러 사상이 잡다하게 널려 있거나 자주 바뀌는 등 통일이 없으면 항간의 소인배와 다를 바 없다고 하였다. 이를 궁극에 이르도록 완전히 터득한 다음이라야 진정으로 공부한 사람이라 할 수 있다.

3. 도덕교육과 서양윤리

1) 소크라테스의 윤리사상과 도덕교육론

(1) 소피스트와 소크라테스 사상의 비교

그리스 아테네 도시국가에 직업적 도덕 교사의 역할을 자처하고 나선 이들이 바로 소피스트들이었다. 이들은 전통적 가치체계를 뒤집고 새로운 사회풍토를 조성하는 데 크게 작용한 것으로 평가된다. 이들은 교묘한 논리를 무기로 젊은이들의 고정관념을 깨뜨리며 세상살이에 필요한 변론술과 처세술, 그리고 정치상식 등을 가르쳤다. 그러나 변론술은 옳지 못한 주장을 교묘한 말재간으로 정당화하는 궤변술로 점점 변질되어 갔다.

소피스트들 중의 하나인 프로타고라스는 "인간은 만물의 척도이다"라는 격언을 되풀이 강조하였다. 여기에서 말하는 '인간'은 개인을 의미한다. 즉 모든 것은 사람에 따라 달리 나타나며, 진리는 사람에 따라 다르다는 상대주의적 진리관을 주창하고 있다. 소피스트들은 관습을 인위적 합의에 의한 것이라고 보았다.[47] 아테네 사회에서는 소피스트적인 변론술과 설득력이 사회진출의 무기가 되었다.

또 다른 소피스트인 고르기아스는 지적 회의주의를 다음과 같은 극단적인 형태로 표현했다.

우리가 그것을 알 수 있다 해도 우리의 앎을 다른 사람에게 전달할 수는 없다. 아무 것도 존재하지 않는다. 무엇이 존재한다 해도 우리는 그것을 알 수 없다.

이처럼 소피스트들은 상대주의적·주관주의적 진리관을 지니고 있었다. 그리고 소크라테스 이전의 시대에서는 윤리적 행위는 있어도 윤리적 사상이나 이론은 없었다. 그것은 그 당시의 현명한 사람들의 관심사는 윤리적 행위가 아니라 자연의 신비로움이었기 때문이다. 이러한 사상이 창조주와 연결되었기 때문에 사람 자신들에 의한 윤리적 생활은 아직 정립되지 못하였다. 오직 쾌락적 생활을 하면서 자연적 탐구에만 몰두한 것이다.

그러나 소크라테스를 위시한 희랍 사상가들은 인위적 사고력인 이성의

---

47 강재륜, 『윤리학의 역사』(서울: 대왕사, 1996), pp. 26–28.

힘을 자연에 투입함으로써 신비적인 자연의 힘에서 벗어나려 하였다.[48] 그리고 새 사회가 요구하는 시민교육의 사명은 소피스트들의 천박한 지식과 궤변으로는 다할 수 없었다. 시민들에게 올바른 사회생활의 지표를 제시하고 참된 인생의 의미와 목표를 가르치는 것이 필요해진 것이다. 이런 시대적 요청에 자기의 전 생애를 바친 사람이 소크라테스였다.

소크라테스는 상대적이며 주관적인 진리에만 머물러 있지 않았다. 이것이 바로 소피스트들과 다른 점이었다. 그는 소피스트들의 얕은 지식과 부족한 통찰력에 대하여 자신의 무지(無知)에서 온 것이라 판단하고 자신의 무지를 자각한 뒤에 보편적 진리와 보편적 행위를 깨닫게 하는 철학적 방법을 제시했다. 삶에 있어서 가장 가치로운 것은 덕을 실천하는 것이라 주장하였기에 비로소 소크라테스에서 실천철학, 즉 윤리학이 학으로서 정립되어진다.

(2) 소크라테스(Socrates, 469–399 B.C.)의 생애와 사상

소크라테스는 조각을 하는 아버지와 산파인 어머니 사이에서 태어나서 초년기에는 조각에 종사한 일도 있는 것으로 전해진다. 아테네와 스파르타 간의 펠로폰네소스 전쟁에는 중장비 보병으로 참가한 것으로 전해지고 있는데, 이것으로 보면 그의 가정형편은 중류 정도는 되었다고 사료된다. 그의 외모는 결코 준수한 편이 아니었다. 작은 키에 땅딸막한 체구, 큰 입과 두터운 입술, 침침한 눈에 들창코를 가진 그는 옷을 입는 것에도 개의치 않아서 겉보기에 기인의 모습을 하였다고 전해진다.

---

48 박선목, 『서양 윤리학의 흐름』(서울: 세진사, 1991), pp. 12–13.

그러한 소크라테스는 철학을 이론적으로 탐구한 사람일 뿐만 아니라 자기의 철학적 소신을 인격화하고 생활화한 사람이기도 했다. 그는 거리나 장터, 부잣집의 응접실 등 닥치는 대로 아무 곳에서나 사람들이 모이면 여러 가지 화제로 대화하기를 좋아했다. 그 화제는 종교, 예술, 우정, 가정생활, 그리고 주로 도덕적 문제들이었다. 그러나 소피스트들과는 달리 그는 자연이나 우주의 문제에 관해서는 무관심하였다. 소크라테스는 소피스트들을 모두 '영혼의 양식을 팔아먹는 지식 장사꾼'에 불과하다고 보고 있었다.

이러한 인식에 기초하여 그는 매우 날카로운 투시력을 가지고 사람들의 논의 속에 도사리고 있는 역설이나 모순을 지적하여 논의를 바로잡고 대화를 신속하게 문제의 핵심으로 끌고 가는 비상한 대화술을 구사하곤 했다.[49] 해박한 지식과 날카로운 통찰력이 없으면 할 수 없는 그 독특한 대화술, 그런 대화술을 구사하면서 그는 아는 것이 없다고 하였다. 이런 지적 기이성은 한 줄의 글도 남기지 않는 데서 더욱 두드러진다. 대신해서 플라톤은 자기의 모든『대화편』들에서 소크라테스를 주인공으로 하여 썼다.

결국 그는 멜레토스(Meletos), 아뉘토스(Anytos), 그리고 뤼콘(Lycon) 등에 의해 민족신을 부정하고 새로운 신들을 끌어들였으며 젊은이들을 오도하였다는 무거운 무고를 받게 되었다. 그 결과 그는 사형을 선고받고 의연하게 독배를 마시고 최후를 마감했다. 소크라테스는 죽음으로써 철학정신의 상징으로 승화되었고, 살아 남은 아테네인들은 그를 처형한 데 대하여 뉘우침과 부끄러움의 눈물을 흘려야 했다.

---

49 강재륜, *op. cit.*, pp. 29–31.

(3) 진리탐구를 위한 이성적 사고

소피스트들이 몸담고 있던 당시 사회는 대체로 지식의 근원을 인간 경험과 감각으로부터 찾으려는 경향에 의해 지배되고 있었다. 사람들은 대체로 세속적 권력과 명예와 부를 가장 우선시 하였으며, 이를 추구하는 것이 인간 행복의 실현에 가장 긴요한 것으로 간주하였다.[50] 반면에 소크라테스의 문답법에서는 대화를 나누는 두 사람이 이성적인 탐구방식을 통해 좋은 사람은 무엇을 해야 할 것인가를 찾아 나서게 된다. 소크라테스 자신은 해답을 안다고 주장하는 법이 없다. 그는 자신의 지혜는 무지를 안다는 사실에 있다고 말한다. 바로 이것이 그의 관례적 도덕비판의 출발점이다.[51] 그는 "검토되지 않는 삶은 살 만한 가치가 없다"고 하였다.

그러므로 소크라테스는 어떤 도덕적인 문제가 주어졌을 때 무엇보다도 먼저 주어진 문제의 성격과 거기에 들어 있는 도덕적 개념을 확인한다. 소크라테스는 도덕적 문제에 관하여 합리적인 논의에 의해 밝혀지기 전에는 어떠한 진리도 인정하지 않는다. 뒤엉킨 실뭉치에서 실오라기를 한올한올 빼내듯이 이성적 논의를 통해서 진리를 찾아간다. 그가 보기에 사람들이 흔히 도덕적인 진리라고 믿고 있는 많은 것들은 따져보면 모순투성이이다. 소크라테스는 대화자들로 하여금 먼저 이것을 깨닫게 한다. 이것을 깨닫는 순간 대화자들은 진리발견의 문턱에 들어서게 된다.

---

50 Henry Sidgwick, *Outlines of the History Ethics*(Boston: Beacon Press, 1931), pp. 12–22.

51 피터 싱어 저, 김성한 역, 『사회생물학과 윤리』(고양: 인간사랑, 1999), pp. 187–188.

관습적인 도덕의 기준에서 보았을 때 소크라테스는 분명 젊은이들을 타락시키고 있었던 것이다. 관습적 도덕으로부터 도덕적 사고단계로의 전환은 윤리의 이성적 토대를 찾고자 하는 소크라테스에서 비롯되었다고 할 수 있다. 소크라테스는 바로 이러한 도덕적 무지와 혼란에 빠져 있던 당시의 사회상황에서 무엇이 선과 진리에 대한 참된 지식인지, 인간이 추구하여야 할 덕의 본질은 무엇이고 그것은 어떻게 획득될 수 있는지를 가르치고자 하였다. 개인적으로는 개개인이 자아실현을 이루고 사회적으로는 바람직한 정치적·도덕적 삶의 공동체를 형성하는 데 기여하고자 하였던 것이다.[52]

소크라테스에 따르면 참된 선과 가치는 인간의 감각적 경험이나 욕망으로부터 오는 것이 아니라, 진정한 선과 가치가 무엇인지 그것의 본질과 의미에 대한 합리적이고 이성적인 숙고를 통해서만이 얻어질 수 있다는 것이다. 그에게 있어 인간에게 진정 필요한 것은 이성적 숙고에 의해 그의 삶의 진정한 선과 가치를 아는 참된 지식이며, 이를 획득할 때 덕을 지니게 되는 것이다. 고로 그에게 덕은 지식이다. 악덕이나 부도덕함은 선에 대한 무지로부터 비롯되는 것이다. 따라서 소크라테스는 인간이 진정으로 추구해야 할 선은 우리의 경험과는 독립해서 존재하는 것으로서 높은 수준의 이성에 의해 파악될 수 있다고 주장한다. 이러한 입장에서 그는 소피스트들의 윤리적 회의주의와 상대주의를 부정하고 보편적 이성에 의한 절대적 진리를 추구하고자 하였다.

---

52 W. K. C. Guthrie, *The Greek Philosophers: From Thales to Aristotle*(New York: Harper& Row, Publisher, 1960), pp. 71–80.

(4) 지덕복합일(知德福合一)

위에서 살펴본 바와 같이 소피스트들이 인습적 도덕과 자연적·우연적 학습, 그리고 도덕적 행동과 습관을 강조한다면, 소크라테스의 입장은 합리적 도덕과 그것에 대한 이성적 탐구 그리고 도덕적 이성의 계발과 지성의 연마에 중점을 둔다. 소크라테스는 선과 악에 독특한 의미를 부여하였다. 선(agathos)은 도덕적으로 착한 일을 한다는 의미 외에 물질적으로도 잘 산다는 의미를 지니며, 반대로 악(kakos)은 도덕적으로 악한 일을 한다는 의미 외에 물질적으로 못 산다는 의미를 지녔다. 다시 말하면 선은 유덕하고 번영된 생활을 기약하며, 악은 그 반대이다.

그래서 소크라테스는 덕을 지니면 행복한 사람이 되고 악을 행하면 불행한 사람이 된다고 아테네 청년들을 설득했다. 그에 의하면 인간이 악을 행하는 것은 악의에서가 아니라 무지에서이다. 즉 자기의 행동이 불행을 가져온다는 것을 모르고 악을 행하는 것이다. 선을 행하고 유덕한 사람이 되기 위해서는 알아야 한다. 그에게는 덕(德, arete¯)이라는 것은 지식이다. 선을 알면 이를 행하여 덕을 지니게 되며, 선을 모르면 이를 행할 수도 없고 덕도 지닐 수 없다. 여기에는 지행합일(知行合一)사상이 전제되고 있다 할 것이다.[53]

그러므로 소크라테스에 있어 덕은 올바른 삶에 관한 통찰, 곧 선에 관한 지식(앎)에서 비롯되며, 이는 반성과 숙고를 통해 얻어지는 것으로 간주된다. 그것은 사회의 전통과 관습을 무조건 따르는 일만 잘한다고 되는 것이

---

53 강재륜, *op. cit.*, p. 36.

아니라, 인간과 사회가 어찌해야 도덕적일 수 있는가를 깊이 생각하여 어떤 도덕적 근본 원리를 파악하고 이를 바탕으로 하여 행동할 때 성립되는 것이다. 말하자면 소크라테스에 의하면 도덕적 삶이란 사물의 본질에 관한 지식에 따르는 삶이며, 이러한 삶은 이성의 활동을 통해 파악되어져야 하는 고로, 덕스러운 사람을 길러내기 위해서는 그의 영혼 속에 자리하고 있는 도덕의 눈을 뜨게 하여 그 길을 자발적으로 가도록 안내하지 않으면 안 되는 것이다.

소크라테스에 의하면 사람은 이성적이기 때문에 누구나 선을 알면 행하게 되고, 만약 악을 행했다면 그것은 판단의 착오에서 비롯된 것으로 보아야 한다는 것이다. 덕이 지식이라면 지식이 후천적으로 습득 가능한 것처럼 덕도 후천적으로 습득 가능하다고 보았다. 결국 무지의 자각이 바로 앎의 단초라는 사실에서 새로운 앎을 넓혀갔던 것이다. 앎의 욕망이 이루어져 덕이 확보되고, 이 덕을 실천함에 따라 행복이 주어진다. 앎은 선의 근거이고 무지는 악의 근거이다.

따라서 행함의 근거가 앎이요, 앎의 목적은 실천에 있다.[54] 소크라테스는 "너 자신을 알라"라는 산파술로서 개인의 각성을 촉구했다. 개인의 각성은 곧 자기를 인식한다는 말이다. 자기를 인식한다는 것은 자기의 욕구와 능력과 당위를 제대로 가늠하고 그 한계 내에서 선을 실천에 옮기는 것을 말한다. 그 실천이 순조롭게 이루어지려면 하나의 장작개비가 다른 장작개비와 어우러지듯이 좋은 이웃을 만나고 원만한 인간관계 속으로 진입하지 않으면 안 된다.

---

54 박선목, *op. cit.*, pp. 23–27.

또한 소크라테스도 정의의 문제에 적지 않은 관심을 가졌다. 정의의 덕도 역시 지식이다. 정의가 무엇인지 알아야 정의의 덕을 지닐 수 있다. 소크라테스는 능력을 지닌 사람이 바르게 뽑혀 공직에서 일할 수 있는 공정성으로 정의를 이해하였다. 당시에 관행으로 되었던 다수결이나 추첨에 의한 공직자 임용을 정의롭지 못한 것으로 비판했으며, 정의를 '합법성' 또는 '준법'의 의미로 이해했다. 이는 사회정의가 실현되지 않는 민주정치는 얼마든지 부패될 수 있다는 것을 지적하는 것으로 해석된다. 이런 정의의 관점에서 그는 민주정치에 반대했다.

(5) 소크라테스의 도덕교육론

소크라테스에 의하면 도덕적 삶이란 사물의 본질에 관한 지식에 따르는 삶이며, 이러한 삶은 이성의 활동을 통해 파악되어져야 하는 것이므로 유덕한 인간을 길러내기 위해서는 그의 영혼 속에 자리하고 있는 덕의 눈을 뜨게 하여 그 길을 자발적으로 가도록 안내하지 않으면 안 되는 것이다. 제자인 메논이 소크라테스에게 달려와 덕은 가르쳐질 수 있는지 아니면 그밖의 어떤 다른 방법에 의해 얻어지는 것인지 여부를 물었을 때, 소크라테스는 덕이 무엇인지조차 잘 모르는데 그것이 가르쳐질 수 있는지를 어떻게 말할 수 있겠느냐고 대답하였다. 『메논』의 말미에 가서는 마치 덕은 신의 은총으로 얻어지는 듯이 말하면서 끝을 맺었다.

그것의 의미는 무엇이 선인지를 무조건 믿게 하거나 무작정 강요 또는 주입하는 것으로는 가르쳐질 수 없다는 것이다. 그것은 바로 그러한 참다운 깨달음이 가능하도록 할 때 가르쳐질 수 있게 된다는 것이다. 따라서 소크라테스에게 있어 덕은 선에 관한 지식이요, 그것은 가르쳐질 수 있는 것이었다. 이는 비판적 지성과 이성적 숙고, 그리고 이치와 증거에 입각한 탐구를 통해 선에 관해 합리적으로 이해하고 깨달음을 얻음으로써 가르쳐질 수 있는 것이었다고 할 수 있다.

소크라테스는 덕의 문제에 있어서 자신이 단지 산파[55]임을 분명히 했고, 사람들이 그에게 도덕의 영역에 대한 완전한 인식이나 정의를 기대할 때면 자신은 아무 것도 모르는 사람이라는 입장을 견지하였다. 교사는 도덕적 모범이나 권위자로서 기능하는 것이 아니라 단지 산파로서만 기능할 뿐이다. 덕은 학생들 자신이 깨우치는 것이라는 입장을 견지하고 있다.[56] 소크라테스의 스스로 깨우치는 방법은 날카로운 투시력으로 그 지식 속에 도사리고 있는 허위와 모순을 가차없이 들추어내어 무지를 자각하도록 유도하는 데 있다.

이처럼 대화 상대자를 의외의 모순에 빠뜨려서 자신의 무지를 스스로 자각하게 하는 것을 '소크라테스의 반어법'이라 한다. 그는 그의 무지를 합리적인, 개념적으로 파악 가능한 명증과 확실한 인식의 능력을 소유하고 있지 않다고 고백한다. 그리하여 그의 제자들에게 의도적으로 오해를 증폭시켜서 개념을 찾도록 몰아간다. 이 과정은 질문과 질문, 대답과 대답의 연속이다. 하지만 그는 확실한 개념의 인식에 도달하는 것을 피하며 그 길로 가

55 소크라테스의 산파술에 따르면 진리는 스스로 낳는 것이 아니라 진리를 잉태한 아테네 청년들이 순산하도록 도와주는 기술, 즉 가능태를 현실태로 구체화시키도록 하는 것이다. 그의 이런 역할을 다음과 같이 비유하였다. "아테네라는 순한 짐승에게 자극을 주어 성실한 생활을 하도록 한다."

56 안네마리 피퍼 저, 진교훈·유지한 역, 『현대 윤리학 입문』(서울: 철학과 현실사, 1999), p. 137.

는 방법만을 제시할 뿐이다. 그러므로 소크라테스는 교육에 있어서 늘 학습자 자신의 생각을 중시하였다. 교육의 시작은 어떤 주제에 대하여 학습자가 자신의 의견을 진술함으로써 이루어진다. 교사는 학습자 자신의 의견을 파고든다. 학습자의 의견에서 불확실한 점은 분명히 밝히고 거기서 드러난 자신의 의견이 과연 타당한지를 가능한 모든 관계에 비추어서 객관적인 증거의 도움으로 밝히고자 한다.

소크라테스에게 있어서 교육은 국가의 일이나 법률의 기능이 아니라 인간에 대한 봉사요, 신에 대한 예배이다. 그에게 있어서 교육의 고유한 목적은 인간 개개인의 영혼을 염려하는 일이요, 이러한 염려로부터 영혼에서 잠자고 있는 분별력과 진리를 깨우치는 일이다. 여기서 교육은 소피스트들에 있어서처럼 어떤 형식으로든지 유용한 시민으로서의 자질을 부여하는 일이 아니라, 인격으로서의 인간의 핵심을 노리고 있으면서 자아의 실현을 꾀하는 일로 확인된다.

그러한 의미에서 소크라테스 교육방법은 오늘날 우리에게 많은 시사점을 준다. 교육이란 답을 한꺼번에 학생들에게 알려주는 것이 아닌 학습자가 그들의 생각을 열고 스스로 해결방법을 이끌어 나갈 수 있도록 한다는 것에 중점을 두어야 하겠다. 도덕교육에서도 끊임없는 이성적 숙고와 탐구를 통해 올바른 이해와 판단을 내릴 수 있도록 하는 것이 소크라테스의 가르침이라고 여겨진다.

(6) 소크라테스의 덕론 및 교육론의 문제

소크라테스의 덕론 및 도덕교육론은 다소 불만족스러운 면이 없지 않다. 왜냐하면 우리는 몰라서 도덕적 삶을 살지 못하는 경우도 있지만, 적지 아니 알면서도 해야 할 일을 실천하지 않거나 해서는 안 될 일을 하는 경우 또한 많기 때문이다.[57] 그리고 소크라테스의 견해는 성인군자나 현인들 또는 남다른 도덕적 수련을 거친 사람에게는 타당할지 몰라도 일반 대중을 대상으로 할 경우에는 그 적절성에 불만을 갖지 않을 수 없게 된다.

일반적으로 유덕한 인격인의 모습은 도덕성을 구성하는 요소들인 인지, 정의, 행동 영역들의 균형적 통합으로 묘사되곤 한다. 그러나 소크라테스는 인지적 요소와 행동적 요소만을 강조할 뿐 정의적 요소인 도덕적 감정을 중시하지 않고 있다. 또한 소크라테스는 아리스토텔레스에게서 강조된 인간의 선의지를 무시하고 있다.

2) 플라톤의 윤리사상과 도덕교육론

(1) 플라톤(Platon, 427–347 B.C.)의 생애와 사상

고대 그리스의 철학자이자 형이상학의 수립자인 플라톤은 아테네에서 출생하였다. 그는 명문가 출신으로 젊었을 때는 정치를 지망하였으나 소크라테스가 사형되는 것을 보면서 정계에 대한 미련을 버리고 인간 존재의 참뜻이 무엇인지를 탐구하기 위해 철학(philosophia, 愛知)에 입문하였다. 플라톤의 본명은 아리스토클레스(Aristokles)이지만 별명인 플라톤으로 흔히 불

---

57 유병열·이택휘 공저, *op. cit.*, p. 133.

린다. 20세에 소크라테스를 만난 플라톤은 그의 감화로 철학에 정진할 것을 결심하게 되었다.

불세출의 철인 소크라테스와의 만남은 불과 8년간 지속되었으나 플라톤은 그 만남에 대하여 "나는 무엇보다 소크라테스와 동시대에 태어난 것을 행복으로 생각한다"라는 말로 그 중요성을 표현하고 있다. 스승의 수난을 목격한 플라톤은 잠시 외지 여행을 하고 돌아와서 기원전 378년에 아테네 서북쪽 교외에 유럽에서 대학 전통의 효시로 불리는 '아카데메이아'를 세웠다. 그는 시민들이 용이하게 접근할 수 없는 곳에 학교를 세워 학문의 도장으로 삼고 "수학을 모르는 자는 들어오지 말라"라는 현판을 내걸어 대중과의 접촉을 끊었다.

이처럼 학문을 상아탑으로 가지고 들어간 것도 대중교육의 탓으로 희생된 스승의 수난에서 받은 충격을 나타내는 것이라 할 것이다. 오늘날 35편의 주옥 같은『대화편』이 전해지고 있는데, 이 업적도 아카데메이아에서 영근 결실이다. 플라톤은 소크라테스가 무관심했던 자연과 우주의 문제를 포함하여 인간 안팎의 세계를 균형 있게 다루고 있다는 점이 다르다.[58] 그동안 두 번이나 시칠리아 섬을 방문하여 시라쿠사의 참주(僭主) 디오니시오스 2세를 교육하여 이상정치를 실현시키고자 했으나 좌절되었다.

그러나 그러한 시도는 그의 철학의 방향을 잘 말해준다. 생전에 간행된 거의 30편에 이르는 저서는 그대로 현재까지 보존되었는데, 1편을 제외하고는 모두가 일종의 희곡작품으로서 여러 가지 논제(論題)를 둘러싸고 철학적인 논의가 오간 것이므로『대화편』(對話篇)이라 불린다. 럿셀(B. Russell)은

58 강재륜, *op. cit.*, pp. 40−42.

플라톤의 철학적 사상을 찬양하면서 그의 중요한 철학적 사상을 다음과 같이 정리하였다. "(1) 유토피아 역사의 시작, (2) 이데아론, 즉 오늘날까지도 해결을 보지 못하고 있는 보편적 개념의 문제, (3) 영혼불멸론, (4) 우주론, (5) 지각을 통하지 않고 상기(想起, anamnesis)에 입각한 지식론" 등이다.

(2) 이데아론

플라톤에게 있어 실재의 본질에 대한 인식은 그러한 경험적 감각으로부터 독립해 있는 인간 이성이 그것들로부터 방해받지 않고 온전히 작동할 때 가능해지는 것이었다. 플라톤은 사물과 현상의 본질은 초감각적 실재에 대한 이성적 숙고에 의해서만이 진정으로 파악될 수 있는 것으로 보았다. 우리가 추구해야 할 마땅한 선과 가치는 감각과 경험에 의해서가 아니라 순수한 이성에 기초한 합리적 탐구를 통해 파악될 때만이 가능해지는 것이다.[59]

이를 구체적으로 살펴보면 플라톤은 철학적 사고에 있어서 이원론자이다. 그는 세계를 감각의 영역과 이념(eidos)적 영역으로 구별하고 전자를 현상의 세계 또는 변화의 세계라 하고, 후자를 진유(眞有) 혹은 본체계(ousia)라 하였다. 감각의 세계는 분명 지각의 세계이지만 지각의 근거가 되지 못하는 것이라 주장한다. 반면에 모든 사물들의 존재의 논리적 근거로서, 그리고 생성 변화에 대한 불변적인 개념의 총체로서 이데아(idea)[60]가 등장한

---

59 유병열·이택휘, *op. cit.*, p. 132.

60 이데아는 플라톤 철학의 기본 개념으로서 동사 이데인(idein: 보다, 알다)의 파

다. 이데아는 모든 존재자들의 존재 근거요, 모든 윤리적 행위의 총체적 개념, 또는 모든 가치로운 것의 최고의 개념으로서의 의미를 지니고 있다.

특히 이데아는 이성에 관계되는 영원불변한 것이라는 의미를 가진다. 광명천지로 비유되는 동굴 밖의 세계는 진리의 세계, 이데아(개념, 이상)의 세계이다. 일반적으로 플라톤의 이데아의 정의는 아래와 같다.

- 이성에 의해 파악된 것
- 참된 실재
- 지식 성립의 근거가 되는 부동의 것
- 생성 소멸함이 없이 영원히 있는 것
- 모든 것에 공통되는 무엇인가 하나의 같은 것
- 순수하고 비물질적인 것

이데아 중에서도 태양에 비유되는 최상의 이데아는 선(善)의 이데아이다. 모든 물질과 정신은 선의 이데아의 지배를 받게 되고, 모든 것을 총괄하는 선의 이데아는 불변적인 실체(實體)이다. 선의 이데아 역시 인간의 정신 중 이성적 부분에 의해서 파악되는 것이다. 아래 그림은 플라톤의 이원론에 입각하여 인간의 정신[61]을 분류한 것이다.

생어이다. 원래는 '보이는 것', 모양 모습, 그리고 물건의 형식이나 종류를 의미하기도 했다. 플라톤 철학에서는 육안(肉眼)이 아니라 영혼의 눈으로 볼 수 있는 형상을 의미한다.

61 플라톤은 인간이 제일 낮은 동물의 성질로부터 시작하여 제일 높은 이성까지를 함께 가지고 있는 3중적 존재라고 보고 있다. 박선목, *op. cit.*, pp. 30–32.

(3) 4주덕과 이상국가론

플라톤의『국가편』제4권을 보면 정신기능에 대한 분석이 나온다. 정신기능에 대한 플라톤의 주장은 흔히 '영혼 3분설'이라 하여 널리 알려지고 있다. 인간에게 참된 지식을 주는 정신기능은 이성(logos)이다. 이성은 참된 지식을 주는 기능을 가질 뿐만 아니라 실천생활에 있어서는 참된 선의 이데아를 인식시켜 준다. 또한 이를 실천하는 정신기능으로는 이성의 밑에 기개(氣槪, thumos)가 있다. 이것은 정확하게 현대어로 표현할 수 없으나 감정과 의지를 통칭하는 것이다. 구체적으로는 야심, 분노, 그리고 노여움과 같은 심리적 요소들이 여기에 속한다.

최하위에는 욕망(ephithymia)이 있다. 이것은 육체적 욕망으로서 쾌락, 부유, 맛있는 음식과 그밖의 육체적 만족을 주는 것에 대한 욕망이다. 쾌락 중에서도 정신적 쾌락은 여기에 속하지 않는다. 가령 정신적 활동에서 느껴지는 즐거움이나 명예 또는 사회적 성공을 이룬 데 대한 즐거움은 여기에서 말하는 쾌락과 구별된다. 플라톤에 따르면 모든 정신기능이 이성을 따를 때 그 영혼은 그 탁월성을 발휘하게 된다는 것이다. 플라톤의『대화편』『파이드로스』(Phaidros)에는 그 세 기능을 마부와 두 필의 말에 비유한 대목이 나온다. 마부는 이성이고, 두 필의 말은 기개와 욕망이다. 기개는 좋은 말에, 그리고 욕망은 나쁜 말에 비유된다. 기개는 이성의 편에 서고, 욕망은 이성에 반항한다.

영혼 3분설에 따라 개인들은 각기 지혜(智慧, sophia), 용기(勇氣, andreia), 절제(節制, sophrosyne)의 3덕을 갖추어야 한다. 이성은 지혜의 덕을 지녀야 하며, 기개는 용기의 덕을 지녀야 한다. 특히 기개는 본성적으로 타인들과의 경쟁에서 승리하여 명예를 쟁취하려는 심성이다. 그런 만큼 그것은 이성의 통제를 벗어나면 호전성으로 변질되기 쉽다. 그리고 욕망은 절제의 덕을 지녀야 한다. 욕망은 당연히 물질적 부를 목적으로 하겠지만, 그것이 이성의 통제를 벗어나 지나치면 방탕과 사치의 악덕이 되고 만다.

그러므로 인간의 정신기능 중에서도 가장 높은 기능이 이성이다. 이성의 기능이 충분히 발휘된 생활은 행복한 생활이다. 그런 생활에는 지적 쾌락이 있기 때문이다. 지적 쾌락은 육체적 쾌락보다 더 순수하고 고통이 수반되지 않는 쾌락이다.[62] 그래서 선은 궁극적 가치이기 때문에 완전하고 자기충족적인 것이다. 그리고 플라톤에 있어서 이성은 다른 두 요소들을 통제하는 반면, 그 자체는 아무런 통제도 받지 않는다. 이성은 다른 영혼의 요소들과는 달리 무제약적으로 진리를 추구하는 것이 미덕이 되기 때문이다.

플라톤은 영혼의 세 요소들이 통제와 복종의 관계를 제대로 지닐 때 그 영혼은 전체적으로 정의(正義, dikaiosyne)의 덕을 지니게 된다고 보았다. '정의'는 전체를 이루는 성원들이 각기 자기의 역할을 다하여 다른 것에 교란이 되거나 방해가 되지 않는 것을 말한다. 정의는 영혼의 건전성을 말하는 것이기도 하다. 영혼이 조화를 잃게 되면 병들게 된다. 이런 의미에서 심신은 상호 작용한다고 보았다. '건전한 신체에 건전한 정신'이라는 명구를 만들어낸 플라톤에게는 이런 전제가 있었다.

플라톤은 탐구가 없는 인생은 살 의의가 없다고 하였는데, 지혜를 사랑하고 추구하는 곳에서 삶의 보람을 찾았던 것이다. 그런데 지혜를 사랑한다 함은 미완성을 완성하려는 것이며 부족함을 메우려 하는 것이다. 따라

---

62 강재륜, *op. cit.*, pp. 50-51.

서 사랑의 부족함을 보충하고 미완성을 완성하게 하는 학문이 철학이며 윤리학인 것이다. 그러나 플라톤은 결핍(penia)에서 풍요(poros)를 동경하는 것, 즉 완전체인 이데아를 동경하는 것은 인간의 열망인 것이다. 하지만 이것은 현실로 주어지는 것이 아니고 이상으로 주어지는 것이기 때문에 그의 철학 전체를 이상주의(Idealismus)라고 한다. 아래 〈표 2-1〉은 지금까지 논의된 플라톤의 4주덕을 정리해 놓은 것이다.

〈표 2-1〉 플라톤의 4주덕

사회계급	덕	영혼의 부분	목표	생활양식
통치계급	지혜	이성	선	지적 생활
무인(관료)계급	용기	기개	위엄과 명예	야심적 생활
생산자(서민)계급	절제	욕망	쾌락	축재 생활
	정의(제4의 덕, 모든 계급과 인간본성의 모든 부분들을 결합시키고 특수한 덕들을 통합하는 것)			

위의 표에서 볼 수 있듯이 플라톤은 영혼에 세 요소들이 있는 것처럼 국가에는 세 신분계급이 있다고 보았다. 즉 통치계급, 무인계급, 그리고 생산자 계급이 그것이다. 영혼의 세 요소에 따라 지혜, 용기, 그리고 절제의 덕이 있었던 것처럼 세 신분계급에 따라 통치계급은 지혜, 무인계급은 용기, 생산자 계급은 절제의 덕을 가져야 한다. 이처럼 사회계급들이 그 신분에 따라 제 몫을 다하고 그 미덕을 발휘할 때 그 국가는 '정의'의 국가가 된다.

이러한 측면에서 플라톤은 민주정치에 반대하고 귀족정치를 주장했던 것이다. 그리고 통치자는 정의의 덕을 지니고 이를 실현할 수단과 방법을 잘 아는 '지혜'를 지닌 사람이어야 하기에 철학자가 최적임자라고 보았으며, 그래서 플라톤은 철인정치(哲人政治)를 제창하였다. 그는 그러한 국가를 이상국가로 보았다. 이상국가의 구조로 우선 국가의 통치자는 개인의 '이성'에 해당되는 덕을 지녀야 한다. 즉 통치자는 지혜로워야 한다. 지혜로운 통치가 가능한 정치체제는 귀족정치(aristocracy)이다. 국가는 보호와 질서를 필요로 한다. 이 요구를 충족시키는 것이 무인계급이다. 무인계급은 개인의 '기개'에 해당되는 용기를 미덕으로 삼아야 한다.

여기에서 말하는 '무인'은 현대적 의미의 군인 외의 공직자를 모두 포함한다. 국가는 먼저 물질적 기초를 마련할 생산자계급을 필요로 한다. 개인에 있어서 물질적 욕망을 만족시키지 않고 생존할 수 없듯이 국가에 있어서도 경제적 기초 없이는 국가는 존립할 수 없다. 또한 생산자 계급은 개인의 '욕망'에 해당된다. 따라서 절제를 미덕으로 하여야 한다. 이 계급은 서민대중에 해당되는데, 이들에게는 물질적 욕구를 충족시켜 쾌락을 누리는 것이 최상의 가치가 된다.

플라톤에 있어서 국가는 정의를 실현하는 장소이다. 사람이 사람다운 덕의 상태가 지혜, 용기, 절제, 정의의 덕을 갖추어야 하는 것처럼 국가도 완전하고 이상적인 국가가 되기 위해서는 정의의 덕을 비롯한 세 덕을 갖추어야 한다는 것이다. 국가란 개인을 사회적으로 확장한 것이다. 정의는 국가 전체의 덕목이며 이상국가 건설의 근본적 덕목이다. 플라톤의 국가란 개인의 덕목들을 충분히 발휘하게 하는 반면에 국가 전체의 덕목이 충분히 발휘함으로써 이상국가가 형성된다.

다른 한편으로 정의는 일을 공평하게 처리하는 것도 된다. 여기서 공평이란 사적인 감정 없이 법칙에 따라 처리하는 것이다. 그러므로 플라톤에 있어서 정의란 통치인이 가져야 할 이상적인 덕목이다.[63] 이상사회를 이루기 위해 청소년이 도덕적인 관습을 몸에 익히도록 엄격한 검열제도가 확립되어야 하고, 계층 간의 반목이나 투쟁을 방지하도록 군인은 스스로의 역할을 담당하며, 통치자는 사유재산이나 가정을 가져서는 안 된다고 하였다.

(4) 플라톤의 도덕교육론

플라톤은 "덕은 지식이다"라는 소크라테스의 주지주의적 입장을 계승한다. 그는『국가론』(Republic)에서 이성의 단련과 높은 수준의 지혜를 통해 참된 지식을 형성하고 그럼으로써 덕을 획득하게 되는 그러한 도덕교육론을 전개하였다. 인간의 진정한 행복은 무분별하고 절제되지 않은 욕구나 열망의 추구, 또는 검토되지 않은 인습이나 일반 사람들의 의견에 무조건 동조함으로써 얻어지는 것이 아니라, 무엇이 인간 삶에 있어 추구할 만한 선과 진정한 이익이 되는 것인지 이성에 기초한 합리적 숙고를 통해 얻어지는 것이라고 보았다.

이러한 입장에 기초하여 플라톤에게서 교육의 궁극적 목적은 잘 조화되고 조직된 국가 구성이고, 사회구성원 각자가 자기의 위치에서 충실하도록 조직하는 것이었다. 그러기 위해 플라톤은 공동체 중심 교육을 강조하였다. 그래서 플라톤은 사회 전체가 도덕교육을 위한 호의적인 환경이 아닐 때는 어떤 수준에서라도 도덕교육에 적합한 인위적인 환경을 조성해야 한다고 주장하였다. 예를 들어 맹자의 어머니는 아이의 도덕적 성장에 호의적이 아닌 환경을 피해서 이사를 다녔지만 플라톤은 더 적극적으로 사회환경을 인위적으로 통제해야 한다고 생각했다.

---

63 박선목, *op. cit*,. pp. 39-41.

플라톤에게서 교육은 국가의 주요 기능의 하나이다. 국가가 시민들을 행복하게 해줄 사명이 있다고 한다면, 시민들이 물질적 생활의 조건을 충족시킨 다음에는 이들을 교육하여 정신적 생활의 조건을 갖추게 이끌어 주어야 한다는 것이다. 플라톤의 교육목표는 사회구성원들이 각자 심성의 내면적 조화를 이루어 정의의 인격을 갖추게 하는 데 있다.[64] 초년기의 교육은 인격형성의 기초가 되며, 일단 형성된 기초는 나이를 먹으면서 더욱 굳어지기 때문이다. 이 초년 시기에 이성은 아직 싹트지 않고 감정과 욕망이 지배적 심성이 된다. 그래서 플라톤은 음악교육과 같은 정서교육이 초기에 필요하다고 보았다. 여기에 말하는 '음악'(mousike)은 현대적 의미로는 예술이라 할 수 있다. 음악교육은 인간의 영혼에 양식을 공급하는 효과를 지닌다는 것이다.

문학도 인격교육의 일환으로 부과되므로 소재선택에 신중하여야 한다. 왜냐하면 저속하고 야비한 소재들은 정의로운 인격도야를 위하여 이롭지 못하기 때문이다. 플라톤은 문학의 달콤한 사탕발림 속에는 해독이 감추어질 수 있다 하여 문학에 대한 검열제도를 주장한 최초의 사람이다. 그래서 그는 『국가론』에서 아이들에게 미칠 나쁜 영향을 고려해서 퇴폐적인 음악

---

64 플라톤의 주장하는 연령별 투입해야 할 교육 내용은 다음과 같다.
- 0-3세: 습관형성 시기, 실례를 보여주어 좋은 습관을 들일 수 있도록 한다.
- 3-6세: 비형식 교육으로 선별된 고상한 동화 듣게 한다.
- 6-13세: 소년-소녀와 떨어지게 하고, 선별된 음악을 듣도록 한다.
- 16-20세: 군사·신체훈련받도록 한다. 우수 학생 발탁, 교육과정 이수해서 학문연구할 수 있도록 한다.
- 30세-: 철학, 변증법 공부
- 35세-: 국가 이끔
- 50세-: 은퇴, 명상

과 정신을 나약하게 만드는 이야기에 대한 검열제도(censorship)를 시행할 것을 제안하고 있다.

음악교육 다음에는 체육교육이 부과된다. 체육도 인격함양에 기여하는 것이 되어야 한다는 것이 플라톤 교육론의 특징이다. 체육은 체력단련에 주안점이 있는 것이 아니라 정신단련에 목적이 있는 것이다. 건전한 육체에 건전한 정신이 깃든다고 본 플라톤은 체육의 교육적 효능을 기개의 함양에 두었다. 영혼 중에서도 기개부분은 경쟁에서 이김으로써 얻는 명예를 존중하는 것이 되어야 한다.

다음으로 수학교육은 추상능력을 길러 사물들을 전체적으로 파악하는 이성의 변증법을 계발하는 전단계로서 필요하다. 감각적 다양성을 뛰어넘어 이성의 보편적 개념으로 나아가는 데 있어서 수학은 그 중간에 위치한다. 수학은 감각적 사물들과 관계하면서 그 속에서 본질적 특성을 발견하는 기능을 가진다. 가령 수(數)의 개념만 해도 구체적 사물들을 떠나서 있을 수 없는 것이면서 동시에 그 사물의 일반적인 수적 성질을 언표(言表)하는 데 특징이 있다. 플라톤에게서 변증법은 모든 현실 존재의 최고 원리를 다루는 과목이다. 구체적으로 말하면 변증법은 진선미(眞善美)의 원천인 '선의 이데아'를 대상으로 하는 학문이며, 그런 의미에서 변증법은 최고 수준의 학문이다. 따라서 통치자가 되어야 할 사람은 선의 이데아를 다루는 변증법의 수준까지 교육을 받아야 한다.

플라톤의 교육철학은 교육–윤리–정치–경제를 일원화하여 밀접한 관계를 유지했다. 예를 들어 정치를 관장하는 '머리'격의 철인(哲人)이 아동의 진로를 결정해 준다. 그리고 스파르타 교육에서 영향을 받은 플라톤은 개인주의를 금지하였고, 전투력 증강을 강조하였으며, 전통의 고수 등 변화를 경계하는 보수적 성격을 지녔다. 그래서 그는 나쁜 것을 제외하고 어느 것도 바꾸면 안 된다고 하였다. 특히 그는 가정을 열등한 존재 또는 기관으로 간주해서 가정교육을 무시하고 아동의 교육은 국가에서 관할해야 한다고 주장했다.

(5) 플라톤의 이데아론 및 교육론의 문제

플라톤은 특별한 능력을 지니고 남다른 수련을 받은 사람만이 선에 관한 지식을 얻고 또 그럼으로써 덕을 지닐 수 있으며, 대부분 사람들이 전통적 가치에 대해 무비판적으로 답습해야 한다는 식의 엘리트주의적 사고를 지니고 있다. 그래서 그는 아동들에게 사회에서 요구되는 덕목과 가치들을 그대로 받아들일 수 있도록 교화(敎化)시켜야 한다고 주장했다. 그 이유는 아동이 다양한 가치, 도덕적 탐구능력이 부족하므로 정형화된 모델에 따르게 해야 한다는 것이다. 이러한 주장들에서 플라톤의 사상이 보수주의적이고 전체주의적 사고라는 비판을 받게 되는 것이다.

플라톤은 소크라테스와 마찬가지로 주지주의자라는 비판을 받고 있다. 그 이유로 선한 일, 바람직한 일에 대해 깨닫고 있어도 의지가 약해 선행을 못하는 경우도 있기 때문이다. 아울러 참된 깨달음의 정도는 고도의 수련을 거친 철학자나 종교인이면 몰라도 일반 대중에게 요구하는 것은 무리다.

3) 아리스토텔레스의 윤리사상과 도덕교육론

(1) 아리스토텔레스(Aristoteles, 384–322 B.C.)의 생애와 사상

소크라테스가 본격적 철학활동을 시작한 기원전 427년(47세)경부터 계산하여 아리스토텔레스가 죽은 기원전 322년까지 그 기간은 약 100년이었다. 이 기간에 쌓아올린 업적은 서양사상에 대해서는 말할 것도 없고 전 인류를 위해 영원한 유산이다. 아리스토텔레스는 기원전 384년 마케도니아의 스타기라 지방에서 태어났다. 당시 그의 아버지는 마케도니아의 궁정의로서 알렉산드로스의 부왕인 필립포스 왕 밑에 있었다. 뒤에 아리스토텔레스가 알렉산드로스 대왕의 가정교사가 된 것도 이런 선대의 교류와 관련이 있다. 그는 17세에 플라톤의 아카데메이아에 입문하여 20년간 플라톤으로부터 가르침을 받았다.

그의 스승인 플라톤이 죽은 뒤(347 B.C) 그는 아카데메이아를 떠나 한때 외국 여행을 했고, 기원전 342년에는 알렉산드로스 대왕의 가정교사가 되었다. 그로부터 7년 뒤 그는 아테네로 돌아와서 학교를 세웠다. 이 학교는 '뤼케이온'이라 불리었다. 이 학교를 중심으로 형성된 아리스토텔레스 학파를 세상에서는 흔히 '소요학파'(Peripatetic School)라 한다. 그가 숲속의 오솔길을 산책하면서 강의했던 버릇을 지니고 있었기 때문에 붙은 이름이다. 지금 남아 있는 저작의 대부분은 이 시대의 강의 노트이다.

그러나 알렉산드로스 대왕 사망 후 아테네에도 반(反)마케도니아 선풍이 휘몰아쳤다. 그런 분위기에서 신변의 위협을 느낀 아리스토텔레스는 '아테네인들이 두 번 다시 철학에 죄악을 범하는 것'을 두려워한다며 망명하였다. 그는 기원전 322년 망명지에서 63세로 위장병 때문에 타계했다. 아테네인이었던 소크라테스는 법에 따라 독배를 들었으나 이방인이었던 아리스토텔레스는 망명을 택했다.

「아테네 학교」라는 라파엘로(S. Raphaelo, 문예부흥기의 화가)의 그림을 보면 플라톤은 하늘을 가리키고 아리스토텔레스는 땅을 가리키고 있는 모습을 볼 수 있다. 이것은 플라톤이 진리를 초월적 세계에서 찾는 데 반해 아리스토텔레스는 진리를 현실에서 찾는다는 것을 형상화한 의미를 가진다.[65] 그는 학문을 3분법으로 분류하였다. 그는 지적 활동을 이론(the¯oria), 실천(praxis) 그리고 생산(poie¯sis)으로 나눈다. 이론적 학문에는 철학, 자연학 그리고 수학 등이 포함되며, 실천적 학문에는 윤리학과 정치학, 그리고 생산적 학문에는 시나 조각과 같은 예술적 창작이 포함된다.

그리고 아리스토텔레스야말로 신에서부터 시작하여 하나의 물질에 이르기까지 우주 안의 모든 것을 철학적 대상으로 삼아 탐구한 학자이다. 플라톤의 윤리학에 비하면 아리스토텔레스의 윤리학은 현실적인 것이고 감각적인 것이다. 플라톤의 이원론적 이상주의가 아리스토텔레스에 있어서는 일원론적 현실주의로 전환되었기 때문이며, 그의 사상적 특징은 소여(所與)[66]에서 출발하는 경험주의와 궁극적인 근거에까지 거슬러 올라가는 근원성, 지식의 전 부분에 걸친 종합성에 있다.

---

65 강재륜, *op. cit.*, pp. 57−58.

66 추리나 연구 등의 출발점으로서 주어지거나 가정되는 사실이나 원리를 지칭하는 말이다.

(2) 인간 삶의 궁극적 목적

아리스토텔레스는 그의 저서『니코마코스 윤리학』에서 모든 기술과 탐구, 모든 행동과 추구는 어떤 선(善, good)을 목적으로 한다라는 말로 시작하고 있다. 아리스토텔레스는 인간이 추구하여야 할 최고의 궁극적인 목적을 어떤 초월적이거나 신비한 것에서 찾는 것이 아니라, 보통사람이라면 누구나 통상적으로 추구할 만한 것에서 구하고자 하였다. 그리하여 제시된 것이 이름하여 '행복'(happiness)이라는 것이다. 돈이나 명예, 권력 등과 같은 것들은 어떤 궁극적인 것으로서의 행복을 얻기 위한 수단은 될 수 있을지언정 그것들 자체가 온전하게 자족적이고 궁극적인 선은 될 수 없다고 보았기 때문이다. 진정한 행복이란 높은 수준의 지성과 고요한 정신상태에서 진리를 음미하는 관조적 삶과 같은 것으로 암시하였다.[67]

아리스토텔레스는 인간에게 있어 그 고유한 정신 이성의 기능과 활동이 훌륭하게 이루어질 때 바로 행복을 얻을 수 있다고 설명하고 있다. 그는 인간의 선이란 덕에 일치하는 정신의 활동이요, 행복은 정신의 유덕한 활동, 즉 완전한 덕과 일치하는 영혼의 활동이라고 규정하였다. 아리스토텔레스는 인간의 행복 실현에 덕이 필수불가결하다고 보았으며, 인간의 덕이란 탁월한 성품의 상태를 가리킨다.

또한 그는 행복의 수단적이고 외적인 부차적 조건으로 쾌락, 명예, 재산

---

67 유병열, "아리스토텔레스의 도덕교육론," 제8회 한중윤리학 국제학술회의「21세기 국민윤리교육의 방향과 과제」2000. 7. 11-12, 충주 수안보 상록호텔 대회의실, 2007, p. 320.

을 들고 있다. 쾌락은 속된 대중이 추구하는 것으로서 노예나 짐승의 목적이 될지언정 인간의 목적이 될 수 없다고 보았다. 명예는 귀족계급의 목적이며, 재산은 실업가의 목적이라고 보았다. 이에 반해 덕은 식견인의 목적이며, 행복을 위한 가장 중요한 내적인 조건이라는 것이다. 즉 그는 행복은 덕이며, 덕은 최고의 선이라는 등식을 세우고 있다.

이러한 입장은 그의 『니코마코스 윤리학』에서 가장 빈번하게 다루고 있는 우애(友愛)의 조건에서도 잘 드러나고 있다. 첫 번째 우애의 조건은 상대방의 유용성 때문에 사랑하는 경우이다. 이 사랑은 상대방 자신을 위해서가 아니라 상대방으로부터 얻을 수 있는 어떤 좋은 것을 위하여 상대방을 사랑하는 것이다. 이처럼 유용성 때문에 사랑하는 사람들은 결국 자기 자신을 사랑하는 것이 된다. 그러므로 이 사랑은 유용성이 사라지면 곧 소멸한다.

두 번째 우애의 조건은 상대방이 쾌락을 주기 때문에 사랑하는 경우이다. 이런 사랑은 젊은이들 간에 자주 발견된다. 젊은이들의 성애(性愛)가 그 대표적인 예가 된다. 그들은 자기 자신에게 쾌락이 되는 대상을 사랑하기 때문에 동일한 대상이라도 싫증을 느끼면 사랑하지 않게 되며, 다른 대상에서 새로운 쾌락을 느끼면 이를 사랑하게 되는 등 변덕을 부리게 된다.

우애의 세 번째 조건은 서로가 선하고 유덕한 점에 유사점이 있기 때문에 사랑하는 경우이다. 아리스토텔레스에 따르면 완전한 우애는 선한 사람들 간의 사랑이며 유덕한 사람들 간의 사랑이라는 것이다. 서로가 선하고 유덕하다는 신뢰가 이루어져야 비로소 완전한 우애가 맺어진다는 것이다.

이와 같이 아리스토텔레스는 인간 삶의 궁극적인 목적을 덕으로 보았다. 그 덕은 가장 탁월한 것으로서 인간 삶의 행복을 보장해 주는 것이다.

그리고 덕중의 덕은 선이라고 보았다.

(3) 이성적 자아실현

아리스토텔레스는 모든 생물이 자기의 타고난 능력을 완전히 발휘할 때 행복이 실현된다고 보았다. 먼저 식물의 기능은 영양섭취, 배설 등 무의식적 기능을 말하며, 동물적 기능은 지각, 쾌락과 고통, 욕망과 혐오 등 의식적 기능이다. 이성적 기능은 의식성을 가지는 점에서 식물적 기능과 다르고 신중성을 가지는 점에서 동물적 기능과 다르다. 비이성적 기능은 자연발생적으로 성장·발전하지만 이성적 기능은 교육에 의해서 발전해 나간다. 이성적 기능이 인간의 탁월성, 즉 덕(arete)이 되는 것이다. 이 최고의 탁월성을 발휘할 때 인간은 최고선에 이르며 행복을 누리게 된다는 것이다. 단순히 영양을 섭취함으로써 성장을 도모하는 것은 식물도 그러하니 인간에 고유한 것이 될 수 없고, 반면에 인간의 정신활동 중 감각·욕구적인 것은 동물도 가지고 있는 것이니 이 또한 인간에 고유한 것이 될 수 없다고 보았다.

그렇다면 남는 것은 정신활동 중에서 이성적인 것만 남는바, 이것이 바로 인간에게 고유한 기능과 활동에 해당된다는 것이다. 인간에게 있어 그 고유한 정신 이성의 기능과 활동이 훌륭하게 이루어질 때 바로 행복을 얻을 수 있다고 설명하고 있다. 따라서 이성적 자아실현은 오늘보다 내일이, 내일보다 모레가 더 낫다는 신념을 지니면서 진리를 관조하는 삶이며, 인간의 궁극적 선의 실현이라는 것이다.

이와 관련하여 아리스토텔레스는 영혼의 3분설을 제시한다. 그의 3분설은 모든 생명체에 대한 분류이다. 그는 영혼을 식물의 영혼, 동물의 영혼, 그리고 이성적 영혼으로 나누었다. 식물의 영혼과 동물의 영혼은 그들의 육체가 소멸하면 따라 없어지지만 이성적 영혼만은 사람이 죽더라도 영원히 살아 있다는 것이다. 이리하여 영혼불멸설이 나오게 된 것인데, 여기서 사람의 영혼은 신적인 의미를 지니고 있기도 한 것이다. 이성적 영혼은 앞의 두 영혼을 질료로 한 형상이다. 아리스토텔레스는 생명체가 형상(形相)과 질료(質料) 그리고 생기(生氣)를 합하여 이루어진 것이라고 생각했다.

따라서 사람의 육체는 식물 및 동물적 육체에 따라 움직이는 것이 아니라 이성적 영혼에 따라 움직이는 것으로 본다. 아리스토텔레스는 이성의 전체적 발휘를 바로 행복(eudaimonia)이라 했다.[68] 그러므로 행복은 사람에게만 있을 수 있는 이성적 생활의 결과이다. 이와 관련하여 아리스토텔레스는 인간 삶을 세 가지 형태로 나누고 있다. 먼저 향락적 생활로 감각적 만족을 통한 쾌락을 선으로 간주하는 삶이다. 이는 물질적·육체적 욕구의 만족을 행복으로 간주하므로 가장 저속한 쾌락이라고 보았다. 다음으로 정치적 생활로 명예를 얻는 것을 행복으로 간주하고 그것을 하나의 선으로 보았다. 그래서 이런 생활을 저차원의 생활이라고 여겼다. 마지막으로 관조적 생활로 진리탐구의 생활이다. 이런 관조적 삶은 이성을 갖고 있는 인간에게만 가능한 것으로 신적 행복의 일부를 향유하게 해준다는 것이다.

(4) 중용의 덕

아리스토텔레스에 의하면 인생의 궁극적인 목적은 행복을 얻는 것이고,

68 박선목, *op. cit.*, pp. 45–46.

행복을 얻는 길은 이성에 따라 자신의 능력을 조화적으로 발휘하는 것에 달렸다. 이성적 활동에 따라 생기는 습관을 덕이라 한다. 이성의 작용에는 두 가지 활동이 있다. 하나는 이론적 덕을 통해 진리를 인식하고, 다른 하나는 실천적 덕을 통해 욕망을 억제하는 것이다. 이에 대응하는 덕은 지덕과 행덕이다. 지덕은 이성의 적정한 활동에 따르는 덕이며, 행덕은 이성이 정욕을 억제하는 곳에서 생기는 덕이다. 정욕은 극단으로 치닫기 쉬운데, 이성이 적정하게 정욕을 지도할 때에 생기는 과불급이 없는 중용의 습관을 행덕이라 한다.

아리스토텔레스는 지적인 덕은 대체로 교육에 의해 발생하기도 하고 성장하는 데 비해 도덕적 덕은 습관의 결과로 생긴다고 말하고 있다. 따라서 행덕은 이 중용이 어느 정도 실현되는가에 따라 생겨난다. 예컨대 용기의 덕은 비겁과 만용과의 중용이고, 관후는 인색과 낭비와의 중용이며, 유정은 무정과 아첨과의 중용이고, 정의의 덕은 타인에 대한 방자한 무시와 소심한 굴복과의 중용이며, 온순의 덕은 냉담과 화급과의 중용의 덕이다.

그러나 이러한 중용의 덕은 성취하기가 쉽지 않다. 실로 중용의 덕은 강력한 습관을 형성하게 될 만큼 장구한 훈련과 실천을 필요로 한다. 우리는 어떤 특수한 경우에 뜻하지 않은 우연이나 일시적 충동으로 중용에 적중한 행동을 할 수도 있을 것이다. 그러나 깊이 세련되고 몸에 젖은 행동의 습관을 가지고 있을 경우에만 항구적으로 일관되게 중용을 발휘할 수 있다. 실제로 피리를 불어 보아야만 피리를 잘 불 수 있게 되는 것과 같이 실제로 용감하게 행동해 봄으로써만이 용감하여질 수 있다. 시종일관 유덕한 행동을 거듭함으로써 덕의 습관을 얻게 된다. 그래서 그는 "한 마리의 제비가 왔다고 봄이 되는 것은 아니며, 하루의 실천으로써 행복한 사람이 되는 것은 아니다"라고 강조한다.

아리스토텔레스는 여러 가지 덕목 중에서 그 중간이 어디에 있는가 하는 것은 양극단을 기준으로 하여 양적으로 잴 수 있는 것이 아니라, 오히려 양극단은 '적당한 정도'로서의 중간을 기준으로 하여 그곳으로부터의 일탈로서 잴 수 있는 것이라고 보았다. 그리고 이 적당한 정도는 행위자인 인간의 존재에 의거하여 규정되는 것이므로 중용론은 아리스토텔레스의 윤리학에 있어 한층 원리적인 존재론(存在論)에 의거하여 이해되어야 한다. 따라서 중용을 본성으로 하고 최선(最善)으로 하는 덕에 대하여는 초과도 부족도 악덕이 된다.

그래서 아리스토텔레스는 사람이 어떤 일에 있어 중용을 취하기는 화살로 과녁의 정 가운데를 맞추는 것만큼이나 어려운 일이며, 그런 만큼 많은 노력과 경험, 현명한 지혜가 필요함을 지적했다. 이처럼 중용을 택하고 인간을 올바른 목적으로 인도하기 위해서는 지적인 덕을 통한 지적인 판단이 필요하다는 것이다. 다른 한편으로 아리스토텔레스는 과부족에 의해 이루어진 중용이 아니라 그 자체가 적극적 의미를 지닌 정신적 중용을 주장하기도 한다. 가령 정의(正義)는 행위의 과부족을 요구하지 않는 것과 같은 것이다. 다시 말하면 지혜는 넓고 높을수록 좋으며, 진리는 바를수록 좋고, 우정은 순수와 진실할수록 좋은 것이다. 그리고 정의는 마음이 바르고 공정할수록 좋은 것이다.

아리스토텔레스에게 있어 도덕적 덕은 먼저 인간의 감정, 정서, 욕구를 적절히 다스리는 일과 관련된다. 이러한 면에서 도덕적 덕은 지, 정, 행의 세 측면의 통합으로 구성됨을 보여주고 있다. 이는 아리스토텔레스가 그의 『니코마코스 윤리학』에서 덕이 선택(choice), 정념(passion), 그리고 행동(action)

의 세 가지 측면과 관련됨을 지적한 바에 의해서도 입증된다.[69] 아리스토텔레스는 덕이 이렇듯 세 가지와 관련이 있음을 밝히면서 그 설명하는 순서를 행동, 정념, 선택의 순으로 하고 있다. 즉 인간의 도덕발달 양상에 관한 통찰을 바탕으로 하여 볼 때, 먼저 도덕적 행동습관을 형성하고 정념을 단련하는 일로부터 시작하여 차츰 도덕적 이성을 계발하는 방향으로 나아가야 한다고 본 것이다. 또한 소크라테스가 덕에 대한 무지가 악행의 근원이라고 본 반면에 아리스토텔레스는 머리로는 알고 있다고 해도 나약한 의지 때문에 실천에 옮기지 못함을 간파하였다. 그래서 아리스토텔레스는 선의지(정념)를 습관화(행동)한 것이 중용의 덕이라 하였다.

(5) 공동체적 삶

아리스토텔레스의 도덕교육이 지향하는 유덕한 인격인은 칸트(I. Kant)에서와 같이 추상화된 자율적 도덕인과는 다른 것이었다. 그가 그렸던 도덕적 인간은 현실세계로부터 유리되어 존재하는 관념적이고 추상적인 인간이 아니라, 자신이 발을 딛고 서 있는 삶의 공동체와의 밀접한 관련 속에서 형성되는 그러한 사람이었다. 그의 『정치학』(Politics)에서 인간은 본성상 정치적 동물임을 갈파한 것에 의해서도 분명히 드러난다. 인간은 공동체적 삶을 통해서만이 그의 잠재 가능성을 실현하고 자기 완성과 행복을 성취할 수 있음을 가리키는 것이다. 따라서 아리스토텔레스의 도덕교육론에서 지향하는 도덕적 인간은 순수한 자연인이 아니라 정치사회적 공동체의 바람

---

69 유병열(2000), *op. cit.*, p. 333.

직한 한 시민으로서의 유덕한 인격인을 의미하는 것이었다고 할 수 있다.

아리스토텔레스는 유덕한 인격을 기르기 위해 『니코마코스 윤리학』에서 주로 개인 덕성의 육성 문제를 논한 다음, 그것의 연장선상에서 『정치학』을 통해 시민들의 도덕적 덕성을 기르기 위해 정치공동체를 여하히 조직하고 운영할 것인가 하는 문제를 사회윤리학적 관점에서 탐구했다. 아리스토텔레스에게 있어 국가가 중요한 이유는 개인의 충분한 발전이 이에 의존하기 때문이다.

따라서 정치공동체는 중요한 도덕교육적 역할을 수행하지 않으면 안 되는 것이었다. 공동체 내의 개인들은 더불어 복된 삶을 살고자 하는 진정한 공동체 의식을 육성하고, 바람직한 사회질서의 형성과 공동체의 발전을 위해 기꺼이 참여하고 협력하는 가운데 자기 실현을 도모하는 그러한 도덕적 품성을 길러야 하는 것이다. 그리고 개인의 행복한 생활은 폴리스 안에서 교육을 통해 덕을 실천할 때만 가능하다는 것이다.

그러나 유덕한 인간이 봉착하게 되는 가장 어려운 상황은 공동체의 이익과 도덕적 덕의 활동이 충돌을 일으킬 때이다. 예를 든다면 공공의 이익이 전쟁터에서 고결한 행동보다 불명예스러운 항복을 요구 할 때, 또는 조국의 방어가 속임수나 부정을 요구할 때이다. 이 경우 아리스토텔레스는 항복이 공동체의 보존을 위해 필요하다면 항복은 용기 있는 고귀한 행동이라고 말하였다.

아리스토텔레스는 정치제도를 군주제도, 귀족제도, 민주제도 등으로 나누고 있다. 군주제도는 절대권위를 가진 한 사람에 의한 통치이고, 귀족제도는 소수의 유능하고 지적인 계층에 의한 통치이며, 민주제도는 지적·경제적·도덕적 수준에 이른 국민에 의한 통치이다. 군주제는 독재정치로 타락할 수 있고, 귀족제는 소수집단의 독재형태인 과두제로 전락할 수 있으며, 민주제도는 중우정치로 변질할 수 있다고 지적했다. 중우정치는 무식하고 기분에 따라 사는 대중의 압력에 의한 통치 방식을 일컫는다.

따라서 민주정치가 성공하기 위해서 모든 이에게 균등이 보장될 때만 의미를 지닌다고 보았다. 결국 아리스토텔레스가 진정으로 추구하였던 것은 공동체의 삶에 현명하고도 책임 있게 참여하는 가운데 개인으로서의 자아실현과 공동체의 복지실현에 기여하는 그러한 정치적·도덕적 존재를 길러내는 것이었다.[70]

(6) 아리스토텔레스의 도덕교육론

아리스토텔레스는 도덕교육을 신체훈련에 비유한다. 우리가 힘과 기술을 요하는 것을 해봄으로써 강하고 숙련되는 것과 마찬가지로, 그가 말하기를, 우리가 선량함을 연습함으로써 착해진다. 그가 그것을 이해하는 것처럼 도덕교육은 감정조절과 행동을 연습하는 훈련이다. 올바른 행동의 습관화는 왜 착해야 하는지에 대한 올바른 인식이나 이해 이전에 이루어진다. 그는 올바르게 행동하도록 그들을 훈련시키는 데 예의바름의 습관을 되풀이하여 가르치고, 적절한 처벌과 보상을 사용함으로써 아이들을 먼저 사회화해야 한다고 주장하였다. 결국에는 그들은 도덕적인 삶을 사는 이유와 이점을 이해하게 된다.

---

70 Derek Heater, *Citizenship: The Civic Ideal in World History, Politics and Education*(London: Longman, 1976), pp. 2–4.

아리스토텔레스에 따르면 감정을 자유롭게 표현하는 것이 아니라, 감정을 조절하는 것을 아이들에게 가르침으로 도덕적인 성장이 이루어진다는 것이다. 또한 자아인식은 이성이 아니라 감정이 지시하는 행동을 알고 피하는 것을 의미한다. "우리는 스스로 저지른, 책임져야 할 잘못을 알아야 한다. 우리 모두는 다른 성향을 가지고 있기 때문이다. … 그런 다음에 우리는 스스로를 그 반대 방향으로 이끌어야 한다."[71] "좋은 도덕적 습관을 가진 아이들은 과도한 그들의 성질을 제어할 줄 알고 자유로우며 성숙한 인간으로 자란다. 도덕적 덕은 … 본질과 반하거나 그로 인해서나 우리 안에 생기는 것이 아니다. 우리는 그들로부터 받은 본성으로 구성된다. 그러나 그들의 완전한 성장은 습관으로 인해 이루어진다. … 그래서 어렸을 때부터 우리가 형성한 습관의 종류가 무엇인지가 중요하다. 그것이 막대한 차이를 내며 훨씬 더 큰 차이를 발생시킨다."[72]

그는 도덕교육이 유덕한 인격인을 기르는 핵심적인 기능을 담당하고 있음을 갈파하였다.[73] 그는 도덕적 덕을 습득하려면 선을 추구하는 일을 직접 해보면서 행동으로 익혀 습관화하는 일과 감정, 정서, 욕구를 적절히 다스리면서 옳고 좋은 일을 지향하는 정념을 지니는 일, 그리고 이성적 원리와 실천적 지혜에 입각하여 최선의 것을 선택하는 일 모두를 길러야 한다고 역설하였다.[74]

---

71 Aristotle, *Ethics*, trans., J. A. K. Thomson(London: Penguin, 1976), p. 109.

72 *Ibid.*, p. 92.

73 Gerard Verbeke, *Moral Education in Aristole*(Washington D.C: The Catholic University of America Press, 1990), p. 55.

74 M. F. Burnyeat, "Aristotle on Learning to Be Good," in Amile Oksenberg Rorty, *Essays on Aristole's Ethics*(Berkely: University of California Press, 1980),

그래서 공동체 구성원들이 지녀야 할 이러한 덕들은 자연적으로 생겨나는 것이 아니라 습관과 훈련, 교육을 통해 형성되는 것이므로 공동체를 운영하는 사람들은 바로 이러한 덕들이 구성원들에게 잘 습득되도록 최선의 교육적 노력을 기울이지 않으면 안 된다고 주창하였던 것이다. 이처럼 아리스토텔레스에게 있어 행복과 덕은 각고의 노력과 수련 끝에 얻어지는 것이었다. 인간은 행복을 실현할 수 있는 가능성이나 덕을 지닐 수 있는 싹은 가지고 태어나지만, 그것은 어디까지나 가능태일 뿐 그것이 인간 그 자신의 것이 되려면 특별한 학습과 훈련에 의해 계발되지 않으면 안 되는 것이다.

그러므로 유덕한 인격인은 그렇게 태어나는 것이 아니라 그렇게 길러지고 만들어지는 것이다. 도덕적 덕은 인간의 도덕생활을 잘하게 하는 탁월한 성품을 가리키는 것으로서, 도덕적 인간이 되는 일은 바로 이러한 도덕적 덕들을 잘 발달시키는 일을 통해 이루어지게 된다. 『니코마코스 윤리학』에서 아리스토텔레스는 덕의 본질과 그 구성요소에 관한 논의를 행동, 정념,[75] 선택의 순서에 따라 전개하고 있으며, 덕 형성을 위한 교육 역시 이러한 순서를 거쳐 이루어지게 됨을 암시하고 있다. 예를 들어 사람이 집을 지어봄으로써 건축가가 되고 악기를 타봄으로써 악기 잘 타는 사람이 되듯이 옳은 행위를 함으로써 옳게 되고, 절제 있는 행위를 함으로써 절제 있는 사람이 되며, 용감한 행위를 함으로써 용감한 사람이 될 수 있다는 것이다.

따라서 도덕적 덕을 기르려면 옳고 좋은 일에 대해서는 기쁨과 즐거움

pp. 70−88.

75 정념이란 선한 삶이나 도덕적 의무, 바람직한 가치규범을 좋아하고 지향하는 도덕적 감정과 욕구를 가리키는 것이다.

을 느끼고, 악하고 그릇된 일에 대해서는 고통과 괴로움을 느끼는 성향을, 그리고 선을 사랑하고 실현하고자 욕구하는 마음과 악을 미워하고 물리치고자 욕구하는 마음을 기르는 일이 중요함을 아리스토텔레스는 일깨워 주고 있다. 기뻐해야 할 일에 기뻐하고 마땅히 괴로워해야 할 일에 괴로워하는 성향을 기르기 위해서는 선의 즐거움과 악의 괴로움에 대한 체험의 교육이 필요하다.

또한 아리스토텔레스의 도덕교육론에 따르면, 진정 자라나는 세대들이 유덕한 인격인으로 성장하기를 원한다면 우리는 학급과 학교, 가정, 사회의 문화와 풍토, 관행과 제도, 그리고 제 활동과 프로그램 등을 도덕적으로 만들어 제공하고, 그들이 이러한 환경 속에서 도덕적 삶을 직접 실천하고 경험하도록 하는 방법들을 구안·적용함으로써 도덕적 덕들을 발달시켜 가도록 이끌 필요가 있는 것이다. 앞에서 살펴본 바와 같이 아리스토텔레스는 인간의 경제적 욕망 자체에 대해서 부정하지 않으며, 중용의 덕을 추구하고자 한다. 이 중용의 덕은 교육적인 사회적 상호작용을 통해서만 실현될 수 있다는 것이다.[76]

결론적으로 아리스토텔레스의 도덕교육론은 우리의 도덕교육이 인격과 덕을 보는 관점과 그 방법론 모두 통합적이고 전체론적 관점에서 접근되어야 함을 의미하는 것이라 하겠다. 아리스토텔레스의 윤리사상은 현장교육과 연구의 결과이며, 그후에는 가톨릭 전통의 모체가 되었고, 최근에는 미

---

76 William M. Sullivan, "A Renewal of Civic Philosophy," Markate Daly(ed.), *Communitarianism－A New Public Ethics*(Belmont: Wodsworth Publishing Company, 1994), p. 197.

국 인격교육의 이론적 토대가 되었다.

4) 칸트의 윤리사상과 도덕교육론

(1) 칸트(I. Kant, 1724–1804)의 생애와 사상

칸트는 독일의 쾨니히스베르크에서 1724년 4월 22일에 마구장(馬具匠)의 아들로 태어나 경건한 종교적인 환경에서 자랐다. 그는 거의 모든 생애를 고향 도시의 울타리 안에서 학생과 교수와 저술가로 보냈다. 대학 입학을 준비했던 콜레기움 프레데리키아눔에서 주로 로마 고전에 관심을 가졌으며, 쾨니히스베르크 대학에서는 물리학과 수학, 철학, 신학을 공부했다. 1746–1755년에는 쾨니히스베르크의 몇몇 가정에서 가정교사 노릇을 하였으며, 1755년에 대학에서 강사에 임명되었고, 수학·물리학·논리학·형이상학·윤리학·자연지리·인류학·자연신학·철학적 백과사 등을 강의하였다. 그리고 1770년 논리학 및 형이상학의 교수가 되었고, 1797년 연약한 신체적 조건으로 은퇴할 때까지 이 자리를 지켰다.

그는 두 번 구혼할 생각을 가졌으나 결국 결혼하지는 않았다. 그의 생은 한치의 오차도 없을 만큼 철두철미한 것으로도 유명하다. 그래서 그를 일컬어 걸어다니는 시계라고 할 정도였다. 태어나 죽을 때까지 반경 15km를 벗어나지 않았으며, 하루에 점심식사만 세 시간에 걸쳐 한 것으로 전해지고 있다. 칸트 자신의 경우에는 식탁 위의 나이프의 위치 등을 1밀리도 틀리지 않게 했다고 한다. 그는 1804년 80세의 생애를 마쳤으며, 루소의 영향을 받아 인간의 본성을 존중하였다.

칸트는 여태껏 살아온 모든 사람의 신과 앞으로 있을 모든 사람의 희망인 과학의 본질에 대해서 정확히 제시해 주었고, 그들이 가야 할 길을 명확히 밝혀주었다. 그리고 서유럽 근세철학의 전통을 집대성하여 근대인의 사상과 행동을 규제할 이성의 기본적 윤곽을 제시하였으며, 그 뒤 낭만파로부터 오늘날에 이르는 철학적 사색을 위한 길을 열어놓았다. 그리고 고대 그리스 윤리학자들의 핵심적인 질문은 "좋은 삶은 어떠한 삶인가?"라는 문제에 초점을 두었던 데 반해, 칸트는 "도덕적으로" 옳은 행동은 어떠한 행동인가 하는 데에 관심의 초점을 두었다.

(2) 선의지와 의무의 윤리학[77]

이 세계 안에서, 아니 더 넓게 이 세계 밖에서라도 우리가 제한 없이 선하다고 볼 수 있는 것은 오직 선의지 이외에는 없다.

칸트는 인간의 삶에서 무조건적으로 어떤 경우에도 선하다고 할 수 있는 것은 오직 선의지(Good Will)뿐이라고 주장한다. 왜 그럴까? 명철함, 근면, 판단력 등의 정신의 탁월한 재능들은 인간의 완전성과 탁월함의 중요한 소질들이 될 수는 있겠지만 선의지를 구비하지 못할 때, 즉 의지가 악할 때 이들 인간의 재능들은 악에 봉사하는 도구가 되어 버린다. 선의지가 무조건적인 도덕적 가치를 갖는 것은 어떤 다른 목적을 위한 유용한 수단이 되기

---

77 이 부분의 정리는 다음 책 참조. 김상봉, 『호모에티쿠스』(서울: 한길사, 1999).

때문이 아니다. 우리는 일상의 삶에서 착한 의지를 가졌음에도 불구하고 나쁜 결과를 가져오는 많은 경우를 볼 수 있다. 선의지는 그 자체로 선인 것으로 결과에 의해서 평가되지 않는다. 선의지 이외의 것들은 오직 선의지를 통해서만 선한 것이 될 수 있다.

그러면 선의지란 무엇인가? 선의지는 인식하는 이성도 아니고 감각에 의존하는 수동적 감정도 아니다. 선을 의욕하고 악을 멀리하는 인간의 도덕성은 지성적 능력이나 감정, 정서에 속한 것이 아니다. 인간의 도덕성은 의지에 근거한다. "의지가 선하다"고 말할 때, 선함은 무엇인가? 그것은 의무에 기반한다. 의무 때문에 하는 행위만이 선한 것일 수 있다. 선의지란 의무감이며, 의무에 따르려는 의지이다.

칸트에게서 의무감이란 하기 싫은 마음에도 불구하고(주관적 제한과 장애물) 그런 마음을 억누르고 해야만 할 일을 해야 한다고 생각하는 마음을 뜻한다. 예컨대 강도에게 피습당한 사람을 볼 때, 길거리에 쓰러질 듯 주저앉은 노인을 보았을 때 우리의 마음 한 구석에는 빨리 그 자리를 피하고 싶은 마음이 생긴다. 이때 우리의 자연적 본성의 유혹을 뿌리치고 내면에서 울려오는 양심의 요구와 명령에 따르도록 재촉하는 것이야말로 바로 우리의 내면에 자리한 의무의식이라고 할 수 있겠다.

선의지는 우리의 의지가 주관적 저항을 이겨내고 마땅히 해야 할 일을 욕구할 때를 의미한다. 그러므로 선의지는 정념의 자연적인 경향성(ne-igung/inclination)을 부정하고 극복할 때 발생한다. 경향성이란 마음의 자연스런 기울어짐, 이끌림을 말한다. 참된 의미의 도덕적 가치를 갖는 선한 일은 인간 정념의 자연적 경향성을 극복하는 것이라 하겠다. 도덕성은 우리가 느끼는 도덕적 강제에 있다. 도덕이 강제와 명령의 형태를 띠는 이유는 정념이 도덕에 저항하기 때문이다.

인간이 만약 신과 같은 완전한 존재였다면 우리의 자연적 욕구는 보편적인 양심의 요구와 언제나 일치하였을 것이다. 우리의 의지가 언제나 보편적 양심과 도덕률에 따라서만 발생한다면 도덕적 강제는 필요없을 것이다. 도덕이란 내면적 투쟁에서 야수적 욕망을 뿌리치고 양심의 소리에 따르려는 의무감에 존립하는 것이다.

⑶ 준칙과 도덕법칙

앞에서 살펴보았듯이 칸트에 따르면 도덕적 선은 오직 의무감에서 존립한다. "의무는 법칙에 대한 존경에서 비롯된 행위의 필연성"이다. 행위의 필연성이란 어떤 행위의 마땅함이나 해야 함을 뜻한다. 도덕법칙에 대한 존경심 때문에 어떤 행위를 마땅히 해야만 한다고 느낄 때의 의식이 의무감이다. 즉 우리의 의지를 규정하고 지배하는 법칙이 양심에 위배되지 않고 도덕적으로 정당한 것인 한에서, 그리고 그런 법칙에 대한 존경심에서 비롯된 행위야말로 선한 행위인 것이다.

그런데 우리가 결단하고 행위할 때 우리가 따르는 판단기준이나 원칙을 칸트는 '의지의 원리'(Prinzip des Willens)라고 부른다. 결단과 행위는 의지에 의해 이루어지므로 실천적 결단의 원칙은 곧 의지의 원리이다. 칸트는 의지의 원리를 세분하여 우리들 각자가 자기 나름대로 정립하는 의지의 원리를 준칙(Maxime)이라 부른다. 우리들 각자가 도덕적 결단의 기로에서 따르는 모든 종류의 판단기준, 의지가 준칙이다. 요컨대 준칙이란 "의욕의 주관적 원리"이다.

우리의 의지적 행위는 어떤 종류의 원리, 즉 준칙에 의해 규정된다. 우리가 무엇인가를 의욕할 때 우리의 의지를 규정하는 준칙이 선하면 우리의 행위와 의지도 선한 것이다. 칸트는 이를 다음과 같이 표현한다.

의무로부터 나온 행위는 그것을 통해 달성해야 할 의도 속에서 도덕적 가치를 가지는 것이 아니라, 우리가 행하려고 결단할 때 따르는 준칙속에서 그것의 도덕적 가치를 건진다.

의지는 의지가 지향하는 결과 때문에 선해지는 것이 아니라 오직 의지 자신의 내적 가치에 의해 선해진다. 의지의 내적인 도덕적 가치를 정하는 것은 의지의 준칙, 즉 의지가 따르는 원리 그 자체이다.

선은 우리가 따르는 원칙 속에 있다는 것이다. 의지가 따르는 원칙이 선하면 의지와 행위도 선해지고, 그 원칙이 악하면 의지와 행위도 악에 떨어진다. 그렇다면 어떤 준칙이 선한 것이고 어떤 것들이 악한 것인가? "어떤 법칙을 따를 때 의지에서 생겨날 수 있는 모든 충동을 내가 의지로부터 빼앗아 버렸기 때문에 이제 의지를 규정하기 위한 원리가 될 수 있는 것은 오로지 행위의 보편적 합법칙성 일반만이 남아 있을 뿐이다. 즉 나는 나의 준칙이 하나의 보편적 법칙이 되기를 동시에 바랄 수 있도록 행위하지 않으면 안 된다."

그렇다면 무엇이 보편적 법칙인가? 그것은 '보편성을 얻은 준칙'이다. 즉 의지가 따라야 할 법칙은 보편성과 객관성을 얻은 준칙에 다름 아니다. 객관적 도덕법칙이란 의지의 주관적 원리인 준칙 밖에 따로 있는 것이 아니라 보편성과 합법칙성을 얻은 준칙 그 자체이다. 칸트는 의지를 규정하는 최고의 도덕법칙을 행위의, 보다 정확히는 준칙의 보편적 합법칙성 일반이라는 것이다. 합법칙성을 얻은 준칙에 따라 행위할 때 우리의 행위는 선한 것이 된다. 그러므로 칸트는 다음과 같은 명법을 제시한다.

나의 준칙이 언제나 동시에 하나의 보편적 법칙이 될 수 있기를 내가 바랄 수 있는 그런 준칙에 따라서만 행위하라.

우리가 어떤 행위를 할 때, 그 행위가 선하냐 악하냐를 판단하기 위해 우리는 자기 자신에게 똑같은 상황에서 다른 모든 사람들이 나와 똑같이 행위하기를 나 자신이 기꺼이 바랄 수 있는지 물어야 한다. 우리가 법칙이 될 수 없는 준칙에 따라 행위할 때, 그때 의지는 악에 떨어진다. 오직 내가 나뿐만 아니라 모든 사람이 같은 상황에서 똑같이 지킬 것을 바랄 수 있는 법칙에 따라 행위할 때, 그때 나의 의지와 행위는 떳떳하다.

칸트에게 있어 도덕법칙은 무엇을 어떻게 행동하라는 구체적인 내용을 담고 있는 것이 아니라, 그러한 행동을 판단해낼 수 있는 원리 내지 형식으로 존재하는 것이다. 여기에 칸트의 윤리학이 형식주의를 중심으로 하고 있다는 평가가 나오게 된다. 그리고 옳은 행동은 도덕적 문제상황에서 이러한 도덕원리에 근거하여 이성적 숙고를 통해 올바로 판단해냄으로써 가능해지는 것이기 때문에 칸트의 관점을 따르는 도덕교육은 비판적이고 반성적인 사고를 통해 바른 도덕적 행동을 판단해내는 그러한 능력의 육성을 중시하게 된다.

(4) 목적으로서의 인격

칸트는 의지와 행위의 도덕성을 그것이 지향하는 목적을 통해 판단하지 않는다. 선한 의지는 어떤 경우에도 자기 아닌 다른 목적을 위한 수단일 수 없다. 그런데 선한 의지에 따른 행위가 보편적으로 지향하는 목적이 전혀 없다면 선한 의지가 추구하는 목적은 때마다 상황에 따라 상대적이요, 오직 준칙의 형식적 보편성만이 문제된다면 선한 의지는 무엇을 위한 것도 아닌 의지, 맹목적인 의지에 떨어질 수도 있는 것이다.

이같은 이율배반을 극복하기 위해 칸트는 우선 상대적이고도 주관적인 목적과 객관적인 목적을 구별한다. 임의로 설정하는 주관적 목적은 어떤 경우에도 무조건적이고 절대적인 도덕적 명령의 근거일 수 없다. 칸트는 우리가 상황에 따라 다르게 설정할 수 있는 주관적이고 상대적인 목적이 아니라, 그 자체로 우리의 모든 행위의 목적이 되는 절대적 목적이 있다면 그것이야말로 도덕적 명령의 참된 실질적 근거일 수 있다고 본다.

존재 자체로서 절대적 가치를 가지고 있는 것, 그 자체에 있어서 하나의 목적으로 일정한 법칙의 근거가 될 수 있는 것, 그렇다면 그런 것 안에서만 가능한 정언적 명령법, 즉 실천철학의 근거가 있을 것이다.

그 존재 자체가 절대적 가치를 가지고 있는 것은 무엇인가? 칸트는 이같은 물음에 대해 오직 이성적 존재자의 인격일 뿐이라고 답한다. 이성적 존재자, 인격적 존재자를 제외하고는 다른 모든 것은 수단적 가치를 갖지만 인간과 인간적 존재자는 그 존재자체가 목적이다. 그러므로 다음과 같은 도덕성의 기본원리가 도출된다.

너는 너 자신의 인격에서건 다른 어떤 사람의 인격에서건 인간성을 언제나 동시에 목적으로 대하고, 결코 한갓 수단으로 사용하지 않도록 하라.

인간은 다른 것과의 관계에서 수단으로 다루어질 수 있을지라도 그 자체로 고찰될 때는 목적 자체이다. 인간은 단순히 수단으로서가 아니라 동시에 목적 자체로서 다루어져야 한다. 이런 의미에서 칸트는 인격의 공동체를 '목적들의 나라'(Reich der Zweck)라고 부른다. 목적들의 나라는 이상적 도덕이 실현된 사회이다. 여기에서 각자는 보편적 법칙의 지배 아래 있는 동시에 도덕적 법칙을 자율적으로 입법하는 주권자이기도 하다.

인간의 선의지는 선의지 아닌 것에 의해 강제로 떠밀려 생겨나는 것이 아니다. 선의지는 타율적 강제와 대립된다. 그것은 어떤 강제에 의해 어쩔 수 없이 발생하는 것이 아니며, 어떤 타자적 원인에 의해 떠밀려 생겨나는 것이 아니다. 그럼에도 불구하고 선의 원인을 찾는다면 그것은 바로 자기 원인(causa sui)인 것이다. 칸트는 선의지의 자발성을 자유의지(freier Wille)라 부른다. 우리가 행하는 모든 선은 자유의지의 소산이다. 도덕은 타율이나 강제가 아닌 인간의 근원적 자유의 표현이다. 선의지는 자연법칙과 같은 강제에 의한 것이 아니라, 결단에 따라 오직 선을 위해 선을 욕구하는 것이다.

따라서 우리의 의지가 도덕법칙을 따르는 것은 어떤 강제 때문이 아니라 의지의 자발적 결단에 의한 것, 도덕법칙에 대한 존경심 때문이다. 선의지가 도덕법칙을 지키는 것은 어떤 외적 강제나 처벌에 대한 두려움 때문이 아니라 오직 도덕법칙에 대한 존경심 때문에, 자유로운 결단으로 스스로 보편적 도덕법칙을 자기의 행위원칙으로 삼기 때문이다.

⑸ 칸트의 도덕교육론

칸트에 따르면 인간은 자신 안에 선의 소질을 가지고 있다. 그러나 이 선의 소질은 이미 고정되고 완성된 것이 아니라 계발을 필요로 한다. 따라서 인간의 본성은 악을 포함하지는 않는다. 오히려 악은 우리가 본성을 타락시킴으로써 발생한다. 칸트에게 있어서 교육의 과제는 인간을 인간으로 만드는 것이다. 인간은 단지 교육을 통해서만 인간이 된다. 인간은 교육에 의해서 형성된 것에 다름 아니며, 세계의 모든 선은 교육에서 생긴다. 인간 안에 있는 맹아는 점점 더 계발되어야만 한다. 왜냐하면 우리는 인간의 자연적인 소질 속에서는 악의 원인을 발견하지 못하기 때문이다. 자연의 규칙을 따르지 않는 것만이 악의 원인이다. 따라서 인간에게는 단지 선의 맹아만이 존재한다고 보았다.[78]

칸트의 윤리설이 도덕교육에 주는 시사점은 엄격한 선의 규정에서 더욱 엄격한 도덕교육을 요구하고 있다는 점이다. 그리고 인간은 교육을 필요로 하는 유일한 존재로서 오직 교육에 의해서만 인간다울 수 있다고 강조하면서 특히 학교에서의 공교육 강화를 주창하고 있다. 칸트의 도덕교육에서 지향점은 바람직한 도덕적인 인격인 형성, 격률에 따라 행동할 수 있는 자질의 함양에 두고 있다. 그리고 이성적인 숙고와 선의지를 바탕으로 해서 자기 결정에 의해 채택한 도덕법칙을 의무로서 존중하고 실천하는 자율적이고 합리적인 인격인을 길러내는 데 있다.

칸트의 교육방법으로 양육, 훈육, 도야 등을 채택하고 있다. 첫째, 양육은

---

78 안네마리 피퍼 저, 진교훈·유지한 역, *op. cit.*, pp. 138–139.

양친 또는 유모가 어린이들의 의식주를 돌보고 생활을 잘 보살핌으로써 그들의 자연적 성장이 원만하게 이루어지도록 하는 것이다.

둘째, 훈육은 개인적으로든 사회적 구성원으로서든 간에 개인적·사회적 인격형성을 통해 더욱 훌륭한 인간적 지위를 얻기 위해 인간의 동물적 본성을 억제하는 영향력으로서 인간의 방종과 무규율성을 억제하는 것이다. 그리고 칸트는 도덕적 훈련을 통해 인간의 좋지 못한 욕망과 제멋대로 무질서하게 행동하는 것을 억제하고 훈련을 통해 바람직한 행위양식의 습득과 규칙 준수의 습관화를 도모하고자 하였다. 따라서 인간은 일찍부터 이성의 명령에 복종하도록 습관 들여야 한다고 강조하였다.

셋째, 도야는 인간 삶의 이치와 도리를 깨우치고 그의 소질과 능력을 갈고 닦아 바람직한 인간을 형성하도록 하는 교육적 작용을 말한다. 도야에는 세 유형이 있다. 첫째로 기능 능력의 도야는 신체적 기능과 정신적 기능을 연마하고자 하는 것이다. 둘째로 사회·문화생활의 도야는 아동들로 하여금 사회생활과 문화생활에 필요한 자질을 갖추도록 하는 교육이다. 이를 통해 사회에서 처세해 가는 분별력과 세련미를 갖춰야 한다는 것이다. 셋째로 도덕적 도야는 격률에 따라 사고하고 행동하는 도덕적 품성과 인격을 형성하기 위한 도덕교육이다. 이는 이성적 사고를 바탕으로 격률에 따라 삶을 살고 이러한 도덕성을 기르고자 하는 것으로 훈육보다는 한 단계 높은 차원의 도덕교육이라고 보았다.

칸트는 인간이 추구해야할 덕(德)과 악덕(惡德)을 이야기하고 있다. 인간이 추구해야 할 올바른 덕은 첫째 복종이다. 복종에는 교사와 같은 권위 있는 존재의 명령에 무조건 복종하는 절대적 복종이 있다. 그리고 아동 자신이 합리적 신념과 선한 의지라고 생각되는 것으로부터 나오는 자발적 복종이 있다. 둘째로 진실성인데, 이는 정직하고 거짓말을 하지 않는 것을 의미하며, 인격의 시초임과 동시에 인격의 본질이라는 것이다. 셋째로 사교성은 아동이 다른 아동들과 좋은 교우관계를 형성하고 그럼으로써 즐거운 인생을 자기 스스로 준비해 가게 하는 것이다. 그외 욕망과 성향이 격정으로 흐르지 않도록 조심하는 태도, 인내와 참된 용기, 아량과 자비, 진정한 동정심, 철저하게 배우는 자세, 온화함, 자신이 세운 목표를 확고하게 추구하는 자세 등을 강조했다.

반면에 인간이 배척해야 할 악덕으로는 질투, 배은망덕, 타인의 불운에 대해 즐거워하는 것, 불평과 불성실, 방탕, 불친절, 인색함, 태만함 등을 칸트는 지적하고 있다. 결과적으로 칸트의 도덕적 행위자로서 인간의 자율성에 대한 존중은 현대의 자유주의 도덕교육론자들의 논의를 정확하게 이해할 수 있는 실마리를 제공해 준다.[79]

(6) 칸트의 교육론의 문제

칸트 윤리설의 문제는 본질적 가치가 반드시 도덕적 선의지뿐인가라는 문제이다. 그리고 그것을 어떻게 알 수 있는가 하는 문제가 제기된다. 다음으로 도덕원리의 보편성 기준이 과연 도덕적 행동을 결정하는 데 얼마나 가치가 있는가 하는 문제이다. 그래서 칸트의 윤리설은 현실생활에서 부딪히는 갈등에 대한 해결책이 미흡하다는 비판을 받고 있다. 또한 칸트의 윤

---

79 Richard Norman, *Free and Equal: A Philosophical Examination of Political Values*(Oxford: Oxford University Press, 1987), pp. 91–92.

리설은 지나치게 도덕적 엄격주의를 추수하고 있기 때문에 보통 사람들은 감당하기가 쉽지 않음을 지적하기도 한다.

또한 칸트는 인격적 삶만이 목적적 가치를 지니고 있으며, 존엄성을 지니고 있고, 동물과 식물은 목적적 가치를 지니고 있지 않으므로 도덕적 의무도 없으며, 윤리적 고려의 대상이 될 수도 없다고 주장한다. 이러한 주장은 동물, 식물, 무생물도 목적적 존재로 간주되어야 한다는 최근의 생태윤리의 관점에서는 진지하게 재고될 수밖에 없다.

5) 뒤르껭의 사회사상과 도덕교육론

(1) 뒤르껭(E. Durkheim, 1858–1917)의 생애와 사상

뒤르껭은 1858년 프랑스의 에삐날이라는 조그만 마을의 유태교 가정에서 태어났다. 그의 아버지는 유대인 공동체의 지도자 랍비로서 그 지역 공동체에서 중요한 도덕적·정치적 영향력을 행사하고 있었으며, 아들 뒤르껭이 그의 뒤를 이어 유대인들의 정신적 지도자인 랍비가 되기를 바랐다. 그래서 랍비의 훈련과정을 1년 정도 받았으나 당시의 세속화 분위기와 중학교 시절의 교사의 영향으로 유대교를 포기하고 불가지론자가 된다.

뒤르껭이 청소년 시기를 보낼 당시 프랑스는 전쟁의 패배와 산업사회로의 급격한 변동으로 말미암아 사회적으로 불안정하고 전통적 가치규범이 혼미한 시대상황에 처해 있었다. 그는 개인적으로 20세가 되기도 전에 아버지의 죽음으로 힘겨운 책임을 지게 되고, 프랑스 동부 지방과 독일 사이에 적대감이 높아져 가는 상황으로 인해 엄격한 성격을 지닌 청년으로 성장했다. 이미 10대 후반에 때로는 어려움과 슬픔이 쾌락이나 즐거움보다 정신발달에 도움이 된다고 확신하게 될 정도였다.

뒤르껭은 자신의 마을에서 초·중등학교 때 아주 우수한 학생이었다. 그리고 평생의 직업으로 일찍부터 교사가 되기를 원했다. 그러나 자신의 가정형편으로는 대학에 진학하는 것이 무리라는 것을 안 뒤르껭은 그 당시 평범한 중산층 가정의 자녀들이 그러하듯이 파리 고등사범학교에 진학해서 국비로 학업을 계속 하기를 원했다. 뒤르껭은 세 번의 도전 끝에 1879년 드디어 그가 소망하던 프랑스 최고 사범대학인 파리의 명문 애콜 노르만 쉬페리외르에 입학했다.[80]

파리 고등사범학교는 프랑스 사회의 다양한 정치적·사회적 사건들을 논의하고 이론적으로 실험하는 장소였다. 여기에서 그는 사회문제를 학문적으로 접근하는 것을 배우고, 사회정의를 실현하는 데 사회이론과 지식인의 역할이 중요하다는 것을 배웠다. 뒤르껭은 파리 고등사범학교를 졸업한 후 지방 국립중등학교로 발령을 받아 1882–1887년 상·생캉탱·트루아 중학교에서 철학을 가르쳤다. 1885–1886년 연구차 독일로 갔으며, 이곳에서 실험심리학의 선구자 빌헬름 분트를 만나 깊은 인상을 받았다. 1887년 보르도 대학교 강사가 되었으며, 그뒤 교수가 되어 1902년까지 사회철학을 가르쳤다. 1902년부터 파리 대학교에서 강의를 시작하여 1906년 정교수가 되었다.

베버나 마르크스와는 또 다른 방식으로 수많은 어려운 논쟁들과 사회

---

80 민문홍, 『에밀 뒤르케임의 사회학』(서울: 아카넷, 2001), p. 32.

운동[81]과 갈등에 둘러싸여 지냈다. 이러한 점에서 보면 소박한 중산층 가정 출신의 뒤르껭의 삶은 매우 복잡하고 힘겨운 삶이었다고 볼 수 있다. 뒤르껭은 이러한 논쟁과 끊임없는 사회참여 때문에 말년에는 극도로 지치고 예민해져서 더 이상 규칙적인 학문적 작업을 할 수 없었다. 이러한 상황에서 제1차 세계대전시 고등사범학교 학생인 외아들 앙드레 뒤르껭의 죽음은 결정적으로 뒤르껭을 죽음으로 몰고 갔다.

프랑스 철학자 오귀스트 콩트와는 달리 뒤르껭은 무모하고 교조적인 일반화를 꾀하거나 경험적인 관찰을 소홀히 하지 않았다. 뒤르껭은 인간성을 개조하거나 철저한 사회구조 변화에 필요한 새로운 제도를 만들어낼 수 있는 가장 강력한 세 가지 수단으로서의 도덕, 교육, 그리고 종교에 점점 더 많은 관심을 갖게 되었다. 따라서 뒤르껭은 새롭게 사회질서를 구축하기 위해 사회학과 도덕교육론에 눈을 돌렸다.[82] 특히 9세기 말, 프랑스가 급격한 산업화와 더불어 사회적 대립과 분열, 그리고 인간 존재의 위기상황에 치닫게 되자 그는 도덕교육을 통해 이를 해결하고 사회적 연대를 회복하고자 하였다.

뒤르껭의 일관된 관심은 사회질서와 무질서의 근원이 무엇인가에 있었고, 이러한 문제의 해결점은 각 사회의 근본적인 특성을 나타낸다고 할 수 있는 도덕성에서 찾았다. 그 핵심은 도덕 사회화에 있었고, 도덕교육의 중심 과제는 도덕성 함양에 두었다. 도덕현실을 구성하는 요소에는 의무와 선

81 교육의 세속화, 사회연대회복운동, 민중교육운동, 새로운 도덕교육 프로그램, 시민종교론 등이 그것이다.

82 Robert Bellah, *Introduction to Emile Durkheim on morality &Milieu*(Chicago: Chicago Uni, Press, 1973), p. 16.

이 있다고 보고 도덕성의 요소로는 규율정신, 사회집단에 대한 애착, 자율성으로 보았다. 뒤르껭은 사회를 도덕적 이념의 가치 근원으로서 중시했다.

그리고 제3공화국 시절의 많은 프랑스 철학자들과 마찬가지로 파멸적인 사회분열, 즉 '아노미'(anomie)[83] 현상을 피하기 위한 수단으로써 과학, 특히 사회과학과 교육의 근본적인 개혁에 기대를 걸고 있었다. 교육이야말로 이 혼란의 시대를 바람직한 방향으로 바꾸어 놓을 수 있는 중요한 매개라고 보았다. 교육은 개개인을 사회적인 구성원으로 양성하는 과정이라는 점에서 사회의 유지에 필수적인 과정이다. 그리고 교육은 비사회적 존재인 개인들을 사회적 존재로 길러내는 일을 하며, 곧 사회화와 동일한 의미라고 본 것이다.

따라서 교육의 기능은 사회가 요구하는 지적·신체적·도덕적 특성의 함양을 뜻하는 보편적 사회화와 개개인이 속하게 될 특수한 환경이 요구하는 직업윤리나 전문지식 등 특정한 신체적·지적·도덕적 특성의 함양을 말하는 특수 사회화로 나누어 보았다. 뒤르껭은 어렸을 때에는 유대교도였지만 커서는 무신론자가 된 사람이다. 따라서 그는 과학의 발전과 함께 전통적 종교의 역할은 약해지고 대신 사회과학과 교육의 기능이 강화될 것이라고 믿었다.

여기에서는 뒤르껭의 인간관, 사회관 그리고 도덕관을 살펴본 다음에 도덕성의 요소들, 그리고 이 도덕성을 함양하기 위한 그의 도덕교육론을 중점적으로 알아보도록 하겠다.

---

83 뒤르껭의 정의에 따르면, 아노미란 행동규범이 아예 없거나 약해진 상황 또는 갈등하는 상황을 가리킨다.

(2) 도덕성의 요소

뒤르껭은 도덕이란 한 사회의 도덕적 실재(reality)를 반영하는 행위규칙의 체계라고 했다. 그러므로 사회가 다르면 도덕도 다르며, 같은 사회라도 사회가 변하면 그에 따라 도덕도 변한다고 했다.[84] 그럼에도 불구하고 도덕적 행위자가 되기 위해서는 언제 어디서나, 그리고 누구에게나 요구되는 도덕성의 요소가 있다고 그는 주장한다. 도덕성 요소에 대한 탐구는 도덕생활의 근저에 놓여 있는 기본 성향과 도덕에 관한 의식상태까지를 포함한다.[85]

그의 사후 발간된 『도덕교육론』(1925)에서 사회 속에 개인에게 도덕적인 행동이라는 것은 개인의 자기 중심적인 행동이 아니라 집단과 사회 지향적인 활동이라는 것을 밝히고 있다. 그는 도덕성을 인간 행동의 사회적 지향을 의미하는 것으로 보고 도덕성의 요소를 사회적 규율(disc-ipline), 공동체에의 참여(commitment to the group) 혹은 사회집단에의 애착(attachment to social group), 자율성(autonomy)으로 규정하였다. 뒤르껭에 따르면 "인간이 도덕적으로 행동한다는 것은 사회적 관심사에 따라 행동하는 것이며, 사회적 관심사에서 도덕적 관심사가 시작된다"고 보고 있다. 다음에서는 도덕성의 세 요소를 구체적으로 살펴보도록 하겠다.

---

84 남궁달화, 『도덕교육론』(서울: 철학과 현실사, 1996), p. 162.

85 E. Durkheim, *Moral Education: A Study in the Theory Application of the Sociology of Education,* Everett K. Wilson & Herman Schnurer(trans.)(New York: Free Press, 1973), p. 21.

① 규율정신

규율정신은 도덕규범이 명하는 바를 의무로 받아들이고 그것의 권위를 존중하고 이에 따르려는 경향성이다. 뒤르껭은 도덕규칙을 한 사회의 선(善)의 가치체제가 반영된 것으로 본다. 그러므로 그 사회의 구성원은 도덕규칙을 신뢰하고 존경하는 마음을 가져야 한다. 규칙의 준수는 규칙의 권위가 유지되는 한 유지된다. 이러한 규율정신의 형성과 실현은 도덕규칙의 권위의 인정과 그것에 대한 존경, 그리고 그것이 명령하는 바를 일관성 있게 준수하는 규칙성을 요구한다. 그리고 규율정신은 바로 관습적 도덕성을 의미한다. 아동들은 일차적으로 부모의 영향 아래 관습적 도덕규범을 습득하는 과정을 거친다. 규율정신의 계발로서 학교에서 실시하는 도덕교육은 학생들에게 규칙성과 도덕적 권위의 감정을 길러주는 일이다.

여기서 규칙성은 도덕규칙을 일관성 있게 준수하는 행위자의 성향이자 습관이다. 따라서 학교교육은 기본적인 규칙과 규범을 지닌 하나의 작은 공동체를 이루어 아동으로 하여금 도덕적 사회화를 통하여 도덕성을 내면화시키는 과업을 맡게 된다. 뒤르껭에 있어서 교화를 포함한 도덕적 사회화는 '필요선'이다. 학생들에게 일정의 규범, 가치를 제시하지 않는 것이 뒤르껭에게는 악이며 무책임한 일이다.[86] 규율은 인간 행위에 관한 규칙성(regularlity)을 증대시키는 동시에 행위의 범위를 제한하는 두 가지 목적을 가지고 있다.

학생들에게 도덕규칙의 권위감을 형성시켜 주는 일은 결국 교사에 의해 이루어진다. 그들이 도덕규칙의 권위를 받아들이는 것은 그것을 전해주는 교사를 믿고 있기 때문이며, 이는 곧 교사의 권위를 인정하기 때문이다. 규율정신은 도덕규칙을 존경하여 그것을 일관성 있게 준수하는 마음가짐이다. 이는 곧 규칙을 준수하지 못했을 경우에는 제재가 개입된다는 것을 함의하며, 이는 도덕적 규칙들의 위반에 대한 불허의 상징으로 벌의 사용이 필요하다는 것을 의미하는 것이다. 이와 같이 비난받을 만한 행동을 방지하는 데 필요한 규율은 그 자체가 교육의 독특한 요소이다. 규율은 아동의 욕망을 억제하고 제한하며 행동의 목표를 정하도록 할 수 있다. 이러한 제한은 행복과 도덕적 건강의 조건이다.[87] 결과적으로 규율 없는 행동은 도덕적으로 불완전하다.

따라서 부모와 교사는 학생들이 규칙을 위반했을 때 규칙에 대한 그의 존경의 감정이 변하지 않았음을 그리고 위반에도 불구하고 규칙은 여전히 그 권위를 잃지 않았음을 그들에게 분명하게 보여주어야 한다. 권위란 반항적인 힘을 최대한 발휘하도록 고무하는 것이 아니라, 그것을 최대한 억제하는 데 필요한 것이다. 또한 벌은 위반자에게 고통 또는 위협을 가하기 위한 것이 아니라 도덕적 권위를 인식시키기 위해서이므로 학생의 건강에 해를 주는 벌과 체벌은 모두 금지되어야 한다는 것이다. 따라서 교사는 상과 벌보다는 교사 자신의 직무와 역할에 대한 헌신과 교사의 태도에 의한 잠재적 교육과정을 중시해야 한다는 것이다.

② 사회집단에 대한 애착

뒤르껭에 따르면 규율정신이 도덕성의 외적 형식이라고 한다면, 사회적

---

86 림용경, "Emile Durkheim 도덕교육론의 실천적 적용에 관한 연구," 서울대학교 대학원 국민윤리교육과 교육학박사학위 논문, 1993. 8, pp. 32−33.

87 E. Durkheim(1973), *op. cit.*, pp. 43−44.

집단애는 내적 내용이라는 것이다. 사회집단에의 애착심만이 개인으로 하여금 이기주의를 극복하고 사회가 제시하는 도덕을 받아들여 내면화할 수 있도록 한다. 그래야만이 사회적 유대감을 회복하고 사회적 이상을 공유하는 시민으로서의 인간을 길러낼 수 있다. 또한 사회집단에의 애착은 인간이 구성원으로 지니는 사회집단에 대한 개별적 예속을 의미한다. 인간은 어떤 형태이든지 간에 사회집단에 속할 때만이 도덕적 존재가 될 수 있다는 것이다. 한 개인이 사회에 애착을 가질 수 있는 것은 그 사회의 미래를 건설하는 데 중요한 역할을 수행한다.

도덕적으로 완전한 인간이 되기 위해서는 가족, 조합, 상업단체, 클럽, 정당, 국가의 집단들과 동일감을 느껴야 한다는 것이다. 뒤르껭은 애착의 대상, 사회집단으로 가정과 국가, 인류를 들면서 사회적 도덕의 발전단계를 제시하였다. 가정은 국가보다 도덕의 목표상 하위에 있고, 인류는 도덕적 목표와 자체의식을 가진 사회조직이 없는 추상적 집단이기 때문에 국가를 이에 종속시킬 수 없다고 함으로써 국가에 대한 애착인 애국심을 최고의 도덕성으로 보았다.

그리고 사회집단에 대한 애착심은 이타심(利他心) 또는 애타심(愛他心)을 의미한다. 뒤르껭은 아동에게도 이타적 성향이 있다고 본다. 그러나 아동은 세계와 의식의 범위가 성인에 비해 좁기 때문에 이타성의 정도가 약한 상태이다. 그러나 아동들은 무엇이든 쉽게 배우고 부릴 수 있을 뿐만 아니라 주위 세계에 열려 있다. 이러한 성향은 아동이 그가 관계하는 환경 내의 여러 대상에 쉽게 결속하고 애착하도록 하는 마음의 계발에 기여한다. 이러한 아동들의 이타성을 계발하여 사회집단에 애착하는 도덕성을 그들에 형성시키는 데 있어서 교사의 노력이 필요하다는 것이다.

학교는 우연히 비슷한 나이와 조건에 따라 만난 집단이다. 이러한 학교 환경은 아이들이 처음 공동생활을 시작하는 곳이며, 사회집단에 대한 애착심을 계발할 수 있는 기회이다. 즉 학급 또는 학교에 대한 애착심을 통해 우리가 계발하기를 원하는 사회집단에 대한 애착심으로서의 도덕성인 이타성과 애타심을 그들에게 자연스럽게 계발시켜 줄 수 있다. 교사는 무엇보다도 아동이 그가 소속하고 있는 사회집단에 대한 분명한 아이디어 또는 이미지를 가질 수 있도록 도와주는 노력을 해야 하며, 그러한 노력을 게을리하면 아동은 그가 속해 있는 집단에 대해 불확실하게 그리고 불완전하게 알게 된다는 것이다.

이에 한국의 도덕적 상황에서의 뒤르껭의 도덕론은 다소 강요적인 측면으로 이해될 수 있으나 개인이 사회에 애착을 가지고 사회건설에 참여할 수 있도록 하는 데에는 무엇보다도 도덕적인 심화를 교육적 효과로 추진될 수밖에 없다. 따라서 도덕적 존재로 개인의 위상을 세울 수 있게 하는 방법론으로 도덕 교육이 개진될 필요가 있다. 이는 뒤르껭이 주장한 도덕 사회화의 중요한 문제 제기라고 할 수 있다. 우리 사회가 보다 자신 있는 변화를 추진하려면 사회 각 조직들이 생명력을 잃지 않게 하는 애착을 자발적으로 유도하는 도덕교육의 효과를 연구할 필요가 있다고 할 것이다.

③ 자율성

도덕적 행위를 말할 때 규율을 존중하고 집단에 헌신하는 것으로 충분한 것이 아니고, 이성을 바탕으로 하여 행동을 한 이유를 완전하고 분명하게 깨달아야 한다. 그러한 깨달음과 그것에서 비롯되는 지식은 우리로 하여금 자율적 도덕성의 실현을 가능하게 해준다는 것이다. 인간은 과학적·합리적 접근을 토대로 사물의 존재 이유를 이해할 수 있는 능력을 가짐으로써 자율적 행동이 가능하다. 자율성은 규율정신과 애착을 맹목적인 도덕성이 아니라 타당한 이유와 가치에 합당한 도덕성의 의미를 부여해 주는 역할을 한다.

따라서 어떤 규칙적 행위나 어떤 희생적 행위도 그것이 행위자의 자발성을 수반하지 않을 때는 도덕적 가치를 인정하지 않는다. 이와 같이 도덕성은 강요된 상태에서 육성되는 것이 아니라 도덕적 행위의 이유를 지적으로 이해함으로써 비로소 자율성을 갖게 되고 완성된다. 자율성은 행위의 이유를 아는 것과 관련된다. 우리가 어떤 일을 의무로만 받아들여 타율적으로 수행한다면 진정한 도덕적 행위라고 할 수 없다. 자율성은 도덕성 내에서 기율의 정신과 모순되는 듯이 보이나 실제로 공존하고 있으며, 이들이 보여주는 표면적 대립과 이율배반은 구체적 존재인 사회가 있음으로 해서 극복된다.[88]

아동들의 도덕성을 합리적으로 형성하는 교육방법은 비합리적 수단에 의하지 않고, 또 맹목적 감정의 호소에 의존하지도 않으면서 아동 마음 속의 사고와 감정을 유도해내는 방법이다. 왜냐하면 맹목적으로 도덕적 신념을 받아들인 사람은 결국에는 모든 도덕을 부정하기에 이르기 때문이다. 환멸과 의심은 그를 탈도덕화시키고 궁극적으로는 그로 하여금 모든 도덕적 이상을 부정하게 만든다.[89]

---

88 림용경(1993), *op. cit.*, p. 51.

89 Paul W. Taylor, *Principles of Ethics*, 김영진 역, 『윤리학의 기본원리』(서울: 서광사, 1985), pp. 23–24.

칸트의 자율성은 '자제', '판단독립', '자기 결정'이라는 개념으로 정의되고 있지만 뒤르껭은 그것을 '자기 결정'으로만 보았다. 그리고 도덕성의 원천에서 칸트는 그것을 선험적 순수이성에서 찾은 반면 뒤르껭은 사회에서 찾았다. 뒤르껭에 따르면 도덕적으로 행동함에 있어서 규칙에 대한 존중과 복종으로부터이건, 아니면 집단의 이상에 대한 헌신으로부터이건 간에 우리의 행위동기에 관하여 가능한 명확하고 완전하게 알고 있어야 한다. 이러한 의식이 우리의 행동으로 하여금 공공의 양심이 순수하고 완전한 모든 도덕적 존재로부터 원하는 자율성을 갖도록 해준다.[90] 자율성이란 사회를 실재로 인정하고 사회적 가치체제의 반영인 도덕규칙을 선으로 받아들이는 지적 이해에 바탕하여 개인이 자발적으로 도덕규칙을 준수하는 행위를 뜻함을 알 수 있다.

규칙에 대한 이해를 바탕으로 한 자기 결정으로 설명한 자율성의 계발과 관련해 뒤르껭은 역사교육과 과학교육의 중요성을 강조한다. 과학은 인간의 영역을 보다 잘 이해하는 데 기여할 수 있으며, 역사는 사회에 관한 아이디어를 학생들에게 잘 제공할 수 있을 뿐만 아니라 개인과 사회를 연결시키는 방식이 되기도 한다. 과학과 역사 교육에서의 교사의 교수 역할은 학생들이 보다 넓은 사회적 유형 및 특성을 이해할 수 있도록 도와주는 것이어야 한다. 즉 사회생활과 도덕의 복잡한 역동성을 이해할 수 있도록 도와주는 것이어야 한다.

90 박덕규 편역, 『에밀 뒤르껭의 도덕교육』(서울: 교학연구사, 1987), p. 153.

(3) 뒤르껭의 인간관, 사회관, 도덕관

① 인간관

뒤르껭은 인간을 이중인(homo duplex)으로 보았다. 개인과 사적 생활사에만 적용되는 감정적이고 이기적인 개인적 존재와 집단의 현상을 표상하는 사상, 감정, 관습의 총체를 갖는 사회적 존재로 구분하였다.[91] 인간의 이중성은 근본적으로 개인과 사회의 대립에서 오는 것으로서 감각과 오성, 이기주의와 도덕적 및 종교적 집단생활, 속(俗)과 성(聖), 육체와 정신의 대립은 여기서 비롯된다는 것이다. 뒤르껭은 인간관의 이중성에 입각하여 '개인적 존재'를 '사회적 존재'로 형성하는 것이 교육이라고 보았다.

무릇 인간이 동물 이상일 수 있다는 것은 인간이 개인적 이익만을 따르지 않고 사회성원과 더불어 규칙적으로 협력한다는 사실과 '협조와 축적에 의해서', 그리고 '사회 안에서 또는 사회에 의해서' 한 세대의 노력의 소산을 다음 세대에 전달한다는 사실에 있다. '도덕적 인격'을 지닌 사회 없이는 인간이 동물 이상의 존재가 될 수 없다. 이러한 뒤르껭의 관점은 사회를 도덕적 인격으로 보는 '집단인격주의'에서 비롯된 것이다.

② 사회관

뒤르껭은 사회학적 방법론에 토대하여 개인과 사회 간의 관계를 밝히고, 이를 도덕교육에로 연결시키고자 하였다. 뒤르껭의 사회학은 기본적으로

91 L. A. Coser, *Masters of Sociological Thought: Ideas in Historical an Social Context*, 2nd ed.(New York: Harcourt Brace Jovanovic, 1977), p. 136.

구조–기능주의적 방법론에 의거하고 있다. 이 관점에 의하면, 사회는 하나의 전체(whole)이고, 그 전체는 여러 부분 요소들로 구성되어 있다. 이와 같이 개인들의 결합으로부터 형성된 사회는 부분들의 총합보다 크고, 그것과는 구별되는 하나의 전체(whole)이다. 그리고 사회는 마치 인체의 각 기관들이 서로 얽혀서 균형을 이루는(interlocking) 상호 의존적으로 기능을 수행하는 하나의 유기체(organism)에 비유될 수 있으며, 사회체계(social system) 각각의 요소들은 서로 구조적으로 관련되어 기능함으로써 사회의 존속과 발전에 기여한다.[92]

뒤르껭에 따르면 사회현상은 생물학적 실체로 간주되는 개인을 초월하여 존재한다. 사회는 개인에 외재해 있을 뿐만 아니라 강제적 힘도 가지고 있다. 개인이 이러한 사회적 요구를 위반하게 되면 법률이나 관습의 형태를 띤 제재를 받게 된다. 이처럼 사회적 사실이란 "고정된 것이든 고정된 것이 아니든 간에 개인에 대하여 외적 구속력을 행사할 수 있는 모든 형태의 행위양식"[93]이라고 함으로써 사회적 사실의 구속성을 강조하였다.

그리고 뒤르껭은 사회연대론에 입각해서 각 기능들 간의 생태적 교호작용에 도덕적 질서를 부여하였다. 그에게 있어서 사회란 상호 관련지어진 개인들 간에서 공유하는 가치관과 신념, 생각 및 감정을 반영한다. 사회적 연대를 분업과 관련시켜 보면, 기계적 연대(mechanical solidarity)는 친족과 같이 유사성에 입각해서 성립하는 것으로서 강한 집합의식(coll–ective con-

92 림용경(1993), *op. cit.*, p. 3.
93 E. Durkheim, *The Rules of Sociological method,* Sarah A. Solovay & John H. Mueller(trans.)(New York: Macmillan, 1966), p. 13.

science)이 지배적이다. 이에 반해 산업사회에서 지배적인 유기적 연대(organic solidarity)는 분업과 전문화에 의하여 서로 분절된 이해관계와 가치관이 집합의식을 대체함으로써 이루어지는 상호 의존의식에서 생겨난다고 보았다.

집합의식 내지 공동의식이란 사회적으로 유사한 것의 총체, 즉 어떤 집단 성원의 일반적 특징인 행위, 사고, 감정 등과 같은 여러 양식의 복합적 전체에 대한 개념이고, 사회적 동질성 또는 유사성의 원천이며, 모든 것에 공통되는 가치체계이다. 뒤르껭은 사회적 질서가 유지되기 위해서는 사회적 연대가 필요하다고 보았다. 그는 "사회적 연대는 전적으로 도덕적 현상이며, 사회 자체는 구체적으로 도덕적 힘을 지니고 있다"[94]고 함으로써 사회적 연대 자체를 도덕과 밀접히 연관시켰다.

뒤르껭은 사회가 항상 건전하게 유지되는 것만은 아니며, 사회연대의 이행도 순조롭지만은 않다고 보았다. 즉 사회가 갑작스런 변화나 위기상황에 처해서 정상적으로 반응하지 못할 경우 사회규범의 혼란이 야기되고 사회적 결속력이 와해된다는 것이다.[95] 그는 이러한 상태를 아노미(anomie)라 규정하고, 사회적 규범체계나 도덕이 제대로 기능하지 못할 때 새로운 도덕률의 확립이 시급함을 역설하였다. 사회는 개인에게 구속성을 지니며, 사회가 정해놓은 방법에 따라 개인들이 생각하고 느낀다.[96]

---

94 E. Durkheim, *Sociology and Philosophy*, D. F. Pocock(trans.)(Glencoe: Free Press, 1953), p. 54.

95 E. Durkheim, *Suicide: A study in Sociology*, John A. Spaulding and G. Simpson(trans.)(New York: Free Press, Routledge & Kegan Paul, 1952), p. 252.

96 박덕규 편역, *op. cit.*, p. 7.

사회적인 것이 개인의 존재를 도덕적인 것으로 만든다는 것이 요지이다. "사회는 자비롭고 보호해 주는 힘이며, 우리가 우리의 도덕적·지적 실체 전부를 얻는, 그리고 우리의 의지가 사랑과 관용의 정신으로 향하게 만드는 자양분을 제공하는 어머니"와 같은 것이다. 따라서 사회적 존재는 개인에게 문제나 부담이 되는 것이 아니다. 오히려 그것은 생활에 활력을 불어넣어 주는 원동력이다. 반대로 역기능적인 것과 이기적 또는 아노미적 자살의 원인이 되는 것은 바로 사회제도와 후견적 사회집단으로부터의 일탈인 것이다.

뒤르껭은 사회통합의 문제를 해결하기 위한 주요 처방으로서 도덕적 규범 하에서의 질서를 제시하면서 이를 통해 도덕적 발달을 사회 속에 실현하여 연대를 기하고자 하였다. 그는 각 개인에게 사회적 질서를 구현해 주는 것이야말로 교육의 목적이라고까지 하였다.[97]

③ 도덕관

뒤르껭은 도덕을 사회의 규범체계로 보고 있으며, 사회에 따라 도덕이 달라진다는 도덕적 상대주의를 당연한 것으로 전제하고 있다. 그리고 뒤르껭은 도덕이란 한 사회의 도덕적 실재(reality)를 반영하는 행위규칙의 체계라고 했다. 그러므로 사회가 다르면 도덕도 다르다고 했으며, 같은 사회라도 사회가 변하면 그에 따라 도덕도 변한다고 했다.[98] 그는 도덕적 상대주의를

---

97 E. Durkheim, *Education and Sociology,* S. Fox(trans.)(New York: The Free Press, 1956), p. 124.

98 남궁달화(1996), *op. cit.,* p. 162.

옹호했다고 볼 수 있다. 또한 뒤르껭에 따르면 전통사회의 도덕과 제도는 더 이상 고정된 것이 아니라 끊임없이 새로 만들어지고 형성되는 과정에 있다는 것이다. 따라서 현대사회의 도덕은 더 이상 고정된 규칙들로 구성되는 것이 아니라 각 개인에 의해서 자발적으로 형성되어야 한다는 것이다.[99]

또한 뒤르껭에 의하면 사회가 존재하지 않으면 도덕은 어떤 목적과 의무도, 그리고 그 근원도 갖지 않기 때문에 도덕은 주로 사회적 규칙과 활동들로 구성된 본래적으로 사회현상인 동시에 사회적 사실이라는 것이다. 도덕은 사회에 의해 창조되고 사회를 목표로 삼고 있다. 도덕의 사회성은 도덕현상을 정의함에 있어 최소한의 필수불가결한 요소이다. 이렇듯 뒤르껭에게 있어 도덕은 사회의 도덕적 인습과 지시를 젖혀둔 채로 홀로 도덕적인 길을 추구해 나가는 개인을 문제삼는 것이 아니다. 사회의 도덕적 인습과 지시가 배제된 도덕은 존재하지 않는다는 것이다. 그는 도덕의 차원이 개인에 있기보다는 사회에 있음을 강조하는 도덕관을 가지고 있다. 이는 사회의 의미를 강조한 듀이의 입장과도 통하는 것이며, 인간과 도덕의 관계를 실증적·사회적·객관적으로 파악하려는 노력의 기초임을 의미하는 것이다.

그의 도덕에 대한 기초는 행동을 미리 결정하는 행위 규칙들의 체계로 구성되는 것으로 파악하고 있다.[100] 그는 도덕의 의미를 제한적인 규칙의 틀로 파악한 것이다. 즉 사회의 틀 속에서 개인의 도덕성이 구속될 수밖에 없음을 인정한 것이다. 이러한 의미에서 그는 도덕이 사회적 사실에서 사회의

---

99 민문홍, *op. cit.*, pp. 54−55.

100 Durkheim, E., *Moral Education,* trans. by Wilson, E. K. & Schnurer, H. (N.Y.: The Free Press, 1973), p. 24.

요구에 의해 도덕이 변화할 수밖에 없음을 인정하면서 사회의 산물로 도덕을 파악하였다. 그는 도덕에 대한 개념을 다음과 같이 규정하고 있다.

도덕이란 어떤 근본적 개념으로 도출하여 자명한 것으로 여겨지는 추상적인 진리의 체계가 아니다. … 그것은 사변의 영역에 속해 있는 것이 아니라 구체적인 생활영역에 속해 있다. 따라서 도덕이란 특정한 사회적 조건의 필연성에 따라 영향을 받고 역사적으로 성장해 온 실천명령으로서의 규칙들이다.[101]

(4) 뒤르껭의 도덕교육론

뒤르껭은 사회의 유기적 통합을 위한 주요 처방으로 도덕규범과 질서를 제시하고, 도덕성 발달과 사회질서의 구현은 인간교육과 직결된다고 보았다. 따라서 그는 개인의 도덕성을 발달시키고 사회질서를 구현해 주는 것이야말로 교육의 주요 목적이라고 강조하였다.[102] 그리고 뒤르껭의 도덕 사회화론에서 도덕교육은 그가 살고 있는 사회의 규범이나 이상과 일치하는 어떠한 방향으로 행위하도록 개인을 도덕적으로 사회화시키는 것이다. 이런 의미에서 뒤르껭의 입장은 한마디로 "도덕 사회화"(moral socialization)라고 말할 수 있을 것이다.

---

101 Pickering, W. S. F. ed., *Durkheim: Essays on Morals and Education* (London: Routledge and Kegan Paul, 1979), p. 12.

102 E. Durkheim(1956), *op.cit.*, p. 124.

따라서 도덕교육을 받은 사람이란 도덕적으로 사회화된 사람을 뜻한다. 더욱이 사회 자체의 혼란을 막고 사회의 질서를 확립하며, 사회의 영속을 위해서는 사회가 구성원에게 통일을 주며 개인을 사회화시키는 수단을 가지지 않으면 안 된다.[103] 전통적인 사회규범에의 순응과 개선의 문제에서 이를 비판적으로 선택할 것을 강조하는 뒤르껭의 이론은 세대 간의 가치 갈등을 최소화하고 사회질서를 확립하는 데 도움을 준다.

결과적으로 교육이란 '사회에 의해서, 그리고 사회에까지'라고 하는 구조를 갖게 되며, 부모나 교사는 이러한 교육의 사회화 기능을 대표하고 있다. 사회가 아노미(anomie) 상태에 처할 경우 기존에 확립된 문화적·사회적 체계의 해체를 가져오며, 동시에 개인에게 고립과 무규범 상태를 가져온다. 이때의 개인은 사회화된 도덕적 인간이 아니라 생물학적으로 무한한 욕망을 추구하는 인간이므로 사회에는 혼란과 불안만이 존재하게 된다. 뒤르껭은 도덕성을 사회의 존속을 위한 기본적인 정신으로 간주하였다. 이 정신을 사회나 학교가 잘 형성시켜 주면 사회가 존속될 수 있음을 확신하였다.

그러므로 사회의 기본 과정이 '분화'와 '통합'에 있는 것처럼 이질성과 동질성이 상호 병존함으로써 사회적 협조와 존속이 가능하게 되며, 사회의 도덕적 인격도 형성될 수 있다. 인간은 교육에 의해서 비로소 동물 이상의 인격이 될 수 있고, 도덕적이고 사회적인 존재가 될 수 있다. 이렇듯 인간은 교육에 의해서 비사회적인 개인적 존재로부터 도덕적이고 사회적인 존재가 될 수 있으며, 궁극적으로 동물적 및 자연적 경향을 극복할 수 있다. 이러한 맥락에서 뒤르껭은 교육을 본질적으로 '가치의 내재화', 즉 사회화 과정으

---

103 진원중, 『교육사회학』(서울: 법문사, 1981), p. 110.

로 보았다. 그의 가치판단의 기준은 사회이며, 사회가 이상의 근원이므로 사회에의 애착이 바로 선을 내재화하는 길이라고 보았다.

뒤르껭은 도덕의 사회적 변천의 측면에서 고대 사회의 도덕 개념은 산업혁명 직후의 19세기 말과 20세기 초의 도덕 개념과는 차이가 있다고 보고 있다. 즉 그의 주장에 의하면, 고대 사회는 도덕이 종교의 범주에서 이해되고, 즉 비논리적인 입장에서 강조되었으나 이제는 합리적인 사고의 활용 내지 과학화로 인하여 도덕적인 문제를 보다 합리적인 방향성을 가지고 이해하게 되었다는 것이다. 도덕의 합리적 차원에서의 연구는 곧 이전의 관념적이고, 교조적인 입장의 도덕론의 주장과는 다를 수밖에 없었을 것이다. 이러한 측면에서 그는 도덕교육의 합리적인 입장으로의 전환을 강조하고 있다.

다만 뒤르껭은 자신의 가치 연구에서는 실증적 방법을 동원하였으나 실제로 아동에게 가치를 교육하는 데는 아동의 탐구과정을 통한 가치 선택이나 결정보다는 수동적 상태에 있는 아동에게 교사가 주입하는 도덕교육을 주장하였다. 그러나 교육이 관례의 지배에 빠지지 않고 또 기계적이며 고정된 자동적인 활동으로 타락하지 않도록 방지하는 유일한 길은 반성적 사고를 통하여 교육을 끊임없이 적응적으로 유지시키는 일이라고 함으로써 반성적 사고가 교육체계 개선과 발전을 위해서 교사가 하여야 할 중요한 과제임을 강조하였다.

이러한 차원에서 뒤르껭은 도덕교육의 중요한 동인을 학교로 보고 있다는 사실이다. 그는 개인적인 차원으로 도덕성 함양에 대한 것에 반기를 들고 있는 것이며, 또한 비판적인 입장만으로 도덕 사회화를 이룰 수 없음을 시사하는 것이다. 학교에서는 기존의 사회이념을 심화하면서 학습자의 도덕성의 현재와 미래를 변화하는 것으로 볼 수 있다. 그는 사회의 질서를 유지하고 사회의 공통된 가치를 심화할 수 있는 장소로 학교가 중요한 도덕성의 함양 공간으로 이해하고 있으며, 학교만이 도덕교육에 가장 적절하다고 보았다. 가정은 친족관계의 맹목적 온정이 크게 작용하고 교회는 계시에 의존하며, 성인 교육기관 역시 교육의 정도와 수준 때문에 아동교육에 부적절하다는 것이다. 다음에서는 뒤르껭의 도덕교육의 유형을 살펴보도록 하겠다.

① 습관교육

뒤르껭은 도덕교육이 가장 잘 시행될 수 있는 기관으로서 학교가 제일 적합하다고 보았다. 도덕적 습관을 기르기 위해서는 초등학교 시기가 특히 결정적 시기라고 보았다. 초등 도덕교육은 교사의 권위와 애정으로 지적 교육보다 도덕적 습관 형성 교육에 더 많은 영역을 할애해야 한다는 것이다. 교사는 이미 체득하고 제시하는 규칙이 지니는 권위에 의해서 권위자로서 아동 앞에 선다. 교사의 권위는 바른 도덕교육에 대한 사명과 열정, 애정을 바탕으로 한다. 교사의 애정은 권위가 억압으로만 작용하는 것을 막고, 합리적 도덕성으로 성장하는 데 필요한 방안들을 강구하는 힘의 원천으로 작용한다.

도덕교육의 방법적 원리로서 벌의 본질은 규율에 권위를 주는 것이 아니라, 규칙의 위반이 있음에도 불구하고 규칙이 건재한다는 것을 보여주는 데 있다. 벌이 소극적 제재라면 보상은 적극적 제재로 권위를 수용하는 적극적 조치로 벌보다 보상의 적절한 활용이 바람직한 행위를 정착시키는 데 필수적이다. 뒤르껭은 학교에서의 체벌은 인간의 존엄성에 대한 감정을 불어넣는 것이 아니라 인간 존엄성에 대한 침해가 된다고 보고 반대하였다.

그리고 개인은 자기가 속한 사회의 규범에 따라 자신의 인격 내용이 되는 관념, 감정, 관심, 양심 등을 형성해 나가야 한다고 본다. 뒤르껭은 사회가 개인들의 행동을 어떤 일정한 형으로 주조하는 틀을 갖고 있기 때문에 어릴 때부터 개인의 욕구를 절제하는 훈련을 해야만 도덕성이 형성된다고 보고 있다. 인간은 덕목이나 규범의 내면화를 통하여 자신에게 끊임없이 일어나는 충동이나 경향성을 극복할 수 있는 안정된 도덕적 습관을 형성하는 것이 중요하다[104]고 보았다.

② 도덕적 정서교육

집단에 대한 애착심은 개인으로 하여금 이기주의를 극복하고 사회가 제시하는 도덕을 받아들여 내면화할 수 있게 함으로써 사회적 유대감을 회복하고 사회적 이상을 공유할 시민으로서의 인간을 기를 수 있다고 보았다. 따라서 도덕적 정서의 교육은 애타심 형성을 목표로 해야 한다. 왜냐하면 도덕적 정서는 타인을 고려하는 감정과 자애 또는 이타심에서 비롯되기 때문이다.

③ 자율적 도덕교육

자율성은 규율에 대한 지적·이성적·합리적 이해의 도덕성이다. 도덕교육에서 도덕적 사회화를 통해 규범감각과 이타적 성향을 발전시키는 과업 이외 사회의 도덕원리에 대한 정확한 이론의 교육을 실시할 것을 요구한다. 도덕교육은 전체 학교 교육을 통한 범교과적 교육임을 강조하고 특히 과학

---

104 이근철·림용경·고대혁·오기성 공저, 『도덕과 교육론』(서울: 양서원, 2002), pp. 53–54.

과 역사를 중요시했다. 예술교육은 환상적 환경 속에 살게 하므로 현실로부터 우리를 분리시킨다. 그러나 도덕의 세계는 현실세계를 지향하므로 예술교육은 도덕교육의 부수적 요소라는 것이다.

지금까지 살펴본 바와 같이 뒤르껭은 도덕교육을 광범위하게 다루었기 때문에 그의 이론에는 오늘날 도덕교육의 이론가와 교육자들의 관심을 끄는 쟁점과 문제, 개념들이 포함되어 있다. 더구나 어떤 의미에서는 현대 도덕교육 접근법들의 상당수가 뒤르껭의 접근법에 대한 반응과 반작용의 산물이라 하겠다.

⑸ 뒤르껭의 사상 및 도덕교육론의 문제

교육은 조직적이고 계획적인 도덕적 사회화를 의미하는데, 성인 사회에 의한 바람직하고 합의된 가치와 규범을 백지상태의 아이들에게 강요하고 내면화한다는 의미에서 교화라는 비판을 받고 있다. 이에 대해 뒤르껭은 "도덕을 가르치는 것은 설교하는 것도 아니며, 교화시키고자 하는 것도 아니다. 그것은 설명하는 것이다"라고 반박한다. 또 다른 비판으로 뒤르껭의 도덕 사회화론이 장차 급변하는 사회에서 살아가야 하는 아동들에게 그에 적응할 수 있는 판단능력 및 적응능력을 키워주는 데는 한계가 있다는 점이다. 따라서 학생들에게 단순한 훈화를 통해 다가치한 사회에서 애국심, 공동체 의식이 고양될 수 없는 것이다. 도덕수업은 기존의 수업방법에 대한 구체적인 접근을 시도하면서 학생들이 보다 도덕적인 판단이 이루어질 수 있는 현실성을 견지한 질적 변화가 요구되는 것이다.

제3장
도덕교육과 심리학

1. 도덕교육과 정신분석 이론

1) 기본 가정

정신분석(psychoanalysis)의 '정신'(psycho)이란 말은 그리스어 '푸쉬케'(psyche)에서 유래하였다. 그리스어 '푸쉬케'란 말은 정신, 영혼 또는 마음을 의미한다. 따라서 정신분석이란 말 그대로 마음 또는 영혼의 분석을 뜻한다. 정신분석 이론가들은 정신 혹은 마음의 기저를 이해함으로써 인간행동을 설명할 수 있다고 보았다. 행동주의 및 사회학습 이론이 인간의 외적인 행동들에 초점을 두는 반면, 정신분석 이론은 인간의 내적인 사고와 감정의 역동성에 초점을 둔다. 이 이론의 중심 인물인 프로이드(Sigmund Freud)

는 인간의 행동이란 동기, 공포, 감정, 그리고 사고과정들에 관한 지식을 통하지 않고는 이해되어질 수 없음을 가정하였다.

인간의 도덕성 발달을 바라보는 관점도 이와 같은 맥락에서 정립되었다. 정신분석 이론가들은 사회학습 이론가들과 인지발달 이론가들이 소홀히 하는 경향이 있는 인간발달의 감정적 혹은 정의적 영역을 강조한다. 정신분석 이론가들은 죄책감을 도덕적 행동의 일차적 동기로 여긴다. 도덕적 규범에서 일탈하고자 하는 유혹에 직면했을 때 죄책감을 강하게 느끼는 아동은 그러한 심리적 불안감을 피하기 위해 유혹에 저항한다고 본다. 따라서 죄책감은 인간으로 하여금 도덕적 규범들을 준수하도록 이끄는 원동력인 것이다. 죄책감이 감정 혹은 정서에 해당된다는 점에서 정신분석 이론은 도덕성의 정의적 측면을 중시 여기는 이론으로 분류되고 있다.

프로이드의 정신분석 이론은 도덕성 발달에 있어서 어린 시기의 공격성(aggression)과 애착(attachments)이 매우 중요함을 환기시켜 주었다는 점에서 가치가 있다. 그의 이론은 우리 인간이 금지의 목소리(the voice of prohibition)에 따라 행동한다는 소극적 측면과 아울러 존경하는 인물을 본받아 행동한다는 적극적 측면을 다루었다.[1] 그의 인간발달에 관한 기본적인 통찰들은 자아(ego) 심리학자인 에릭슨(E. Erikson)에 의해 도덕적 영역으로 확장되었다.

---

1 M. Downey & A. V. Kelly, *Moral Education: Theory and Practice*(Harper & Row Ltd, 1978), p. 66.

2) 도덕성의 개념

정신분석 이론은 도덕성을 내면화의 과정을 통해 문화적 규준들에 순응하는 성향으로 본다. 그러나 이를 설명하는 방식은 다른 도덕성 발달 이론들과 다르다. 정신분석 이론은 인간의 정의적 측면에 관심을 기울인다. 따라서 정신분석 이론은 내면화 과정을 통해 문화적 규준들에 순응하는 성향을 도덕성의 정의적 요소와 관련하여 설명하고 있다. 아동이 옳고 그른 것에 대한 부모의 기준을 내면화하여 그것을 위반했을 때 죄책감, 수치심 같은 도덕적인 정서를 맛보게 되는 것을 도덕적으로 성숙해지는 것으로 본다. 도덕적 규범을 어겼을 때 아동이 느끼는 죄책감의 정도에 의거해서 아동의 도덕적 성숙을 판단하게 된다.

프로이드에 있어서 도덕성의 획득은 아동의 초자아의 발달을 의미한다. 초자아는 아동들이 자신들과 가까운 성인들의 규준들을 내면화함으로써 형성되기 시작한다. 그리하여 초자아는 궁극적으로 도덕적 명령을 분출하는 기제(mechanism)가 된다. 이러한 도덕적 명령들은 무의식적인 원자아(id)의 충동을 통제하는 데 공헌하며, 특히 공격성이나 성적 충동들을 억제한다. 프로이드는 이러한 초자아가 구성되어졌을 때 비로소 도덕성이 형성된 것으로 보았다.

초자아는 양심과 자아이상으로 구성되며, 아동들의 행동 통제의 기능을 담당하게 된다. 나이가 아직 어린 아동들은 부모에 의해 일탈행동에 대해서는 벌을 받고 선한 행동에 대해서는 보상을 받는다. 그러나 아동들이 나이가 들어감에 따라 그들의 내면에 있는 초자아가 그 역할을 담당하게 된다. 그리고 스스로 벌을 가하거나 보상을 부여하는 역할을 담당한다. 그가 자기 자신의 것으로 받아들이고 있는 가치를 위반하게 되면 그의 양심이 죄의식이나 수치심, 공포의 감정으로 자기를 벌하게 된다. 반면에 도덕적 가치를 지키게 되면 그의 자아이상이 자기 상찬(賞讚)이나 과시감정으로 보상을 주게 된다. 따라서 초자아가 기능을 발휘하기 위해서는 사회규범들과 행동기준들이 내면화되어야만 가능하다.

초자아는 처음에는 단지 부모의 옳고 그름에 대한 기대만을 반영한다. 그러나 아동들의 사회적 세계가 점차 확장됨에 따라 그들의 초자아는 그들 집단이 인정하는 적절한 행동을 첨가하여 초자아를 더욱 확장시킨다. 따라서 초자아는 비록 아동들이 지각한 사회의 진정한 가치 개념이 왜곡될 수 있기는 하지만 사회의 집단적 양심을 반영한 것으로 간주된다.

3) 인성(personality)의 구조

(1) 의식의 수준들

프로이드는 자신의 환자들을 대상으로 관찰하였던 몽롱한 징후를 설명하는 하나의 수단으로서, 인간의 일상 삶이란 흔히 쉽게 해결할 수 없는 도덕적 딜레마들에 직면한다는 것을 제안하였다. 예를 들면, 한 아들은 자신의 어머니에게 성적으로 매력을 느끼는 것을 발견한다. 그러나 그는 그러한 열망은 사회가 승인하지 않는다는 것을 깨닫는다. 프로이드는 사람들이 그러한 딜레마들을 참아내기에 너무 고통스러워지면 스트레스를 주는 사고들을 의식으로부터 무의식적인 상태에로 추방함으로써 그러한 도덕적 갈등들을 해결한다고 추측하였다.

그러나 프로이드는 그러한 방식으로는 딜레마들이 진정으로 해결되지 않으며, 단지 인성의 무의식의 방에 억압당함으로써 연기되어질 뿐이라고 보았다. 이러한 무의식의 상태에서 갈등들은 끊임없이 소용돌이친다. 그리하여 신체적 불안정과 같은 일종의 속임수의 형식들로 자신들의 고통을 끊임없이 표현하게 된다. 정신적 갈등들의 결과는 신체적 질환뿐만 아니라 또한 신경증 징후들, 공포증, 강박관념, 그리고 불안을 포함하게 된다. 프로이드는 그러한 고통을 해결하기 위해서는 해결되지 않은 도덕적 갈등을 의식의 상태로 끌어와서 고통받는 개인이 그 갈등의 기원을 확인하고 또한 딜레마를 현실적인 방식에서 재생시켜 그 갈등을 있는 그대로 받아들이게 할 필요가 있다는 것을 제안하였다.

프로이드는 인성의 의식적 측면과 무의식적 측면 모두를 고려하였다. 또한 그는 무의식의 수준을 두 가지로 구분하였다. 한 수준은 바로 지금 의식에 있지 않는 그러한 개념들을 포함한다. 그들은 잠재적이다. 그러나 만약 우리가 선택하여 어떤 노력을 취하면 회상될 수 있다. 이 첫 번째 수준을 프로이드는 전의식(前意識, preconscious)이라 명명하였다. 두 번째 수준은 진정으로 억압된 개념들을 포함한다. 그것들은 의도적으로 퍼스낼리티의 저항력에 의해 눌려진 것들이다. 왜냐하면 그들을 의식으로 들어가도록 허용하는 것은 그 사람이 견디기에 너무나 고통스러울 것이기 때문이다. 정신분석 이론에서는 전의식보다 더 깊고 또한 접근하기에 더 어려운 이 두 번째 수준을 진정한, 그리고 전형적인 무의식(無意識, unconscious)이라 부른다. 결국 전의식은 열린, 밝은 의식과 그리고 닫힌, 어두운 무의식 사이의 그림자 지역이다.

(2) 마음의 작동인(作動因)

① 본능과 원자아(id)

프로이드는 모든 성장과 행동을 활성화시키는 데 필요한 에너지는 무의식에 깃들어 있는 본능들로부터 나온다고 주장하였다. 그는 그러한 근본적인 에너지를 하나의 쌍으로 이해하고 이를 정립시켰다. 그가 정립시켰던 에너지의 근본적인 쌍은 삶의 본능과 죽음의 본능이다. 그에 따르면, 그 본능들은 인간의 전 생애를 통하여 정신적 에너지를 지시함에 있어서 지배적인 위치를 차지하기 위해 경쟁한다. 삶의 본능(eros)은 사랑, 창조 , 자기 희생, 그리고 이타주의의 건설적인 행위들로 그 자체를 표현한다. 죽음의 본능(thanatos)은 그의 영향을 파괴적인 행위들, 증오, 공격으로 나타낸다. 프로이드는 리비도(libido)란 말을 삶의 본능으로부터 발생하는 에너지에 적용시켰다. 그러나 그는 죽음의 본능 에너지에 대한 평행적 용어를 만들어내지는 않았다.

프로이드의 정신분석 이론체계에서 원자아는 본능을 표상하는 정신적 동인(agent)이다. 그것은 신생아의 인성에서 유일하게 작동하는 하나의 구성 요소이다. 원자아는 "천부적으로 부여받은, 출생시 타고난 구조 속에 조성되어 있는 모든 것을 포함한다."[2] 원자아는 생득적인 것으로 기본적인 생물학적 반사 및 충동, 본능을 포함하고 있다. 여기서 자아와 초자아가 분화되어 나오며, 쾌락의 원리에 의해 지배된다. 원자아는 객관적인 현실의 세계와는 상관없이 개인의 주관적 경험의 내적 세계인 본능적 욕구나 충동만을

---

2 S. Freud, *An Outline of Psychoanalysis* (London: Hogarth, 1973), p. 2.

나타내려고 하는 것이다.

인간의 도덕성 발달의 측면에서 볼 때, 일차적 과정은 무도덕적(am-oral)인 성격을 지닌다. 원자아는 옳고 그름에 관한 사회의 개념에 대한 의식을 갖지 않는다. 원자아의 쾌락적 관점으로부터 쾌락을 제공하는 것은 그것이 무엇이든 옳고 또한 고통을 제공하는 것은 그것이 무엇이든 그르다.

② 자아(ego)

환경이 삶에 대한 그러한 자기 방종적 접근을 용납하지 않을 것이기 때문에 성장하는 아동의 인성은 이제 원자아의 요구뿐만 아니라 환경의 요구를 인정하는 구성요소를 필요로 한다. 이 새로운 구성요소는 본능적 에너지를 소비함에 있어서 도덕적으로 현실적인 방법들을 제공할 것이 기대된다. 프로이드는 퍼스낼리티 작동인들 중 이 두 번째를 자아라 명명하였다.

자아는 외부 세계의 직접적 영향에 의해 변형되어져 온 원자아의 부분에 해당한다. 원자아가 전적으로 무의식에 거주하고 또한 세계의 실재에 관한 무자각(無自覺)을 나타내는 반면, 자아는 의식적이며 또한 환경의 기회들과 제한들을 잘 안다.

따라서 자아는 원자아의 요구와 물리적 그리고 사회적 환경들의 요구 사이를 협상하는 중재인으로서 공헌한다. 즉 자아는 원자아의 욕구를 사회에 의해 부과된 제한들 내에서 만족시키는 현실적인 방안들을 발견하려고 노력한다. 자아는 아동에게 최초의 도덕감, 곧 사회적 관계를 안내하는 규칙들과 관습들에 관한 인지(認知), 그리고 사회적 관습을 파괴하는 것에 대해 평가된 벌칙들에 관한 자각(自覺)을 제공한다.

원자아가 일차적 과정(욕구를 충족시킬 이미지를 마음 속에 그리는 것)에 따라 작동하는 반면, 이들 이미지들을 실제적으로 이행되어질 수 있는 행동들로 변형시키는 것은 자아의 몫이 된다. 프로이드는 이러한 자아의 기능을 이차적 과정(secondary process)이라 불렀다. 아동들은 몇 달 혹은 몇 년이 지남에 따라 다양한 환경장면들에 점차적으로 개입하게 된다. 그들은 자신들의 신체적 그리고 심리적 욕구를 그들 주변의 사람들과 거스름 없이 만족시키고자 노력한다.

그리고 그들은 도덕적 딜레마를 해결하려고 노력하고 있는 바로 직접적인 주변 환경들에 있는, 이야기 책 속에 있는, 그리고 텔레비전 프로그램에 출연하고 있는 타인들을 목격한다. 아동들은 이들 장면들로부터 도덕적 상황들에서 행동하는 방식들의 레퍼토리를 확장하고, 이들 방식들 중 어느 것이 다른 것보다 도덕적으로 더욱 수용가능한지를 배운다. 결국 자아가 발달함에 따라 원자아와 환경에 의해서 부과된 갈등하는 요구들을 포용하는 테크닉들이 차츰 발달하게 된다.

성숙한 자아는 이러한 갈등하는 요구들을 성취하기 위해 직접적 수단들을 사용하며, 솔직하게 본능적 충동들을 인정하고 또한 주변 환경의 규칙들도 받아들인다. 또한 자아는 이를 바탕으로 갈등하는 요구들을 만족시키는 해결책을 강구한다. 즉 본능적 충동으로부터 나오는 요구와 사회의 규칙들로부터 나오는 요구 사이의 갈등을 해결하고자 모색한다. 성숙한 자아는 솔직한, 추론된, 그리고 도덕적으로 받아들일 수 있는 방식들을 합리적으로 채택한다. 예컨대, 어떤 소년이 무슨 잘못을 저질렀다면 솔직하게 자신의 실수를 인정하고 또한 배상하려고 노력한다.

반면, 덜 성숙한 자아는 본능적 요구들과 환경의 기대들을 조절하는 데 있어서 솔직하지 못한 테크닉들을 사용한다. 소위 우회적인 방식들을 채택한다. 프로이드는 이러한 기능들을 자아방어 기제(ego defense mechan-isms) 혹은 자아조정 기제(ego adjustment mechanisms)라 불렀다. 자아가 도덕적 갈등을 직접적 수단에 의해 해결할 수 없다고 느낄 때, 그 문제를 우회적인 방식에서 접근한다. 자아방어 기제들 중의 대표적인 것들로는 억압, 반동 형성, 전위, 승화, 투사, 고착과 퇴행, 합리화, 동일시 등이 있다.

③ 초자아(superego)

프로이드의 정신분석 이론에 따르면, 인간은 태어날 때 어떠한 도덕적 가치도 타고나지 않는다. 앞에서 지적하였듯이 영아들은 세계에 무도덕의 상태로 태어난다. 즉 옳거나 혹은 그름에 관한 어떠한 의식이 없이 이 세상에 태어난다. 그러나 비록 신생아들에게 도덕적 가치들이 결여되어 있지만 그들은 자신들의 환경 속에 있는 의미 있는 행위자들에 의해 그들에게 부과된 도덕적 가치들을 자신들의 인성 속으로 점차적으로 합체시키는 능력을 지니고 있다. 환경 속에 있는 의미 있는 최초의 동인들은 부모와 그들의 직접적인 보호자들이다. 이후 아동들은 차츰 성장해 가면서 만나 알게 되는 같은 연령의 친구들, 교사들, 종교 지도자들, 그리고 대중매체 등으로부터 도덕적 가치들을 획득한다.

아동들은 도덕적 가치들을 수합하여 받아들이는 능력을 가지고 있을 뿐만 아니라, 그들은 또한 그 가치들을 준수하거나 혹은 파괴할 때마다 야기된 감정들을 자동적으로 경험할 수 있다. 그 가치들과 일치한 행동은 자긍심, 만족, 그리고 스스로 옳다고 여기는 감정(self-righteousness)을 제공한다. 그 가치들과 반대되는 행동들은 죄의식, 수치심, 두려움, 그리고 자기 비난의 감정을 제공한다. 프로이드는 초자아를 도덕적 가치들과 동화시키는,

그리고 그들 가치들을 행동에 대한 안내로서 채택하는 아동의 성향에 적용하였다.

프로이드는 초자아가 양심(conscience)과 자아이상(ego ideal)이란 두 가지 측면을 가진 것으로서 묘사하였다. 양심은 사회에서 '해서는 안 되는 것', 즉 아동이 벌을 받을 일들을 대표한다. 자아이상은 '해야만 하는 것', 즉 아동에게 가르쳐져 온 긍정적인 도덕적 가치들을 대표한다. 어린 아동들은 부모나 혹은 보호자들로부터 규범을 위반한 행동들에 대해서는 벌을 받고 또한 좋은 행동에 대해서는 보상을 받는다. 그러나 어느 정도 나이가 든 아동들과 청소년들은 가끔 외부의 제재를 필요로 하지 않는다. 그들은 이제 도덕적 가치를 파괴하는 것을 자기 자신의 일로 받아들인다. 그들의 양심은 고통을 주는 감정의 형식으로 스스로에게 벌을 부여한다. 그들이 도덕적 가치들을 준수하는 경우, 자아이상은 그들에게 승인과 칭찬으로 보상한다. 초자아가 외적 제재를 대신하게 된다.

4) 심리성적 단계

(1) 구강기

신생아의 원자아는 리비도 에너지를 본능적 욕구를 만족시킬 대상들의 이미지 속에 투입하려고 노력하고 있다. 이러한 투입의 행위(제1과정)를 정신집중(cathexis)이라 부른다. 원자아가 에너지를 어떤 대상의 이미지로 전달시킬 때, 우리는 원자아가 그 대상에 '정신을 집중하고 있다'라고 말한다. 출생 이후 정신집중의 첫 대상은 어머니의 가슴 혹은 그의 적절한 대체물이다. 왜냐하면 신생아들은 생명을 지속시키는 영양을 입을 통해서 섭취하기 때문이다. 신생아들은 또한 숨을 쉬기 위해서 입과 코를 사용해야만 한다. 입술과 입에 있는 말초신경은 특히 민감하며, 또한 영아에게 특별한 쾌락을 제공한다. 이 시기를 구강기라 부르며, 생후 1년 동안 지속된다.

유아들은 먹고, 마시고, 그리고 숨쉬는 것에 대한 욕구를 충족시키는 일로부터 세계에 관한 첫 인상을 제공받는다. 그들의 퍼스낼리티는 리비도 에너지가 얼마나 빨리, 그리고 얼마나 완전하게 해방되어지는가에 의해 영향을 받을 뿐만 아니라, 해방을 위한 이들 욕구들이 어떻게 만족되어지는가 혹은 소홀히 되어지는가와 연관된 분위기가 또한 그들에게 영향을 미친다. 만약 어머니가 그들을 다정스럽게 양육한다면 어린 아이들은 보다 행복한 상태에서 구강기를 통과할 것이다.

정신분석 이론가들은 아동들의 심리성적(心理性的) 발달이 어떤 한 단계에서 고착되어질 수 있는 두 가지 방식들이 존재한다고 본다. 한 가지 방식은 그들이 그 단계에서 만족을 너무 적게 얻는 것이다. 그럼으로써 욕구의 불충족된 잔류물들이 무의식 속으로 옮겨가게 된다. 또 다른 방식은 아동이 그 단계에서 만족을 너무 많이 얻는 것이다. 지나친 탐닉을 즐기는 것은 그들로 하여금 다음 단계의 과업을 맞이하려 들지 않게 만든다.

이와 관련하여 정신분석 이론은 어린이를 양육하고 있는 사람들에게 다음과 같은 두 가지 메시지를 전달하고 있다. 우선, 아동들은 주어진 단계에서 요구되는 욕구들을 충족시키지 못함으로써 나타나는 잔류물들이 삶의 다음 기간 동안에 해를 끼치는 것을 피하기 위해 각 단계에서 정신적 외상(trauma)이 없는 만족을 얻어야만 한다는 것이다. 그리고 또 하나는 주어진 기간에 얻은 만족이 너무 오랫동안 지속되어 아동들이 후속 단계들의 문제들을 붙잡고 해결하려 하지 않게 되어서는 안 된다라는 것이다. 만족이 너무 지나쳐도 안 되고 또한 너무 부족해도 안 된다는 충고이다.

(2) 항문기

아동들이 2–3세가 되면 부모들은 아동들의 대소변을 적절하게 통제시키는 데에 관심을 쏟는다. 만족 혹은 리비도 투입의 지배적 지대는 항문, 괄약근, 그리고 오줌, 방광과 관련한 비뇨 체계의 근육이 된다. 대부분의 아동들이 성인들과 처음으로 감정적으로 긴장된 만남을 경험하는 것은 배변훈련과 관련된다. 정신분석 이론은 이 기간을 두 하위 단계들로 구분하고 있다. 첫 번째 하위단계는 대변과 소변을 배설하는 데서의 쾌락과 관련된 배설단계이며, 두 번째 하위단계는 이들 물질들을 삼가는 것과 관련된 보유단계이다.

아동들은 배설단계 기간 동안 최초로 본능적인 정신집중(배변을 보고자 하는 갈구)에 대한 외적인 장애(아이가 배설을 통제하도록 하는 부모들의 관심)와의 심각한 갈등경험을 맞이한다. 만약 아동들이 배설을 통제하려 한다면 자아는 배설하고자 하는 충동을 느끼는 순간 그 욕구에 저항을 가해야만 한다. 따라서 자아는 저항에 힘을 실어주기 위해 원자아로부터 리비도를 빌려와야만 한다. 자아에 의한 그러한 리비도 힘의 사용을 역정신집중(countercathexis) 혹은 반정신집중(anticathexis)이라 부른다. 물론 그러한 기능은 보다 나중 단계에서는 초자아에 의해 수행된다. 만약 어떤 아동이 청결에 대한 부모의 요구를 충족시킴으로써 그들의 사랑을 보유하고자 원한다면,

그 아동은 배설의 만족을 얻기 위한 원자아의 에너지 투입 혹은 정신집중이 자아의 그 반대되는 정신집중에 의해 반격을 받도록 해야만 된다.

이 기간은 아동들이 사랑, 칭찬, 그리고 승인을 학습하는 아주 중요한 시기이다. 만약 이 기간이 부모들에 의해 현명하게 다루어지지 못한다면, 예컨대 만약 아동이 신체적으로 배설을 통제할 준비가 되기 이전에 가혹하게 청결함을 요구한다면 그 아동의 인성은 공포(두려움), 죄의식, 그리고 반항의 잔류물들을 보유하게 될 것이다. 보유단계 기간 동안 아동들은 자신들의 의지대로 배설물을 간직하는 것을 학습한다. 그들은 이제 그들이 가치를 부여하는 산물들(products)을 보유함으로써 감각적 만족을 얻는다. 다시 말해 배설물을 보유함으로써 만족을 얻는다.

정신분석 이론가들은 아동들이 물건이 가치를 지니고 있다는 개념을 획득하는 것은 이 하위단계 동안 발달한다고 설명하면서, 그 단계를 부적절하게 통과하면 나중에 성인이 되어 물건을 지나치게 저장하거나 혹은 수집하는 행동을 보여준다고 주장한다. 이러한 행위들은 세계적인 상품들, 지위의 상징들, 혹은 제자들을 축적하고 또한 보유하고자 하는 강박충동으로 나아가며, 그것이 자신의 야망을 추구하기 위한 일탈된 수단(거짓말하기, 협박하기, 뇌물주기)을 채택하고 또한 다른 사람들을 착취하는 것을 포함할 때 도덕적 문제가 된다.

(3) 소아 성기기

정신분석 이론은 이 기간을 역시 두 하위단계로 구분하고 있다. 첫 번째 단계는 남근단계(phallic stage)이다. 아동들은 이 단계를 거치는 동안 성기를 만지는 것과 마스터베이션이 성적 쾌락을 제공한다는 것을 발견한다. 그러나 아직 오르가즘에는 이르지 못한다. 그 이후 아동들은 성기를 가지고 장난을 하는 것을 사랑의 대상, 곧 그 아동이 일종의 성적 관계를 갖고자 원하는 사람과 연결시킨다. 두 번째 단계인 사랑 대상 단계에 진입하게 된다. 이 단계에서 아동들은 도덕성의 형성에 결정적인 영향을 미치게 되는 콤플렉스 혹은 갈등을 겪게 된다.

두 번째 하위단계에 도달할 즈음의 소년들은 자신의 아버지가 어머니의 애정을 이미 소유하였기 때문에 어머니의 모든 것을 자기 자신의 것으로 소유할 수 없다는 것을 깨닫는다. 프로이드는 그로부터 결과하는 딜레마를 외디푸스 콤플렉스(Oedipus complex) 혹은 외디푸스 갈등(Oed-ipus conflict)이라 불렀다. 이 갈등은 소년들이 자신의 어머니를 소유하고자 하는 소망을 가지고 있으나 강력한 아버지에 의해 방해받고 있는 데서 나타난다. 소녀들은 그 반대의 딜레마를 발견한다. 프로이드는 이를 일렉트라 콤플렉스(Electra complex)라 칭하였다.

아동들은 이 갈등을 금지된 대상(여기서는 반대 성의 부모)에 대한 성적 감정을 퇴출시키고 동시에 같은 성의 부모를 동일시함으로써 해결한다. 아동들은 같은 성의 부모를 동일시(identification)함으로써 비난의 공포로부터 자신들을 해방시키며, 또한 같은 성의 특질들을 병합시킨다. 여기에서 같은 성의 특질들이란 아동들의 경쟁자인 같은 성의 부모로 하여금 다른 성의 부모를 향한 사랑의 경쟁에서 승리자가 되게 하였던 특질들을 의미한다. 소녀들은 자신의 어머니를 동일시하며 또한 그녀의 특질들을 발달시키려고 애쓴다.

초자아는 이러한 동일시의 과정을 통하여 아동이 같은 성을 가진 부모의 도덕적 가치들을 채택함에 따라 청소년기 이전을 거치면서 발달한다. 이들 가치들은 아동들을 심리적으로 자기 자신들을 보상하고 벌주도록 준비시키며, 또한 그럼으로써 그들 자신의 행동을 외부의 권위적인 인물들의 부재시에 통제한다.

(4) 잠복기

이 기간에 해당되는 아동들은 비록 만족의 지배적인 지대가 아직 성기 주변에 집중되어 있지만, 거기에 초점을 모은 행동을 거의 나타내 보이지 않는다. 왜냐하면 아동들은 그들의 부모를 대상으로 한 사랑 대상들에 대한 받아들일 수 없는 갈망을 통제하기 위하여 성적 표현을 억압하고 있기 때문이다. 아동들은 만족을 제공하고 또한 벌을 주는 부모의 역할들을 채택하였기 때문에 그들은 이제 성에 관한 이야기와 표현을 수치스럽고 역겨운 것으로 간주한다. 소년들은 자위행위를 중단한다. 왜냐하면 소년들은 자신들의 페니스가 절단되는 벌을 받을 것을 두려워하기 때문이며, 소녀들은 부모의 사랑을 잃을까 두려워 그러한 행위를 중단한다.

이 기간은 때때로 패거리 시기(gang age)라 불리기도 한다. 왜냐하면 아동들은 이성(異性)이 포함된 집단을 거의 형성하지 않기 때문이다. 이제 초자아는 부모와 사회적 규칙의 강력한, 그리고 도덕주의적인 하나의 내적 표본으로서 작용한다. 부모와의 동일시를 통해 획득한 도덕적 가치들은 그 사회의 도덕적 규범들로 확장되는 것이다. 잠복기에 있는 아동들에게 게임과 그리고 다른 일상 활동들에서 규칙에 의한 놀이는 매우 중요한 문제가 되기 시작한다. 운동장에서, 가정에서, 그리고 교실에서 정의(正義)의 이슈는

"그것은 공정하지 않아", 혹은 "너는 속이고 있어", "너는 게임 중간에 그 규칙들을 바꿀 수 없어"와 같은 비난이나 명령으로 제기되어진다.

외디푸스와 일렉트라 갈등을 성공적으로 해결하는 데 실패한 아동들은 잠복기에 고착되어질 수 있다. 이 단계에 고착된 성인들은 이성으로부터 결코 안락함을 느끼지 못한다. 그들은 이성과의 성적 관계를 회피하거나 공격적인 방식으로 성적 행위를 수행할지 모른다. 이성에 대한 그들의 반감은 남성들이 여성들을 학대하는, 그리고 여성들이 남성들을 학대하는 신체적 폭행 혹은 심리적 폭행의 형식으로 굴절되어 나타날 수 있다. 적개심은 애정적 의도보다는 악의적 의도를 가진 성적 단어들의 사용에 반영되어 나타나기도 한다.

(5) 청년 성기기

사춘기가 도래함으로써 소녀들은 가슴이 커지고 겨드랑이에 털이 나는 것과 같은 제2차 신체적 변화를 나타내기 시작한다. 또한 소년들은 성기기관의 성장, 정액의 출현, 몽정, 목소리의 변성, 그리고 신체의 털의 성장 등을 포함한다. 성적 쾌락의 주요 지대는 아직 클리토리스 부근(여성)과 페니스 부위(남성)이다. 그러나 이제 만족은 성적 오르가즘을 포함한다. 더 나아가 이성 파트너와의 성교가 지배적인 성적 행위가 되기 시작한다. 잠복기 기간에서 성의 거부로부터 이성과의 성적 행위의 열정적 추구로의 전이는 심리적으로 요구되는 과업이 될 수 있다. 이는 특히 혼외정사를 반대하는 도덕적 장벽을 확립한 사회에서 그렇다.

프로이드는 청소년들로 하여금 성적 교제를 삼가도록 하는 사회적 압력이 확립된 사회에서 승화란 성교를 통한 리비도 에너지의 직접적 투입을 대체하도록 동기를 제공하는 하나의 강력한 힘으로 인식하였다. 승화(sublimation)는 다양한 예술, 운동, 학문, 혹은 박애의 형식들을 가정할 수 있다. 예컨대 음악을 작곡하고, 바이올린을 연주하고, 풍경화를 그리고, 시나 소설을 쓰고, 스포츠에 참여하고, 과학적 탐구를 추구하고, 아동들을 돌보고, 장애가 있는 자들을 돕는 일이 여기에 해당될 수 있다.

5) 정신분석 이론과 도덕교육

우리는 다음과 같은 네 가지 근본 물음들을 통해 정신분석 이론을 학교의 명시적인 도덕교육에 구체적으로 응용될 수 있는 방안으로 모색해 볼 수 있다.

첫째, 아동들의 초자아를 발달시킬 수 있는 좋은 방안이 무엇인가라는 물음이다. 정신분석 이론은 도덕성의 정의적 측면을 강조하고 있다. 즉 죄의식, 수치심, 자부심과 같은 도덕적 감정은 도덕적 행동을 낳는 궁극적인 추동력으로 인정받고 있다. 이 이론에 따르면 도덕성의 발달은 퍼스낼리티의 구성요소인 원자아, 자아, 초자아 중에서 초자아의 발달과 더불어 일어난다.

초자아는 부모를 대신하여 아동들의 행동을 통제하는 역할을 한다. 아동들은 초자아가 발달할수록 도덕적 위반행위를 할 때 심한 죄책감이나 수치심을 느끼게 된다. 그들은 이런 부정적 정서를 되도록 경험하지 않기 위해서 부도덕한 행위를 유발시키는 여러 종류의 내적 욕구나 외적 유혹에 저항하면서 도덕적으로 성숙한다. 정신분석 이론에서 볼 때, 양심의 기초는 매우 이른 시기에 형성된다.

그러므로 아동들의 도덕성 발달을 위해서는 유아기 때부터 충동을 억제할 수 있는 기회를 자주 제공하는 것이 바람직하다. 초등학교 입학 이후에도 교사들은 계속적으로 아동들의 양심이 발달할 수 있는 기회를 제공해 주어야 할 것이다. 가령, 학교 교실에서 반드시 해야 할 일과 해서는 안 되는 일들을 명확히 설정한 후, 해서는 안 되는 일을 위반했을 때는 적절히 양심 기능에 호소함으로써 아동들 스스로 죄책감을 느끼도록 하고, 또한 해야 할 일을 스스로 행하였을 경우에는 자긍심을 느낄 수 있도록 배려해 준다. 그럼으로써 아동들이 본능적인 욕구를 충족시키고자 할 때나 외부의 여러 가지 유혹을 느낄 때 양심에 비추어 욕구나 유혹에 저항할 수 있는 힘을 길러주어야 할 것이다.

둘째, 아동들의 도덕성은 어린 시기에 모두 완성되고 그 이후에는 발달하지 않는가라는 물음이다. 적어도 프로이드의 이론에 따르면, 인간의 도덕성 발달은 항문기에서의 배변훈련을 통한 도덕성의 입문기를 지나 남근기에서의 외디푸스 일렉트라 콤플렉스를 겪는 과정을 통해 모두 완성된다. 이것은 그동안 학교 도덕교육에서 정신분석 이론이 무시되어 왔던 일차적인 요인이었다.

그러나 신정신분석 이론가들 중 대표적인 사람인 에릭슨은 프로이드와 달리 인생의 주기를 8단계로 구분하고 각 단계에서 발달시켜야 할 덕들을 제시하였다. 에릭슨은 그러한 덕들을 잘 발달시켰을 때 개인들이 건강한 자아를 발달시킬 수 있다고 하였다. 덕들은 기본적인 인간의 힘으로 인식되었다. 이러한 덕들은 삶의 각 단계에서 맞이하는 갈등들을 성공적으로 해결한 결과들이며, 인간의 적응에 필요한 것이다. 에릭슨은 그러한 덕들로 희망

(hope), 의지(will), 목적(purpose), 능력(competence), 성실(fidelity), 사랑(love), 돌봄(care), 그리고 지혜(wisdom)를 들었다.

우리는 그의 이론으로부터 도덕교육에 대한 함축들을 이끌어낼 수 있다. 다시 말하면 에릭슨의 이론은 그러한 심리적 덕들이 교육을 통해 조장되어질 수 있으며, 그럼으로써 건강한 자아를 발달시킬 수 있다는 점을 시사하고 있다. 학교교육을 통해 발달시킬 수 있는 덕들에 대하여 간략히 설명하면 다음과 같다.

능력의 덕에 대한 교육은 주로 학교의 맥락에서 일어난다. 노동 그리고 협동에 관한 기본적 태도들은 아동들이 학교나 그 밖의 모든 곳에서 생활하는 데 필요하다. 도덕교육은 일을 생산해내고 기능들을 발달시키는 참여를 통해서, 또한 말들과 예시들을 통해서 시행될 수 있다. 이때 발달한 능력의 덕은 나중에 한 성인으로서 자신의 업무를 수행하는 데 필요한 중요한 기능을 발휘하게 된다. 아동들은 학교생활 기간 동안 새로운 기술을 배워야 한다. 그렇지 않으면 열등감, 실패감, 무능감이 아동들의 내면에서 발달하게 된다.

에릭슨에 따르면, 청소년들을 대상으로 하는 도덕교육은 매우 중요하다. 이 시기의 청소년들은 급격한 신체적 변화와 더불어 새로운 사회적 압력과 요구에 부딪치게 된다. 이에 따라 청소년들은 새로운 상황에 어떻게 대응해 나가야 할지 몰라서 당황하게 되고, 이전 단계까지는 의문 없이 받아들였던 자기 존재에 대해 새로운 경험과 탐색을 시작한다. 곧 자아 정체성의 확립이란 중차대한 문제에 봉착하게 된다. 자아 정체감이란 자기 동일성에 대한 자각인 동시에 자기의 위치, 능력, 역할 및 책임에 대한 분명한 인식이다.

에릭슨은 이 시기를 기본 신뢰감이 형성되는 시기인 제1단계에 못지 않을 만큼 중요한 시기라고 주장하였다. 왜냐하면 긍정적인 자아 정체감을 확립하면 이후의 단계에서 부딪치는 심리적 위기를 무난히 넘길 수 있게 되지만, 그렇지 못하면 다음 단계에서도 방황이 계속되고, 때로는 부정적인 정체감을 형성하게 되기 때문이다. 따라서 학교 도덕교육은 이 시기의 청소년들이 확고한 자기 인식을 바탕으로 한 긍정적인 자아 정체감을 형성할 수 있도록 다각적인 노력을 기울여야 할 것이다.

셋째, 도덕적 측면에서 왜곡된 행동들을 보이는 아동들에 대해 정신분석 이론은 어떠한 교육적 시사점을 함축하고 있는가라는 물음이다. 정신분석 이론은 이에 대해 다른 어떤 이론들보다 분명하고 구체적인 시사점을 제공해 주고 있다. 정신분석 이론은 애초에 비정상적인 정신적 환자들의 치료를 목적으로 발달된 것이다. 따라서 건강하지 못한 자아에 의해서 나타나는 왜곡된 행동들에 관한 이해는 정신분석 이론의 설명을 통해 가장 적절히 접근할 수 있다.

도덕적 측면에서 왜곡된 행동들이란 무심코 보면 바람직한 행동으로 보이지만 그의 내면적인 동기나 의도 등을 살펴보면 결코 우리가 옳은 행동이라고 말할 수 없는 행동들을 일컫는다. 가령 자주 자신의 행동을 합리화하는 행동, 어리광을 부리고 떼를 쓰는 행동, 화가 나 친구를 때린 후 곧바로 끌어안고 미안하다고 하면서 입을 맞추는 행동, 남에게 자꾸 잘못의 탓을 돌리는 행동 등이다. 이러한 행동들은 모두 건강하지 못한 자아로부터 비롯된다. 즉 본능적 욕구와 사회적 환경 사이에 적절한 조화점을 찾지 못하고 왜곡된 형태로 드러난 행동들이다. 정신분석 이론에 따르면 이런 행동들은 억압, 반동 형성, 퇴행, 투사, 합리화, 전치, 보상 등과 같은 자아방어 기제에서 비롯된 행동들이다.

도덕교육은 아동들이 진실한 자신의 내면의 목소리를 아무 제약 없이 낼 수 있을 때 비로소 가능해진다. 아동들이 교사의 권위나 혹은 학급의 경직된 분위기에 눌려 자신의 진실한 내면의 목소리를 내지 못한다면 도덕교육은 위장된 목소리들의 경연장이 되거나, 아니면 아동들의 관심과는 무관한 교사만의 일방적인 가치전달의 시간이 될 수 있다. 아동들은 자신들이 갖고 있는 본능적 욕구를 비롯하여 자신의 생각을 솔직하게 드러내놓고 이야기할 수 있어야 한다. 그때 비로소 교사는 아동들이 욕구를 분출할 수 있는 현실적인 출구를 대안으로 제시할 수도 있고, 또한 아동들은 그런 기회를 가질수록 왜곡된 행동의 빈도를 줄여나갈 수 있을 것이다.

끝으로, 초자아의 형성에 결정적인 동일시의 대상은 오로지 부모에 국한되는가라는 물음이다. 프로이드의 이론에 따르면, 아동들은 외디푸스 콤플렉스나 일렉트라 콤플렉스를 해결하는 과정에서 같은 성의 부모를 동일시하게 된다. 그럼으로써 그 부모의 신념과 행동을 모방하게 된다. 여기에서 부모의 신념과 행동은 단순히 개인적인 차원에서 그치는 것이 아니다. 부모의 그것들은 사실은 사회의 도덕적 가치들을 대변하는 것이다. 따라서 아동들은 부모와의 동일시를 통해 자신이 소속한 사회의 전통과 도덕을 내면화하는 것이다. 부모의 역할이 아동들의 도덕성 형성에 결정적으로 영향을 미친다.

그러나 우리는 프로이드의 이론을 계승한 에릭슨의 관점을 참고해 볼 필요가 있다. 에릭슨은 동일시의 개념을 청소년 시기에까지 적용시키고 있다. 그는 청소년기의 중심과제를 자아 정체감의 확립이라고 하면서, 이 시기의 청소년들은 자기 자신의 의문에 대한 해답을 찾으려고 애쓰지만 그 해답을 쉽사리 찾지 못하기 때문에 고민하고 방황한다고 주장하였다. 에릭슨에 따르면, 자아 정체감을 쉽게 확립하기가 어렵기 때문에 청소년들은 동료집단에서 동일시의 대상을 찾거나 혹은 존경하는 위인이나 영웅에게서 동일시의 대상을 찾으려고 애쓴다. 교사들은 아동들에게 있어서 초자아의 형성에 필요한 지속적인 동일시의 대상이 될 수 있다. 아동들이 일차적으로 접하게 되는 가정의 부모가 갖는 강도만큼의 영향력을 갖지는 못하겠지만, 적어도 교사들은 아동들이 초자아의 터전을 확고히 다지는 데 도움이 될 수 있다.

2. 도덕교육과 인지발달 이론

1) 기본 가정

인지발달 이론(cognitive developmental theory)은 대표적인 유기체론 모형(organismic model)에 속한다. 유기체론은 유전적 요인을 강조함에도 불구하고 환경의 역할 또한 강조한다. 유기체론은 환경적 영향력과 유전적 요인들 모두를 중요시 여기기 때문에 상호작용 모형으로 불리기도 한다. 이 관점은 하등동물들이 환경에 적응하면서 생물학적 구조를 변경하는 것에 관심을 기울였다. 이것이 아동들의 정신발달에 대한 광범위한 연구를 시작한 계기가 되었다. 유기체론은 생물학적 연구를 바탕으로 인간의 도덕성 발달을 해석하는 하나의 관점을 형성하게 된 것이다.

유기체론의 입장에서 도덕성 발달을 설명하는 대표자들로는 피아제

(Jean Piaget)와 콜버그(Lawrence Kohlberg)가 있다. 그들의 이론에 따르면, 인간은 미리 정해진 최종 상태를 향해 나아간다. 즉 인간의 도덕적 발달은 목표지향적이자 또한 목적론적인 경향을 보인다. 피아제가 이론화한 도덕적 추론의 국면들이나 콜버그가 이론화한 도덕성 발달단계들(stages)은 모두 일정한 방향을 향하여 나아가는 발달경향이나 혹은 변화하지 않는 일정한 계열을 의미하고 있다. 두 사람 모두 국면이나 단계에서의 변화를 양적인 개념이 아닌 질적인 개념에서 이해하였다. 또한 변화는 항상 같은 속도로 일어나는 것이 아니고, 높은 단계가 발달했다가 다시 낮은 단계로 되돌아가지 않으며, 모든 사람에게 공통적으로 적용되는 하나의 보편적인 계열과 패턴을 갖고 있는 것으로 여겨졌다. 또한 인지발달 이론은 유기체론의 핵심적인 전통이라 할 수 있는 개인의 능동적인 역할을 매우 중요시 여긴다. 즉 환경과 유전적 구조와의 상호작용을 통해 발달하는 인간은 그 과정에 있어서 수동적이 아닌 능동적인 역할을 수행한다.

인지발달 이론은 도덕적 성숙, 동기, 그리고 행동에 관한 전통적인 관점들을 비판한다. 각기 다른 문화에 따라 도덕은 상대적이라는 전통적인 관점과 대조적으로, 인지발달 이론은 도덕적 성숙의 최종 상태에서는 범문화적인 일반적 경향성을 보인다고 확신하였다. 또한 도덕적 행동의 동력 (motive power)을 정의(情意, affect)로 보는 전통적인 정신분석 이론의 관점과 대조적으로, 인지발달 이론은 인지(認知, cognition)를 도덕적 행동을 유발하는 동기의 원천으로서 강조한다.

2) 도덕성의 개념

인지발달 이론은 전통적으로 도덕성을 정의(正義)정향과 동일시하여 왔다. 또한 도덕성의 발달을 질적으로 다른 정의의 개념을 구성해 가는 단일한 과정으로 이해하였다. 그러므로 도덕적으로 성숙한 사람은 부모의 권위로부터, 그리고 사회적 관습으로부터 독립하여 모든 사람들의 권리를 동등하게 인식하여 판단할 수 있는 평등성과 자율성을 성취한 자로 가정하였다.

그러나 인지발달 이론의 이러한 전통적인 관점은 근래에 이르러 부분적으로 수정되고 있다. 그 기원은 길리건(Carol Gilligan)[3]의 배려의 정향에 관한 경험적 연구였다. 배려의 정향은 기존의 도덕성 발달에 관한 인지발달 관점에서 나타나지 않은, 그리고 소녀들과 여성들의 도덕적 사고에서 주로 발견된 것이다. 공교롭게도 피아제와 콜버그 모두 배타적으로 남성들의 표본을 이론 정립을 위한 연구의 표본으로 삼았다.

정의의 정향 혹은 윤리에서 각 개인은 타인들과의 관계로부터 분리된 객관적인 존재로서 정의된다. 곧 자기 자신이 타인들에 의해서 보여지기를 바라는 것처럼 다른 사람들을 객관적으로 본다. 그리고 정의의 도덕을 분리된 개인들의 역할에 따른 의무와 책무에 근거를 둔, 개인들 간의 상호성으로서의 관계에 관한 이해에 의존하는 공정성으로 사용하는 경향이 있다. 도덕적 문제들은 일반적으로 자기와 다른 사람들(사회를 포함하는) 사이에 갈등하는 주장들의 문제로서 이해되어진다. 도덕적 문제들은 공평한 규칙

---

3 C. Gilligan, "In a Different Voice: Women's Conceptions of Self and Morality," *Harvard Educational Review,* 47(4), 1977, pp. 481–517.

들, 원리들, 표준들에 호소함으로써 해결되어진다.

정의의 도덕은 자신의 역할과 관련된 의무나 책무 혹은 약속에 관심을 갖는다. 그리고 또한 자기, 타인들, 사회를 위한 표준, 규칙, 혹은 원리로서 상호성에 관심을 기울인다. 즉 자신이 만약 그 위치에 있다면 대우받기를 원하는 방식대로 자신이 다른 사람을 대우하는 공정성을 원리로 받아들인다. 그래서 정의의 도덕은 전통적으로 사람들이 서로 공유하는 규칙들, 원리들, 권리들, 그리고 의무들에 따라 생활함으로써 서로를 공정하게 대우해야만 한다는 점을 강조한다. 또한 정의의 윤리는 보다 논리적·합리적·객관적인 것으로 간주되며, 보다 직접적으로 도덕적 사고와 연관되는 것으로 이해된다.

한편, 보살핌과 배려의 윤리에서 각 개인은 타인들과의 관계 속에 상호 연결되어진 존재로 정의된다. 즉 타인들을 그들의 상황과 맥락 속에서 바라본다. 도덕적 문제들은 일반적으로 관계의 이슈들로서, 즉 타인들에게 반응하는 방식으로서 이해되어진다. 도덕적 문제들은 배려의 행위를 통해 해결되어진다. 배려의 도덕은 관계, 즉 서로 간의 상호 의존적인 관계를 유지하는 것을 고려한다. 그리고 배려의 도덕은 타인들의 복지를 증진하는 일이나 혹은 그들의 해를 방지하는 일을 고려하며, 타인들의 짐, 상처, 혹은 심리적 및 정신적 고통을 덜어주려는 일에 관심을 갖는다.

전통적으로 '모든 사람이 배려를 받을 것이다. 어느 누구도 홀로 혹은 상처를 입고 남겨져서는 안 된다'라는 것을 보증하는 방식에서 서로를 대해야 한다고 강조한다. 또한 배려의 윤리는 보다 직관적이고 비논리적인, 비합리적인 그리고 주관적인 것으로 여겨지며, 보다 직접적으로 도덕적 감정과 연관된 것으로 이해된다.

3) 도덕성의 발달

인지발달 이론가들은 도덕성의 발달을 개인이 도덕적 원리들을 이해하고 또한 그것들에 동의하기 때문에 받아들이는, 혹은 그가 스스로 성취하게 된 도덕적 원리들에 따라 행동할 수 있는 상태에로 나아가는 적극적(active)·역동적(dynamic)·구성적(constructive) 과정으로서 간주한다. 인지발달 이론을 대표하는 콜버그와 길리건의 관점을 중심으로 도덕성의 발달과정을 제시해 본다.

(1) 콜버그의 관점

① 도덕성 발달단계

콜버그의 도덕성 발달의 구조는 3수준 6단계의 형식을 취하고 있으며, 각 단계는 도덕적으로 행동하고자 하는 혹은 도덕적 판단을 내리는 각기 다른 종류의 동기들을 품고 있다. 모든 단계가 도덕적 이상을 나타내는 것은 아니다. 각 단계는 단지 도덕적 문제를 해결하기 위해 사용되어지는 하나의 관점에 해당한다. 높은 단계일수록 보다 넓은, 보다 많은 변수들이나 혹은 도덕적 문제의 측면들을 고려하게 된다. 높은 단계일수록 보다 진정으로 혹은 본질적으로 도덕적이다. 따라서 최고의 단계가 도덕적 이상을 나타낸다고 할 수 있다.

세 수준은 전인습적 수준, 인습적 수준, 후인습적 수준으로 구분되며, 각 수준은 두 개의 하위단계를 포함한다. 후인습적 수준인 단계 5와 6에 이른 사람들은 도덕적 문제들을 모든 특수한 사실들과 모든 실제적인 관점들을 고려하여 해결한다. 가장 이상적으로 도덕적 문제들이 해결되는 것이다. 각 수준과 단계들을 좀더 구체적으로 설명해 보도록 하겠다.

1수준 : 전인습적 수준(pre-conventional level)

- 4세에서 10세 사이의 대다수 아동들과 일부 청소년, 범법 청년 및 성인들의 수준이다.
- 외적인 기준(대개 부모의 판단 기준)에 의해 도덕판단을 내린다.
- 처벌을 피하고 보상을 얻기 위해 권위의 인물이 부여한 규칙을 따른다.

1단계 : 처벌 및 복종 지향

- 한 행위의 옳고 그름을 그 행위의 결과에 의해 판단한다.
- 처벌을 피하기 위해서 권위의 명령에 복종한다.
- 진정한 의미의 규칙에 대한 개념은 없으며, 위반행위의 중대성은 그 결과의 크기, 즉 처벌의 양, 객관적인 손상의 양 등에 의해 결정된다.

2단계 : 개인주의, 도구적 목적 및 거래 지향

- 자신에게 당장 이익이 있을 때 규칙을 따른다.
- 보상받을 일들은 하고 처벌받을 일들은 피한다.
- 즐거운 결과를 가져오는 것은 선이다.
- 평등한 교환, 거래, 협약 등 공정한 것이 정의이며, '만일 네가 나를 도와준다면 나도 너를 도와줄 것이다'라는 것이 기본 철학이다.
- 위반행위의 중대성은 이제 부분적으로 행위자의 의도에 의해 판단된다.

2수준 : 인습적 수준(conventional level)

■ 10세에서 13세 사이의 시기에 도달되는 도덕성 발달의 수준이다.

■ 대부분의 청년들과 성인들은 이 수준에 속한다.

■ 인습적 역할일치(conventional role conformity) 수준, 곧 자신의 역할을 인습에 맞게 수행하는 수준이라고도 하며, 이전에 비해 사회적인 표준이나 가치들을 더 많이 내면화하게 된다.

■ 선한 행동을 하기 위해, 또는 사회적인 질서를 유지한 데 대한 칭찬과 인정을 받기 위해서 부모나 또래집단 혹은 사회집단이 요구하는 규칙들을 따르려고 애쓴다.

3단계 : 개인 상호 간의 기대, 관계 및 개인 상호 간의 동조 지향

■ 아들이나 딸, 형제, 친구 등으로서 자기에게 가까운 사람들의 역할기대에 따라 행동하는 것이 도덕적인 행동이며, 선한 동기를 가지고 타인에 대한 관심을 보이는 것이 선이라고 생각한다.

• 신뢰, 충성, 존경, 감사, 상호 관계의 유지 등을 존중한다.

4단계 : 사회체제와 양심 지향

■ 권위와 사회질서 유지의 도덕성이라고도 한다.

■ 스스로 동의한 현실적 의무를 준수하는 것이 선이라고 생각한다.

■ 확고한 사회적 의무와 갈등을 일으키는 극단적인 경우를 제외하고는 법은 준수되어야 한다고 믿는다.

■ 사회, 집단, 제도에 공헌하는 것 역시 선으로 여겨진다.

3수준 : 후인습적 수준(post-conventional level)

■ 자율적 도덕의 원리(autonomous moral principles)에 따르는 수준이라고도 한다.

■ 도덕적 기준이 내면화되어 자신의 것이 된다.

■ 자신을 권위 또는 권위의 일부로 본다.

■ 이 수준에 도달하는 시기는 개인에 따라 차이가 있다. 빠른 경우에는 13세경에, 좀더 늦는 경우에는 성인 전기에 와서 도달하기도 하지만 상당수의 사람들은 이 수준에 도달하지 못하는 것으로 본다.

5단계 : 사회계약, 공리성과 개인 권리의 지향

■ 계약, 개인적 권리, 민주적으로 인정된 법률의 도덕성 단계라고도 한다.

■ 사람들은 다양한 가치와 의견을 가지고 있고, 대부분의 가치와 규칙들은 집단에 따라 상대적이라는 것을 안다.

■ 사회질서를 유지하기 위해 법과 규칙은 준수되어야만 하지만, 그 법과 규칙은 바뀔 수 있다고 생각한다.

■ 생명과 자유와 같은 비상대적인 가치는 어떤 사회에서도, 또 다수의 의견과 상관없이 지켜져야 한다고 믿는다.

6단계 : 보편적·윤리적 원칙 지향

■ 개인적 양심의 원칙에 의한 도덕성 단계라고도 한다.

■ 스스로 선택한 윤리적 원리를 따르고 그 원칙에 의해서 정의(正義)를 판단한다.

■ 법이 대개 자신이 구성한 윤리적 원리에 일치하기 때문에 따르지만

이 원리와 충돌할 때는 자신의 원리에 따라 행동한다.

■ 보편적인 원리, 즉 인권평등과 인격체로서의 인간의 존엄성을 가장 존중한다.

② 단계의 특징

첫째, 단계의 개념은 연대기적인, 혹은 정신연령의 개념을 대신한다. 그러나 연령은 어디까지나 단지 개략적인 안내일 뿐이라는 점을 기억해야 한다고 주장한다. 예를 들면, 11세 혹은 12세 연령까지 타율성의 단계로부터 벗어나지 못한다고 말할 수 있지만 그것은 단지 매우 개략적인 안내일 뿐이다. 아동들은 모두 똑같은 비율로 발달하지 않는다. 그래서 어떤 아동들은 다른 아동들보다 빨리 단계들을 통과할 수 있다. 또한 어떤 성인들은 어떤 상황들에 대해 타율적 방식에서 반응할 수도 있다.[4]

둘째, 단계들의 계열(sequence)은 불변적인 것으로서 입증되어 오고 있다. 즉 단계를 빠뜨리거나 혹은 다른 순서로 통과하는 것은 불가능하다. 모든 단계 개념에서처럼 단계들의 순서는 불변적인 것으로 간주된다. 단계에 있어서 이러한 불변성은 더 나아가 서로 다른 문화적 조건들 하에서의 보편성을 포함한다. 이것은 모든 문화에서 단계들을 통과하는 움직임이 같은 속도로 나아간다는 것을 의미하는 것이 아니라 문화의 본질과 관계없이 그 계열이 같으며, 마지막 단계의 예외 가능성을 지니면서 모든 단계들이 등장한다는 것을 의미한다.

끝으로, 한 단계에서 다음 단계로의 진행은 단순히 이전 단계에 덧붙이

---

4 M. Downey & A. V. Kelly, *op. cit.*, p. 77.

는 것이 아니라 재조직화 혹은 재구성화를 의미한다. 즉 아동으로 하여금 도덕적 문제들을 다른, 그리고 보다 복잡한 관점으로부터 바라보고 도덕판단을 내릴 수 있도록 한다. 콜버그는 자신의 도덕성 발달단계의 도식을 논리적 추론에 관한 피아제의 이론에 연결시켰다. 아동들이 어떤 특정한 도덕적 추론의 단계로 진보하려면 그 이전에 적절한 논리적 사고의 수준에 도달해야만 한다는 것이다. 가령, 어떤 개인이 도덕적 판단의 단계 2(개인주의적·도구적 도덕성)에 접근하기 위해서는 피아제의 구체적 조작 사고를 할 수 있어야만 한다. 어떤 사람이 단계 4(사회–체계 도덕성)에 도달하기 위해서는 그 전에 피아제의 형식적 조작 사고과정을 충분히 구사할 수 있어야만 한다는 것이다.[5]

③ 단계상승의 원리

콜버그에 따르면, 인간은 도덕적으로 성숙해 감에 따라 인지적 재구조화와 재질서화를 이룬다. 각 발달단계는 그 이전 단계보다 도덕적으로 더 바람직하고 또한 더 복잡한 인지적 이해가 가능하다. 콜버그는 인지적 갈등이란 수단을 끌어들여 각 개인들이 현재의 단계에서 다음 단계로 어떻게 발달하는가를 설명하였다. 그의 이러한 접근은 이후의 추종자들에 의해 소위 '플러스 1단계(+1)'와 '단계혼합'이라는 두 가지 원리로 발전되었다. 이들 원리들은 나중에 그의 제자들에 의해 실제적 차원에서 입증되었다.

튜리엘(E. Turiel)과 그의 동료들은 특정 아동들의 집단에 그들의 도덕적

---

5 R. Kegan, *The Evolving Self: Problem and Process in Human Development* (Cambridge: Harvard University Press, 1982), p. 86.

판단단계보다 더 높은 도덕적 논증들을 제시해 봄으로써 그 가능성을 확인해 보았다. 그 결과 아동들은 자신들의 단계보다 2단계 높은 논증들로부터는 도덕적 추론에 대한 아무런 자극을 받지 못하였다. 한 단계 아래의 논증을 제시하는 것도 마찬가지로 효과가 없었다. 다시 말하면, 두 단계 위의 논증이나 한 단계 아래의 논증은 아동들에게 인지구조들을 재구조화하고자 하는 자극을 제공하지 못한다는 것이다. 레스트(J. R. Rest)와 그의 동료들의 연구도 이와 비슷한 결과를 얻었다. 아동들은 자신들의 수준보다 낮은 논증들은 더 나쁜 것으로 간주하기 때문에 즉시 거부한다는 것을 밝혔었다. 튜리엘의 연구결과와 마찬가지로 오로지 한 단계 위의 논증을 제시하였을 때만이 도덕판단의 발달에 도움을 주었다.

단계혼합은 연속적인 발달구조에 있어서 필요조건이다. 한 단계로부터 다음 단계로의 움직임은 단지 우리가 기본적인 단계혼합을 인정할 때만 가능하기 때문이다. 한 단계로부터 다음 단계로의 느린 진행은 미미한 단계혼합을 의미한다. 곧 단계 사이의 연결고리가 거의 없다는 것을 뜻한다. 인접하여 결부된 것이 거의 없다는 것이다. 이를 개울 사이에 놓은 걸침목에 비유해 본다면, 걸침목이 개울 사이에 많이 놓이면 놓일수록 사람들이 개울을 건너기가 쉬워진다. 곧 단계혼합이 클수록 다음 단계로의 변화가 그만큼 쉬워진다. 도덕적 판단의 발달에서 별로 진보가 없는 사람들은 흔히 단계혼합의 안정상태를 보여준다. 그래서 단계변화 가능성이 거의 없고 또한 진보의 기회가 없으며 점차적으로 안정화가 정착된다. 이러한 가정들은 이미 실험연구들에 의해 확인되었다.

(2) 길리건의 연구

① 도덕성의 개념 수정

길리건(Carol Gilligan)은 도덕성에 관하여 다음과 같은 두 가지 주장을 내놓았다. 하나는 남성과 여성은 전형적으로 기본적인 삶의 정향(life orientation)에서 서로 다르며, 그리고 각기 다른 통로를 따라 발달한다는 것이다.[6] 그녀의 관점에서 볼 때 남성들은 전형적으로 정의·권리정향(justice·right orientation)을 갖는다. 왜냐하면 그들은 개인주의적·개별적 자아 개념, 객관주의적 경향, 직업에 기초한 자신들의 정체성, 추상적·비편향적인 규칙들과 원리들에 대한 경향성을 지니기 때문이다.

반면에 여성들은 전형적으로 배려·반응정향(care·response orientati—on)을 갖는다. 여성들은 다른 사람들과 연계된, 그리고 상호 의존적인 것으로서의 자아에 대한 개념, 친밀한 관계에 기초한 정체성, 자아와 타인들의 복지, 그리고 배려에 대한 관심, 위험을 가하거나 혹은 해를 주지 않는 것에 대한 민감성, 구체적인 상황에서 조화로운 관계를 위한 관심 등의 경향성을 지니기 때문이다.

이러한 정향들은 길리건에 따르면, 어렸을 때 타인들과의 관계에서 겪는 불평등과 애착에 대한 경험으로부터 발생하게 된다. 도덕성의 기원은 어린 시기에 겪는 타인들과의 관계에 있으며, 초기 아동기에 겪는 관계에는 두 가지 차원이 존재한다. 하나는 불평등·평등(inequality·qual—ity)의 차원이

---

6 C. Gilligan, "New Maps of Development: New Visions of Maturity," *American Journal of Orthopsychiatry*, 52, 1982, pp. 199–212.

다. 어린 아동들은 성인들이나 자기들보다 나이가 더 든 아동들에 비해 무력하고 의존적임을 경험한다. 그러나 점차 평등과 독립으로 발달한다. 또 하나는 애착·분리(attachment·detachment)의 차원이다. 이는 그들을 돌보는 사람의 애정을 반영한다.

길리건은 이러한 도식에 근거하여 도덕적 정향의 성차를 설명한다. 이 부분은 프로이드의 관점과 유사하다. 소녀들은 자신들의 어머니에 대해 애착을 갖고 또한 어머니를 동일시한다. 따라서 불평등의 경험을 덜 겪게 된다. 반면, 어머니와의 관계에서 경험한 애착은 그들의 정향에서 중심으로 자리잡게 된다. 그러나 소년들은 그와 정반대이다. 소년들은 그들의 어머니에 대해 애착을 가지지만 아버지를 동일시한다. 따라서 불평등의 경험을 현저하게 갖는다. 이로부터 파생된 독립과 분리에 대한 필요성은 그들의 정향을 구성하는 데 중요한 역할을 한다.

길리건의 두 번째 주장은 인간발달에 관한 영향력 있는 이론들, 특히 도덕심리학에서 지배적이었던 콜버그의 이론은 도덕성에 관한 여성들의 "다른 목소리"(different voice)를 놓쳐왔거나 혹은 잘못 이해하였다는 것이다. 그 결과 여성들은 보다 낮은 추론단계에 머문다고 폄하되어 왔으며, 또한 도덕적으로 결핍된 존재로서 잘못 인식되어 왔다는 것이다. 길리건은 콜버그의 도덕성 개념이 남성중심적이라고 비판하였다. 왜냐하면 콜버그의 이론은 그녀가 전통적으로 남성적 가치로 보았던 권리, 합리성, 개별성, 추상성, 분리, 비인격성(impersonality), 그리고 정의의 원리와 같은 것들을 강조하고 있기 때문이었다. 반면 길리건은 자신이 전통적으로 여성적 가치로 여겼던 관계의 유지, 배려, 그리고 헌신 등은 콜버그의 이론에서 보다 낮은 도덕성 발달단계들과 관계되는 것으로 취급되고 있다고 믿었다.

② 여성의 도덕성 발달단계

〈표 3-1〉 길리건의 여성의 도덕성 발달단계

단계	도덕성 발달
단계1	개인적 생존 지향(orientation to individual survival)(생존) 자기 자신을 돌보는 것에 몰두한다. 무엇이 자신을 위해 좋은가를 생각한다. 자기중심적이고 실용적 관점에서 도덕적 문제를 해결하려고 한다. '내가 원하니까', '내가 필요로 하니까' 아기를 낳거나 낙태시키겠다고 응답한다.
제1과도기	이기주의에서 책임감으로(from selfishness to responsibility) 다른 사람과의 관계를 인식하고 무엇이 자기 자신뿐만 아니라 다른 사람에 대해서도 책임 있는 선택일까를 생각하기 시작한다.
단계2	자기 희생으로서의 선(善) 지향(goodness as self-sacrifice)(미덕) 사회가 관습적으로 기대하는 여성적 미덕에 대해 생각한다. 이 같은 관습적인 여성적 미덕은 여성 자신이 원하는 것을 다른 사람이 원하는 바를 위해 희생하게 한다. 타인에 대한 책임을 인식하고 타인을 돌보고 보호하려고 한다. 자신을 돌보는 것은 타인에게 해가 될 수 있고 비판의 대상이 되거나 버림받을 가능성이 있다고 생각되기 때문에 위험한 것으로 판단된다.
제2과도기	착함에서 진실로(from goodness to truth) 다른 사람의 욕구뿐만 아니라 자기 자신의 욕구도 고려한다. 다른 사람에 대해 책임을 짐으로써 '착하게' 되기를 원하지만, 자기 자신에게 책임을 짐으로써 '정직하게' 되고자 한다. 생존은 다시 주요 관심사가 된다.
단계3	비폭력의 도덕성 지향(morality of nonviolence)(진실) 자기 자신과 타인 양자에게 최선이 될 수 있는 방법을 모색한다. 타인은 물론 자신에 대한 책임의 중요성을 인식하고 자신과 타인 모두에게 상처를 주지 않는 방안을 모색한다.

(3) 레스트(J. Rest)의 4구성 요소

레스트의 4 구성요소 모델은 콜버그(L. Kohlberg)의 도덕발달 이론이 해명하지 못하고 있던 앎과 행동 간의 간극을 다른 관점에서 설명하고자 한 데에서 출발하였다. 콜버그의 관점에서 보면, 선에 관한 앎은 도덕적 행동을 산출하기 위한 충분조건이라 할 수 있다. 그러나 역사적으로나 경험적으로 볼 때, 우리는 무엇이 도덕적인가를 알면서도 그와 일치하여 행동하지 않는 경우를 얼마든지 지적할 수 있다. 레스트는 기본적으로 콜버그의 주요 이론적 개념을 수용하는 차원에서 접근하였다. 그래서 그는 도덕 판단의 인지적 특징을 도덕적 행위와 정서에 관한 이해에서 중심적인 것으로 간주하였다.[7]

그러나 레스트는 도덕적 실행력을 높이기 위해서는 그것을 구성하는 심리적 힘, 수행기술, 도덕적 품성화 능력과 같은 요소들의 탐색이 필요하다고 보았다. 그는 사람들이 도덕적으로 성숙하고 올바르기 위해서는 4가지의 심리적 구성요소들을 발달시켜야 한다고 주장하였다. 이 요소들은 개인이 이슈를 곧바로 확인하고, 올바르고 지적인 판단을 내리며, 행위를 하고자 하는 동기와 자신의 삶에서 좋은 도덕성을 유지하는 성품을 지니도록 해 줄 것으로 여겼다.

4 구성요소의 가장 기본적인 특징은 도덕성을 인지적 측면(도덕 판단력)으로만 보지 않고, 정서와 행동의 측면까지 포함시켜 종합적으로 파악하는 것이다. 즉, 레스트의 4 구성요소 모델은 기존의 도덕적 기능을 설명하는 도덕적 사고와 도덕적 정서 그리고 도덕적 행동 영역에 대한 종합적이고 포괄적인 설명을 제시한다.[8] 콜버그 전통에서의 도덕 판단 발달은 4 구성요소 모델에서는 단지 구성요소 II(도덕적 판단) 안에 내포된다. 즉, 도덕 판단 발달은 우리가 도덕적 행동을 하는데 있어서 무엇을 해야 하는가에 관한 판

---

7 S. J. Thoma, Research on the Defining Issues Test, Killen, M. & Smetana, J. D. 저, 김태훈 옮김, 『도덕성 발달 핸드북 I』(고양: 인간사랑, 2010), pp. 165–166.

8 S. J. Thoma, *op. cit.*, pp. 165–166.

단으로 이끄는 일군의 과정 가운데 단지 하나로서만 간주된다.

■ 도덕성의 4 구성요소

제1요소는 도덕적 민감성(moral sensitivity)이다. 도덕적 민감성은 어떤 상황을 도덕적 문제로 받아들일 수 있는 마음의 상태를 말하는 것으로, 이는 특정 상황 속에 내포된 도덕적 이슈들을 지각하고 상황을 해석하며, 자신의 행동이 타인에게 어떤 영향이나 결과를 미칠 수 있을지를 미리 헤아릴 수 있는 능력이다. 그 사람은 특정한 상황에서 어떤 행위들이 가능한지의 측면에서, 누가(자기 자신을 포함하여) 행위의 과정에 의해 영향을 받을 것인지, 그리고 이익이 관련된 당사자들이 그들의 복지 차원에서 그 결과를 어떻게 간주할 것인지에 관하여 해석할 수 있어야 한다. 어떤 상황을 도덕적 사태로 지각하지 못한다면 도덕적 행동은 일어나기 어렵다. 도덕적 민감성의 결여는 방관자 효과로 나타나기 쉽다. 타인의 필요와 복지에 대한 민감성이 부족해도 도덕적 행동은 일어나기 어렵다.

제2요소는 도덕적 판단(moral judgment)이다. 한 개인은 어떤 행위 과정이 도덕적으로 옳은지(혹은 공정한지 혹은 정당한지 혹은 도덕적으로 선한지)를 판단하고, 자신이 그 상황에서 해야 할(도덕적으로 마땅히 해야 하는) 한 가지 가능한 행위를 추론할 수 있어야 한다. 이 요소는 도덕적 사고를 지칭하는 것으로, 이는 콜버그의 이론 체계에서 도덕성 발달의 핵심으로 간주되던 것이다. 그러나 레스트의 모형에서는 단지 도덕적 행동의 산출을 설명하는 여러 요소들 중 하나에 속한다.

제3요소는 도덕적 동기(moral motivation)와 책무(commitment)이다. 제1요소에서 특정 상황의 도덕적 이슈를 가려내고 그것의 해결이 타인의 복지에 어떤 영향을 미치는지를 헤아릴 수 있고, 제2요소에서 문제 해결을 위한 행동의 경로들이 정당하고 정의로운지를 판단할 수 있다고 해서 도덕적 행동으로 곧바로 이어지는 것은 아니다. 그것은 제3요소에 의해 도덕적 가치를 다른 가치, 예컨대 경제적, 사회적, 종교적 가치들보다 더 우위에 두려는 동기 부여가 충분히 이뤄졌을 때 비로소 가능하다.

제4요소는 도덕적 품성(moral character)과 역량(competence)이다. 도덕적 행위의 수행에는 품성화가 요구된다. 이 요소는 자아 강점, 인내심, 용기 등과 같은 하위 특성들을 포함한다. 도덕적 품성과 역량은 민감성, 판단 그리고 도덕적 가치들의 우선화가 행동으로 나아가야 한다는 것을 인정한다. 그렇지 않으면 도덕적 행동으로 연결되기 어렵다. 도덕적 품성과 역량은 자기 자신을 확신하는 것, 용기를 갖는 것, 방해와 장애를 극복하는 것, 실천적 기능을 갖는 것, 그리고 자아의 강력한 힘을 갖는 것이다.[9]

9 M. J. Bebeau, J. Rest & D. Narvaez, Moving beyond the promise: a perspective for research in moral education, *Educational Researcher*, Vol. 28, Issue 4, 1999, p. 22.

도덕성의 4 구성요소

구성요소 1: 도덕적 민감성

상황을 해석하기

구성요소 2: 도덕적 판단

무엇이 도덕적으로 옳은가를 결정하기

구성요소 3: 도덕적 동기/책무

다른 여러 가지 가치들 중에서 도덕적 가치를 선택하기

구성요소 4: 도덕적 품성/능력

행위로 옮기기

레스트는 도덕성의 4 구성요소 모델에 관하여 주의해야 할 사항들을 다음과 같이 제시하였다. 첫째, 4 구성요소 모델은 도덕 발달 혹은 도덕적 행동이 단일한, 일원적인 과정의 결과라는 것을 부정한다는 것이다. 비록 한 과정이 다른 과정들과 상호작용하고 영향을 미치지만, 4 과정들은 나름의 독특한 기능을 지니고 있다. 둘째, 도덕성의 기본 요소를 인지, 정의, 행동의 측면에서 설명하지 않는다. 레스트는 이와 대조적으로 완전히 정서가 결핍된 인지, 완전히 인지가 결핍된 정서, 행동을 자극하는 인지와 정서로부터 독립된 별개의 도덕적 행동이란 존재하지 않는다는 관점을 취한다. 셋째, 4 구성요소들은 도덕적 행위의 산출에 내포된 '과정(process)'을 나타내는 것이지, 사람들의 일반적인 '특질'을 말하는 것이 아니라는 것이다. 마지막으로, 4 구성요소들은 도덕적 행동이 직선적인 계열에 따라 발생한다는 것을 의미하지 않는다는 것이다. 즉, 우리는 사람들이 우선 구성요소 1을 실행하고, 이어서 구성요소 2, 3, 그리고 4의 순서로 실행한다는 것을 보여주고자 하는 의도가 아니라는 점에 주목해야 한다.

행동을 산출하는 내적 과정

구성요소 1
과정의 주요 기능: 자신의 행위들이 다른 사람들의 행복에 어떻게 영향을 미칠 것인가의 측면에서 상황을 해석하는 것 인지적-정서적 상호작용: 다른 사람이 어떻게 영향을 받을 것인가 그리고 다른 사람에 대해 공감, 혐오, 등등을 느낌
구성요소 2
과정의 주요 기능: 도덕적 행위가 무엇인지 공식화 하는 것, 특수한 상황에서 도덕적 이상을 확인하는 것 인지적-정서적 상호작용: 추상적-논리적 그리고 태도-가치화 측면 두 가지 모두가 도덕적 의미 체계의 구성에 포함된다. 도덕적 이상은 인지적 요소와 정의적 요소 두 가지로 구성된다.
구성요소 3
과정의 주요 기능: 경쟁하는 가치들 가운데 행위 할 하나를 선택하는 것, 자신의 도덕적 이상을 성취하고자 노력할 것인지 혹은 그렇지 않을 것인지를 결정하기 인지적-정의적 상호작용: 다양한 목표들의 상대적 유용성들을 계산하기, 관점에 영향을 미치는 기분, 지각의 방어적 왜곡, 결정을 재촉하는 공감, 목표의 선택을 동기화하는 사회적 이해
구성요소 4
과정의 주요 기능: 자신이 하고자 하는 바를 실행하는 것 인지적-정의적 상호작용: 목표의 인지적 변형에 의해 영향을 받은 것으로서의 과업의 지속

레스트의 4구성요소 모델을 적용한 도덕적 행위과정

도덕적 자각	도덕적 판단	도덕적 책무	도덕적 행동
이것은 도덕적 상황인가?	나는 무엇을 해야 하는가?	나는 책임이 있는가?	어떤 기술과 있는가?
1. 상황을 주시하기 2. 핵심가치(공정, 배려, 권위, 성실)에 주목하기 3. 도덕적 상황인지 아닌지를 결정하기	4. 핵심가치에 적절한 행위를 분석하기 5. 윤리적인 사람이라면 무엇을 해야 할 것인지 결정하기 6. 결정을 정당화하는 이유(핵심가치)를 대기	7. 이 상황에서 자신이 해야 할일을 결정하기 8. 자신의 정당화를 체크하기 9. 핵심가치를 우선시하는 결정을 확인하기	10. 이론적인 혹은 기교적인 기술을 채핵하기 11. 행위에 필요한 사회적 기술을 사용하기 12. 의지를 발휘하여 성실히 수행하기
이것은 도덕적 상황이다	사람은 남을 속여서는 안 된다	나는 남을 속이지 않을 것이다	나는 남을 속이지 않았다

출처: https://www.ethicsed.org/

(4) 투리엘(E. Turiel)의 사회인지 영역

피아제와 콜버그는 도덕성이 사회적 규범과 권위자에 의해 규정되는 초기 단계로부터 공정을 향한 점진적인 차별화 과정을 거치면서 발달한다고 주장하였다. 이들의 이론적 입장에 따르면, 도덕성은 보다 진보된 도덕적 자율성 혹은 인습 이후 사고의 단계에 이르러서만 인습에서 벗어나 적절히 작동할 수 있다. 콜버그(L. Kohlberg)의 등장은 당시의 교육사적 흐름에 새로운 계기를 마련해주었다. 그는 도덕 심리학에서 '인지적' 혁명을 일으켰다. 그는 도덕적 지식을 단순히 환경적 결과로부터 나오는 '내용'이 아니라 환경과의 작용을 통해 단계적으로 구성해가는 '인지 구조'로 이해한 것이다. 그리고 그 인지 구조는 개인들이 경험하는 문화적 차이와 상관없이 보편적인 단일 체계를 이룬다고 하였다. 이후 콜버그의 인지구조 발달 이론은 약 30여 년 간 도덕 교육에서 그의 중심적인 기반으로 작용하여왔다.

그러나 1970년대 초에 콜버그 연구팀에 의해 수행된 종단적 연구들은 인지구조 단계 계열에서 예외들을 발견하기 시작하였다. 투리엘(E. Turiel)은 발달의 다른 요소들이 함께 혼합되어 있다는 점에서 특히 콜버그의 이론이 너무 거대하다고 보았다. 그리하여 투리엘은 콜버그의 도덕성 발달 단계가 지니고 있는 포괄성과 경직성에 대한 대안의 출발점으로 영역 이론을 제시하기에 이르렀다. 그의 기본적인 전제는 도덕과 인습에 관한 우리의 이해가 발달의 전 과정을 통하여 각기 다른 개념적 체계를 형성한다는 것이다.

투리엘은 개인들이 성장 과정에서 획득하는 사회적 지식을 도덕적 지식(개인들이 다른 사람을 어떻게 대우해야 하는가에 관한 원리), 사회 인습적 지식(사회 집단과 제도의 원활한 기능을 위해 설계된 규제들), 그리고 심리적 지식(자기 자신, 다른 사람들, 그리고 자율성과 개성에 대한 신념에 관한 이해) 등 세 가지 영역으로 범주화하였다.[10] 따라서 그는 도덕적 추론이 다른 인습적 지식이나 심리적 지식과 같은 그러한 사회적 지식의 형식들과는 구분되며, 개인들은 어린 시기에서부터 공정, 타인들의 복지, 권리에 관한 도덕적 개념을 습득하며, 이러한 지식은 아동기와 청소년기를 거치면서 발달한다고 하였다.

• 사회적 지식의 3가지 영역

투리엘은 복지, 정의, 권리의 측면에서 정의된 도덕성의 발달에서 판단의 역할을 강조한다. 그는 아동들의 다원적인 경험들이 어떻게 도덕적 영역, 사회 인습적 영역, 그리고 개인적 영역을 포함한 판단의 독특한 영역들의 발달을 초래하는지를 검토하였다. 그는 문화 내에서의 맥락적 변화와 이질성 차원에서 각기 다른 추론의 영역들이 발달하는 과정에 주목하였다.[11] 이러한 연구결과들을 근거로, 그는 개인이 획득하는 사회적 지식의 영역을 개인적 영역(personal domain), 인습적 영역(conventional domain), 그리고 도덕적 영역(moral domain) 등 세 가지 영역으로 구분하였다. 그는 이 세 가지 영역이 어린 시기에서부터 각기 상이한 경로를 따라 발달하며, 성장한 이후에도 각기 독립된 영역으로 계속 공존한다고 가정하였다.[12]

---

10 E. Turiel, *The Development of Social Knowledge: Morality and Convention*, Cambridge, (U.K.: Cambridge University Press, 1983).

11 E. Turiel, The Development of Morality: Social, Emotional, and Personality Development, W. Damon & R. M. Lerner (Ed.), *Handbook of Child Psychology*, Vol. 3, ch. 13(John Wiley & Sons, Inc, 2006).

12 J. G. Smetana, Toddler's social interactions in the context of moral and conven-

• 개인적 영역(personal domain)

개인적 영역(personal domain)은 개인에게 인정된 자유의 영역이다. 개인적 영역은 자신의 신체와 표현, 의사소통, 대인 간의 연대의 자유에 대한 요구로 이루어진다. 이것들은 사람들이 개인적으로 상정하는 이상적 인간이 되는데 필요한 개인적 권리들이다. 개인적 이슈는 자신의 신체에 대한 통제, 프라이버시, 그리고 친구 혹은 활동의 선택과 같은 전적으로 그 개인의 관할 영역에 속한 그야말로 개인적인 선호나 선택을 포함한다. 개인적 이슈는 단지 그 행위자와 그 자신의 삶의 사적인 측면과 관련이 있다는 점에서, 그러한 이슈는 인습적 규제와 도덕적 관심의 영역 밖에 있는 것으로 간주된다.

• 인습적 영역(conventional domain)

인습적 영역은 사회적 삶에서 비롯되는 모든 규칙들로 구성된다. 여기에서 말하는 규칙들이란 사회 체계에 의해 결정된 사회적 행동에서의 합의된 일치를 의미한다. 이는 사회제도 내부에서의 개인들의 상호작용을 조정하는 역할을 맡는다. 인습적 규칙들은 사회적 조직화를 목표로 한다. 사회적 인습은 사회 체계 내에서 개인들의 상호작용을 조정하는 맥락적으로 상대적이고, 구성원들이 함께 공유하는 규범(에티켓이나 매너와 같은)으로 정의된다. 따라서 인습적 영역은 광범위하며 그 규칙들 또한 매우 많다.

---

tional transgressions in the home, *Developmental Psychology,* Vol. 25, 1989, pp. 499−508.

사회적 인습에 관한 개념과 판단은 사회적 상호작용을 위한 예측 가능성과 조화를 촉진하고 사회 조직을 구조화하는데 도움을 주는 사회적 규범의 역할에 관한 기본적인 이해로 구성된다. 사회 인습적 추론은 사회적 합의와 인습에 관한 사고에 초점을 맞춘다. 사회 인습적 정당화는 권위자(처벌, 규칙, 혹은 권위자 명령에 대한 관심사를 포함하는), 사회적 기대와 규칙(예컨대, 사회적 혹은 문화적 규범), 그리고 사회 조직 혹은 사회 질서(예컨대, 사회 질서를 유지하고, 무질서를 회피하거나, 혹은 사회적 상호작용을 조정할 필요성)와 관련한다.

• **도덕적 영역(moral domain)**

도덕적 영역은 공정, 상호 존중, 그리고 타인들의 복지에 대한 관심의 원리를 중심으로 구성된다. 도덕적 영역 내의 행위들, 예컨대, 정당한 이유 없이 누군가를 때리는 행위는 다른 사람의 안녕에 대하여 그 자체에 내재되어 있는 고유한 결과(intrinsic effects)를 초래하게 된다. 즉, 그 행위는 피해자의 안녕에 어떤 원인적 요소로 작용하게 된다. 그러한 고유한 결과는 그 행위와 관련한 사회적 규칙이 존재하던 존재하지 않던 간에 그와 무관하게 발생한다. 이 때문에, 도덕적 인지의 핵심적인 특징은 행위가 다른 사람들의 안녕에 미치는 효과에 관한 고려를 중심으로 모아진다.

도덕성에 대한 준거는 일반화 가능성, 의무, 불변성, 그리고 규칙과 권위자 제재로부터의 독립을 포함한다. 일반화 가능성은 사건이나 혹은 위반이 서로 다른 사회적 맥락, 예컨대 집에서, 다른 학교에서, 혹은 다른 나라에서 잘못으로 판단되는지 아니면 허용 가능한 것으로 판단되는지의 측면에서 작동된다. 도덕적 의무는 개인들이 요구된 행위를 의무적으로 수행해야하는지 혹은 규칙에 복종해야 하는지에 대한 판단으로 사정된다. 규칙과 권위자로부터의 독립적 판단은 행위나 위반이 규칙이 없을 때에도 혹은 만약 권위자(교사, 부모, 등등)가 규칙 파괴를 목격하지 않았거나 알지 못했을 때조차도 잘못인지의 여부에 관한 평가의 측면에서 작동된다.[13]

3가지의 고유한 인지적 영역

영역	특징	사례
개인적/심리적 (personal/ psychological)	자율성(개인적 선택)	딸기 잼을 좋아하던 사과 잼을 좋아하던 그것은 개인의 선택의 문제이다.
사회적(social)	사회적 합의	우리가 우측통행을 할 것인가 좌측통행을 할 것인가, 혹은 교통신호 불빛의 색깔을 어떻게 정할 것인가는 사회적 합의의 문제이다.
도덕적(moral)	객관적, 보편적 기준	다른 사람들로부터 인간적인 대우를 받아야 한다는 것은 누구에게나 해당하는 문제이다.

도덕성 발달 이론의 비교	
피아제	•인지 구조와 능력이 먼저 발달한다. •그 다음에 인지적 능력은 아동들의 사회적 상황에 관하여 추론하는 능력을 결정한다. •아주 어린 아동들이 도덕적 추론의 개념을 이해한다고 믿지 않는다. •어린 아동들은 규칙과 징계조치에 대해서는 반응한다. •도덕성 발달이 예측할 수 있는 단계로 나아간다.

13 M. Killen & J. D. Smetana 저, 김태훈 옮김, 『도덕성 발달 핸드북』(고양: 인간사랑, 2010), pp. 263–264.

콜버그	•도덕성은 어린 시기에 발달을 시작하며 몇 가지 요소에 의해 영향을 받을 수 있다. •사람들은 일련의 6단계의 도덕 판단 혹은 추론을 거친다. •이는 인습 이전, 인습, 그리고 인습 이후의 3 수준으로 구분된다. •이들 수준은 아동이나 성인이 어떤 것을 옳은 혹은 도덕적 행동으로 규정하는 방식에 의해 구분된다.
투리엘	•아동은 어린 시기에 옳음, 그름, 혹은 공정에 관한 도덕적 개념을 학습한다. •아동은 도덕적 추론의 개념을 발달시키는 과정에서 도덕성과 사회적 인습이 서로 구별된다. •아동은 매우 이른 시기에서부터 개인적, 인습적, 도덕적 영역과 관련한 지식을 학습한다. •아동은 다른 아동을 발로 차면 그에게 해를 끼치기 때문에 그래서는 안 된다는 것이 도덕 규칙의 한 예임을 안다.

(5) 인지발달 이론과 도덕교육

콜버그의 도덕교육에 대한 관점은 전기와 후기로 구분된다. 전기에는 피아제의 이론을 근거로 한 도덕적 판단능력을 촉진시키는 데 관심을 기울였다. 여기에서는 가설적 딜레마들을 중심으로 한 토론이 중요 요소로 지적되었다. 그러나 후기에 이르러서는 개인적인 접근방식에서 탈피하여 공동체를 중심으로 한 접근으로 변화를 보였다. 개인의 도덕적 판단능력을 향상시키고자 하였던 접근의 한계를 모색해 보고자 하였던 것이다. 콜버그 자신이 전기에 그토록 비판을 가했던 뒤르껭의 관점에 근접한 것이다. 이는 '정의 공동체접근'(just community approach)으로 집약된다.

콜버그는 그 당시까지 일반적으로 사용되고 있던 도덕교육의 두 가지 방법에 대해 이의를 제기하였다. 그것은 아동이 어떤 규칙들을 위반하면 교사가 일방적으로 그 잘못에 대해 비판을 하는 교화적 방법과 또한 도덕적 인간이 갖추고 있어야 할 것과 관련한 여러 가지 가치들을 상투적으로 가르치려고 하던 노력이다. 콜버그는 이러한 방식들에 대한 대안으로 아동들이 스스로 자신의 도덕적 행동을 통제할 수 있도록 그들의 도덕적 판단능력을 발달시키는 방법을 추천하였다. 그는 도덕적 판단이 도덕적 행동에 선행하며 또한 그것의 원천임을 믿고 있었다. 또한 콜버그는 기본적으로 도덕교육의 목표가 어떤 특정 사회에 지배적인 또는 적어도 공통적인 특별한 가치들을 가르치는 것이 아니라, 모든 문화에서 타당성을 지닌다고 생각되는 여섯 단계를 통해 아동의 도덕적 판단능력의 성장을 촉진하는 데 있다고 인식하였던 것이다.

콜버그는 학교 도덕교육의 적절하고 또한 유일한 역할이란 학생들의 도덕적 추론과 판단의 발달을 돕는 일이라고 결론지었다. 도덕교육의 기본적인 방법은 도덕적 문제에 관하여 집단으로 토론하는 것이다. 인지적 평형화에 관한 일반 이론의 측면에서 보면, 아동들은 도덕적 이슈를 토론하는 과정에서 자기 자신의 판단단계보다 한 단계 위의 관점에 있는 이유들을 접할 필요가 있다. 그래야 인지적 비평형을 경험하게 되고, 또한 그를 통하여 인지구조의 재조직화를 위한 자극을 받아 단계상승을 꾀할 수 있게 되기 때문이다. 그러므로 교사들은 아동들이 적절한 인지적 자극을 받도록 해 주어야 한다. 도덕적 문제들에 관한 토론은 특정한 시간을 설정함이 없이 어떤 도덕적 문제의 사안이 발생할 때마다 곧바로 시행하거나 혹은 교육과정상의 특정 교과목들의 시간을 이용하여 하는 방법 등이 있다.

콜버그는 후기에 이르러 도덕교육에 대한 위와 같은 자신의 입장을 수정하였다. 이러한 입장의 수정은 뒤르껭의 관점을 상당히 수용하는 결과를 반영한 것이다. 명시적 교육과정에서의 도덕적 토론과 함께 콜버그는 일반적인 학교 환경의 도덕적 특징의 중대성을 강조하였다. 그는 "정의에 관한 교실 토론을 실생활에로 확장하기 위해 학교는 정의의 이슈들을 다루어야만 한다. 그때 정의 교육은 학교를 보다 정의롭게 만드는 것, 그리고 학교를 보다 정의롭게 만드는 일에서 학생들로 하여금 적극적인 활동을 하도록 격려하는 것을 필요로 한다"[14]고 말하였다. 콜버그는 이러한 철학 위에서 소위 말하는 "정의공동체 학교"를 설립하고 자신의 교육철학을 실천에 옮겼다.

정의공동체 학교 프로그램은 세 가지 기본적인 목적을 갖는다. 첫째는 도덕적 토론에의 참여를 통해 학생들의 도덕적 추론을 고양시키는 것이다. 둘째는 민주적 규칙제정, 그리고 집단연대 혹은 공동체의 건설을 통해 규범과 가치에 관한 도덕적 문화를 창조하는 것이다. 끝으로, 교사들뿐만 아니라 학생들이 자신들의 도덕적 직관과 결정에 입각하여 행동할 수 있는 맥락을 제공하는 것이다.

그러나 콜버그의 도덕교육에 관한 접근은 다음과 같은 점에서 비판을 받고 있다. 먼저 콜버그의 이론구조는 도덕교육을 위한 포괄적인 청사진으로서 만족스럽지 못하다는 것이다. 그의 도덕교육 접근의 약점들은 대부분 도덕성과 그 발달의 본질에 관한 이론의 저변으로부터 파생된다. 결국 콜버그의 이론은 교육자들로 하여금 도덕교육의 전체적인 기획을 훨씬 협소하게 인식하도록 만든다. 그의 이론구조는 도덕교육을 오로지 도덕적 추론으로 제한하고 있을 뿐만 아니라 딜레마에 관한 추론, 그리고 정의의 이슈들에 관한 추론으로 제한시키고 있다.

비록 이성과 추론은 의심의 여지없이 학교 도덕교육에서 중요한 위치를

---

14 B. S. Crittenden, *Bearings in Moral Education: A Critical Review of Recent Work*, Australian Council For Educational Research, 1978, p. 43.

차지하지만, 이 외에도 학교가 공헌할 수 있는 불가분리의 다른 측면들이 존재하는 것도 사실이다. 그것들은 공감적 상상(sympathetic imag-ination)의 발달, 도덕적 문제들에 대한 자신의 추론하는 능력과 지식을 조심스럽게 적용하기 위해 필요한 동기와 태도의 획득, 자신의 결정을 행동으로 수행하기 위한 '실천적'인 능력들과 성향들의 학습, 특히 자신의 결정과 반대적인 성향에 직면하여서 실천하는 능력 등이다.

콜버그의 도덕교육 접근에 대한 또 다른 비판은 대다수의 사람들이 3 혹은 4단계를 넘지 않는다는 그 자신의 주장으로부터 기인한다. 우리는 교사들의 도덕적 판단단계가 다른 성인들과 비교하여 일반적으로 크게 다르지 않다고 가정할 수 있다. 만약 그런 가정에 따른다면, 우리는 학교가 어떻게 원리화된 도덕성을 효과적으로 조장할 수 있는가를 생각하지 않을 수 없다. 그의 이론상의 논리에 따른다면 일종의 플라톤의 이데아론으로 나아가게 된다.[15]

3. 도덕교육과 행동주의 및 사회학습 이론

1) 기본 가정

행동주의 및 사회학습 이론에서는 도덕성 발달과 관련한 관심의 일차적

15 *Ibid.*, p. 45.

기준을 도덕적 행위 혹은 행동에 두며, 도덕적 판단보다는 도덕적 행동을 중시한다. 행동주의 및 사회학습 이론가들의 주장은 도덕적 판단과 도덕적 행동은 별개의 것이며, 도덕적 판단을 잘 한다고 해서 반드시 더 도덕적으로 행동하지는 않는다는 것이다. 비록 사회학습 이론가들이 지난 20여 년 동안 인지적 영역과 정의적 영역에 대해 점차적으로 관심을 표방하여 오고 있지만, 이것은 일반적으로 도덕적 행위에 영향을 미치는 요소들을 설명하고자 하는 노력에서 진행되어 오고 있을 뿐이다.

행동주의 및 사회학습 이론가들은 인간의 내적인 사고과정에는 별 관심을 두지 않는다. 그보다는 어떻게 행동하느냐에 관심을 집중한다. 만약 아동이 규칙을 준수할 것을 배웠다면 규칙을 위반하고자 하는 유혹에 직면했을 때 그 유혹을 이겨낼 수 있어야 한다. 외적인 감독이나 보상 또는 처벌로부터 자유로울 때조차도 도덕규칙들을 준수하는 행동을 보여야 한다. 이 이론에서는 이러한 도덕적 행동들이 도덕적 추론의 결과라기보다는 사회적 학습에 의해서 형성되고 발달된다고 본다.

이들의 이러한 관심은 도덕성 발달에 관한 다른 관점들이 갖지 못하는 장점을 갖는다. 행위의 영역은 대부분의 사람들이 도덕성에 관하여 말할 때 상식적인 방식에서 언급하는 바이다. 즉 일반적으로 대부분의 사람들은 특정한 사람의 행동을 보고 그 사람의 도덕성을 언급한다. 가령 시험에서 부정행위를 하는 일, 체면을 살리기 위해 거짓말하는 일, 특정한 개인이나 기관으로부터 뭔가를 훔치는 일, 곤경에 처해 있는 사람을 돕는 일 등은 모두 선악(善惡)·시비(是非)와 관련된 삶의 행동들이며, 우리는 그러한 행동을 통해 그 사람의 도덕성을 언급하게 된다.

2) 도덕성의 개념

행동주의 이론과 사회학습 이론은 공히 인간의 도덕성이 타고난 것이 아니라는 입장을 취하고 있다. 즉 사람들은 도덕적 가치와 자신들의 습관적 행동양식들을 천부적으로 갖고 태어난 것이 아니며, 또한 자연적으로 나이를 먹어감에 따라 진화하는 것도 아니라고 본다. 대신에 일상생활에서 사회적 환경들과 직면하는 동안 도덕성을 점진적으로 학습하게 된다는 입장을 견지하고 있다. 모방과 조건반사의 법칙에 따라서 서서히 자기 통제능력을 몸에 익혀가는 것이다. 행동주의 이론과 사회학습 이론을 구분하여 도덕성의 개념을 간략히 제시하면 다음과 같다.

행동주의 이론에서는 자극-반응 모형에 기초하여 도덕성을 조건화된 반응 혹은 행동양식으로 규정한다. 이 이론의 주창자들은 하등동물이 다양한 자극에 대한 반응으로 조건화되는 것과 마찬가지로 인간도 조건화된 반응들을 유출할 수 있다고 주장한다. 어린 아동은 사회적으로 바람직하지 않은 방식 혹은 반사회적 행동방식으로 행동하는 경향이 있다. 예컨대 그는 속이고, 거짓말하고, 공격적이 된다. 그러나 그 아동이 바람직하지 않은 방식에서 행동할 때 부모는 즉시 그에게 호통을 치거나 혹은 그에게 벌을 줄 것이다. 따라서 그 아동의 사회적으로 바람직하지 않은 행위는 강력한 고통을 낳는 자극을 수반한다. 이는 어린 아동에게 고통과 두려움(공포)의 반응을 산출한다. 조건화의 과정, 즉 아동의 바람직하지 않은 행위와 벌을 결합시킴으로써 벌받는 행위는 아동에게서 조건화된 공포반응 혹은 불안을 낳게 될 것이다. 이런 상황이 몇 번 반복되면 공포반응은 그 아동으로 하여금 그러한 유형의 행위에 다시는 개입하지 않을 만큼 충분히 강력해진다. 도덕성이란 이처럼 어떤 상황들과 행동들의 유형들에 대한, 즉 부모들에 의해 분류된, 그리고 벌을 받는 그로 인하여 공포가 조건화된, 그러한 상황들과 행동들에 대한 "조건화된 불안반응"9)이다.

또 다른 시각에서 도덕성의 개념을 규정할 수 있다. 도덕성을 보상과 벌의 수단(도구)을 통하여 학습된 한 현상으로 규정하는 것이다. 사회화의 맥락에서 볼 때, 아동의 행위는 초기에 제공받는 보상이나 벌에 의해 통제된다는 것을 의미한다. 그러나 행동에 따른 보상이나 벌의 결과들은 아동의 내부에 그에 상응하는 정서(情緖, affectivity)를 산출한다. 즉 보상은 만족한 감정을 낳고, 벌은 혐오적인 혹은 고통스런 감정을 낳는다. 특정한 행위와 그의 결과들(행위의 성격에 따른 보상 혹은 벌)이 반복적으로 상호 연결됨으로써 그에 상응하는 정서적 상태가 그 행위의 단서로 조건화되어지기 시작한다. 일단 정서가 그렇게 조건화되어지면 아동이 행동의 단서를 인식할 때, 그 행위의 성격에 상응하는 만족할 혹은 혐오적인 정의(情意)가 아동의 마음 속에서 생겨난다. 결과적으로, 그의 행동은 실제적인 결과의 발생과 상관없이 이러한 내적인 정서상태에 의해 통제된다. 따라서 아동의 행동은 내적으로 통제 혹은 내면화된다.

아동들에게 있어서 이러한 내면화는 인지적 능력에 의해 촉진되어진다. 즉 인지적 능력은 아동들로 하여금 자신의 행위의 결과를 자기 자신에게 추상적으로 표명할 수 있게 해준다. 또한 인지적 능력은 행위의 단서들에 관한 보다 나은 인식, 분별 그리고 일반화를 가능하게 해준다. 그리고 내적인 정서상태들은 행위의 단서들과 결과들에 관한 아동의 인지적 표명들에 의해 유발된다. 따라서 아동들이 획득하게 되는 내면화된 통제 속에는 인지적 과정과 더불어 정서적 과정이 내포되어 있다. 결국 적절한 의미에서의 도덕성이란 자신의 행위에 관한 '인지적 평가'를 내포하고 있으며, 이에 대한 정서적 상태들에 의해 영향을 받는 내면화된 통제를 뜻한다.

사회학습 이론은 전통적인 자극–반응 이론에서 규정하는 도덕성의 개념을 기본적으로 수용하면서도 좀더 확장시킨다. 사회학습 이론이 상정하는 도덕성의 개념 속에는 승인되지 않은 행동의 억제, 즉 유혹에 대한 저항뿐만 아니라 자기 평가적 및 비판적 반응들과 같은 자기 통제의 성격이 함축되어 있다. 따라서 사회학습 이론은 도덕성을 문화적 규준들(cultural standards)의 내면화를 통해 발달된 일종의 자기 통제 메커니즘으로서 규정한다. 즉 도덕성은 자기 통제(self–control)의 한 특수한 유형이다. 자기 통제는 보통 순수한 외적 통제, 벌과 보상에 기초된 자기 통제, 그리고 순수한 내적 통제로 구별된다.

도덕성은 세 번째 유형의 내적 통제와 관련된다. 이것은 부모들의 외적 통제에 의존하지도 않고 또한 벌이나 보상과 같은 요소들에 의존하지도 않는다. 통제가 전적으로 아동들 자신 내부로부터 나온다. 이런 아동들은 어떻게 행동할 것인가를 자기 자신에게 가르친다. 그들은 이러한 자기 교수(self–instructions)에 따라 자기 자신을 통제하려고 노력한다. 만약 자기 교수와 상반되게 행동한다면 그들은 자기 자신에게 벌을 가한다. 벌이 자기 내부로부터 나온다. 이런 내적 통제는 외부 동인이 필요하지 않다. 부모나 성인들의 행동규준들을 진정으로 자기 자신의 것으로서 수용하였기 때문에 그들의 존재 여부와 상관없이 행동을 통제한다.

이런 맥락에서 사회학습 이론가들은 도덕적 규범을 위반하고자 하는 유혹에 저항하는 능력을 모든 사람들에게 공통적인 도덕성의 본질적인 구성요소로 본다. 유혹에 저항하는 능력이 무너져 내리거나 혹은 발달에 실패

할 때, 개인이나 사회는 그에 따른 엄청난 대가를 지불한다는 입장을 견지하고 있다. 신문의 사회면에 등장하는 불미스런 사건들은 이에 대한 충분한 증거를 제공하며, 그의 중요성을 점차 인식하도록 하게 한다.

3) 도덕성의 발달

(1) 행동주의 이론

고전적 조건화 이론에 따르면, "도덕성이란 오랜 조건화 과정의 조합(combination)이자 절정(culmination)"[16]이기 때문에 조건화에 영향을 미치는 요소들은 비슷하게 또한 도덕성에 영향을 미친다고 할 수 있다. 그러한 요소들 가운데 중요한 두 가지는 개인의 조건화 가능성과 조건화의 과정이다.

조건화 가능성은 개인이 조건화되어질 수 있는 용이성을 의미한다. 모든 사람은 똑같지 않으므로 조건화 가능성이 사람마다 약간씩 다르다는 것을 뜻한다. 조건화 가능성은 성격의 '내향성·외향성'과 관련된다. 내향적인 사람은 쉽게 조건화되어질 가능성이 있는 반면, 외향적인 사람은 쉽게 조건화되어지지 않을 가능성이 많다. 그러나 사람들을 오직 외향적인 사람과 내향적인 사람으로만 분류되어지는 것은 아니다. 대부분의 사람들은 오히려 내향성과 외향성이란 두 극단의 연속선상에 놓여 있다. 그러므로 이 입장

---

16 H. J. Eysenck, *Crime and Personality*(London: Granada Publishing, 1977), p. 120.

에 따른다면 도덕성 혹은 '조건화된 불안반응'[17]은 보다 내향적인 사람에게서 쉽게 발달되는 반면, 보다 외향적인 사람들에게서는 더욱 어렵게 발달된다.

조건화 가능성 이외에 도덕성의 발달은 조건화의 과정, 즉 조건화된 자극과 조건화되지 않은 자극의 연합을 가정한다. 가령, 아동들은 이기적 행동이나 반사회적 행동을 하게 되면 벌을 받는다. 이런 상황이 반복되면 이기적 행동이나 반사회적 행동은 벌과 연합된다. 아동들은 나중에 이와 비슷한 경우가 발생하게 되었을 때 조건화된 자극으로 인하여 불안감을 느끼게 된다. 그러한 불안감은 결국 아동들로 하여금 그 행동을 억제하도록 자극시킨다. 다시 말하면, 조건화된 자극과 조건화되지 않은 자극 간에 연합이 형성되는 것이다. 그런 점에서 조건화 이론가들은 사회화를 '옳은 방향에서의 조건화'라 부른다. 만약 사회화의 과정을 통하여 생성되고 또한 조건화된 그러한 불안이 아주 강력하다면 도덕성 또한 확고할 것이다.

이러한 맥락에서 조건화 이론가들은 아동의 비행(非行)에 대해 벌을 줄 때 시간요소의 중요성을 강조한다. 벌이 효과를 발휘하기 위해서는 비행에 뒤따라 곧바로 행해져야만 한다. 만약 아동의 비행이 곧바로 비난이나 애정의 철회 혹은 기타 다른 벌을 수반한다면 벌을 연기할 때보다 도덕성의 발달에 있어서 훨씬 더 효과적이다. 조건화 이론에 따르면 도덕성은 사회화의 과정에서 발달된 '조건화된 불안반응'이다. 그러므로 아동들의 도덕성을 발달시키고자 한다면 우리는 아동들 각자의 조건화 가능성과 사회화의 과정

---

17 H. J. Eysenck, "The Development of Moral Values in Children," *British Journal of Educational Psychology*, 1960, p. 13.

에 관심을 기울여야 할 것이다.

조작적 조건화는 스키너(B. F. Skinner)에 의해 가장 체계적으로 연구되었다. 쏜다이크(Thorndike)에게 영향을 받은 스키너는 도구적 조건화라는 용어 대신 조작적 조건화라는 용어를 사용하였다. 이는 사람들이 바람직한 결과를 이끌어내기 위해 단지 어떤 자극에 대해 수동적으로 반응하는 것이 아니라 환경상에 어떤 능동적인 조작을 가한다는 의미에서 나왔다. 조작적 조건화의 원리로는 정적 강화, 부적 강화, 소거, 처벌 등이 있다. 스키너는 도덕성의 발달에 관한 논의에서 주로 '행동의 통제'(행동적 차원)와 '위반 이후의 반응'(감정적 차원)에 초점을 맞추었다.

우선 먼저 행동적 차원인 행동통제의 학습부터 알아보자. '사회적으로 수용 가능한 행동'은 주로 긍정적 보상을 통하여 학습된다. 보상받은 행동은 만족한 정서적 상태를 유발한다. 결과적으로, 실제적인 행동과 기대는 만족한 정서와 연계되어지게 된다. 따라서 아동은 사회적으로 수용 가능한 방식에서 행동하도록 동기화되어진다. 사회적으로 승인된 행동, 즉 보상을 받은 행동에 관한 학습은 아동이 보상을 받은 행동들과 상반되는 행동들을 선택할 때 때때로 경험하게 되는 좌절, 즉 무보상(無報償)에 의해서도 촉진되어질 수 있다.

사회적으로 수용할 수 없는 행동의 억제 혹은 유혹에 대한 저항은 주로 벌 혹은 혐오적인 통제를 통하여 학습된다. 벌을 받은 행동은 보통 불안이라 불리는 혐오적인 정서적 상태를 야기시킨다. 이러한 불안은 아동으로 하여금 벌을 받는 행동을 억제하도록 동기를 제공하며, 역으로 그 억제는 야기된 불안을 감소시킨다. 사회적으로 수용할 수 없는 행동의 억제를 조건으로 하는 이러한 불안 감소는 반응을 강화시킨다. 따라서 아동은 유혹에 저항하는 것을 학습한다. 야기된 불안은 아동으로 하여금 수용할 수 없는 행동을 억제하도록 동기를 제공하는 것과 더불어 또한 아동으로 하여금 대안적인 행동의 형식들, 즉 사회적으로 수용 가능한 행동들을 선택하도록 동기를 제공한다.

벌이 행동억압에 영향을 미치는 것과 관련한 효과에 대해서는 여러 가지 차원에서 검토되어져 왔다. 이들 중 가장 중요한 것들로는 벌을 주는 시기, 강도(intensity), 빈도와 일관성, 벌을 주는 동인과 벌을 받는 수용자 사이의 인간적인 따뜻한 관계 등이 있다. 예컨대 벌의 시기와 관련하여 벌은 적절한 시기에 주어져야 그 효과를 볼 수 있다. 비행(非行)의 초기에 주어지는 벌이 행동의 억제 혹은 유혹에 대한 저항을 유발시키는 데 보다 효과적인 것으로 알려지고 있다. 그러한 벌의 시기는 금지된 행동에 대한 아동의 접근에서 그의 불안을 더욱 유발한다. 따라서 이는 벌이 비행의 완료 이후에 가해지는 것보다 아동으로 하여금 유혹에 보다 더 잘 저항하도록 하는 동기를 제공한다.

행동주의 이론가들에 따르면, 도덕성이라 불리는 이러한 내적 통제의 몇몇 증표들은 아동이 두 살이 되기 전에 발견된다. 그러나 이러한 내적 통제를 학습하는 과정은 주로 6세부터 10세 사이에 진행된다. 이 중요한 기간 이후 도덕성의 발달은 주로 통제의 과정에서가 아니라 통제의 내용이나 범위에 따라 증가한다. 아동은 성장함에 따라 복잡한 사회적 행동의 형식들을 보다 더 잘 이해하게 되며, 그럼으로써 자신의 행동에 관한 새로운 측면들에 직면하게 된다. 그러나 내적 통제의 과정은 이미 아동기(6세에서 10세 사이)에서 학습되어졌다.

위반 이후의 반응들은 개인이 위반 이후에 경험하는 혐오적인 정서적 상태와 이들 정서적 경험들에 의해 동기화되어지는 다양한 반응들을 포함한다. 일반적으로 위반 이후에 뒤따라 나오는 혐오적인 정서적 상태가 존재한다. 이러한 정서적 상태를 우리는 흔히 불안이라 부른다. 불안반응은 아동이 비행을 저지른 이후 받았던 벌의 초기 경험과 연합된 일종의 '조건화된 상태'이다. 위반에 뒤따라 나오는 그러한 세분화된 혐오적인 정서적 경험들로는 공포(fear), 수치심(shame), 그리고 죄의식(guilt) 등이 있다.

위반 이후의 반응들은 개인이 위의 혐오적인 정서적 상태들의 한 가지나 혹은 그 이상을 감소시키기 위해 위반 이후에 나타내는 행동의 다양한 형식들을 의미한다. 그러므로 이들 반응들은 혐오적 경험들의 감소에 의해 동기화되어진다. 불안을 감소시키는 반응들로는 자기 비판, 보상, 자백, 그리고 처벌 요구 등이 있다.

(2) 사회학습 이론

사회학습 이론가들은 점차적으로 인지적 과정들, 예컨대 관찰된 바에 대한 주목, 그리고 그에 대한 해석, 시간이 지난 후 모델의 행동에 대한 기억, 성(性)에 적절한 행동과 같은 선택적인 모방, 모델의 행동을 기호화하기 위해 필요한 인지적 수준 등의 역할에 관심을 기울이게 되었다. 그리하여 사회학습 이론가들은 도덕성의 설명에서 점차적으로 인지적 구성요소들을 포함하였다.

이러한 입장을 견지하는 가장 대표적인 사람이 반듀라(A. Bandura)이다. 반듀라는 도덕성 발달에 대한 가장 일관된 인지정향적인 사회학습 이론을 제시하였다. 그는 피아제와 콜버그의 단계 이론에 관해 비판적이다. 반듀라는 인간의 도덕성이 '각기 별개의 융통성 없이 고정된 일련방식의 단계들'로 발달한다는 생각을 거부한다. 물론 그 역시 일반적인 발달의 경향성마저 부인하는 것은 아니다. 그는 아동들이 나이가 들어감에 따라 모든 문화에서 공통적으로 나타나는 생체 정신사회적 변화들(biops—ychosocial changes)의 비슷한 유형들 때문에 발달의 순서에서 약간의 보편성들이 존재한다는 점을 인정한다.

반듀라는 모든 문화에 보편적인 그러한 유사성들로서 아동들의 지적 능력이 성숙한다는 것, 보다 일반화되고 또한 복잡한 도덕적 가치들을 획득하는 사회적 경험들의 범위가 점차 확장한다는 것, 사회는 연령에 따라 각기 다른 행동 기대와 제재들을 적용한다는 것, 그리고 인간은 도덕적 표준들을 자신들의 행동을 안내하도록 내면화시키는 능력이 점차 증가한다는 것 등을 가정하고 있다.

그는 도덕성 발달을 사회적 상황들에서의 변화를 통해 설명한다. 어린 아동들은 처음에 여러 가지 행동적인 통제를 받는다. 그들은 심지어 신체적 본능과 관련된 행동들에 대해서조차도 통제를 받는다. 그러나 아동들이 점차 성장함에 따라 그들에 대한 통제도 신체적 제재(制裁)로부터 점차 사회적 제재로 변화되어 간다. 사회적 제재를 통해서 그들의 행동을 통제해 나가는 것이다.

반듀라의 이론에 따르면, 부모들은 아동들이 점차 나이가 들어감에 따라 그들에게 도덕적 추론의 형식을 사용하기 시작한다. 그들은 또한 청소년들에게 법적 규칙과 벌칙에 호소한다. 아동들은 또한 도덕적 결론에 도달하는 방법을 배운다. 나이가 든 아동들과 청소년들은 부모 이외에 도덕적 판단과 행동을 학습하는 대상들을 갖게 된다. 부모 이외의 다른 성인들, 또

래들, 그리고 다양한 상징적인 유형의 모델들은 중요한 역할을 한다. 더 나아가 텔레비전에 나오는 본보기들은 현대사회에서의 가치들을 학습하는 데 있어서 커다란 영향력을 발휘한다. 반듀라는 사회적 학습의 조건들이 문화들마다 매우 다양하기 때문에 도덕성 발달의 단계와 유형들을 일률적으로 말하기가 불가능하다는 것이다.[18]

사람들의 도덕적 판단은 많은 요소들의 기초 위에서 만들어진 사회적 결정체로 인식된다. 사람들은 도덕적 교훈, 모델링, 그리고 법률 위반에 따른 경험들에 기초하여 자신의 도덕적 판단을 내린다는 것이다. 즉 도덕적 평가의 표준들은 교훈, 모델링, 그리고 법률을 위반하는 행동들의 결과들에 관한 직접적 혹은 대리적 경험 등으로부터 나온다. 예컨대, 사람들은 어떤 모델들의 판단이나 행동을 본받아 자신의 도덕적 판단들을 변경할 수 있다. 모델들은 여러 사람들에게 이상(理想)을 전이하고, 다른 것들에 앞서는 어떠한 이슈들의 중요성을 강조하며, 그리고 어떤 행동들에 대한 정당화를 제공한다. 사람들은 이러한 모델들로부터 도덕적 판단을 내리는 데 영향을 받는다.

반듀라는 도덕적 행동이 발생하는 심리적 메커니즘을 합리적(인지적) 원천과 비합리적(정의적) 원천들의 조합으로 설명하고 있다. 가장 일반적인 합리적 원천들로는 도덕적 가치, 사려 깊은 고려, 그리고 자아 방어 기능들(ego protection technique)이 있다. 그리고 비합리적 원천들로는 공포, 분노, 격분, 부끄러움, 애정 등과 같은 감정이 있다.

---

18 J. L. Elias, *Moral Education: Secular and Religious*(Robert E. Krieger Publishing Company, 1989), p. 89.

이러한 기본적인 구조를 바탕으로 반듀라는 도덕성의 발달에 관한 사회학습 이론을 인지발달 이론과 비교하여 그 정당성을 부각시키고 있다. 그는 인지발달 이론이 흔히 사람들의 최고 높은 도덕적 추론의 단계와 그 사람의 실제적인 도덕적 장면들에서 행동하는 방식 사이에 존재하는 불일치를 설명하는 데 실패하고 있다는 점을 지적하였다.[19] 그에 따르면, 그 잘못은 인지발달 이론이 오로지 사람들의 추론에만 관심을 집중시키고 있는 점에서 비롯되고 있다. 이것은 합리성이 도덕적 행동을 명령한다는 오류를 범하고 있다는 것이다. 달리 말하면, 인지발달 이론은 사람들이 도덕적 상황에서 스스로 어떻게 행동할 것인가를 결정하는 데 개입되는 다른 요소들, 곧 사려 깊은 고려, 자기 방어기능들, 감정, 그리고 복잡한 환경영향들을 인정하고 고려하는 데 실패하고 있다는 것이다.

사회학습 이론가들의 도덕성 발달에 관한 관점은 다음과 같이 두 가지로 요약될 수 있다. 첫째, 아동들이 점차적으로 모델로서의 타인들을 관찰하고 또한 그 행동 자체를 시도함으로써 자신들이 갖고 있는 도덕적 가치들과 도덕적 행동들의 레퍼토리를 확장한다. 둘째, 미래에 자신의 필요를 충족시키고 또한 보상을 획득하는 데 어떤 종류의 도덕적 행동이 다른 종류의 행동보다 더 나을 것인가에 관한 결정을 내리는 데 있어서 관찰된, 그리고 직접적으로 경험된 결과들로부터 얻었던 지식을 사용하는 하나의 과정이다.

---

19 J. H. Kupfersmid, & D. M. Wonderly, "Moral Maturity and Behavior: Failure to Find a Link," *Journal of Youth and Adolescence*, 9, 1980, pp. 249–262.

4) 행동주의 및 사회학습 이론과 도덕교육

행동주의 및 사회학습 이론가들은 주로 도덕적 학습이나 도덕적 훈련의 측면 혹은 도덕적 습관이라는 측면에 초점을 맞추어 왔다는 점에서는 서로 일치한다. 그러나 기본적인 이론적 측면에서 두 관점 간에 차이가 존재하듯이 도덕교육에 관한 접근에 있어서도 차이가 드러난다. 스키너의 급진적 행동주의 관점에서 볼 때 도덕학습은 다른 형식의 학습과 다르지 않다. 학습이란 개인의 행동들의 형성으로 결정되어진다고 보았다. 우리가 바라는 행동들은 적절한 보상을 제공하고 환경을 적절하게 구성하면 형성이 가능하다.

따라서 우리는 바람직한 행동들을 외적 요인들의 조정을 통해 보다 쉽게 도출할 수 있다. 역으로, 우리가 단순히 무시해 버린다면 바람직하지 않는 행동들은 점차 소멸되어 버린다. 그러므로 스키너에 있어서의 도덕교육은 행동변형과 관련된 기술의 사용을 필연적으로 수반한다. 사회적 통제들이 요청되는 것이다. 사회적 통제들을 강화함으로써만 도덕적 타락으로부터 벗어날 수 있기 때문이다.

행동주의 이론은 도덕교육 접근법으로 바람직한 행동들을 고무시켜 주거나 새로운 행동들을 가르치기 위해 정적 강화와 부적 강화를 제공하는 방법들을 제시하고 있다. 이같은 방법들은 학교에서 충분히 적용될 수 있을 것이다. 대표적인 방법들로는 칭찬–무시 접근, 프리맥 원리(Prem–ack's principle), 조형, 행동계약, 그리고 적극적 실습 등이 있다.[20]

---

20 울포크 저, 김아영 외 5인 역, 『교육심리학』(서울: 학문사, 1997), p. 226.

칭찬–무시 접근이란 실수나 비행은 무시하는 한편 좋은 행동에 대해서는 후하게 칭찬하는 전략이다. 프리맥 원리란 높은 빈도의 행동은 낮은 빈도의 행동에 대해 효과적인 강화 인자가 될 수 있다는 원리이다. 다시 말해 행동의 빈도가 높은 행동을 이용해서 행동의 빈도가 낮은 행동을 강화시키는 것을 말한다. 조형의 원리는 완벽을 기다리지 않고 진전과정을 강화하는 것이다. 이 원리를 사용하려면 교사는 학생들이 도달하기를 기대하는 최종적인 행동을 몇 개의 작은 단계들로 나누는 것이 좋다. 그리하여 바람직한 목표나 행동을 향한 각각의 작은 단계의 진전을 강화하는 것이다. 행동계약은 부모와 아동 간 혹은 교사와 아동 간에 서로 무엇을 어떻게 하겠다고 약속한 것을 글로 명시하는 방법이다. 적극적 실습이란 어떤 행동을 다른 행동으로 바꾸도록 학생들을 돕는 전략이다. 학생들이 실수를 저질렀을 때, 그들은 가능한 빨리 그것을 고쳐 다른 대안을 연습한다.

환경이 삶에 대한 그러한 자기 방종적 접근을 용납하지 않을 것이기 때문에 성장하는 아동의 인성은 이제 원자아의 요구뿐만 아니라 환경의 요구를 인정하는 구성요소를 필요로 한다. 이 새로운 구성요소는 본능적 에너지를 소비함에 있어서 도덕적으로 현실적인 방법들을 제공할 것이 기대된다. 프로이드는 퍼스낼리티 작동인들 중 이 두 번째를 자아라 명명하였다.

한편, 바람직하지 않은 행동에 대한 대처방법으로는 부적 강화, 싫증나게 하기, 질책, 그리고 처벌 등이 있다. 부적 강화는 처벌과 다르다. 부적 강화는 구체적인 행동을 강화하는 데 초점이 맞춰져 있다. 교사들은 바람직한 행동이 나타나자마자 혐오적인 것을 제거시키는 것으로 행동들을 강화시킬 수 있다. 이는 또한 학생들에게 통제력을 발휘할 기회를 준다. 싫증나게 하기는 문제행동을 그만두게 하는 또 다른 방법으로서 학생들이 그것을 하는 데 지칠 때까지 계속하도록 하는 것이다.

그러나 이 접근법은 주의해서 사용해야 한다. 왜냐하면 어떤 행동을 계속하도록 강요받은 학생들은 육체적으로나 정서적으로 해로울 수 있고, 심지어는 위험할 수 있기 때문이다. 질책은 교사의 온정과 배려 속에서 시행되도록 주의해야 한다.[21] 처벌은 정적 처벌과 부적 처벌로 구별할 수 있다. 정적 처벌이란 어떤 자극이 주어짐으로써 행동이 감소하게 되는 경우이며, 부적 처벌은 어떤 자극이 없어짐으로써 행동이 감소하게 되는 것을 말한다. 아이가 나쁜 짓을 했을 때 부모가 매를 때림으로써 나쁜 짓을 더 이상 하지 않게 된다면 이것은 정적 처벌이라고 할 수 있다. 부적 처벌의 대표적인 예로는 타임 아웃(time out)이 있다. 타임 아웃이란 부적절한 행동을 했을 때 강화인을 받을 수 있는 상황에서 격리시키는 것을 말한다.

사회학습 이론은 행동주의 이론이 도덕적 행동의 학습을 설명하는 데 있어 너무 많은 제약을 가한다는 사실에 주목하고 직접 관찰할 수 없는 기대, 사고, 신념 등과 같은 인지 과정들의 연구를 포함시킴으로써 학습에 대한 관점을 확장하였다. 반듀라는 이러한 경향을 주도하여 왔다. 그에 따르면 관찰학습의 가능한 결과는 다섯 가지로 요약될 수 있다. 즉 새로운 행동이나 태도를 가르치는 것, 이미 있던 행동을 고무시켜 주는 것, 행동의 억제를 변화시키는 것, 관심을 기울이게 하는 것, 정서를 일으키는 것 등이다. 새로운 행동이나 태도를 가르칠 때, 혹은 이미 형성되어 있던 행동을 고무시켜 줄 때 모델링은 매우 효과적이고 편리하다.

관찰학습의 결과로서 세 번째로 지적한 "행동의 억제를 변화시킨다"라

---

21 *Ibid.*, p. 235.

는 것은 모델링이 행동의 억제를 강화시킬 수도 있고 약화시킬 수도 있다는 것이다. 예컨대, 만약 학급 구성원들은 한 학생이 규칙을 어기고도 벌받지 않는 것을 보게 된다면 그들은 규칙 위반에 바람직하지 못한 결과가 항상 뒤따르지 않을 수도 있음을 학습할 것이다. 따라서 그 학급의 아동들은 앞으로 규칙을 위반하고자 하는 충동을 덜 억제할 수도 있다. 만약 규칙 위반자가 인기 있고 높은 지위의 학급 리더라면 모델링의 효과는 더욱 뚜렷해진다. 이런 현상을 '파급 혹은 잔물결 효과'라 부른다. 이는 모방을 통한 행동의 전염적인 확산을 의미한다.

관찰학습은 또한 관심을 기울이게 하는 결과를 가져온다. 타인을 관찰함으로써 우리는 행위에 대해 배울 뿐만 아니라, 그 행위에 개입된 대상들을 알게 된다. 예를 들면, 어떤 아동이 학급에서 오랫동안 소외되어 왔던 한 학생에게 관심을 계속 보이게 되면 많은 다른 아동들도 그 학생에게 주목을 하게 될 것이다. 끝으로, 관찰학습은 정서를 각성시켜 주는 결과를 가져온다. 즉 관찰학습을 통해서 학생들은 스스로 한번도 경험해 보지 못한 상황에 대한 정서적 반응을 발달시킬 수도 있다. 어떠한 상황에 대한 이야기를 듣거나 글을 읽는 것 또한 관찰의 또 다른 형태에 속한다.

4. 인격교육 이론

1) 기본 가정

인격교육론자들은 학교의 의무는 무엇보다 학생들에게 올바른 인격을 함양시키는 것이라고 주장한다. 학교에서 덕을 가르침으로써 학생들의 행동과 사회의 질을 개선할 수 있을 것으로 본 것이다. 따라서 인격교육을 덕교육이라 부르기도 한다. 이들은 인지발달 이론에 입각한 도덕교육이 지나치게 도덕성의 인지적 영역에 치우쳐 있다고 비판하며, 바람직한 인격형성을 위해 인지적 영역과 아울러 정의적 영역 및 행동적 영역의 통합적인 접근을 주장한다.

또한 인격교육론자들은 과거의 도덕교육이나 가치교육에 비해 훨씬 더 지역사회 및 학부모의 참여를 요구하고 있다. 특히 부모들로 하여금 가정에서 도덕적 권위자가 되어 자녀들의 인격을 기르는 데 동참해 줄 것을 호소한다.

인격교육론자들은 인격교육이 교사, 부모, 동료에 대한 무례와 같은 부적절한 학생들의 행동을 감소시킴으로써 학교를 더욱 예의 바르고 배려하는 공동체로 만드는 데 도움을 준다고 강조한다. 아울러 그들은 인격교육이 인성뿐만 아니라 학생들의 학업의 성과를 증진시켜 주고, 학생들로 하여금 책임 있는 시민과 사회에서 꼭 필요한 구성원들이 되도록 준비시켜 준다고 말한다.

2) 덕의 개념

인격교육을 주창하는 자들은 '도덕성'이란 말을 잘 사용하지 않는다. 대신에 그들은 도덕심리학 분야에서 줄곧 사용되어 왔던 도덕성을 포괄하는 개념으로 '덕'이란 말을 즐겨 사용한다. 여기에는 현대 인격교육 이론이 기존의 인지발달 이론을 중심으로 한 전통적인 관점들과는 다르다는 차별성이 내포되어 있기도 하다. 따라서 우리가 현대 인격교육 이론에서 의미하는 덕의 개념을 파악하는 것은 기존의 도덕심리학 이론들에서 추구하던 도덕성의 개념을 파악하는 작업과 같은 맥락에서 해석할 수 있다.

아리스토텔레스에 따르면, 덕에는 지적인 덕과 도덕적인 덕 등 두 종류가 있다. 지적인 덕은 대체로 교육에 의하여 발생하기도 하고 성장하기도 한다. 따라서 그것은 경험과 시간을 필요로 한다. 반면에 도덕적인 덕은 습관의 결과로 생긴다. 그런 까닭에 '에티케'(ethical)란 말은 '에토스'(ethos)란 말을 조금 고쳐서 만든 것이다. 이 말은 도덕적 덕들은 이성과 반대되는 것으로서 습관을 통하여 획득되어질 수 있다는 것을 의미한다.

여기에서 우리는 현대 인격교육 이론에 함축되어 있는 덕의 개념을 이끌어낼 수 있다. 이는 아리스토텔레스의 입장에 관한 보다 균형적인 이해를 통해서 가능하다. 즉 콜버그와 같은 지나친 단순화를 벗어나 습관화에 내포된 의미를 확장하는 것이다. 여기서 말하는 균형적인 이해란 습관화와 지적 발달을 통합하는 차원에서 덕의 개념을 발견하는 것이다. 피터스(R. S. Peters)가 인용한 스피노자의 말처럼 "아동들은 습관과 전통의 뜰을 통해 이성의 궁전에 들어갈 수 있고 또한 가야만 한다."

현대 인격교육 이론가들은 아리스토텔레스의 기본적인 관점을 수용하여 인격이란 습관화의 과정을 통하여 형성된 여러 가지 덕들로 구성된다는 점을 강조하고 있다. 그래서 그들은 인격을 흔히 성실, 정직, 용기, 진실 등과 같은 덕을 지칭하는 용어들을 사용하여 정의한다. 그들은 이러한 특성들이 끊임없이 실천되어질 때 비로소 덕이라 언급하는 것이다.[22] 그리하여 그들은 인격이란 획득되어지는 것이라고 주장한다. 인격이란 획득되어지기 때문에 가정, 학교, 그리고 지역공동체에서 교육을 통해 조장해야만 한다는 입장을 피력하는 것이다. 다시 말하면, 현대 인격교육 이론가들은 인격을 구성하는 덕들은 일차적으로는 습관을 통해서, 그리고 나중에는 교육을 통해서 형성되어질 수 있다는 관점을 유지하고 있다.

현대 인격교육 이론에서 덕은 어떤 의미를 지니고 있는가? 아리스토텔레스는 사물의 본성(nature)이 그것의 목적이라고 보았다. 아리스토텔레스는 유기체의 의도나 기능 혹은 본능을 그 유기체의 목적과 결부시켰다. 자연은 유기체를 그러한 방식으로 만들었으며, 그러한 유기체의 적합한 것이 무엇인가를 발견할 수 있는 것은 이성이라 하였다. 즉 인간다운 인간이 되려면 우리는 인간 본연의 능력을 사용해야 하는바, 그것이 곧 이성이다. 이성을 소유하는 존재는 오로지 인간뿐이다. 따라서 인간의 기능은 이성을 따르거나 이성을 내포하는 영혼의 활동에 있다. 특히 인간의 선은 덕과 일치하는 영혼의 활동이다. 이것이 아리스토텔레스가 말하는 행복(eudaimonia, eudemonia)이다.

도덕적 행위는 마음이 올곧은 사람에 의하여 결정된다. 즉 유덕한 사람

---

22 K. Burrett and T. Rusnak, *Integrated Character Education*(Phi Delta Kappa Educational Foundation, 1993), p. 15.

은 모든 것을 올바르게 판단한다. 그에게는 모든 경우에 진리가 명백하게 나타난다. 그에 있어서는 이성이 언제나 욕망이나 정욕을 지배한다. 이성이 추악한 정념을 제어할 수 있기 때문에 그 결과 균형과 조화를 이룰 수 있다. 또한 도덕적 행위는 독립적인 행위 그 자체로 존재하지 않는다. 도덕적 행위는 안정된 성품이나 의지의 성향이 겉으로 표출된 것이다. 덕은 습관을 통하여 후천적으로 획득되어지는 성품이다. 덕은 습관화되었을 때 안정된 성품으로 자리잡게 된다. 우리는 그때 비로소 그것을 덕이라 부르는 것이다.

도덕적 행위는 좋은 양육을 받고 좋은 습관을 붙여 이성과 올바른 질서를 따르는 생활을 하는 사람에게서 나타난다. 도덕적 덕이 하나의 안정된 성품으로 자리잡도록 하기 위해서는 규범이나 관습, 그리고 법률이 필요하다. 아리스토텔레스에 따르면 규범이나 관습은 인간의 본성에 위배되기보다는 인간의 본성을 완성시켜 주는 존재들이다. 인간의 본성이 그것들을 필요로 한다는 것이다. 개인은 덕망스런 생활에 길들여질 수 있도록 습관을 통하여 적절한 성품을 길러야 하며, 국가는 합리적 근거로부터 도출되어 힘과 구속력을 갖는 정당한 법률을 확보함으로써 일관되게 도덕적인 이상을 구현할 수 있다.

또한 도덕적 행위는 자발적 행위이고, 의식적이고 목적적인 행위이며, 자유롭게 선택한 행위이다. 도덕적 덕은 영혼의 감정적·충동적 기능이 제대로 그 기능을 발휘할 때 나타난다. 즉 도덕적 덕은 신체적 욕구에 대하여, 두려움과 위험과 분노와 경제적 재화에 대한 욕망과 명예욕에 대하여 이성적 태도를 취하는 데 있다.[23] 도덕적 덕은 단순히 모방, 반복, 강화에 의해 형성되고 오로지 기계적인 행동으로 나타나는 것이 아니다. 비록 습관에 의해 안정된 성향으로 자리를 잡고 있으나 이성에 의해 그 기능을 발휘하는 것이다. 아리스토텔레스는 이 모든 개념을 다음과 같이 정의(定義)내리고 있다. "덕은 하나의 성향 혹은 습관으로, 숙고된 목적이나 선택을 포함하여 우리 자신에게 관계하는 중용이다. 그리고 이 중용은 이성에 의하여 결정되거나 신중한 사람이 결정하는 대로 결정된다."

3) 인격교육의 역사적 변천

최근에 미국을 중심으로 새로운 도덕교육의 움직임이 점차 확산되고 있다. 이러한 일련의 흐름에는 도덕철학의 새로운 동향, 즉 덕윤리학의 부활이 중요한 동기가 되었다. 일반적으로 교육에서 단순한 방법론적 차원을 넘어 그 근본부터 어떠한 중요한 변화가 초래될 때에는 정치사회적 변혁이나 관련 학문의 영향을 크게 받게 마련인데, 도덕교육에서 새로운 맹아가 움트는 것은 후자의 경우에 해당된다고 할 수 있다.

도덕교육의 흐름을 주도하고 있는 미국의 경우를 중심으로 살펴본다. 미국에서는 적어도 19세기 말엽까지는 아주 세속적인 형태의 도덕 교육이 시행되고 있었다. 이 시기의 도덕교육은 일종의 덕교육이었는바, 그 대표적인 접근법으로는 덕목수합접근법(bag of virtues approach)과 권위존경접근법(respect for authority approach)을 들 수 있다. 덕목수합접근법은 1920년대에 인기가 높았던 것으로, 그것은 누구나 동의하리라고 생각되는 덕목들의 리스

---

23 틸리 저, 『서양 철학사』(서울: 현대지성사, 1998), p. 160.

트를 만든 후 그에 따라 개인적인 품성교육을 시키려는 것이었다. 또한 권위존경접근법은 기존의 권위, 규칙, 지역사회의 가치에 의한 도덕교육의 추진을 주장한 것이었다. 즉 교육은 한 사회의 합법적 대표인 교육위원회에서 정해놓은 교육모형에 따라 교육을 추진하면 된다고 생각한 것이다.

그런데 하트숀(Hugh Hartshorne)과 메이(Mark A. May)의 연구결과가 공표되면서 도덕교육에 있어서의 계몽주의적인 접근의 효용성에 대한 심각한 의문이 제기되었다. 즉 이들은 사람에게 있어 정직 혹은 부정직하게 행동하도록 하는 것은 그 사람의 일반적 특성 혹은 인간됨이라기보다는 상황적 조건이라고 하였다. 그리하여 덕 중심의 도덕교육은 한동안 수면 아래로 가라앉게 되었다.

그런 이후 1960년대 말에 이르러 콜버그를 중심으로 하는 인지발달론과 래스(L. E. Raths), 하민(M. Harmin), 그리고 사이몬(S. B. Simon)을 필두로 하는 가치명료화 이론이 등장하면서 도덕교육에 대한 새로운 관심이 고조되었다. 인지발달 이론은 도덕교육이 단순히 도덕적 가치를 주입시키고 모범사례를 보여주는 전통적인 형태에서 탈피하여 학생들로 하여금 보다 높은 수준의 도덕적 추론기능을 발달시키도록 하는 데에 그 주안점을 두어야 한다는 것이다. 가치명료화 이론은 일곱 단계의 가치화 과정(1. 자유로이 선택한다, 2. 여러 가지 대안들에서 선택한다, 3. 각 대안의 결과를 신중히 고려한 후에 선택한다, 4. 선택한 대안을 존중하고 소중히 여긴다, 5. 공언한다, 6. 선택에 따라 행동한다, 7. 반복해서 행동한다)을 통해 학생들 스스로 그 자신의 가치를 명료화시키는 경험을 갖게 하는 데 초점을 두어야 한다는 데 핵심이 있었다.

이러한 도덕교육의 입장은 기본적으로 아동들의 신체가 성장 혹은 발달하는 것과 같이 그들의 도덕적 성향 혹은 판단 또한 발달한다는 입장에서 출발한다. 루소(Gean J. Rousseau)의 『에밀』(Emile)은 현대 도덕성 발달론자들의 교과서가 되는 셈이다. 이후 피아제가 아동들의 도덕적 판단에 관한 발달을 심리학적으로 연구하면서 그 이론적 기반을 다지게 되었다. 도덕성 발달론은 이를 토대로 발전한 것이다.

도덕성 발달론자들은 기존의 전통적인 도덕교육을 '기계론적 모형'이라고 비판하면서 아동 중심의 교육을 주장한다. 곧 기존의 전통적인 도덕교육 접근법이었던 덕 중심 교육을 일련의 정보(덕·규범)를 학생들에게 일방적으로 전수하는 것으로 봄으로써 학생들을 기계적 정보 저장소로 취급한다는 것이다. 반면, 도덕성 발달론자들은 급변하는 현대사회와 예측하기 어려운 미래사회의 특성은 그러한 정보들의 타당성에 의문을 제기하게 만들므로 도덕교육은 합리적인 가치판단을 내릴 수 있는 능력을 발달시켜야 한다고 주장하였다.

이들에 따르면, 도덕교육의 유일한 목적은 학생들로 하여금 추상적인, 원리화된 도덕적 추론의 수용 가능한 형식적 준거를 획득하도록 하는 데 있다. 추론과 합리적 과정은 도덕교육의 증표가 되었다. 따라서 이들은 교사가 아동들에게 사회적으로 승인된 도덕적 원리나 태도를 주입시키려는 시도에 대해 경계의 시선을 게을리 하지 않았다. 이들은 도덕교육이란 단순한 규칙준수 이상으로 나아가야 한다고 믿었다. 이들에게 도덕적 자율성은 중심적인 덕목이라 할 수 있다. 이와 같은 발달론자들의 주장은 학교에서 특정한 덕목이나 가치를 가르치려는 도덕교육은 교화라는 차원에서 잘못이라는 비판을 제기하는 결정적 계기가 되었다.

특히 인지발달론자들의 도덕교육론은 새로운 도덕교육의 패턴을 제시하게 되었다. 이들은 도덕교육의 구체적인 목적이 도덕적 추론의 '단계'를 상승시키는 것, 새롭게 획득한 보다 진보된 추론능력을 일반화시키는 것, 아동들이 일상생활에서 보다 발달된 추론을 실천할 수 있도록 하는 것 등에 있다고 보았다. 이를 위한 최적의 교육방법은 가설적 딜레마를 중심으로 하는 토론이라고 하였다. 이러한 경향은 우리나라의 도덕과에도 영향을 주었다. 그 결과 우리나라의 도덕과 교육은 제4차 교육과정 때부터 그 이론적 기저에 인지발달론을 수용하게 된 것이다.

그러나 1980년대에 들어와 도덕교육의 지배적 패러다임이었던 인지발달 이론과 가치명료화 이론은 서서히 여러 비판들에 직면하기 시작하였다. 우선 하나는 도덕에 대한 회의주의로 빠지게 될 위험이 있다는 비판이었다. 이것은 개인의 도덕적 신념이 보다 높은 원리에 기초되어져야 한다는 요구가 매우 허약함을 지적한 것이다. 보다 높은 도덕적 원리라는 것이 무엇인가? 이에 대해서는 교육 철학자들마다 각기 다른 입장을 나타내 보인다. 예컨대 콜버그는 정의(justice)를, 피터스(R. S. Peters)는 평등, 이익의 고려, 자유, 인간존중 등을 들고 있다. 만약 학생들이 자신의 도덕적 신념에 대한 합리적 토대를 발견하는 데 실패한다면 어떻게 될 것인가? 즉 '그들이 도덕적이어야 하는 정당한 이유를 발견하지 못한다면 무슨 일이 일어나겠는가?'라는 것이 비판의 요지이다.

인지발달론자들에 대한 또 다른 비판은 이들이 도덕성의 개념을 지나치게 협소하게 규정하고 있다는 것이다. 비판자들의 관점에 따른다면 도덕적 자유주의들이 지나치게 규칙이나 원리에 집착한 나머지 윤리적 삶의 다른 특징들, 특히 덕을 소홀히 하는 우를 범하였다는 것이다. 인지발달론에 입각한 도덕교육은 아동들에게 용기, 친절, 자기 통제, 신체적 욕망으로부터의 절제, 관대, 협동 등에 관해 아무 것도 말해주지 않는다는 것이다. 도덕교육은 갈등하는 주장, 권리, 그리고 이익들에 관한 딜레마를 해결하는 특정한 사고과정의 발달에 집중되었다. 그러한 도덕교육은 도덕적 인간, 그들의 내적인 도덕적 존재의 조건, 그들이 언젠가는 소중히 할 도덕적 이상 등과는 관련이 없었다.

이에 대해 길리건은 콜버그의 이론을 자신의 권리를 주장하는 권리의 윤리(ethics of right)라고 규정하면서 그것은 종국적으로 투쟁과 폭력을 동반하지 않을 수 없다고 경고하고 있다. 그녀가 자신의 권리를 주장하기에 앞서 자신의 책임을 먼저 고려하고 타인의 입장을 배려하는 비폭력의 윤리로서 '배려의 윤리'를 주장하고 나선 것도 도덕성에 대한 인지발달론자들의 경직된 해석을 비판한 결과이다.

인지발달론적 도덕교육을 비판하는 자들은 도덕적 생활이란 단순히 폭넓은 생각, 그리고 대안적인 도덕적 판단과 그들의 결과에 대한 검토를 요구하는 일련의 도덕적 딜레마로 점철되는 것은 아니라고 본다. 오히려 도덕성이란 일상적 관계, 친구들 사이의 친밀한 관계, 지인들과의 우연적 만남, 낯선 자들과의 예상치 못한 상면, 일상적인 사무처리, 그리고 동료들과의 작업과 같은 특질에 의해 판단되어져야 한다고 주장한다. 단순해 보이는 수많은 행위들이 도덕적 중요성을 갖고 있다고 믿는다.

공교롭게도 이러한 비판들은 덕 윤리학이 도덕철학의 영역에서 하나의 대안적 윤리론으로 자리잡기 시작한 시점과 맞물린다. 덕윤리학은 앤스콤(G. E. M. Anscombe)이 1950년대 말에 제기한 현대 윤리학에 대한 비판을 기점으로 점화된 이후 1981년 맥킨타이어(A. MacIntyre)의 『덕 이후』(After Virtue)라는 저서가 발간되면서 일대 전환점을 맞게 된다. 그는 그 책에서 당시 유행하던 도덕철학들은 그 이론적 장치들을 변경해야만 한다고 제안하였을 뿐만 아니라, 덕윤리학을 아리스토텔레스의 전통에 입각하여 하나의 독자적인 도덕이론의 수준으로 끌어올렸다. 도덕교육은 이와 같은 윤리학에서의 이론적 흐름에 편승하게 된 셈이다.

그리하여 1990년대에 들어와 새로운 패러다임이 등장하게 되었다. 도덕교육의 새로운 패러다임은 '인격교육' 혹은 '덕교육'이라는 이름으로 그 모습을 드러내게 되었다. 이러한 현상이 일어나게 된 원인은 가정역할의 상대적 축소, 청소년들의 비도덕적 행동 증가, 전통적 가치의 붕괴에 따른 윤리적 가치들의 회복 필요성 등 도덕철학에서의 덕윤리학의 등장배경과 맥을 같이하고 있다.

덕교육은 기본적으로 아리스토텔레스로부터 영향을 받았다. 그리하여 현대의 덕교육은 감정과 신체적 욕망과 같은 인간본성의 생물학적 특징들로부터 시작한다. 그리고 교육자의 임무란 학생들이 그러한 것들을 바람직한 방향으로 형성할 수 있도록 돕는 것으로 이해한다. 예를 들면 자제(self-control)의 덕을 배운다는 것은 언제 분노를 느껴야 하는지, 혹은 언제 그것을 적절한 행위로 표현해야 할 것인지, 어떤 경우에 어느 정도로, 그리고 어떤 사람에게 그래야 할 것인지와 같은 것을 학습하는 문제이다. 덕교육론자들은 이러한 덕이 각각의 경우들에 따라 융통성을 보이며, 또한 지적인 조정을 필요로 하기 때문에 특정한 규칙에 얽매여서는 안 된다고 주장한다.

또한 현대의 덕교육은 도덕의 정당성을 규칙이나 원리에 따른 행위에서보다는 자신의 행복에 관한 보다 전체적인 모습과 관련시켜 이해한다. 인지발달론에 입각한 합리주의적 도덕교육이 개인에게 초점을 맞추고 개인이 도덕적으로 해야만 하는 바에 주목한 반면, 현대의 덕교육은 그 출발점을 정치공동체의 윤리적 삶에 두고 있다. 그러므로 덕 교육론자들은 학생들이 자신들의 가정과 아울러 보다 넓은 공동체에 침전되어 있는 전통 내에서 무엇을 해야 하고 느껴야 할 것인가의 민감성을 배워야 한다고 강조한다.[24]

그렇다면 새로운 도덕교육 패러다임으로서의 '덕교육'이란 구체적으로 어떤 특징을 갖고 있는가?

첫째, 덕교육은 '행위'보다는 '행위자'를 문제삼는다. 계몽주의의 전통을 이어받은 기존의 도덕교육 패러다임은 행위 중심이었다. 즉 도덕적 원리에 입각한 행위에 관심을 갖는다. 반면, 아리스토텔레스의 전통을 계승한 덕윤리학에 바탕을 둔 새로운 도덕교육은 우리가 어떤 종류의 인간이 되어야 하며 또한 어떤 종류의 삶을 살아야 하는가에 관심을 갖는다. 그것은 적어도 일차적으로는 우리가 어떤 행위를 해야 하는가를 묻지 않는다. 대신에 성품으로서의 덕을 의미하는 덕의 목록을 제시한다. 이 경우 덕의 내용은 그 사회구성원들이 공유하는 그러한 가치들로 구성된다.

둘째, 덕교육은 도덕성의 요소인 인지적·정의적·행동적 요소들에 대해 통합적 접근을 취한다. 콜버그의 인지발달론과 래스(L. E. Raths) 등의 가치명료화 이론을 중심으로 하는 기존의 도덕교육은 도덕성의 인지적 측면을 강조하였다. 즉 기존의 패러다임은 삶의 과정에서 '당위'의 결정은 원초적 본능이나 강화 등으로 형성된 연합의 단순한 산물이 아니라 규칙, 법, 원리들에 관한 이해를 통한 추론의 산물임을 강조함으로써 인지적 측면의 역할을 문제삼는다.

그러나 새로운 패러다임으로서의 덕교육은 그러한 인지적 측면뿐만 아

---

24 L. C. Becker & C. B. Becker, eds., *Encyclopedia of Ethics*(Garland Publishing, Inc., 1995), p. 508.

니라 정의적·행동적 측면을 모두 포괄하는 통합적 접근을 문제삼는다. 왜냐하면 도덕교육은 단순히 좋은 행동에 관한 이론만을 가르치는 것이 아니라 좋은 행동의 실천을 가르쳐야만 하기 때문이다. 유덕한 인간은 선을 알고 열망하며 행동하는 사람을 의미한다. 새로운 도덕교육은 유덕한 인간의 이러한 세 가지 조건을 통합적으로 계발하려는 접근이다.

셋째, 덕교육은 발달론과 사회화론의 절충적 입장을 견지한다. 인지발달론자들은 도덕규칙에 대한 맹목적인 순응으로부터 나오는 행위는 도덕적 행위라 볼 수 없다고 주장한다. 그들은 학생들에게 보다 높은 도덕적 원리에 입각하여 자율적이고 합리적인 판단을 내리는 능력을 발달시켜 주는 것을 주된 목표로 한다. 그러나 사회화론은 학생들로 하여금 자신이 속한 공동체의 규범을 익혀나가도록 함으로써 사회적 자아를 완성하게 하는 데 목표를 둔다. 현대 덕교육은 이와 같은 두 입장을 절충하는 차원에서 접근한다. 덕교육은 관련된 지식과 이해의 습득을 포함하여 도덕적 성향의 형성에도 관심을 갖는다. 이의 접근은 학교 전통의 역할, 모범에 의한 학습, 전 교육과정의 공헌 등이 제시되고 있다.

끝으로, 덕교육은 개인주의를 넘어서 공동체주의와의 조화를 모색한다. 새로운 도덕교육의 패러다임은 자신의 권리와 타인들의 권리에 대한 인식과 함께 개인적 책임감을 획득하고 자신을 통제하는 습관뿐만 아니라, 자기 자신만이 아닌 타인들에게 봉사하는 것을 배우는 제도의 적극적 유지에 관심을 갖는다. 그리하여 새로운 도덕교육의 패러다임은 자기중심주의에서 탈피하여 협동과 상호 존중을 지향하게 하고 공평함, 배려, 정당한 권위와 민주적 가치에 대한 존중에 근거를 둔 하나의 도덕적 공동체를 만들어 가려고 한다.

4) 현대 인격교육의 의미

현대 인격교육 주창자들은 학생들에게 도덕적 추론을 발달시키거나 혹은 가치를 명료화하는 교육적 접근을 잘못된 것으로 인식하면서 그러한 접근들과 자신들의 활동을 구분하고자 하였던 것이다. 그 결과 그들은 자신들의 열망을 전달하는 의미적 수단으로서 '인격교육'(char—acter education)이란 용어를 사용하게 되었다. 현대 인격교육 주창자들은 '가치'라는 용어의 사용을 회피하면서 '덕'(virtues), '삶의 기능'(life skills), '시민으로서 갖추어야 할 기능'(citizenship skills) 등의 발달을 강조한다. 그들이 가치라는 말을 잘 사용하지 않는 까닭은 만약 이 용어가 사용되면 학교나 교육구(敎育區), 그리고 지역공동체에서 정치적 분란이 일어날 가능성이 있기 때문이다. 그들은 학교에서 가치를 논의하게 되면 누구의 가치를 가르쳐야만 하는가의 문제가 제기될 수 있다.

그러면 오늘날 인격교육이란 과연 무엇을 의미하는가? 인격교육자들은 비록 많은 측면들에 관하여 논쟁을 벌이고 있지만, 적어도 다음과 같은 두 가지 기본적인 목적과 신념에 관해서는 의견의 일치를 보고 있다. 하나는 학생들에게 도덕적 덕을 가르치면 그들이 도덕적 행동을 할 것이라는 점이고, 또 다른 하나는 결코 윤리적 상대주의를 받아들일 수 없다는 점이다. 이를 차례로 검토해 보자.

인격은 흔히 성실, 정직, 용기, 진실 등과 같은 용어들로 정의된다. 만약 이들 특성들이 일상의 삶에서 끊임없이 실천되어진다면 우리는 그것들을 덕이라 부른다. 인격이란 이들 덕들로 구성된다고 본다. 대표적인 인격교육 주창자 중의 한 사람인 라이언(K. Ryan)은 인격교육이 특정한 일군의 옳은 신념들을 획득하는 것이 아니라 다름 아닌 덕을 계발시키는 것에 관심을 두어야만 한다고 주장하였다. 달리 말하면, 인격교육은 무엇이 옳고 그른가에 관한 것보다는 넓은 의미로서의 덕의 형성에 관심을 갖는다는 것이다.[25] 인격교육자들은 덕이 가정, 학교 그리고 공동체에서 교육을 통해 조장되어질 수 있다는 기본적 입장을 견지하고 있다. 학생들로 하여금 문제에 직면하고, 해결책을 제안하며, 건설적인 행위를 취하도록 돕는 데 공헌하는 그러한 조건들을 제공하는 것이 교육자들의 책임이라고 본다.

현대 인격교육 이론의 핵심은 가치와 행동 사이의 연계에 있다. 그러나 이 연계가 경험적으로 입증될 수 있는지의 여부는 논쟁의 여지가 있다. 분명히 가치와 행동 사이의 관계를 검토하였던 고전적인 경험연구는 그 상관관계를 발견하는 데 실패하였다. 그럼에도 불구하고 인격교육 옹호자들은 흔히 폭력, 테러, 약물남용 등 현대사회의 도덕적 난잡상황을 지적함으로써 인격교육의 정당성을 주장한다. 그들은 이러한 상황을 교정하고 학생들을 도덕적으로 성장하도록 하기 위해서는 무언가가 행해져야만 한다고 주장한다. 그들은 그 무엇이란 공립학교에서 부모들과 공동체가 함께 참여하여 학생들에게 심사숙고한 가치들을 권위적인 방식에서 주입(inculcation)하는 것이라고 믿고 있다.

그들은 좋은 가치와 친사회적 행위 사이의 상관관계를 확고하게 믿는다. 다시 말하면 학생들에게 좋은 가치들을 가르치면 그들은 친사회적 행동을 한다는 것이다. 따라서 비록 인격교육의 목적에 대해 다양한 입장들이 존

25 A. T. Lockwood, *Character EducationControversy and Consensus*(Corwin Press, Inc., 1997), p. 18.

재하나 인격교육자들이 그 목적에 대하여 공유하는 하나의 공통분모는 일상 수준에서는 학생들로 하여금 무례한 행동을 줄이고 예의바른 행동을 하도록 변모시키는 것이며, 보다 큰 규모에서는 학생들로 하여금 다양한 상황에서 친사회적인, 그리고 도덕적인 행동을 취하도록 그들의 행위를 변모시키려고 노력한다는 것이다. 그럼으로써 궁극적으로는 개인에게 도덕적 덕들을 함양시켜 바른 인격을 갖추도록 돕고, 또한 사회의 비도덕적 현상을 퇴각시켜 건전한 사회를 재건시키고자 하는 것이다.

또한 인격교육자들은 윤리적 상대주의에 대해서 부정적인 입장을 견지한다. 따라서 그들은 가치명료화, 도덕적 딜레마 토론 접근법 혹은 도덕적 추론 접근법에 대해 부정적으로 바라본다. 그들은 가치명료화가 윤리적 상대주의를 유발시켰으며, 친사회적 행동이나 '좋은' 행동을 산출하지 못하였다고 비판한다. 또한 콜버그의 도덕적 딜레마 접근법에 대해서도 비슷한 비판을 가한다. 그들은 딜레마란 인공적으로 고안된 것이며, 그리고 궁극적으로는 무용지물이라고 규정하고, 그런 방식들은 학생들로 하여금 도덕적 선택과 딜레마를 제시한 상황들을 통해 추론하도록 요구하기 때문에 가치명료화와 같이 윤리적 상대주의를 조장시킨다고 비판한다. 현대 인격교육 이론가들은 구체적이고 명백한, 그리고 실체적인 일군의 옳고 그른 가치와 행위들이 존재한다는 것을 믿는다. 학교는 그러한 가치와 행위들을 가르쳐야 한다는 것이다.

5) 인격교육 이론과 도덕교육

인격교육에는 어떤 정해진 하나의 형식이나 방법이 존재하지 않는다. 오히려 매우 광범위한 재료, 테크닉 그리고 전략들을 사용하는 것이 바람직하다. 그러나 인격교육을 계획함에 있어 그리고 프로그램과 자료를 평가함에 있어 적용되어질 수 있는 많은 원리들이 존재한다. 다음의 원리들은 인격교육의 원리들을 종합하여 제시해 본 것이다.

① 인격교육은 훌륭한 인격의 기초로서 핵심적인 윤리적 가치들을 계발시킨다.[26]

② 인격은 사고(thinking), 감정(feeling), 그리고 행동(behavior)을 포함하여 광범위하게 정의되어져야 한다.

③ 효과적인 인격교육은 모든 학교생활의 영역에서 핵심 가치들을 계발시키는 의도적인, 행동지향적인, 그리고 포괄적인 접근을 요구한다.

④ 학교는 배려공동체가 되어야 한다.

⑤ 학생들은 인격을 발달시키기 위해 도덕적 행위를 직접 실천할 기회가 필요하다.

⑥ 인격교육은 학생들의 학업 성취를 돕는 도전적인 교과 교육과정을 포함한다.

---

26 Character Education Partnership, Character Education in U. S. Schools: The New Consensu−A Report on Developments During 1993−1995, 1996, pp. 9−10.

⑦ 인격교육은 학생들의 내적 동기를 발달시키기 위해 노력해야만 한다.
⑧ 인격교육은 앎과 행동 사이를 연계하는 인격의 정의적 영역을 강조한다.
⑨ 학교 교사들은 모두 인격교육에 대한 책임을 공유해야 한다. 그들은 학생들로 하여금 핵심가치들을 고수하도록 시도하는 학습 및 도덕공동체를 유지해야만 한다.
⑩ 인격교육은 교사들과 학생들 모두로부터 도덕적 솔선을 요구한다.
⑪ 학교는 부모와 공동체 구성원들로 하여금 학생들의 인격형성을 위한 책임 있는 동반자로서 참여하도록 장려해야 한다.
⑫ 인격교육의 평가는 도덕공동체로서의 학교, 인격교육자로서의 교사들의 기능, 그리고 좋은 인격으로서의 학생들의 성품을 측정해야 한다.

학교에서 인격교육 프로그램을 구안하고자 할 때 우리는 다음과 같은 다섯 가지 사항들을 프로그램의 준거로 적용할 수 있을 것이다.[27]

첫째, 인격은 책임 있는 행동을 통해 발달한다. 만약 좋은 행동이 인격발달에 공헌한다면 교육환경은 인지적 영역뿐만 아니라 행동적 영역을 포함하는 윤리적 이슈들을 제공해야만 한다. 인격교육 프로그램은 학생들로 하여금 학교와 공동체에서 의미 있는 문제들에 직면하도록 하고, 상상적인 해결책들을 제안하며, 그러한 해결책들을 실천하는 활동과 행위에 개입할 수 있도록 구성되어야 한다.

둘째, 인격은 상호작용을 통해 발달한다. 학생들은 친구들, 교사들, 그리

27 K. Burrett and T. Rusnak, *op. cit.*, pp. 16–17. A. T. Lockwood, *op. cit.*, p. 23.

고 지역 사회구성원들과 상호작용을 하는 과정을 통해 인격을 점차적으로 발달시킨다. 사회는 개인을 형성시키는 반면, 각 개인은 도덕적 행동을 통해 사회를 형성할 능력을 갖는다. 따라서 인격교육 프로그램은 우리의 사회적·문화적·생태학적 환경의 도덕적 및 윤리적 영역들과의 상호작용에 초점을 둘 필요가 있다.

셋째, 인격은 전체 퍼스낼리티(whole personality)를 통합한다. 인격교육은 학생들로 하여금 강한 도덕적 정체감을 형성시키도록 돕는다. "나는 도덕적인 사람이다"라는 정체감은 도덕적 실천과 행위의 주요 원천이 된다. 학교의 인격교육 프로그램은 이러한 도덕적 자아를 성장시키기 위한 충분한 활동들과 경험들을 제공할 수 있어야만 한다.

넷째, 좋은 행동에 대한 정적 강화와 좋은 행동을 실천할 경우 이에 대한 보상을 제공할 수 있으면 더욱 효과를 발휘할 수 있다. 인격교육은 좋은 가치와 친사회적 행동의 연계를 기본적으로 가정하고 있다. 즉 학생들이 바람직한 가치를 습득하게 되면 친사회적인 행동을 할 것이란 믿음이 깔려 있는 것이다. 앎과 행동 사이의 괴리를 좁히고 일관된 실천으로 덕의 상태에 이를 수 있게 하는 효과적인 수단은 적절한 강화와 보상이다. 인격교육 프로그램은 이러한 강화와 보상을 제공할 수 있는 기회를 내포하고 있어야만 한다.

끝으로, 인격은 일관된 행동유형들을 포함한다. 시간의 흐름과 관계없는, 그리고 환경의 변화와 무관한 일관된 행동은 훌륭한 인격의 하나의 지표가 된다. 인격교육 프로그램은 학생들이 일군의 긍정적 가치들을 스스로 실천하고 일관되게 행동하는 것을 도울 수 있도록 구안해야 한다.

5. 셀리그만(M. E. P. Seligman)의 긍정심리학

사람은 저마다 행복을 추구하며 산다. 구체적으로 어떤 생활을 하며 행복을 추구하는가에 대해서는 사람마다 차이가 있겠지만, 궁극적으로 지향하는 바에 있어서는 거의 대부분은 행복의 추구로 귀결된다. 이와 관련하여 한 가지 흥미로운 사실은 모든 사람이 행복을 추구하면서도 행복이 무엇인지에 대해서는 분명하게 말하기가 어렵다는 것이다. 그런데 최근에 이런 현상에 대해 분명한 입장을 취하며 행복에 대한 탐구를 심리학적 영역으로 확장시킨 사람들이 있다. 우리는 그들의 학문적 입장을 긍정심리학이라 부른다.

1967년에 미국의 심리학자 마틴 셀리그먼(M. Seligman)과 스티브 마이어(S, Maier)는 24마리의 독일 셰퍼드 종의 개들을 대상으로 우울증 실험을 하였는데, 그들은 이 실험을 통해 '학습된 무력감'이라는 개념을 이끌어내면서 우리 인간도 선택하는 능력을 망각하는 순간부터 무력한 존재가 될 수 있다는 사실에 주목하게 되었다. 그리고 그들은 이를 계기로 긍정심리학이라는 새로운 분야를 개척하게 되었다. 그들은 심리학은 이제 고통의 치료만큼이나 행복에 관심을 기울여야하고, 행복은 타고나는 것이 아니라 훈련하는 것이라는 신념으로, 심리학이 정신적 장애를 다루기보다는 과학적인 이해와 효과적인 조정을 통해 만족스런 삶의 성취를 도울 수 있어야 한다고 보았다.[28]

---

28 M. E. P. Seligman, Positive psychology, positive prevention, and positive thera-

긍정심리학에서 '긍정'이란 말은 어떤 현상을 엄격한 과학적 실험과 검증을 거쳐,[29] 그것이 신뢰할만하고 또 반복적으로 입증이 가능하다는 것을 함축하고 있다. 따라서 긍정 심리학의 '긍정'이라는 말의 개념에는 '신뢰', '믿음', '과학성' 등의 의미가 함의되어 있다. 그들은 우리가 단순히 자신의 약점을 보완하는데 온 일생을 바쳐야 할 것이 아니라, 사는 동안 진정으로 의미 있고 충만한 삶을 살아야 한다는 점을 강조한다. 그래서 이제는 심리학도 삶을 불행하게 하는 부정 심리상태가 아니라 긍정 정서에 대해 연구하고, 사람들로 하여금 자신의 강점과 미덕을 발견하고 계발하여 행복한 삶으로 이끌어주어야 한다고 말한다.

■ 성격의 강점과 미덕

영국의 로스웰(C. Rothwell)과 코언(P. Cohen)이 인간의 행복상태를 지수화 하여 "H=P+(5×E)+(3×H)"라는 공식으로 제안한 바 있다. 여기에서 P는 개인의 성격특성 및 새로운 상황에 대처할 수 있는 적응력이고, E는 생존의 기본적 요소인 돈, 건강, 소속감 등을 나타내며, 마지막 H는 개인의 자존심이나 야망과 같은 고차원적 욕구에 해당한다. 이와 유사하게, 긍정심리학에서도 '이미 설정된 행복의 범위(S)', '삶의 환경(C)', 그리고 '자발적 통제하에 있는 요소들(V)'의 요소를 고려하여 "H=S(50%)+C(30%)+V(20%)"라

---

py, C. R. Snyder & S. J. Lopez (Eds.), *Handbook of positive psychology*(New York: Oxford University Press, 2002), p. 3.

29 M. E. P. Seligman 지음, 김인자·우문식 옮김, 『마틴 셀리그만의 긍정심리학(개정판)』(안양: 도서출판 물푸레, 2014), p. 21.

는 행복 공식을 제안하였다. 이 가운데 긍정심리학자들이 제일 관심을 갖고 또한 강조하는 요소는 바로 '자발적 통제 하에 있는 요소들(V)'이다. 또한 이 요소는 긍정심리학에서 정의하고 있는 행복에 대한 총체적 개념 속에 함의되어 있다.

그들은 사람이 좋은 삶(몰입), 의미 있는 삶(의미), 즐거운 삶(즐거움)을 산다면 행복으로 충만한 삶을 살 수 있다고 생각한다. 그리고 이 세 가지의 삶을 영위하기 위해서는 자신의 성격 강점과 미덕을 계발하여 사용할 수 있어야 한다고 본다. 다시 말하면, 좋은 삶을 위해 자신의 일(직업), 사랑, 우정, 자녀양육에서 자신의 강점을 사용하고, 의미 있는 삶을 위해 자신보다 더 넓은 어떤 것에 봉사하는데 자신의 강점을 사용하며, 즐거운 삶을 위해 과거·현재·미래에 대하여 만족·기쁨·희망과 같은 긍정적인 감정을 느끼며 살아가라고 하는 것은 결국 자신의 의지력을 발휘하여 선한 사람이 되라는 것과 다름 아니다.

- 즐거운 삶을 위해서는 만족, 활동, 그리고 태도를 통해 긍정적인 정서를 증진한다.
- 좋은 삶을 위해서는 일, 사랑, 우정, 육아 등에서 자신의 강점을 활용한다.
- 의미 있는 삶을 위해서는 자신을 넘어서는 어떤 일에 봉사하는데 자신의 강점을 활용한다.

긍정심리학자들은 자신들의 강점과 미덕에 대한 연구가 '단순히 긍정적으로 생각하라'는 차원에서 접근하는 것이 아니라 인간의 번영에 관한 과학적 연구이며, 최적 기능(optimal functioning)에 대한 응용적 접근이라고 말한다.[30] 여기에서 '강점'은 미덕을 구성하는 하위요소들로 몇 가지의 강점들이 모여 하나의 '미덕'을 구성하게 된다. 이것은 개발되고, 학습될 수 있는, 그리고 노력을 요하는 도덕적 특질로 정의된다는 점에서 재능과 구분된다. 재능은 노력을 통해 개발되는 것이라기보다는 천부적인 경향이 있고 도덕적 개념이 없다.[31] 그런 점에서 강점과 미덕은 개인 자신의 통제적 범위 내에 존재한다.

긍정 심리학이 심리학 분야에 공헌한 하나의 주목할 만 한 점은 인간의 성격 강점과 미덕에 대하여 범문화적 연구를 통해 신뢰할만한 분류와 측정 체계를 제시했다는 것이다. 그들은 아리스토텔레스, 플라톤, 아퀴나스, 아우구스티누스와 같은 철학자들의 저술과 구약성서, 탈무드, 불경, 코란과 같은 경전, 공자, 노자, 벤저민 프랭클린의 저술, 일본의 사무라이 무사도, 고대 인도의 철학서인 우피니샤드 등을 두로 검토한 후 총 200여 가지의 미덕 목록을 작성했다. 그리고 이를 토대로 3,000여 년의 역사를 이어오면서 세상 도처에 퍼트렸던 미덕들을 6가지로 정리하였다. 뿐만 아니라 이런 미덕들을 함양하기 위한 실천 방법이자 삶에서 발현되는 1만8000여개의 성격 강점 목록 중 24가지를 선정하여 제시하였다.

---

30 P. A. Linley & S. Joseph(Eds.), *Positive Psychology in Practice*(New Jersey: John Wiley & Sons, Inc., 2004), pp. 3-13 참조.

31 M. E. P. Seligman 지음, 김인자·우문식 옮김 (2014), *op. cit.*, p. 239.

지혜/지식	창의성, 호기심, 개방성, 학구열, 통찰
용기	용감함, 인내, 진실성, 활력(vitality)
인간애	사랑, 친절, 사회성(social intelligence)
정의	시민성, 공정함, 리더십
절제	용서/자비, 신중함, 겸손/겸양, 자기조절
초월	심미안, 감사, 낙관성, 유머, 영성

6개의 덕목과 그에 속한 24개의 성격 강점은 다음과 같다.[32]

■ 지혜/지식 (wisdom,knowledge)

– 지식을 획득하고 활용하는 것과 관련된 인지적 덕목

창의성(creativity)	독창성, 창의력 포함 새롭고 생산적인 방식으로 생각하는 것
호기심(curiosity)	흥미, 신기성 추구, 모험심 포함 모든 경험과 현상에 흥미를 갖는 것
개방성 (open–mindedness)	판단력, 비판적 사고 포함 다양한 측면에서 철저하게 생각하고 검토하는 것
학구열 (love of learng)	새로운 지식, 기술 등을 배우고 숙달하려는 것
통찰(perspective)	지혜 포함 전체적인 관점에서 생각하고 현명한 조언을 해줄 수 있는 것

32 C. Peterson & M. E. P. Seligman 저, 문용린·김인자 외 공역, 『성격의 강점과 덕목의 분류』(서울: 한국심리상담연구소, 2009).

■ 용기(courage)

– 내적·외적 난관에도 불구하고 목표를 성취하려는 의지와 관련된 정서적 덕목

용감함(bravery)	용맹 포함 위험, 도전, 난관, 고통으로부터 위축되지 않고 이를 극복하는 것. 압력과 반대에도 옳은 것 말하기. 신체적인 것 포함
인내(persistence)	끈기, 근면 포함 난관에도 불구하고 시작한 것을 마무리하거나 계획한 것을 지속하는 것
진실성(integrity)	진정성, 정직성 포함 진실을 말하고 속이지 않으며 자신의 행동이나 감정에 책임을 지는 것
활력(vitality)	열정, 열망, 활기, 에너지 포함 삶에 열의와 힘을 가지고 임하는 것. 생동적이고 활동적으로 느끼는 것

■ 인간애(humanity)

– 타인을 돌보고 친구가 되어주는 것과 관련된 대인관계 덕목

사랑(love)	타인과 친밀한 관계에 가치를 두고 친밀한 관계를 유지하는 것.
친절(kindness)	관용, 배려, 자상함, 동정심, 이타성, 상냥함 포함 타인을 돕고 돌보며 선하게 대하고 호의를 베푸는 것
사회성 (social intelligence)	정서지능, 인적지능 포함 타인의 감정과 동기를 알기, 타인의 마음을 움직이는 방법을 아는 것

■ 정의(justice)

– 건강한 공동체 생활의 바탕이 되는 시민적 덕목

시민의식 (citizenship)	충성심, 협동심, 책임감 포함 집단의 구성원으로서 자기 역할을 다하고 집단에 충성하는 것

공정함(fairness)	편향된 감정 없이 모든 사람을 공평하게 대하는 것
지도력(leadership)	집단 내에서 구성원들이 좋은 관계를 유지하면서 일이 잘 될 수 있도록 조직하고 관리하는 것

■ 절제(temperance)

– 지나침으로 인한 문제부터 보호해 주는 덕목

용서(forgiveness) 자비(mercy)	나쁜 일을 한사람을 용서하고 앙심을 품지 않는 것
신중함 (prudence)	선택이나 결정을 조심스럽게 하는 것. 후회할 말이나 행동 안하는 것
겸손/겸양 (humility/modesty)	자신이 이루어 낸 성취를 드러내지 않고 주목받지 않으려는 것. 자신을 특별한 존재로 생각하지 않는 것
자기조절 (self-regulation)	자기 통제 포함 자신의 욕구, 감정, 행동을 적절하게 잘 조절하는 것

■ 초월(transcendence)

– 현상과 행위에 의미를 부여해 주고 더 큰 세계와 연결해주는 덕목

심미안(appreciation of beauty and excellence)	경이, 감탄, 고상함 포함 자연, 예술, 음악, 과학, 일상 경험으로부터 아름다움과 뛰어남을 주목하고 느끼는 것
감사(gratitude)	좋은 일을 잘 알아차리고 고마워하는 것
낙관성(optimism)	희망, 미래지향 포함 미래에 좋은 것이 올 것을 예상하고 이를 성취하기 위해 노력하는 것
유머(humor)	유쾌함 포함 웃고 장난치는 것을 좋아하고 타인에게 웃음을 주는 것
영성(spirituality)	종교성, 신앙심, 삶의 목적의식 포함 우주와 인생의 궁극적인 목적과 의미에 대한 신념을 지니는 것

제4장
도덕교육과 교육학

오늘날 우리나라는 교육개혁을 추진하고 있다. 교육개혁은 미래의 우리 사회구성원에 대한 비전을 제시하는 것이어야 한다. 그러한 일에 있어서 교육자들, 부모들과 정치지도자들은 일련의 핵심적인 가치에 대해 반영하도록 노력하여야 한다. 그들의 노력은 바로 우리의 다음 세대가 보다 도덕적이면서도 행복하기를 바라는 것이라고 하겠다. 이러한 의미에서 교육개혁은 배려, 정의, 공감, 존경과 같은 도덕원리에 충실하여야 할 것이다.

이 원리들에 입각하여 부모들이나 선생님들은 그들의 자녀나 학생에게 학교에서 배우고 매일 실천하고 영원히 추구해야 할 가치들을 강조한다. 우리 학교와 공동체들은 확연한 명확성과 통합력을 갖고 올바른 도덕적 가치에 입각한 교육적 지향을 찾는다. 이에 본장은 교육학을 도덕교육으로 인식한 듀이의 진보주의를 파악하고자 한다. 또한 이 장에서는 우리의 아이들에게 핵심적인 도덕적 가치와 구성주의와의 관련성을 알아보고자 한다. 그리고 개인주의를 비판하며 더불어 사는 공동체 사회를 만들고자 하는 공동체주의적 접근에 대해 파악하고자 한다.

우리 시대에 많은 교육자들에게 이상과 영감을 준 듀이(John Dewey)도 가치 전수의 필요성을 이해하였다. 그의 고전인 『민주주의와 교육』(Democracy and Education)이라는 책에서 듀이는 "사회는 전수나 공유에 의해서 존속될 뿐만 아니라 사회는 주로 전수하는 그 자체로 존재한다"고 쓰고 있다.[1] 이러한 관점에서 진보주의의 듀이, 구성주의의 피아제와 비고츠키, 그리고 공동체주의의 에치오니 등의 도덕적 언명들을 교육학적 관점에서 파악하고자 한다.

1. 진보주의와 도덕교육

교육문제를 극복할 수 있는 방법은 기본적으로 교실수업의 활동과 학생들의 관계 속에서 모색되어야 한다. 그럼에도 불구하고 우리의 교육은 입시교육과 평가에 근거하여 조성되어 있고, 학생들은 충분한 인간적 대화구조를 이루지 못하고 있는 실정이다. 이러한 교육문제를 안고 있는 우리 학교는 성과나 결과 위주의 사고를 극복하고 올바른 수업 분위기를 만들고 학생과 학생 사이, 학생과 교사 사이의 올바른 만남과 수업을 통한 새로운 대안

---

1 John Dewey, *Democracy and Education*(New York: Macmillan Publishing, 1916), p. 4.

을 모색할 필요가 있다.

1) 진보주의의 이론적 배경과 특징

학교는 학생들의 현실을 인정하고 그들이 밝은 미래를 만들어 갈 수 있는 공간을 제공해 주어야 할 것이다. 또한 교실의 전반적인 분위기는 학생과 교사의 역동적인 상호작용에서 이루어지게 해주어야 한다. 교실에서 학생들은 수업을 통해 자아존중감이나 자아실현 의식을 다양하게 발달시켜야 할 것이다. 즉 수업은 교사와 학생들이 함께 참여하여 가치(values)와 신념(beliefs)이 포함된 학생의 인생관과 세계관을 나타내면서 교육적인 환경을 조성하는 것이다.

이러한 학교에서의 현재적인 삶을 사는 학생문제에 대해 고민해 온 학자 중의 하나가 존 듀이(John Dewey, 1859–1952)이다. 그는 20세기 초에 미국 철학과 교육에 지배적 영향을 미친 철학자이자 교육학자였다. 그의 저서는 방대하고 그의 이론은 아직도 교육적인 토론의 주요 쟁점이 되고 있다. 단편적인 이해에서 그를 매도하는 부분이 상당히 많이 있으나 그의 교육적인 이론은 상당한 현실감을 가지고 실재적으로 미국의 공립학교 교육의 방향성을 제시하는 중요한 역할을 수행하였다.

그는 학교 교육에서 교육의 궁극적 목적은 도덕적 인간 형성이라고 말하였다. 일부 교육자들은 도덕적 인간 형성이 학교에서 가능하지 않다고 주장하기도 한다. 그러나 이는 도덕성의 본질에 대한 오해에서 기인한다.[2] 그 근거로는 인간의 활동을 이분적으로 사고하는 결정론에 빠진 도덕성을 강조하고 있기 때문이라는 것이다. 듀이의 도덕성에 입장에서 정립한 것은 오늘날에 나타난 다음의 문제점을 다루면서 모색해 볼 수 있다.[3]

첫째, 현재 학교 교육에서는 인간의 활동을 내적인 정신적 요소와 외적인 육체적 요소로 대립시켜 심정의 내적 상황과 외적 행위나 결과를 분리하여 파악하는 일면이 있다. 예를 들면, 도덕적 사고가 도덕적 행동으로 강화되는 것에 있어서, 도덕적 사고와 도덕적 행동의 차이가 심각한 것에 대한 합리화를 용인하는 도덕성의 오해를 확산할 소지가 있다는 것이다. 예를 들면 청소 시간의 경우, 청소를 열심히 하는 학생들과 그렇지 않는 학생들의 구분을 지울 수 없는 상황에서는 결과적으로 청소가 잘 되어 있는가에 얽매이게 된다. 이러한 결과 위주의 교육은 학생들의 일상적인 의미에서의 도덕적인 효과를 거둘 수 없는 한계를 드러낼 수 있다. 따라서 결과 위주의 교육은 학생들의 충분한 이해 위에서 교육의 의미를 파악할 수 있는 도덕성 함양에 반대되는 역효과를 야기할 공산이 매우 크다.

둘째, 의무적 행위와 이기적 행위를 극단적으로 대립하여 학생들이 도덕성 함양 교육과 현실 괴리감의 간극을 확대하는 일면이 존재한다. 이는 학교에서의 학생의 역할을 미래의 이상향에 대비하고 준비하는 학생으로 인식하는 경향을 의미한다. 그러나 학교는 복잡한 사회의 축소판이나 또는 사회 그 자체인 것이다. 인간은 의무적 행위와 이기적 행위를 구분하는 것조차 의미를 둘 수 없는 선택을 강요당할 수 있는 상황이 많이 있다. 따라서

2 J. Dewey, 이홍우 역, 『존 듀이 민주주의와 교육』(서울: 교육출판사, 1991), p. 402.

3 정건영, 『존 듀이 교육 철학』(서울: 교육 출판사, 1993), p. 205.

학생들의 지나친 의무적 행위의 강조는 극단적으로 말해 요령만 있는 학생을 속출하게 하는 것이다. 이러한 의무적 행위와 이기적 행위의 극단적인 대립구도의 이해 속에서는 학생들의 사회의 양상으로 보아 결국 이기적 행위를 확대할 수 있으며, 또한 이는 도덕적 법칙에 따라 행동하려는 일만의 의무감을 축소하는 양상으로 치닫게 된다.

셋째, 인격과 지식을 대립시켜 둘 중에서 하나를 택일하는 것으로 도덕성을 인식하는 오류를 범하는 경우가 있다. 이러한 예는 우리 사회에 만연되어 있는 문제점 중에서 가장 치유되기 어려운 심리적인 문제까지 포함하는 것이다. 즉 한 학자가 그의 학설을 강화하는 목적으로 인격의 양심을 저버리고 지식의 진리를 획득할 수 있는 오류를 용인하는 문제가 되는 것이다. 그러나 도덕성에 있어서 인격의 양심과 진리는 대립될 수 없는, 대치될 수 없는 것임을 알 수 있다. 또한 학교 사회에서 여타 과목은 지식 전달에 집중적으로 강화하고 있다. 이러한 입장에서 도덕교육은 학생들의 교육적 효과를 성적에 기초하고 있는 상황과는 일정한 거리를 둘 수 있다. 때문에 암묵적으로 지식과 인격의 구별을 강조한다면 정상적인 방법으로 학생들의 도덕성은 함양될 수 없을 것이다.

넷째, 사회적 경험과 도덕적 경험을 대립시켜 학생들을 사회 준비생들이라는 단편적이고 일면적인 측면에서만 이해하고 있다. 학생의 처벌에 있어 관대한 것은 바로 학생들의 사회 준비론적인 입장을 강화하고 있기 때문이다. 이는 곧 학생들의 도덕적 책임감을 악화하는 측면을 가진다. 수업을 통해 학생들에게 '참아라, 참어'라는 입장을 강조한다면 학생들의 일부는 무엇을 참을 것인가부터 고민할 수밖에 없다. 따라서 일방적으로 교육의 미래를 위해 참는 교육에서 벗어나야 한다. 학교 교육은 대립적 갈등을 순화된 대화의 장으로 만들 수 있는 공간이라는 인식을 강화하여야 할 것이다. 교육은 개방되고, 객관적이며, 공정한 공간에서 벌어질 수 있는 일에 대처하는 교육적 의도성을 가져야 할 것이다. 사회의 급변에 대비하고 그에 따른 수동적 자세의 답습보다는 적극적으로 사회의 급변을 감지하고 파악할 수 있는 능력을 배양할 수 있는 교육이 강화되어야 한다. 이러한 교육의 의미는 새로운 변화 속에서도 학생들을 참여할 수 있게 하는 것이다.

네 가지 도덕성의 오류를 극복하는 길을 존 듀이(John Dewey)는 대립하고 충돌하는 도덕성을 조화를 이루고 통일하는 도덕성의 본질에서 찾고자 하였다. 즉 그에 의하면 도덕성은 사고와 행위에 관련되어 있는 것인 만큼 마음과 활동 사이를 갈라놓는 이원론적 사고에서는 인간의 종합적인 이해를 결여하고 있다는 것이다. 이러한 조화성을 강조하는 도덕성의 교육에 있어 그가 훈련과 교육(training & education)이라는 용어를 자주 언급한 것도 이러한 이유에서 기인된다. 그의 주장은 이론적인 성숙보다는 현실적인 상황에서의 도덕성 함양을 주창한 것이다.[4]

또한 듀이는 도덕성을 강화할 수 있는 공간인 사회적 환경을 강조하고 있다. 그는 인간을 사회적 공간의 활동자 이상으로 보았으며, 인간의 도덕성의 행위는 목적을 가진 의도적인 행위라고 보았다. 그는 근본적으로 물리적인 상황과 사회적인 환경을 심층적으로 이해하며, 도덕적 행위는 사회적 환경에서 벌어지는 현상으로 보아 궁극적으로 도덕의 사회성을 심화하려고 하였다.

그는 일상생활의 도덕성에 있어서는, 즉 학교 교실에서 가르치는 '선의를

---

4 J. Dewey(1991), p. 518.

가지는 것'과 '도덕적 행동으로 귀착되는 것'의 이분적인 이해 속에서는 이것이 바로 학교의 도덕성 강화의 어정쩡한 타협이라고 보았다. 한편으로는 감성(感性)을 대단히 강조하여 개인은 선의를 가져야 한다. 만약 의도가 선하고 올바른 정서적 의식을 가지고 있다면 그것을 완전히 행동의 결과로 나타내지 않더라도 별로 잘못이 없다고 보는 입장이다. 그러나 또 한편, 다른 사람들의 선의나 요구를 충족시키기 위하여, 또한 사회질서 일반을 위하여 무슨 일인가를 해야 하기 때문에 개인이 관심을 가지고 있건 없건, 지력을 사용하건 않건 간에 특정한 행동을 해야 한다는 것을 강하게 요구하고 있다. 예를 들면, 학교에 잘 다녀야 한다, 공부를 열심히 하여 좋은 대학에 들어가야 한다는 등의 말을 통해 학생들의 도덕적 사고에 대한 깊은 이해를 방해하는 입장은 지양되어야 한다. 이러한 입장은 눈으로 보여주는 결과론에 입장을 맞추는 문제를 야기하는 것이다.

듀이의 도덕성의 입장을 포괄적으로 이해하지 못하면 우리는 극단적으로 그의 도덕성에 대한 설명에 오해할 수도 있다. 그는 그릇된 도덕관은 필연적으로 통제와 전통 그리고 관례를 심화할 수 있다고 보았다. 이러한 의미에서 듀이의 도덕성은 바르게 보아야 할 것이다. 즉 도덕은 다른 사람과의 관계에 관한 행동 전체를 포괄하는 광의의 개념이다. 비록 행동을 할 당시에 그 행동의 사회적 관련성을 생각하지 않고 하는 행동이라 하더라도 우리의 모든 행동은 잠재적인 도덕적 행동이라고 보아야 한다. 왜냐하면 우리의 행동은 하나하나가 모두 관습의 원리에 의하여 성향에 수정을 가하기 때문이다. 모든 행동은 일정한 방향의 경향과 욕망을 야기하며, 그리고 이와 같이 강화된 관습은 우리가 다른 사람과 사귀는 데에 언제든지 직접 외부적인 영향을 나타낼 가능성이 있는 것이다.

이러한 의미에서 인간과 인간의 만남 그 자체가 도덕인 것이다. 따라서 도덕은 인격의 한 부분을 지칭하는 것이 아니라 인격 전체를 지칭하며, 인격 전체라는 것은 모든 구체적인 구성과 특성으로 이루어져 있는 그 사람 전체를 말한다. 덕을 소유하고 있다는 것은 우리가 보통 덕이라고 이름 붙이는 소수의 특징만을 따로 개발해 있다는 것이 아니다. 덕을 소유하는 진정한 뜻은 삶의 모든 직분을 수행하면서 다른 사람들과 교류하는 동안에 나타나는 그 사람의 인간됨이 충분하고 적절하다는 것을 의미한다.

여기서 듀이가 강조하는 것은 행위의 사회적 측면과 도덕적 측면이 동일하다는 것이다. 이러한 의미에서 학생은 사회의 준비생이기도 하지만 사회의 구성원이다. 그렇기에 학교는 학생을 수동적인 대상으로 보는 것이 아니라 주체로 인정하여 보는 것이 중요하다. 즉 학교의 행정, 교육과정, 수업방법의 가치는 학생들의 참여와 관심을 통한 사회적 정신을 띠고 있는가를 듀이는 강조하고 있는 것이다. 이러한 의미에서 그의 『민주주의와 교육』은 학교 전반적·사회적 정신의 입장을 강조한 면을 많이 찾아볼 수 있다. 사회와 같이 합의를 가질 수 있는 교육으로의 발전을 위하여 그는 다음과 같이 중요성을 두었다.

첫째, 학교는 모든 중요한 측면에서 지역사회와 동일한 모습을 띠어야 한다는 것이다. 사회적 지각과 관심은 진정한 사회적 분위기, 공동의 경험을 구축하기 위하여 자유로운 교환이 있는 그런 분위기에서만 발달할 수 있다는 관점이다. 이는 현재 한국의 교육에 있어서 중요한 시사점을 던지는 것이다. 교육은 사회적 분위기에 가장 영향을 받는 것임에도 한국 사회에서는 국제 경쟁력을 운위하는 시점에서 교육의 질적 변화를 추구하지 못하고 양적 팽창만을 거듭하는 일면을 보이고 있다. 특히 학생들의 도덕성 함양의 의미를 직시할 수 없는 교육여건을 개선할 수 있는 학교의 사회적 분위기에 대한 이해가 결여되어 있는 실정이다. 학교의 수업은 사회의 한 장으로서 의미 있는 학생과 교사의 만남이 전제로 되어 있는 공간이라는 인식이 확산될 필요가 있다.

둘째, 학교에서의 학습은 학교 밖의 학습과 연속성을 가져야 한다. 이 양자의 학습 사이에는 자유로운 상호 교류가 있어야 한다. 이러한 측면에서 도덕성 있는 교육을 받은 학생들이 사회에서 인정받을 수 있는 여건이 조성되어야 한다는 것이다. 따라서 실천력이 결여된 '이상적인 도덕상'에서 현실적으로 상이한 도덕적 딜레마를 겪고 있는 학생들에게는 도덕성의 함양이 '공염불'이 될 소지가 많다. 이러한 도덕에 관한 좁은 '도덕주의적' 견해는 바람직한 사회성을 함양하는 데에는 한계를 가질 수밖에 없다.

이상의 논거에서 볼 때, 존 듀이(John Dewey)의 도덕성에 관한 입장은 도덕적 행위를 사회적 행위로 간주하여 인간의 자연성과 사회성에 기초한 도덕성의 본질을 강조하였다.[5] 곧 도덕성의 본질은 생활체와 환경과의 상호작용의 연속성으로서 모든 삶 속에서의 충돌과 대립을 해소하고자 한 것이다.

그에 의하면 이러한 조화의 입장에서 학생은 사회의 유용한 활동에 참여하는 사회성원이 되어야 하고, 생활의 가치에 공헌하고 그가 속한 문명의 발전에 기여하여야 한다는 것이다. 이러한 측면에서 듀이는 수동적인 의미의 행동과 적극적인 의미의 행동을 조화롭게 교육받을 것을 강조하고 있다. 즉 학생은 지도력과 복종을 함양하기 위하여 교육되어야 하며, 학생은 자기

5 정건영(1993), p. 212.

지도력, 타인에 대한 지도력, 행정력, 책임성의 수행능력을 가져야 한다. 그렇기 때문에 학생들의 올바른 의식성을 강조할 수 있는 공간인 학교는 사회생활의 참여를 떠나서는 존재의 목적을 가지지 못하는 것이다. 학교 자체는 진정한 의미에서 사회기관으로의 역할을 수행하여야 한다. 학교는 극단적인 사회분위기 속에서도 존재하여 왔고, 그 안에서 도덕교육은 존재해야 한다. 그렇기 때문에 도덕교육은 학생들에게 적극적 자기 활동을 할 수 있게 하며, 잘못된 학교의 수준이나 성과만을 강조하는 현행의 교육정책은 위험성을 갖는다. 학교는 사회에서 예상할 수 없는 문제가 발생하지는 않는다. 그렇기에 학교는 사회의 파행적 작태에 대한 치유를 모색하면서 동시에 '학교 교육의 정상화'를 이루려는 노력이 있어야 할 것이다.

흔히 학교는 도덕적 생활에 대한 교사의 관심이 높다. 그래서 교사들은 규칙이나 규율을 지키지 않는 학생들의 제재로서 학교를 운영한다. 이는 소극적인 학생의 양산으로 관습적인 도덕교육의 확산을 강화한다고 할 수는 있지만, 결국 많은 학생들의 적극적인 사회성 함양에는 실패할 것이다.

여기서 듀이(Dewey)는 도덕교육의 입장을 사회적 지성(social intellig-ence), 사회적 실천력(social power), 사회적 관심(social interests)의 통합으로 파악하고 있다.[6] 그의 도덕성의 입장은 보다 명확한 인식을 가지고 실천할 수 있는 능력과 함께 늘 생각할 수 있는 기능을 가지고 있어야 한다는 것을 의미한다. 그는 가르치는 것으로만 파악할 수 있는 관습적인 도덕성의 관념을 확대하여 이해하는 경향을 가지고 있었다. 그리고 듀이의 도덕적 입장은 인

6 J. Dewey, *Moral Principles in Education*(N.Y.: Philosophical Library, 1956), p. 43.

간관계의 상호작용으로서의 도덕성을 옹호하는 것으로 보았다.

2) 진보주의적 접근의 도덕교육적 이해

진보주의적 접근의 학교생활에 대한 기본적인 전제는 사회와의 연관성 속에서 교실을 투영할 수 있는 교육적인 전망을 가지는 것이다. 교육에 있어서 그동안 가장 중요한 오류를 범하고 있었던 것은 바로 학교를 사회의 예비단계로, 학생과의 진정한 대화와 권위를 찾는 데 학교가 구태에서 벗어나지 못하고 있다는 것이다. 예컨대 학교는 사회를 준비하는 곳, 인내하는 곳으로 상정하면서 그 안에서의 학교생활은 민주주의나 인권 그리고 정의를 실천할 수 없게 되는 형식적인 수용만을 가능하게 조성하고자 한다. 따라서 이러한 교육에 대한 인식의 결여를 극복할 수 있는 방법을 듀이의 교육적 조망을 통해 도덕수업에 요구되는 교육철학적 적용을 진지하게 시도하고자 한다.

오늘날 학교에서 교육이 나아가야 할 바람직한 지향은 학습자들의 자아실현이라는 점이다. 그러나 교육 현장은 자아실현의 다양한 범주를 소화하지 못하고 그 일부인 명목적인 입시와 취업에 몰두하고 있다. 늘 교육이 지향하는 전인교육, 창의성 교육은 입시나 취업의 도구적인 성공에 매달려 왜곡되고 있다. 따라서 개인의 실존적인 문제나 인생의 궁극적인 문제에 대해 파악하고 성찰하고 행동하는 도덕과 교육에 대해 무시나 부정을 서슴지 않는 것이 지금의 현실이다.

교육을 출세의 도구로 생각한 예는 오늘의 문제만은 아니다. 우리 전통

교육이 자아실현의 철학에 심취하면서도 과거 시험의 통과 여부에 따라 판단되어졌던 행태를 보아도 잘 알 수 있다.[7] 오늘의 각종 국가고시와 같이 과거제는 능력주의 이념을 바탕으로 객관적이며 공정성을 유지하는 제도적 장치이다. 오늘날의 시험의 근원이 되지만 치열한 경쟁 때문에 과거제 선발 방법과 내용에 대한 신뢰도와 타당도 그리고 객관도에 대해 끊임없이 의문을 제기했다. 이는 마치 수학능력시험에 대한 많은 사람들의 반발의 역사적 근원이 되는 것을 볼 수 있다.

그럼에도 과거제도는 우리 사회에서 근 1,000년간 지속되었고, 오늘날 우리의 대학수능시험이나 각종 국가고시는 대한민국 건국 이래로 수없이 변화되어 왔지만 교육을 통한 사회적 진출의 기초를 제공하고 있다.

이러한 교육 풍토는 과외의 극성, 조기유학 문제, 영재들이나 고급 두뇌들의 대거 해외 유출 등의 사회현상을 초래하였으며, 치열한 경쟁 속에서 살아남기 위한 필사의 노력이 왜곡되어 누군가를 질시하고 배척하는 심각한 집단 따돌림을 유발하고 있다. 또한 잠재적인 시험 실패 예상 학생들은 그들의 현실을 도피하려고 하거나 희망을 잃고 무기력한 학교생활과 이후 사회생활로 이어지고 있다.

이 속에서 학교를 교육경쟁의 장으로 십분 활용하는 많은 학생들도 늘 불안한 정신적 스트레스를 받고 있다. 수학능력시험이나 논술시험 못지않게 학교 내신이 중요하기 때문이다. 한번의 실수나 취미활동도 결국 학생 자신을 패배자로 낙인찍히게 한다는 풍토에 젖어 있다. 오늘날 학생들은 가

---

7 강창동, "과거제 선발 경쟁의 교육사회학적 성격에 관한 연구," 고대교육문제연구소, 『교육문제연구』 제22집, 2005, pp. 197-199.

장 근본적인 자기 실존에 대한 문제를 수시로 점검하는 훈련이 되어 있지 못한 굴레에 빠져 있다. 수동적으로 평가되고 인정되는 상황에서 늘 승리자들에만 귀 기울이는 현실 속에서 우리 학생들은 숨 막히는 경쟁을 계속하고 있다.

그러나 21세기는 평생 학습하고 평생 연마해야 하는 중대한 변화가 이루어지고 있다. 그러한 상황은 더욱 더 학생들을 자신의 미래마저도 낙인찍혀 있는 존재로 전락시키게 한다. 따라서 교육 현장은 학생들의 심각한 현실을 위로하고 교육에 대한 회의론을 긍정적으로 바꾸려는 진척이 이루어져야 할 것이다. 한 개인은 늘 한 사회나 국가의 경제적·정치적 발전을 위해 움직이게 하는 풍요로운 삶을 찾아야 한다. 따라서 교육은 한 개인의 개인적 삶이나 사회적 삶 속에서 자기 결단을 하는 중요한 원동력을 제공하여야 하는 것이다. 이러한 입장에서 볼 때, 다른 교육 못지않게 한 인간의 중대한 고비마다 전반적인 자아실현을 위한 길을 모색하는 도덕교육을 통한 실마리 찾기는 매우 중요한 교육적 책무라 할 수 있다.

이는 학교에서 관습적으로나 습관적인 도덕교육의 입장을 지양하고 적극성을 띨 수 있는 도덕성의 함양을 추구하는 지향성을 모색하는 것으로 볼 수 있다. 그의 입장에서 학교는 관례적인 것으로부터 비판적인 것으로, 개인적인 것에서 사회적인 것으로, 결정적인 것에서 조화로운 것으로의 도덕교육을 강조하는 것이다. 따라서 그의 도덕교육 입장은 도덕적 훈련이나 기존의 도덕성을 가르치는 것이 아니라, 인간이 갖는 상호적 관계의 방식을 탐구적·반성적 방법에서 밝히는 과정으로 도덕교육이 되어야 한다는 것을 시사하고 있다.

한편, 학교 수업에 대한 기본적인 전제는 사회와 연관성 속에서 교실을 투영할 수 있는 교육적인 전망을 가지는 것이다. 이는 죤 듀이(John Dewey)가 이미 갈파한 것에서 시사점을 얻을 수 있다.[8] 도덕원리들은 그 원리들이 통합되는 곳이 어디든 인간 존재들이 사회생활과 분리되지 않는다. 학교는 사회생활의 한 형태이지 사회생활을 위한 하나의 준비가 아니다. 그리고 아동들의 경험의 도덕적 차원들과 양상들이 그들이 무엇을 배우고 어떻게 배우는가와 구별될 것이라고 할지라도 그들은 사회생활의 한 형태와 분리될 수 없다.

여기에서 교육에 있어서 그동안 가장 중요한 오류를 범하고 있는 것은 바로 학교와 사회를 구분지으려는 문제의식의 한계이다. 이러한 모습에서 벗어나지 못한 것은 교육문제를 증폭시키는 것이다. 예컨대, 사회는 혼탁하여도 학교는 건전해야 하고, 성인들은 정의를 실천할 수 없으면서도 학생들은 정의로워야 한다는 등의 문제의식은 올바르지 못하다. 학생들의 도덕적 품성에 영향을 주는 것은 어떠한 내용을 어떻게 가르치고 그들이 무엇을 생각하고 있는가의 교육문제로 구체화될 수 있다. 학생들은 자신을 귀중히 여기는 학교라는 사회에서 자신의 도덕적 품성을 연마하고, 이후 사회가 요구하는 품성이나 새로운 사회를 모색하는 내용을 키우게 된다.

듀이(Dewey)가 강조하는 교육의 열정은 현재성이다. 미래를 대비하는 학생의 정의적 측면 함양의 의미는 현재적 의미를 강조할 당위가 존재하는 것이다. 도덕교육은 전 교과에 걸쳐 실시된다는 입장도 겸비하면서 보다 구체적인 도덕과 교육을 통해 내실화하는 방안이 방법론적으로 모색되는 것이 의의가 있을 것이다.

---

8 J. Dewey, 임태평 역, 『도덕교육』(서울: 이문출판사, 1986), p. 8.

2. 구성주의와 도덕교육

1) 구성주의의 이론적 배경과 특징

본래 구성주의는 우리 인간이 자기 나름의 지식을 구성하는 사람이라는 인식에서 출발한다.[9] 그렇기에 구성주의는 새로운 이론이 아니며, 구체적인 교수·학습 상황에 적용되는 것을 목표로 삼는 학습이론이다. 구성주의적 논의는 18세기 버클리(Berkely)와 비코(Vico) 등에 의해 시작되었다. 그러나 당시에는 거의 주목을 받지 못하다가 20세기에 들어서 지식의 개인적 구성 측면을 강조하는 쿤(Kuhn), 비트겐슈타인(Wittgenstein), 로티(Rorty) 같은 과학철학자들에 의해 새롭게 부각되면서 많은 관심의 대상이 되었다.[10] 이처럼 구성주의는 과학철학뿐만 아니라 문예·예술분야로 확산이 되었으며, 교육분야에서도 피아제(Piaget), 비고츠키(Vyg-otsky) 등이 그 영향을 받았다. 이후 구성주의는 여러 학자들에 의해 그 관점과 강조점에 따라 피아제, 폰 글라서스펠트(Von Glasersfeld)의 인지적 구성주의(cognitive constructivism)와 비고츠키의 사회적 구성주의(social constructivism) 등으로 발전되었다.[11]

---

9 강인애, 『우리 시대의 구성주의』(서울: 문음사, 2003), p. 13.

10 http://www.tep. snue.ac.kr "초등교사 교육을 위한 교과교육(도덕) 프로그램 확산" 연구 pp. 283−313 참조.

11 강인애(2003), pp. 12−13. 구성주의는 이외에도 사회문화적 구성주의(sociocultural constructivism), 정보처리 구성주의(information−processing constructivism), 조작적 구성주의(operative constructivism), 방법론적 구성주의(method-

여기서 중요한 것은 구성주의는 우리가 타인의 지식을 일방적으로 재생산하는 사람이 아니라 스스로 지식을 자기의 것으로 만들어 구성한다는 사실이다. 또한 인식론 및 학습이론으로서의 구성주의는 오늘날 수업설계를 위한 준거틀로 확대되고 있다. 따라서 우리는 얄팍하게 구성주의의 응용적 측면만을 중시하는 것에서 탈피하여 구성주의의 본질적 측면을 먼저 이해하려는 시도를 우선해야 한다. 구성주의는 세계를 바라보는 방식이나 철학 전반을 포함한 것이다. 세계를 바라보는 하나의 철학으로서의 지식과 인간의 본질에 대한 구성주의의 기본 관점을 살펴보면 다음과 같다.

첫째, 지식은 인간에 의하여 구성된다.

둘째, 지식은 추측적인 것(conjectural)이고 오류에 빠지기 쉬운 것(fall-ible)이다.

셋째, 지식은 접함과 노출을 통하여 성장한다.

구성주의는 우리의 지식은 개인적 소유물인 동시에 공동체의 소유물이라는 입장을 갖고 있다. 오늘날 구성주의는 포스트모더니즘의 등장과 정보화로 그 중요성이 강화되고 있다. 포스트모더니즘은 고정되고, 절대적이며, 일원적인 종래의 사유체제를 버리고 유동적이고, 상대적이며, 다원적인 열린 태도를 지향하고 있다. 특히 포스트모더니즘은 거대 서사(grand narrative)를 부정하고 소서사(micro-narrative)를 중시하고 있다. 이러한 성격을 지니고 있는 포스트모더니즘은 구성주의를 이해하기 위한 사회적·문화적 이론이다. 궁극적으로 구성주의는 교사와 학생 간의 관계의 재형성, 즉 교

ological constructivism), 인공지능학적 체제(cybernetic system) 등으로 다양하게 분류 발전해 왔다.

사에게 집중되었던 권력의 탈집중화 및 학생들의 목소리, 경험, 지식에 대한 정당성과 가치부여를 지향하고 있다.

한편, 구성주의는 정보화와도 밀접한 관계가 있다. 정보화와 구성주의는 서로 상승작용을 하고 있다. 정보기술의 발전은 구성주의 이론을 구체적으로 실현시켜 주는 매개체가 되고 있다. 즉 정보기술은 학습자 스스로의 능동적 학습과 실생활에서의 문제 해결 능력을 키워줄 수 있는 가장 효율적인 방안이 되고 있다. 또한 정보화 사회는 그 자체의 발전을 위하여 창의적·비판적 사고, 유연성 있는 문제 해결 능력, 정보를 효율적으로 분석·종합할 수 있는 능력을 갖춘 사람을 필요로 하는데 구성주의 이론은 정보기술에 의해 가장 잘 구현될 수 있는 특성을 갖고 있다.

정보화를 통한 지식기반 사회를 추구하는 현대사회에서 구성주의의 교육적 지향은 열린 교육을 지향한다. 전통적인 학습방법이나 산업시대의 학습은 지식 전달의 객관주의에 입각하고 있었다. 이 입장에서 보면 교육 통제권이 교육의 주체인 교사에게 있었다. 교사는 지식전달자요, 지식의 주요 자원이었다.

그러나 정보사회에서는 학교가 모든 학년과 연령에 걸쳐서 이해의 부족을 심화시키고 수동적인 지식을 지속시키고 있기 때문에 새로운 교수·학습 이론이 필요하다는 현실적 이유에서 구성주의가 각광을 받고 있다. 즉 우리 사회는 지식의 구성과 창조라는 인식이 1980년대 후반 이후 중시되었다. 이러한 지식의 구성을 강조하는 것이 '구성주의'이다. 이후에는 타인이 전달하는 메시지를 포함하여 우리가 직면하는 자극들은 의미를 전달하는데 결코 충분하지가 않다. 그렇기 때문에 개인이 어느 정도 의미를 구성하거나 재구성해야 한다는 것이다.

오늘날 우리 사회는 정보시대 후반인 지식기반 사회에 이르렀다. 상당히 많은 연구들이 학습에의 능동적 참여를 통해 지식을 더 잘 이해하고, 파지하며, 능동적으로 활용하게 된다고 보고한 바 있다. 구성주의가 N세대의 특성에 가장 어울리는 학습방식이라는 점이다. 요즘의 N세대들은 최적화되고 미리 가공된 정보를 싫어한다. 그들은 자신이 직접 참여하는 과정을 통해 이해하고자 한다. 따라서 주입식보다는 참여와 발견의 학습을, 교사중심 수업보다는 학습자 중심 수업을, 그리고 암기식보다는 '학습하는 방법'의 학습을 강조하는 구성주의적 관점은 N세대의 학습욕구를 가장 잘 실현시켜 줄 수 있다.[12]

오늘날 구성주의 인식론을 견지하고 있는 학자들의 입장은 크게 보아 급진적 구성주의와 사회적 구성주의로 대별되고 있다. 하나는 인지적 구성주의와 그의 발달적 입장인 급진적 구성주의가 있다. 그 대표자로는 인지적 구성주의자인 피아제를 들 수 있다. 또 하나는 사회적 구성주의로 비고츠키와 거겐으로 들 수 있다. 이들은 지식을 판정하는 궁극적 기준으로서 상이한 주체들 간의 합의를 중시하는 사회적 구성주의 입장을 취하고 있다.

구성주의에서의 수업의 목표는 행위나 기능이 아니라 개념발달과 심층적 이해이다. 그리고 구성주의는 단계를 성숙의 결과가 아니라 능동적인 학습자가 재조직한 구성물로 보고 있다. 새로운 학습심리 이론으로서의 구성주의는 피아제(Piaget), 비고츠키(Vygotsky), 가드너(Gardner) 등의 연구결과에 토대를 두고 있다. 여기서는 피아제와 비고츠키를 중심으로 하여 살펴보고자 한다.

---

12 강인애(2003), pp. 65–67.

잘 알려진 바와 같이 피아제는 스스로를 발생적 인식론자라고 불렀다. 그는 인식론의 문제를 과학적으로 해결하고자 했는데, 그 이유는 인식의 문제가 순수하게 철학적인 방법에 의해서는 해명될 수 없다고 여겼기 때문이다. 즉 인식에 대한 객관적인 증명과정이 없기 때문에 철학적 방법은 부적합하다고 생각했던 것이다. 그 대신에 "지식이 어떻게 형성되는 것인가?"라는 문제에 국한하게 되면 과학적 해명이 가능하다고 생각하였다. 피아제는 발생적 인식론을 통하여 지식이 형성·성장·발달하는 기제와 저급의 지식이 고급의 지식으로 이행하는 경로를 밝혀내고자 하였다. 따라서 그는 인간의 지식은 개인과 환경 간의 상호작용에 의해서 개인 내부에서 점차적으로 구성되는 것이라는 구성주의적 관점을 갖게 되었다.

비고츠키는 인지발달은 문화에 따라 상이할 수도 있는 "사회적으로 매개된 과정"이라고 주장했던 러시아의 심리학자이다. 비고츠키는 아동은 자신에 비해 더욱 지식이 많은 그 사회의 성원들과의 협동적인 대화를 통하여 자신이 속해 있는 문화의 가치, 신념, 문제 해결 전략을 획득해 나간다는 사회문화 이론을 제시하였다. 피아제와 마찬가지로 그는 아동이 그들 자신의 이해를 구성해 간다고 주장했지만 아동이 그들에게 주어지는 것을 수동적으로 재생산하지는 않는다고 믿었다. 이를 위하여 그는 자발적 개념과 과학적 개념을 구별하였다. 비고츠키는 아동의 자발적인 개념이 체계성과 논리를 갖춘 성인의 추론을 만나는 지점을 설명하기 위하여 근접발달 지역(zone of proximal development)이라는 용어를 사용하였다.[13] 비고츠키의 이론

13 비고츠키(Vygotsky)에 의하면 남의 도움 없이 아동이 스스로 문제를 해결할 수 있는 영역을 실제적 발달수준이라 하고, 성인이나 또래 혹은 보다 능력 있는 사

에 있어서 근접발달 지역은 사회세계가 아동으로 하여금 개별 기능들의 발달로 안내해 주는 본질적 수단으로서 기능하고 있다.

이상의 논의를 바탕으로 인지적 구성주의와 사회문화적 구성주의의 주요 특징을 비교하면 인지적 구성주의는 개인의 입장에 중시하면서 인지학습을 추구하는 입장을 취하였다. 이에 대표적인 학자는 피아제(Pi—aget), 폰 글라서스펠트(von Glasersfeld)이다. 이에 비하여 사회문화적 구성주의는 사회적 상호작용에 관심을 두고 학습에 있어서도 협동학습, 공동체에 대한 문화화 과정을 중시하였다. 대표적인 학자는 비고츠키이다.

앞에서 논의된 내용을 바탕으로 구성주의적 실천을 위한 교수·학습관의 특징을 정리하면 다음과 같다.[14]

첫째, 구성주의는 절대적 진리관이 아닌 상대적 진리관에 기반하고 있다. 이는 구성주의 이론의 가장 본질적인 특징이라고 할 수 있는데, 이 관점에 의하면 보편적·개관적 절대진리는 존재하지 않고, 지식은 각 개인들이 삶이나 학습상황 속에서 구성되어지는 것으로 본다.

둘째, 구성주의는 학습자 중심 관점이다. 이는 전통적 교수자 중심의 교육관에 대한 큰 도전이다. 전통적 교육은 절대적 진리관에 기반하여 이루어졌기 때문에 이 진리를 학생들에게 전달하는 것이 교육의 주 과업이었으며, 이때 지식을 전달하는 교사를 중심으로 교육이 이루어지는 것은 당연한 귀결이었다. 하지만 절대적 지식을 인정하지 않는 구성주의 입장에서는 각

람의 안내를 받아 해결할 수 있는 영역을 잠재적 발달수준이라고 하는데, 이 두 수준 사이의 거리를 근접발달 영역이라고 한다.

14 숙명여자대학교 교육대학원 교육방법및교육공학 학습자료(2002. 1학기), "구성주의 교수—학습 이론과 모델"참조.

학습자의 지식구성 과정 및 활동이 중시된다. 따라서 지식을 전달하는 교사가 아닌 학습을 지원하고 학습촉진자로서의 교사를 통해 학생은 스스로 자신의 지식을 구성해 나가는 학습자가 교육의 핵심 주체가 되는 것이다.

셋째, 구성주의에서는 구체적인 학습의 상황과 맥락을 중시한다. 구성주의에서는 개인적·사회적 삶의 적응과 유지가 중요한 학습목표가 된다. 따라서 이 관점에서는 각 학습자의 지식구성 활동도 추상화된 탈맥락적 상황 속에서는 아무런 의미가 없으며, 구체적인 상황적 맥락 속에서 이루어져야 지식으로서 가치를 지닌다. 구성주의 학습에서는 이러한 구체적이고 실제적인 상황과 맥락의 풍부한 제공이 교육의 성패를 좌우한다고 볼 수 있다.

넷째, 구성주의에서는 교육의 내용보다 교육의 과정에 더 주목한다. 구성주의 관점에서는 교육내용이 체계화, 계열화, 순서화로 이루어져 있는 것이 아니라, 일상생활과 학습의 맥락 속에 복잡하게 얽혀 있다는 것을 가정한다. 아울러 일상의 모든 경험 자체가 교육내용이요 소재이기 때문에 특별히 교육내용에 대해 관심을 갖지는 않는다. 구성주의에서 관심을 갖는 것은 각 학습자들이 지식을 구성해 나가는 구성의 과정이다. 이 구성활동을 자극하고, 지원하며, 조장하는 것이 구성주의 교육과정이다.

다섯째, 구성주의에서 교사의 역할은 학습자의 학습을 지원하고 조장하는 학습촉진자이다. 이 새로운 관점에서는 지식전달자로서의 교사는 더 이상 의미가 없다. 구성주의에서 교육은 학습자가 자신의 맥락 속에서 스스로 지식을 구성해 나가는 과정이기 때문에 교사는 이러한 학습자의 지식구성 활동을 돕고, 지원하며, 촉진하는 역할을 하여야 한다. 하지만 결코 교사의 역할이 축소되었거나 그 중요성이 낮아진 것은 아니다. 교사 역할의 성격이 변했을 뿐이지 교사의 역할은 여전히 중요하다.

2) 구성주의를 통한 도덕교육의 접목

오늘날 구성주의의 응용적 측면에 관심을 갖고 있는 학자들은 지식 형성과 습득에 관한 이해와 관점을 기반으로 하여 여러 가지 수업 설계 모델들을 개발하였다. 이러한 모델들에는 상황적 학습 모델, 문제 중심 학습 등이 있다. 그 중 문제기반 학습 모델(Problem-Based Learning : PBL)은 실생활의 문제 사태를 중심으로 교육과정과 수업을 구조화한 교육적 접근으로 학습자들에게 문제를 해결해 나가는 과정을 통하여 비판적 사고기능과 협동기능을 신장하도록 하는 학습형태이다.

원래 이 모델은 의과대학 수업에서 구성주의와는 별도로 시작되었으나 자연스럽게 구성주의와 이론적 접목을 이루게 되었다. 그 이유는 구성주의와 마찬가지로 이 모델이 기존의 교육환경 문제를 해결하기 위한 대안으로, 그리고 정보시대에 대처하기 위한 방안으로 고려되었기 때문이다. 이 모델에서 교사는 정보의 제공자가 아니라 학생들의 문제 해결을 도와주기 위한 일종의 코치 혹은 촉진자 역할을 수행해야 한다. 이 모델에 의한 수업은 문제에 직면하여 문제를 정의하는 단계, 정보에 접근하여 정보를 평가하고 정보를 활용하는 단계, 종합과 수행단계로 이루어진다. 이 모델에서 문제기반 학습 모델의 수업 원리는 실생활의 복잡한 문제에 관심을 두며, 학생들이 서로 협조하여 문제 해결력을 기르게 하고, 학생들의 자기 주도 학습력을 증진하는 것이다.

현실적으로 그동안 도덕교육은 학생들의 비판적 사고에 초점을 두었다. 이러한 시도는 지양되어야 할 필요가 있다. 오늘날 도덕교육은 구성주의적 맥락을 주목할 필요가 있다. 예를 들자면 도덕교육이 논술을 통해 육성하고자 하는 것은 이해와 비판적 사고뿐만 아니라 구성적 사고이다. 실상 논리교육의 목표는 순수 논리학이라기보다는 논리학의 응용에 달려 있다.[15]

이러한 측면에서 수업에서는 학생들의 자율적인 도덕적 판단력 및 가치판단 능력을 신장시키기 위하여 이루어져야 하는, 교사는 학생들로 하여금 삶에서 경험하는 여러 도덕문제를 교과서의 내용과 관련지어 자기 주도적으로 학습하게 한다. 또한 수업은 교육과정에 의거하여 작성된 다양한 교수·학습 자료와 매체가 활용되어야 한다. 더 나아가 지역의 특성이나 시사성이 강한 내용은 그 지역이나 시기에 알맞게 재구성하여 지도하되 편향되지 않은 객관적 입장에서 자료를 구성하여 활용하도록 한다. 이를 위해 다양한 도덕과 교수·학습 자료에 교사들이 쉽게 접근하여 활용할 수 있도록 지원체제를 갖추도록 한다.

또한 도덕교육은 학생의 도덕성 발달과 인격함양에 도움이 되는 평가가 되도록 해야 한다. 그리하여 평가가 학업성취도 및 도덕적 판단능력과 실천의지를 판정하는 자료로서의 의미뿐만 아니라, 도덕과 학습 진전 상황을 기록하여 궁극적으로는 학생의 도덕성 발달과 인격함양을 촉진하는 데 도움이 되도록 한다. 도덕과 평가는 도덕성의 제 측면에 대한 통합적 평가를 추구하고 학생들의 학습과정과 결과를 종합적으로 평가하는 것이 바람직하므로 평가의 방법에 있어서도 가급적 다양한 방법을 활용하도록 한다. 선택형과 서술형을 포함한 지필평가, 행동 관찰, 자기 보고, 구술·논술평가, 포트폴리오(portfolio), 토론 및 발표에 대한 평가, 학생 상호 평가 등 다양한 평

15 이초식, 『논리교육』(서울: 대한교과서, 1995), p. 39.

가방법을 활용하여 도덕성의 다양한 측면이 종합적으로 평가되도록 한다.[16]

이러한 측면에서 도덕교육은 구성주의적 인식을 강화하면서 학생들이 도덕적 문제나 사회문제에 대해 자신의 생각을 가장 잘 정리하고 논의의 주제를 잘 파악하는 과정이 요구된다. 그 이유는 지금까지 구성주의에 대한 논의에서 도덕교육에 적용될 수 있는 기본 원리에 충실하면 될 것이다. 교사는 학생들을 상호 존중적 입장이나 민주적 풍토를 마련해 주어야 한다는 것이다. 그리고 학습자의 적극적이며 능동적인 도덕적 지식구성을 도모하는 자발적인 질문이나 엉뚱한 질문에 대해 중시하여야 한다.

이러한 측면의 교육이 강화되는 이유는 우리의 교육 패러다임이 전반적으로 변화하고 있기 때문이다. 이제 학습 통제권은 교사, 개별학습자, 사회구성원들로 확대되고 있다. 그리고 지식은 지식 자체로 존재하는 것이 아니라 지식구성과 창조 이후 지식 창조와 공유라는 인식을 더욱 확대하고 있다.[17] 즉 근세 상공업 시대에는 지식 실재론의 입장에서 교사의 지식전달을 교육으로 이해하여 나름대로 의미 있는 성과를 산출하였다. 그러나 정보시대는 지식을 구성하고 창조하며 교사와 개별 학습자인 학생들의 지식 구성과 창조가 일어났고, 이후 오늘의 지식기반 사회는 교사와 개별학습자 그리고 사회구성원들이 공유하는 사회적 구성주의 입장이 이제 전개되고 있다. 이 속에서 교사는 학생들과 교실 밖에 존재하는 사회구성원인 학부모와 도덕적 문제의 관계자들을 생각하는 도덕적 대화와 토론을 능동적으로 전개

---

16 교육인적자원부, 『도덕과 교육과정』, 교육인적자원부 고시 제2007-79호[별책 6], 2007, p. 41.

17 강인애, *op. cit.*, pp. 64-66.

하여야 한다. 이러한 역할 변화 속에서 교사는 학생들에게 자신의 입장에서 있지 않는 다른 입장을 알게 하여야 한다.

이제 교사는 학습과제를 학생들에게 부여할 때 현실세계의 복잡성을 알 수 있는 과제를 제시하여야 한다. 실제적인 도덕적 과제 해결에 있어서 교사는 학생들이 다양한 관점에서 협동심을 발휘하여 역동적으로 해결하도록 하는 것이다.[18]

3. 공동체주의와 도덕교육

1) 공동체주의의 이론적 배경과 특징[19]

인간은 중세의 굴레에서 벗어나 자유를 얻으려 하였다. 그러한 인간의 의지를 반영하며 유럽의 17세기의 로크, 18세기 칸트가 주창한 자유주의가 성립되었다. 이 자유주의는 19세기 중반에 서구에 퍼졌고, 현재는 전 세계적으로 확산되어 도덕철학의 이론적 기초가 되고 있다. 자유주의 정치철학의 핵심 주제는 시민의 기본 권리와 정치권리 및 그 권리를 시행하는 국가의 역할이다. 시민의 기본 권리는 미국의 권리장전이나 롤즈(J. Rawls)의 정

18 추병완, 『도덕교육의 이해』(서울: 백의, 1999), pp. 309–310.

19 추병완 외, 『초등 교사교육을 위한 교과교육 프로그램 개발(도덕) 연구』(교사교육프로그램 개발과제 2003-9-1), 교육인적자원부, 2003, pp. 248–251의 내용을 재구성함.

의원리에서도 발견된다. 이는 종교·표현·사상·결사의 자유에 대한 권리, 정치참여에의 권리 그리고 법적 유예과정의 권리 등을 포함한다. 이후 도덕철학에서의 자유주의는 루소, 칸트, 벤담, 밀, 롤즈, 노직 등으로 이어지면서 발전해 오고 있다.

이들의 핵심 주장을 요약해 보면 다음과 같다.

첫째, 그들은 자유주의의 주요 이념으로 권리의 우선성을 주장한다. 인간의 자유는 어떤 다른 선에 의해서도 희생될 수 없다는 것이다.

둘째, 자유주의는 정부의 중립성을 요청한다. 정부는 삶에 있어서 무엇이 선한지, 어떤 삶의 방식이 우선한지에 대해 중립을 지켜야만 한다. 개인은 스스로의 가치에 따라 살기 때문에 모든 시민에게 하나의 선 개념을 강요하는 것은 가장 기본적인 인간의 자유를 침해하는 것이다.

셋째, 자유주의는 보편적 윤리를 주장한다. 행위의 도덕적 가치는 보편적으로 적용할 수 있는 원리에 적용되어야 하는데, 이를 위해서는 모든 사람을 평등하게 대우해야 한다. 자유주의의 주요 윤리이론인 의무론에서 도덕적 행위주체는 보편적인 도덕원리에 따라 숙고하여 선택하며, 그 선택에 대해 개인적으로 책임을 진다.

넷째, 자유주의는 독자적인 개인이 권리와 책임을 지는 개인주의에 바탕을 둔다. 이는 근대 도덕이론과 정치이론의 기반이 되었다.

그러나 현대 자유주의, 즉 윤리적 개인주의에 대한 비판은 공동체주의자들에 의해 강하게 제기되었다. 이들에 따르면 자유주의는 권력이나 부당한 외적 힘으로부터 인간의 자유를 확보하는 데 있어서는 공헌하였지만 그 자유가 적절히 절제될 때 인간사회의 진정한 가치가 실현될 수 있다는 측면을 소홀히 함으로써 많은 문제를 야기하였다는 것이다. 가장 큰 문제는 자유주의가 잘못된 개인주의를 가져오고, 이것이 다시 이기주의로 연결됨으로써 사회해체의 위기를 노정하고 있다는 점이다.

개인주의는 개인만이 궁극적인 실체이지 사회는 단지 이차적인 것에 불과할 뿐이라는 독립적이고 자율적인 자아관을 강조한다. 이 자유주의 사상은 인간관계를 독립적이고 단절적인 것으로 만들어 놓아 타인에 대한 무관심과 고립적인 개인, 자기 소외, 자아와 정체성의 상실, 고독한 군중의 탄생, 그리고 사회의 파편화를 가져오게 되었다. 그리고 타인과의 관계에 있어서 나의 권리와 이익을 우선시하는 개인주의는 자연스럽게 이기주의가 사회적 차원으로 확대되는 발판을 제공하였고, 이기주의를 자연스러운 현대적 삶의 모습으로 인식하게 만들었다는 것이다.

이러한 관점을 갖는 공동체주의자들은 오늘날 우리 사회의 도덕적 위기의 원인을 개인주의적인 교육관에서 찾고 있다. 이들에 따르면 자유주의적 개인주의는 교육영역에서도 많은 문제를 야기하였다. 윤리적 개인주의에 기초한 교육에서는 공동체보다는 개인, 즉 공동선이나 공동체의 유지·존속보다는 개인의 자율성과 독립성을 확보하는 데 목적을 둠으로써 개인의 성향과 재능을 계발시키는 데에는 기여하였다. 그렇지만 자유주의적 교육은 모두의 복된 삶을 추구하는 사람보다는 나 혼자 배부르고 잘사는 삶에 집착하는 개인을 교육하는 결과를 가져왔다. 그리고 이러한 과정에서 우리보다는 나, 공동 선보다는 개인 선, 절제된 자유보다는 욕구의 대상을 향유하고 만끽하는 자유, 사회적 책임보다는 개인적 권리를 우선하는 관점 등을 강조하였다. 이로써 자유주의적 교육은 사회적 연대와 결속의 도덕적 토대가 붕괴될 위험을 조장하였다.

공동체주의는 공동체적 삶을 중시한다. 이러한 입장은 특히 매킨타이어

(A. Macintyre)에게서 강하게 나타나고 있다. 그는 현대 자유주의에서의 개인의 도덕적 삶과 사회적 상황은 대단히 심각한 혼란과 무질서에 빠져 있다고 비판하면서 그 원인을 자유주의 사회의 도덕에 대한 개인주의적인 태도에서 원인을 찾고 그 해결방안을 공동체적 삶의 측면에서 찾고 있다. 또 매킨타이어는 이러한 공동체를 복원하는 일과 관련하여 아리스토텔레스의 덕윤리의 회복을 강조한다. 아리스토텔레스에게 있어서 인간은 어떤 목적으로서의 선을 실현하기 위해 존재하며, 이러한 선을 성취하는 데 필수적이고도 유용한 인간의 성품이 바로 덕이었다. 이러한 관점에서 그는 인간 본성에 대한 목적론적 이해와 그 목적으로서의 선의 실현에 긴요한 덕의 획득을 강조하는 아리스토텔레스의 덕윤리로의 복귀가 현대 자유주의의 한계를 극복하는 대안이 된다고 보았던 것이다.

또한 공동체주의자들은 도덕적·사회적·정치적 삶의 질서를 재정립할 것을 강조하고 있다. 그 대표적인 학자는 에치오니(Amitai Etzioni)이다. 그는 개인과 사회·정치적 측면에서의 공동체주의적 개혁의 필요성을 역설한다. 이를 위해서 그는 먼저 도덕적 질서를 재건하는 측면에서 개인과 공동체의 조화, 나와 우리의 조화, 도덕정신의 부흥을 역설한다. 그에 따르면 개인과 공동체는 서로 분리되거나 대립적인 관계에 있는 것이 아니라 상호 보완적이고 상호 구성적이다. 따라서 이 상호 관련성 속에서 개인은 공동체를 고려할 의무를 부여받고, 공동체 또한 그 구성원들의 복지를 돌보고 그들이 사회적·정치적 삶 속에 참여하고 숙고하도록 해주어야 한다. 왜냐하면 이렇게 될 때 개인과 공동체는 조화를 이룰 수 있게 되기 때문이다. 따라서 공동체는 나와 우리의 관념에 입각하여 재건되어야 한다.

또 그는 도덕질서를 재건하기 위한 방안으로서 사람들을 묶어주는 연대성을 강화하고 그들로 하여금 고립과 소외를 극복하도록 해주는 일, 사람들이 서로 북돋워 주고 더욱 덕스럽게 행동하도록 이끌어 주는 도덕적 목소리들을 각 공동체들 안에 다시금 일으켜 세우는 일, 그리고 각 공동체들에 있어서 사회적 질서에 대한 존중과 상호 배려의 정신과 같은 시민성을 강화하는 일을 제시하고 있다. 또 그는 사회질서를 바로 세우는 일의 측면에서 개인적 권리와 사회적 책임 사이의 균형을 강조한다. 마지막으로 정치적 질서를 바로 세우는 일의 측면에서 현대 자유주의 사회에서의 부패한 정치를 바로잡고 공공의 이익을 증진시키는 것이 공동체주의 운동의 또 하나의 방향임을 지적하고 있다.

이러한 측면에서 도덕과 교육의 공동체주의적 접근은 이 시대에 도덕적 문제를 바라보는 해결책을 제시할 것이다. 오늘날 교육은 개인의 자유도 중요하지만 공동체를 바라보는 중요한 안목이 필요하다. 그렇기에 이 시대의 교사는 어린 학생들에게 더욱 더 공동체에 대한 인식과 실천을 성숙시켜야 할 책무가 요구된다.

2) 도덕교육에서의 공동체주의 적용

현대를 사는 사람이라면 개인의 요구와 사회의 요구 간의 충돌을 경험한 적이 있을 것이다. 자신이 하고 싶은 욕구와 공동체가 바라는 요구를 충족시키는 노력은 오늘을 사는 사람에게는 매우 중요한 일이다. 21세기에 들어오면서도 어울려 함께 살고자 하는 속성은 어느 때보다도 중요하게 되었다. 그 이유는 지난 세기에 대한 에치오니의 분석에 따르면 자명해진다. 그는 20세기는 여성과 소수민족에게 불공평했으며, 좀 권위주의적이었다는 것이다. 우리는 사회를 잘 형성하려고 노력하였으나 그 사회의 가치를 크게 훼손했다. 또한 우리 사회는 자기 이익의 무제한의 추구가 미덕이라는 소리도 서슴없이 하여 왔으며, 그 결과 도덕적·사회적 일탈의 누적된 결과를 목도하게 되었다. 폭력, 마약, 탐욕 등으로 얼룩진 세계는 우리 자신이나 우리의 후손을 위한 바람직한 세상이 아니라는 점에 아무도 이의를 제기하지 않을 것이다.[20]

이처럼 극단적 개인주의는 오늘날 가장 큰 사회적 질병이 되고 있다. 개인주의가 자아도취에 빠지게 된다면 무정부 상태에 빠지게 될 것이다. 아직 그 정도까지는 아니지만 그런 방향으로 빠르게 진행되고 있다. 이제 우리 시대의 커다란 과제는 현재의 폐쇄적 보호주의로부터 개방성과 지구적 공동체의 확립으로 전환하기 위한 공동체의 이해를 재고해야 한다. 본래 다양한 개인들의 공동체는 개인과 전반적인 체계 모두를 부양하는 방식으로 더불어 사는 곳이다. 공동체의 속성은 인간에게만 특수한 것이 아니라 모든 생물 종에게서 나타나는 일반적인 현상이다.[21]

오늘날의 과제는 진정한 공동체를 창출하는 것이다. 그 공동체는 전통적인 공동체보다는 더 건강하고, 자유로우며, 자발적일 필요가 있다. 이에 도덕과 교육은 학생들이 적극적으로 공동체를 위해 노력하도록 구성되어야 한다. 그에 따라 도덕과 교육은 공동체의 이해를 기초로 하여야 한다. '악의

---

20 Amitai Etzioni, *The Spirit of Community*(New York: Touchstone, 1993), pp. 247–248.

21 이범웅, "윤리과 교육의 사회 공동체적 접근," 『심공 정세구 교수님 정년논문집』(서울: 교육과학사, 2005).

평범성'이라는 말처럼 폭력은 우리 삶에서 일상적인 것으로 나타난다. 폭력은 사람 간의 관계에서 구타나 폭행과 같은 직접적, 신체적 차원뿐만 아니라 언어폭력처럼 간접적, 정신적 차원에서 발생하고, 차별과 같은 교실 내 부정의의 상황이 발생하기도 한다. 특히 타자에 가하는 폭력을 넘어서서 자기 자신에게 가하는 폭력, 자살의 문제도 자기 폭력이다. 타인의 고통에 대해서도 고의적으로 무관심한 것도 폭력의 한 맥락으로 볼 수 있다. 그만큼 우리 학교는 외부에서 가해지든 자신에게 벌어지든 보다 건강한 사회 구성원이 되려는 올바른 치유의 방법을 찾아야 하며, 자신의 권리와 책임을 잘 알고 일상화된 폭력 문제를 해소하는 데 노력하여야 한다.[22]

학교공동체는 일정한 규율과 그에 대한 보상과 체벌이 공존한다. 다만 그 보상과 처벌이 차별적이어서는 안 된다. 이러한 의미에서 학생들의 학교에 대한 불만은 그들이 말하는 미래를 위해 참는 것으로 회피되거나 순간만을 모면하려는 타성으로 변하게 된다. 사회의 변화는 학생들이나 교사들, 학교의 논리에 일방적일 수 없다. 학교는 다양한 학생, 교사들의 의견을 수렴할 수 있는 공간을 강화하여야 한다. 그러한 학교의 노력 여하가 학교의 미래를 보장할 수 있는 것이다.

교사의 행동은 학생들에게 영향을 준다. 학생들은 학급이나 학교에서 충분한 인격을 부여받을 수 있어야 한다. 그 과정에서 교사는 버릇 없는 학생들이나 미성숙한 학생들에게 훈육을 통해 적극적인 학교공동체의 일꾼이 되도록 지원하여야 한다.

교사는 학교공동체의 순화를 위하여 학생들을 가르치는 내용에서 공동

22 윤영돈, "폭력의 일상화와 인문치료", 『윤리교육연구』 23집, 2010, p. 250.

체 발전을 준비하여야 한다. 학생들은 학교공동체에서 그들이 행동하고 원하는 것들에 대한 일관된 이해가 기초되어야 한다. 예를 들어, 교사는 학생들에 대한 이해에 있어서 학생과 학부모의 변화에 대해 능동적이고 개방적인 자세와 책임 있는 행동이 요구된다.

교사는 적극적으로 공동체 함양을 위한 노력을 전개하여야 한다. 교사는 교과서만 가르치는 교육자가 아니다. 도덕적 문제에 대해 자기의 소신을 갖는 것이 중요하다. 교사가 도덕적 문제에 대해 선언적인 태도로만 일관한다면 학교공동체의 개선을 위한 변화는 무리이다.

우리 사회는 진정한 공동체를 위한 교육으로 학교나 교사의 교육적 방향에 대해 주목한다. 그러한 의미에서 학생들의 공동체에 대한 헌신과 봉사를 가르치는 도덕과 교육의 내용적 강화가 요청된다. 그렇게 함으로써 학교는 진정한 공동체와 사회를 생각하는 마음자세를 학생들이 갖추도록 하는 의지가 필요하다. 예를 들면, 학교구성원들이 정해놓은 교훈이나 규칙, 학급에서 이루어진 급훈이 잘 지켜지도록 하는 학교나 교사, 학생들의 노력이 진정한 공동체를 만드는 초석이 될 수 있다.

공동체주의는 공동체 의식의 함양과 공공 이익에의 공헌을 목적으로 도덕적 품성과 행동의 형성에 우선적 관심을 갖는다. 즉 이들은 삶은 끊임없는 행동의 총체로서 행위의 옳고 그름을 판단하기에 앞서 도덕적으로 옳은 행동을 언제나 할 수 있는 품성 또는 덕을 자연스럽게 몸에 지닐 가능성을 배양하는 것을 중시한다. 이들이 덕을 중요하게 여기는 이유는 덕을 가진 사람이 자연히 도덕적으로 옳은 행위를 할 수 있기 때문이다.

학생들의 덕을 형성하기 위해서는 포괄적이고 전일적(holism)인 도덕교육적 접근이 요구된다. 학생들은 건전한 인격의 함양은 학급과 학교생활의 모든 국면을 적절히 활용하는 공동체주의적 접근의 관점이 필요하다. 공동체주의자들은 공동체를 단순한 수단이 아닌 목적 혹은 도덕생활의 이상으로 제시하고, 공동체 자체를 중요한 도덕교육의 방법으로 활용할 것을 강조한다. 그들은 도덕교육이 이루어지는 학교나 학급 자체를 하나의 응집력 있는 도덕공동체로 만들어야 한다는 것을 강조한다. 단순히 공동체의 도덕규칙과 의식들, 그리고 표준과 행위에 대한 이해만으로는 도덕공동체의 대한 소속감이 생길 수 없고, 도덕공동체 생활에 대한 능동적인 참여와 유대감을 가짐으로써, 그리고 기능과 도덕을 실천함으로써 도덕공동체의 책임 있는 구성원이 될 수 있기 때문이다.

공동체주의자들은 도덕생활의 목적 및 이상으로서의 공동체 개념을 중시함으로써 공동체적 자아 혹은 관계적 존재로서의 인간의 본성에 대한 이해의 필요성을 일깨워 주었다. 그리고 덕의 함양에 있어서 공동체의 기능들에 대한 풍부한 이론적 근거들을 제공해 줌으로써 근본적으로 도덕교육은 공동체에 기반을 두고 실행되어야 함을 일깨워 주었다. 도덕교육의 내용은 바로 전통과의 접목을 가능하게 해준다. 이를 통해 도덕교육은 공동체의 역사, 전통, 상징체계, 의식, 음악과 미술, 설화와 이야기 등을 다채롭게 활용할 필요성을 일깨워 준다.

최근 자유주의와 공동체주의의 논쟁이 하나로 수렴되고 있다. 공동체주의 논쟁과 그에 대한 해소는 도덕교육에 있어서도 조화를 찾을 수 있을 것이다. 여기서 도덕적 문제의 양극단을 극복할 수 있을 것이다. 그렇기 때문에 근시안적이고 일차원적인 기존의 사고방식에서 탈피하여 자유주의와 공동체주의의 장점들을 통합할 수 있는 실천적 지혜를 발휘할 필요가 있다. 학교는 학생들이 타락한 자유주의나 공동체주의의 희생양이 되지 않도록 공동체주의의 부정적 측면을 최소화하는 것이 필요하다. 이 속에서 기존의 자유주의적 이론의 장점들을 최대한 포용함으로써 열린 도덕공동체를 만들어야 한다. 즉 공동체주의의 공동체 의식과 자유주의의 합리적 자율성을 겸비한 인간을 만들어내는 것이 중요하다. 이러한 가능성 속에서 학교가 공동체주의의 수용과 적용에 보다 많은 관심을 기울여야 할 것이다.

3) 교육 현장에서의 공동체주의적 관점의 적용과 실천

도덕교육은 오늘날 교육계 내외로 불어오는 다양한 목소리에 주의를 기울여야 한다. 학생들은 학교를 공동체의 공간으로 활용할 수 있게 해주어야 한다. 학교가 문화공간 역할을 하려면 학교는 가르치는 구조에만 얽매이는 고루한 학습에 변화를 추구하여야 한다.

실질적인 변화는 학교 당국의 의지와 교사의 노력, 그리고 학부모의 협조와 학생들의 의지가 총체적으로 이루어져야 가능하다. 교육은 주문에 응하는 교육이 아니라 학생의 잠재력과 가능성, 성장의 배경과 전망, 예상되는 삶의 세계에 비추어 제공되는 것이다. 즉 공동체를 위한 교육은 학습자 측의 주관적 필요를 위한 교육이 아니라 학생과 학부모, 교사들의 생각이 정리되어서 검토된 필요에 의한 교육으로 이해되어야 하는 것이다.

이러한 의미에서 볼 때, 도덕교육은 보다 학생에게 다가가는 교육을 교실에서 수용하는 작은 변화가 이루어져야 한다. 즉 교실에서의 정의를 실천하는 일은 학교에서 정의를 구현하는 일보다 수월하다. 따라서 교사는 교실에서 민감한 도덕적 각성이나 인식을 통해 학생들의 도덕적 실천을 하나씩 전개하는 데 대해 격려해 주고 진지하게 이해해 주어야 할 것이다. 그러한 교실의 변화 속에서 학교공동체의 문화적 가치나 유산이 이루어지며, 이는 창조적인 능력을 발휘하는 교사와 학생들의 역량으로 강화되는 것이다.[23]

그렇기에 교사의 역량은 중요하다. 교사는 학교 문화행사에서도 적극적으로 참여하는 전문성 계발이 요구된다. 학생들은 그들의 문화적 코드를 이해하려는 교사들에게서 공동체 구성원으로서의 동질감을 갖는다. 학생들은 전통적인 학교문화의 성실과 노력, 규율과 복종에 대해 거부하고 있다. 이러한 근간에는 학생들의 반항이나 군중 심리에 기인될 수 있다.

그러나 교사들이 학교공동체에서 학생들 생각을 십분 이해하고 개선책을 공유하지 못한다면 그 피해는 교사의 수업 질의 악화와 더불어 학생들의 학교공동체 외면이라는 결과를 초래할 것이다.[24] 그럼에도 많은 교육자들이 학교공동체의 문제를 심각하게 생각하면서도 구체적으로 준비하는 데 미흡하다. 이러한 처지에 놓여 있는 학교 현장에서 교사들은 학생들의 현실과 사회에 예비준비를 하는 데 있어서 다음과 같은 입장을 견지하여야 할 것이다.[25]

---

23 Jackson, P. W., Boostrom, R. E., Hansen, D. T., *The moral life of school*(San Francisco: Jossev−Bass Publishers, 1993), p. 12−15.

24 Brownwell, Baker, *The Human Community: Its Philosophy and Practice for a Time of Crisis*(N. Y.: Harper & Row, Inc., 1995).

25 많은 초등교사들은 헌신적이며 열정적이다. 그러나 드물지만 극단적인 교사는 동 학년 다른 교사와 논의하지도 않고 도덕 교과서나 생활의 길잡이 보조 교과서의 특정 단원을 가르치지 않는 경우가 있다. 심지어 어떤 교사들은 도덕책이나 생활의 길잡이 보조 교과서에 대해 자신의 논리에 빠져 책의 내용과 배치되는 입장을 가르치면서도 무용담인 양 말하는 지나친 자기 논리에 빠진 기이한 모습을 보이기도 한다.

첫째, 학교는 공동체적·교육적 시도와 쟁점에 대해 숙고하여야 할 것이다. 그러한 일환으로 다양한 사람들의 차이를 차별로 보지 않고 인정해 주면서 사회적 공동체를 다채롭게 꾸려가는 데 보다 많은 시간을 투여할 수 있어야 한다. 현재 학교는 현실적으로 다양한 의견이 공존하고 있다. 이 속에서 편향성은 금물이며, 도덕과 교육내용은 물론 존재하는 차이를 융합하고 조성할 내용을 가져야 한다. 따라서 학교는 공동체의 발전을 위한 보다 실질적인 교육을 만들어야 한다.

둘째, 학교는 실질적인 학생문화 이해를 위한 조건을 갖추어야 할 것이다. 즉 교과통합적 기능 면에서 도덕교육이 여러 다른 교과교육을 통하여 획득된 지식, 능력, 태도를 통합하여 자신의 인격형성에 연결해 주고, 가치통합적인 면에서 가정, 학교, 사회의 전체 생활과정을 통하여 획득한 다양한 가치들과 규범들의 상호 의존적인 관계와 그 모순성을 파악할 수 있도록 하면서 학생들에게 하나의 통합된 가치관을 가진 인격을 형성하는 데 중점을 두고 있다. 교사는 시대의 요구를 파악하려는 의지를 가지고 있을 때 학생들을 바람직한 행동으로 이끌게 할 수 있는 것이다. 이러한 교사의 노력은 학교공동체의 구성원임을 자각하는 학생들에 대한 충분한 배려를 조성할 수 있는 것이다.

셋째, 교사나 학생들은 학교공동체에 대한 보다 세심한 이해를 강화하여야 할 것이다. 교사들은 가능한 한 더불어 생각하는 능력을 배양하여야 할 것이다. 많은 학교에서 교사와 학생들이 주변인으로 존재한다. 그래서 학교 교무회의에서 소외된 교사는 교실에서의 결정에 있어서 학생을 소외시킨다. 소외의 순환이 학교에 머물러 있다. 따라서 교사 자신이 소외되는 상황에서도 교사는 학교의 모든 결정에서 학생들이 소외감을 느끼더라도 학생의 마음을 읽는 의지나 설득을 하는 마음가짐을 가져야 할 것이다. 또한 수업 진도의 결정, 교수·학습 방법, 벌칙, 평가, 수업 일정 등등에서 교사는 학생들의 마음을 읽고 나가야 한다. 그 속에서 학생들은 더 이상 학교나 교실을 외면하지 않고 그들의 사고나 생각을 학교에서 모색할 수 있을 것이다. 이러한 의사결정의 과정이 학교 교실 상황에서 이루어진다면 학생들의 적극적인 의지가 이루어질 것이다. 학생들이 사회인이 되는 날에는 교실에서 익혔던 민주적 사고의 과정을 발휘할 수 있을 것이다. 이러한 과정의 결과는 우리 사회의 공동체를 진일보하는 조그만 가능성을 만들게 될 것이다.

학생들은 학생들을 이해하는 교사로부터 지식과 삶의 지혜를 슬기롭게 얻기를 바란다. 이를 뒷받침할 수 있는 교사는 결국 학생들에 대한 폭넓은 이해를 기초로 하여야 한다. 교사와 학생들 서로의 교육에 대한 입장을 인정하면서 교실에서의 공동체를 찾아나갈 때 교실의 새로운 문화가 조성될 수 있는 것이다. 즉 교사는 분권적이지만 권위를 잃어서는 안 된다. 여기서 학생은 민주적인 의사소통을 원하지만 자기중심적 입장에만 머물러 있어서는 안 된다.

넷째, 교사는 도덕과 교육을 통한 공동체의 발전을 위한 실천을 위해 학생 생활, 상담에 대한 조언이나 역할을 스스로 담당하려는 의지를 가져야 할 것이다. 교사들은 수업 연구를 공동으로 실시하고, 실질적으로 학생 중심, 생활 중심의 교육에 대해 이해할 수 있는 많은 기회를 가져야 한다. 이에 따라 학교는 교사가 인격교육을 이행함에 있어 실질적인 학생들의 전문적인 조력자로서 될 수 있도록 격려하여야 한다.

도덕과 교육은 그동안 우리의 문화전통을 지지하고 청소년에게 기성사회의 기능적 구성원으로 발전할 수 있도록 돕는 모든 교과의 한 부분을 포함하였다. 그러나 방대한 내용에 대한 상호 경쟁의 교육풍토는 학생들의 개성에 관한 교육을 '예외적'으로 보고, 교사가 전형적으로 각 수업을 위한 학습목표를 일방적으로 학생들에게 수동적으로 받아들이게 하는 문제를 야기하였다. 예를 들면, 학생들은 도덕과 교육 내용에서 하나의 도덕적 가치나 실천에 대해 배우고 실생활에 접근하기보다는 시험에 나오는 하나의 내용이나 중요 인물에 말에 대해 교사가 설명하는 것에 더 관심을 둘 수 있다. 따라서 교실 내에서의 학생들의 토론이나 수업의 역할 수행은 교사의 수업에 대한 도덕적 실천에 따라 학생들의 접근을 강화될 수 있는 것이다.

유능한 교사는 따돌림의 문제, 예절의 문제, 공정한 자세 또는 타인에 대한 존경과 같은 주제를 교과서 내용에서 추출하여 학생들이 실천할 수 있도록 격려하기도 한다. 수업을 계획하는 데 있어서 교사는 교수목표에 이런 주제를 구체화하고, 학생들이 책 내용 속에 내재된 사상들과 상호작용이 이루어질 수 있도록 협동적인 학습, 전체 토론, 갈등 해결과 같은 교수방법을 이용할 수 있다. 그 속에서 교사들은 학생들의 공동체를 위한 마음가짐을 조성하는 데 주력하기도 한다.

오늘날 교사들은 전통적인 도덕교육의 안목과 새로운 변화의 질서를 수용하는 노력이 요구된다. 교사 스스로 개인주의적 가치에 몰두되는 경우도 있다. 그런 경우 학생들은 개인과 공동체, 경쟁과 협동, 합리성과 치밀한 인내, 동조와 참여, 고뇌와 협조, 개별적 접근과 산발적인 접근 그리고 유기성을 배우지 못한다. 따라서 교사는 개인주의와 공동체주의의 건전한 균형상태에서 학습을 모색하는 치밀한 인식과 실천을 겸비하는 것이 필요하다.

올바른 공동체를 만들기 위한 교실의 현실은 그렇게 간단하지 않다. 스스로 인격체에 대한 잘못된 사고는 전반적인 도덕적 변화를 이루어낼 수 없다. 즉 공동체에 대한 헌신과 공동체에 대한 깊은 이해가 학생들의 공동체에 대한 올바른 인격을 형성하는 것이다. 올바른 공동체를 생각하며 수업을 수행할 수 있는 교사가 학생들의 변화를 감당할 수 있다. 교사는 꾸준히 학생들 생각의 변화에 대해 관찰하고, 최소한의 공동체를 위한 안목을 갖도록 하는 노력을 시도하여야 한다.

예를 들어 따돌림을 당하는 학생이나 따돌림을 주동하는 학생이 한 교실에 있다면 교사는 보다 치밀하게 관찰하여 대화로 해결하고자 하는 구도를 만들어 주어야 한다. 여기서 극단적인 경우로 치닫는 것을 없애주는 것이 제일 중요하다. 왜냐하면 어린 학생들은 자신의 행동이 여러 학생들에게 공개되는 것이 너무도 치욕적일 수 있기 때문이다. 따라서 교사는 이 과정에서 개성이 강한 학생들이 자칫 그릇된 사고나 행동으로 치달을 수도 있다는 것도 명심하여야 한다. 어설픈 공동체 우선을 강조하는 사람들은 진정한 공동체를 이룰 수 없다.

공동체를 위한 도덕과 교육은 지혜를 결합시키고 적극적인 행동을 고무하는 교육적 배려가 요구된다. 이에 교사들은 공동체를 위한 도덕성을 성장하도록 도모하여야 한다. 이를 위해 학교는 진정한 학교의 학습공동체, 민주적 생활의 공간으로 만들어 가는 여건 조성이 필요하다. 그리고 교사들은 학생들이 학교 행사나 공동체 행사에 참여하는 것에 대한 실질적으로 평가의 기준을 마련하여야 한다.

학교는 학생들이 미래를 대비하는 장이 아니라 바로 실제로 생활하는 공간이다. 학교의 모든 것에서 학생들은 생활의 변화와 경험을 알게 된다. 그렇기에 교사는 끊임없는 도덕적 문제의 난제인 개인적인 욕심과 사회적인 맹목적성의 제거를 진지하게 검토하여야 한다.

도덕과 수업도 교과서를 이해하는 것에는 교사와 학생, 학습자인 학생들 사이의 교감작용이 이루어져야 한다. 수업내용이 학생들의 실생활에 적용되어 도덕적 문제에 대해 해결이나 최소한 완충을 인식하는 것이 중요하다. 따라서 교사들은 교육에 대한 미래 전망을 갖고, 학생들이 갖는 고민에 대한 민감성과 방향 제시에 성숙한 도덕인의 모습을 가져야 할 것이다. 도덕과 교육은 학생들이 스스로 자신의 삶에 대한 인식과 미래 전망 속에서 자기 생각의 주체적 지식과 더불어 그 행동이 개관적이며 남이 수용할 수 있는 보편성을 갖는가에 대해 열성을 갖게 하여야 한다.

공동체를 위한 개인의 모습은 바로 스스로 공동체의 주인임을 자각하는 자긍심이다. 교사는 도덕과 수업을 통해 무엇보다도 중요한 학생들의 개개인의 삶에 대해 자긍심을 갖도록 하여야 한다. 즉 교사는 학생들 개개인이 느끼는 실존적 의미를 깨우쳐 주어야 할 것이다. 학생들이 느끼는 실존적 위기는 가정환경이나 교육관계 그리고 자신의 능력문제 등으로 나타날 수 있다.

넓은 의미에서 자신의 실존에 대한 위험과 불안 공포를 위기라고 할 수 있다. 실존적 위기는 자살에의 충동으로부터 정신분열증, 무력증, 거식증, 대인접촉 기피, 언어기피증, 패배의식과 노이로제, 과잉 스트레스, 편집증, 불안으로 나타난다. 학생들은 이러한 상황에 노출되어 있는 것이다. 이러한 문제에 대해 심각하게 고려해 주는 기관이 학교여야 할 것이다. 그래서 학생들이 학교공동체에 기대어 실질적으로 인간으로서 마땅히 지키고 실천해야 할 보편적이며 이상적인 가치들을 배울 수 있게 하여야 한다.

많은 공동체주의자들은 사회에서 바람직한 생활의 기준이 되는 도덕규범과 가치들을 내면화시켜 올바른 행동습관을 기르는 것을 중시하였다. 그 이유는 자유주의자들이 주장하는 다양한 도덕문제를 합리적으로 해결하는 방법이 어린 학생들에게는 도덕적 혼돈을 야기할 수도 있기 때문이다. 따라서 학교는 어린 학생들에게도덕적 사고력과 가치판단 능력을 길러주는 동시에 실질적으로 도덕성 함양을 위한 도덕적 의지, 도덕적 실천을 강화하는 노력이 필요하다.

학생들이 자신을 이해하고 일상생활에 필요한 규범과 예절을 익히며 국가·민족구성원으로서, 그리고 세계 사회의 일원으로서의 역할과 책임을 파악하게 하는 것은 중요하다. 오늘날에는 그러한 공동체를 위한 한 구성원으로서 자라나게 하는 학교의 노력이 요구된다. 학생들 또한 건전하고 올바른 한국인, 나아가 바람직한 세계인으로 살아가는 것이 그들의 미래를 위하여 실질적인 도움이 될 것이다.

제5장
도덕과 교육과정

1. 초등 도덕과 설정의 배경과 근거 및 기능

1) 초등 도덕과 설정의 배경

도덕과는 도덕적 문제에 대해 좀 더 학생들이 관심을 갖고 접근하여 삶에 대해 도덕적으로 적용하게 하는 교과이다. 도덕적 문제는 어느 사회든 곳곳에서 벌어지는 일이다. 도덕적 문제에 대한 교과적 접근을 시도하는 도덕과 교육과정은 사회의 현실 요구와 미래 지향을 위한 도덕적 품격을 강화하는 교과목이라고 할 수 있다. 도덕적 문제 제기는 교실에서부터 발생한다. 그러한 문제에 대해 도덕과 교육은 관심을 갖고 접근한다. 또한 지식 중심의 교육으로 치닫는 경우를 대비하여 인성 교육, 창의성 교육의 입장에서 우리 사회가 지향하는 올바른 가치에 도덕과 교육은 관심을 두고 있다.

도덕과 교육은 학교 구성원인 학생들에게 자율적인 성향을 밝히는 사회 속에서 사는 동시에 책임지게 하는 교육이다. 즉 도덕과 교육은 인권과 인격을 중시한다. 학생 스스로 인격을 갖추게 하며 인권 함양에 관심을 두는 것이다. 우리가 왜 더불어 살아야 하는 가는 도덕적 가치에 중심을 두는 삶의 태도이다. 따라서 학교의 구성원으로서 안정적 삶의 가치를 강조하고 접근하기 위해서는 도덕과 교육이 필요하다. 이 도덕과 교육은 교육의 사회적 목적인 구성원의 안정과 발전을 중심으로 한다. 즉 도덕과 교육은 도덕적 가치에서 추구하여야 할 국민들의 민주적, 도덕적, 공동체적 가치를 배우게 하는 것이다. 국민들이 갖추어야 할 민주적 가치는 자유, 평등, 인간 존엄성 등 민주 사회에서 요구되는 가치인 것이다. 또한 학생들이 갖추어야 하는 도덕적 가치는 서로 배려하고 관용하고 용서하고 반성하는 배움이다. 이를 통해 학생들은 부도덕을 멀리하고 민주적이며 도덕적인 정신을 배운다. 극단적인 문제 해결 모색이나 부당한 가치에 대해 배울 때에도 공동체적 가치인 협동과 권리 주장과 책임 등 올바른 공동체적 인식을 수행할 수 있는 내용을 배운다. 이러한 바탕 위에서 학생들은 참된 사회를 구성할 요건을 도덕과 교육을 통해 배우는 것이다.

우리 사회의 논쟁은 어느 사회보다 격렬하며 활발하다. 그러한 논쟁을 생산적으로 만들고 과도한 대립을 줄이기 위해서는 바로 도덕적 인간을 육성하여야 한다. 실질적으로 올바른 삶은 극단을 버리고 더불어 공유할 수 있는 입장을 견지하여야 한다. 그러한 일을 수행하는 방법이 바로 국민들이 바라는 도덕과 교육의 설정 배경인 것이다.

이런 문제를 공유하면서 도덕과의 설정 배경은 우리 사회의 현실적 도덕

문제에 대해 고민하는 학생에게 올바른 인식의 방향을 제시하는 것이다. 우리 사회는 공동체 통합 문제, 통일문제, 노사문제, 소비자·생산자의 갈등이라는 문제를 안고 있다. 그 속에서 학교나 사회에서는 도덕교육을 이룰 수 있는 방향이 조성되어야 할 것이다. 학생들이 심각하게 느끼는 도덕적 문제에 대해 학교가 도덕교육의 방향을 정해서 접근하도록 한다. 우리의 도덕적 실천에서 그 방향에 대해 의문을 갖고 회의적인 사람들이 있다. 그러한 사람들이 서로 설득하고 타협하는 길은 경쟁들 속에서 격렬하게 전개될 문제를 완화하는 길을 찾아야 하는 것이다. 결국 도덕과 교육은 골칫거리인 도덕적 문제에 대해 학생 스스로 답을 얻는 방안을 모색해 주어야 한다.

도덕과 교육은 교육자들, 부모들, 학생들이 도덕적 가치에 대해 반영하고 인지하고 명확하게 하는 길을 모색하는 것이 중요하다. 조그만 도덕적인 문제에서 벌어지는 문제도 결국 자유, 정직, 공감, 배려와 같은 도덕원리와 맞닿아 있다. 따라서 이러한 원리들에 대해 학생들은 도덕과 교육을 통해 배우고 매일 실천하고 추구해야 할 것이다. 도덕적 가치들은 확연한 명확성과 통합력을 갖고 있다. 이러한 의미에서 학생들은 도덕과 교육을 통해 분명히 '국민의 가치, 공동체의 가치'를 중심으로 배우며 익히는 것이다.

따라서 도덕과 교육은 우리 사회의 기초를 닦을 학생들에게 좋은 도덕적 가치를 전수하고 그들을 더 좋은 사회의 버팀목으로 만들 수 있는 방법을 찾아야 할 것이다. 이제 도덕과 교육은 서로가 안고 있는 갈등에 대한 논쟁을 승화하여 도덕적 가치를 학생들이 배우고, 공감하고, 실천하게 하는 지향점을 찾게 해 주는 교과이다.

2) 초등 도덕과 설정의 근거

(1) 역사 문화적·윤리 교육적 전통으로부터의 근거

우리나라의 독특한 정신문화와 역사적 및 도덕 교육적 전통에 근거하여 초등학교에서 『도덕』과목을 설치하여 가르치고 있다. 우리나라는 인의도덕(仁義道德)을 숭상해 온 문화국가이다. 일찍이 우리의 건국이야기에 등장하는 홍익인간(弘益人間)과 재세이화(在世理化)의 정신은 우리가 얼마나 도덕·윤리를 중시하고 도덕 공동체로서의 복지 사회를 지향하는 민족인지를 분명하게 말해 준다.[1]

이러한 도덕적 문화 국가로서의 전통은 그 후 줄기차게 이어져 내려와 가까운 조선 시대만 하더라도 성리학을 중심으로 한 독특한 도덕 국가를 운영하면서 지대한 도덕 교육적 노력을 기울였다. 이와 같은 도덕교육의 노력은 근대 국가로 발전해 가던 시대에도 그래도 이어졌다. 이후 우리의 도덕과 교육은 일제 강점기로 말미암아 그 본질적 맥이 끊어졌지만, 그 와중에서도 대한민국 임시정부의 건국 강령 중 교육 정책 원칙에서 볼 수 있듯이 우리 민족은 새로운 나라를 건설하면서 민족정기와 국민 도덕을 바로 세우는 일을 최우선으로 하였다.

---

1 교육부, 『도덕3 교사용지도서』, (서울: 지학사, 2018), pp. 6-9.

(2) 현실적·국민적 요구로부터의 근거

오늘날 한국 사회의 도덕적 현실은 매우 불만족스럽고 안타까운 상황이다. 많은 사람들은 우리 사회의 부정적 측면을 말해 주는 특징으로서 인간성 상실과 가치관 혼란, 그리고 도덕적 위기 등을 말한다. 그런데 우리 사회의 이러한 부정적 환경에서 청소년들의 삶과 행동 또한 적지 않게 걱정스러운 모습을 표출하고 있다. 경제 협력 개발 기구(OECD)의 교육 보고서에 따르면 우리나라 청소년들의 수학, 과학 등의 성적은 매우 높은 것으로 나타나고 있다. 그러나 우리나라 청소년들의 인성이나 도덕성 발달은 그렇지 못하다. 여러 가지 연구 결과에 따르면, 그리고 우리들의 일상경험에 비추어 보더라도 그러하다. 그렇다면 학교는 어떤 교과가 이런 점에 직접 부딪쳐 고민하면서 해결하고자 노력할 것인가? 도덕과 교육은 바로 이러한 물음에 작은 힘이나마 최선을 다해 대답하고자 노력하는 교과이다.

돌이켜 보면 우리나라에서 초등 도덕과 교육의 존재 의의와 필요성은 일찍부터 그 공감대가 넓고도 깊게 자리를 잡아왔다. 한 예로, 오래 전에 우리나라 국민의 교육 의식을 조사한 연구에 의하면 초등 및 중등학교에서 가장 역점을 두어야 할 교육 목적에 관해 교사와 학부모 모두가 기본 생활 습관, 도덕성, 인간 관계 등 도덕과 교육과 관련한 영역이 가장 중요하다고 답한 것으로 드러났다.

이러한 경향은 오늘날에도 여전히 이어지고 있다. 한국 교육 개발원이 2016년에 발표한 교육 여론 조사에 의하면 우리나라 국민은 현재 우리나라 초등학교, 중학교, 고등학교 학생들의 인성 및 도덕성 수준이 전반적으로 낮다는 의견을 보이고 있으며, 초등학교와 중학교에서 현재보다 강화되어야 할 교육 내용으로 가장 먼저 손꼽는 것이 바로 인성 교육이다.

(3) 사회 발전과 인성 교육적 요구로부터의 근거

초등 도덕과 교육은 21세기 한국 사회의 발전과 관련하여서도 매우 중요한 의미를 지닌다. 일찍이 대통령 자문 21세기 위원회는 역사의 교훈을 되새겨 볼 때, 앞으로 사회는 함께 사는 지혜, 즉 공존의 지혜가 구축되어야만 인류는 멸망에 이르지 않고 제2의 문명 시대를 열어갈 수 있다고 지적했다. 또 유네스코 21세기 세계 교육 위원회는 각지에서 모인 교육 관련 석학과 전문가의 견해를 모아 21세기를 준비하는 교육의 기본 원리로서 알기 위한 교육, 행동하기 위한 교육, 존재하기 위한 교육, 그리고 함께 살기 위한 교육을 제시하면서 이 중에서 가장 중요한 원리로 함께 살기 위한 교육을 강조하였다.

우리나라는 2014년 12월 국회 본회의에서 출석 의원 전원의 만장일치로 '인성교육진흥법'을 통과시켜 2015년 7월부터 시행에 들어갔다. 즉 바른 인성을 지닌 바람직한 시민을 길러 내는 일을 교육의 가장 핵심적인 과제로 삼고, 국가와 국민에게 이를 충실하게 이행할 책무를 부여하고 있다. 우리 사회에서 인성 교육이 그 어느 때보다도 강조되고 중시되는 것이 지금을 살아가고 있는 오늘의 현실이다.

(4) 개인의 자아실현과 도덕적 자기완성 요구로부터의 근거

교육의 목적은 크게 개인적 목적과 사회적 목적으로 구별할 수 있다. 이는 도덕과 교육에서도 마찬가지이다. 개인적 목적이란 학습자의 요구와 필요를 고려하는 일로 나타날 수 있다. 이와 관련하여 초등 도덕과 교육은 다음과 같은 여러 가지 근거를 지니고 있다.

먼저 인본주의 도덕 심리학에 의하면 사람은 궁극적으로 자아실현을 이루는 데 그 존재의 목적이 있는 것으로 간주하고 있다. 자아실현이란 자신의 잠재 능력과 가능성을 실현하는 것, 개인이 본질적으로 지닌 재능과 능력, 가능성을 완전히 발휘하는 것을 의미한다고 할 수 있다. 그런데 이러한 자아실현을 이루려면 여러 가지 조건과 심리적 욕구가 충족되어야 하는데, 인본주의 심리학의 기초를 수립했던 매슬로(A. Maslow)의 견해에 의하면, 그러한 조건과 욕구의 대부분이 도덕적인 요소로 이루어져 있음을 유념할 필요가 있다. 이는 자아실현을 이루고자 하는 학생들의 개인적 욕구는 그들이 도덕적 존재로 자라남으로써 가능하게 되는 것을 말한다. 여기서 초등 도덕과 교육은 그러한 일에 직접 이바지하는 교육적 노력의 하나라는 점이 중요하다.

한편, 인지적 도덕 발달론에 따르면 인간은 더욱 높은 도덕적 발달 단계로 진보하는 것을 좋아하고 이를 추구하는 본래 성향을 지니고 태어나는 존재로 간주한다. 그런데 이러한 도덕 단계의 발달이 이루어지기 위해서는 사회와 도덕을 바라보는 관점이나 안목의 점진적 변화와 성숙이 필요하다. 이는 결국 도덕적 삶과 관련한 인지 구조나 사유 양식의 발전적 재구조화, 도덕적 사고 및 판단력의 증대가 있어야 가능하다. 그리고 특히 이러한 일들이 제대로 이루어지기 위해서는 이에 적합한 경험이 반드시 연계되어야 한다. 여기서 초등 도덕과 교육이 이러한 교육적 노력을 수행하는 교과라는 점이 중요하다.

그런가하면 인성과 도덕성 발달에 관한 정신 분석학과 사회 심리학, 그리고 행동주의 도덕 심리학에 의하면 사람은 누구나 자신이 몸담고 있는 사회의 한 구성원으로서 자신의 역할을 다 하면서 자신을 스스로 완성해 나가기를 열망하는 욕구를 지닌 것으로 파악한다. 그렇다면 당연히 학교 교육은 이와 같은 욕구를 충족시키고자 노력해야 한다. 이런 관점에서 학교 교육은 학생들의 도덕발달 단계에 적합한 양질의 도덕적 학습 경험을 제공해야 하는 데, 이에 걸맞는 교과가 바로 초등 도덕과이다.

(5) 학문적·교과 교육적 근거

초등 도덕과는 고유한 학문적 및 교과 교육적 근거에서 교과가 되었다. 여기서 학문적 및 교과 교육적 근거라고 하는 것은 그 교과와 관련된 학문적 동향과 연구 성과 그리고 그 교과가 수행할 수 있다고 전문가들이 생각하는 주요한 기능과 그 외의 여러 가지 기능으로부터 비롯되는 근거를 말하고 있는 것이다.

먼저 학문적 동향과 관련한 근거이다. 오늘날 인류는 유례를 찾아보기 힘들 정도로 학문이 발달하면서 세분화되고 있다. 그 결과 각 교과는 자신의 독자적 영역에 매달리게 되었고, 이 과정에서 인성 교육과 도덕 교육은 관심 밖으로 밀려나고 있다. 그래서 도덕적 인간과 사회를 형성하는 데에 직접 연관된 독자적 교과의 필요성이 더욱 대두되면서 그 과정에서 도덕과 교육이 교과로 설정되기에 이르렀다.

다음으로 도덕과 교육을 전문으로 추구하는 교과 교육계와 관련된 근거이다. 오늘날 교육계에서는 인간의 정체성 확립과 윤리적 성장이라는 개인적 요구와 사회의 번영과 발전이라는 국가 및 사회의 요구를 충족시켜야 한다는 관점이 팽배하다. 이러한 요구에 부응할 수 있는 주 된 교과가 바로 도덕교과이다. 도덕과 교과 교육학계의 이러한 견해는 우리 사회 대다수 구성원의 의사에 기반을 두고 있다. 결국 초등 도덕과 교육의 필요성과 존재 의의는 교과 교육학계의 전문적 견해와 국민의 공감대 위에 그 토대를 두고 있다. 바로 이러한 이유에서 2009 개정 도덕과 교육과정부터는 도덕과를 인성 교육의 핵심 교과, 주관 교과로 규정하고 있다.

3) 초등 도덕과의 기능

(1) 가치통합적 기능

가치통합이란 여러 가지 가치들이 바람직한 기준과 도덕원리에 의해 건전하게 형성되고 체계화되는 것을 의미한다. 도덕과는 개인적 측면에서 개인 인격의 가치통합 기능을 수행한다. 우리가 보통 가치판단이나 도덕적 판단을 할 때에는 개별적 행동이나 행위로 나타나지만 그것은 언제나 여러 가지 기준과 관련되어 있다. 가치의 판단에서는 언제나 여러 가지 가치기준의 적용이 있게 마련이다. 그러므로 일상적 생활 장면에서 당면하는 문제에 반드시 하나의 기준만이 관련되는 것은 아니다[2].

예컨대, 공부를 최우선시하여 1등을 강요하는 가정 분위기 속에서 자라

2 교육부(2018), *op. cit.*, pp. 30－31.

나는 학생은 그의 부모들로부터 공부를 비롯한 일상생활에서의 모든 경쟁에서 수단방법을 가리지 않고 다른 사람을 앞서는 것을 최고의 가치로 여길 가능성이 높다. 동시에 그는 학교생활을 하면서 친구 사이의 갈등을 빚게 될 때 양보가 바람직하다는 것을 배울 수 있다. 또는 사회생활을 통해 다른 사람에 대한 봉사가 바람직하다는 것도 배울 수 있다. 이럴 경우 경쟁과 목적달성, 우정과 양보, 봉사 등의 가치에 대한 적절한 안목을 갖지 못한다면 이 학생은 상황에 따른 결정으로 인하여 판단과 행동에 일관성이 없을 뿐만 아니라 심하면 인격의 분열까지도 겪게 될 수 있다. 그러므로 도덕과 교육을 통하여 여러 가치들의 의미와 내적 관계, 바람직한 위계, 상호 모순성이나 이질성 등을 바로 파악하여 체계화된 가치 체계를 형성해야만 이와 같은 현상을 방지할 수 있을 것이다.

바꾸어 말해, 인격을 구성하는 신념체제 속에 내면화된 여러 규범, 원리, 기술들이 구체적 생활 장면에 적용될 때에는 갈등이 발생할 수도 있으며, 조화로운 적용도 있을 수 있다. 도덕생활을 영위하는 인간은 여러 가지 규범이나 가치기준을 내면화하고 있다. 이것들은 그 사람의 인격을 특징짓는다. 그러나 이와 같이 내면화된 가치들이 한 개인의 가치 체계를 형성하지 못하고 각각의 상호 모순성이나 이질성으로 인하여 서로 충돌하거나 의미 있는 관계를 형성하지 못할 수도 있고, 이로 인해 바람직한 인격형성에 어려움을 겪을 수 있다. 도덕과 교육의 중요한 기능 중의 하나는 가정·학교·사회생활의 과정을 통하여 학생들이 획득한 여러 가지 가치와 규범들의 상호 의존적 관계나 모순성을 파악하면서 하나의 통합된 가치체계를 가진 인격을 형성하도록 돕는 일이다.

(2) 사회통합적 기능

도덕과는 사회적 측면에서 공동체의 사회통합의 기능을 수행한다. 사회통합이란 사회구성원들이 공통된 가치와 판단기준, 행위규범 등을 공유하여 조화롭고 질서 있는 공동체적 삶을 영위함으로써 사회공동체의 유지·발전이 이루어질 수 있는 상태가 조성되는 것을 의미한다. 가치통합적 기능이 공동체 구성원인 개인의 건전한 인격통합에 기여하는 측면을 지니고 있는데 비해, 사회통합적 기능은 공동체 구성원인 개인들이 공통된 가치와 도덕원리 등에 의해 조화로운 공동생활을 하는 바람직한 공동체 통합에 기여하는 측면을 지니고 있다. 바꾸어 말해 도덕과 교육의 일차적인 기능은 각 개인의 통합된 인격형성이라고 할 수 있는데, 이것이 바로 가치통합적 기능이다. 이때 개인은 사회적 존재로서의 개인이므로 개인 내부의 가치통합과 동시에 사회적 통합에 기여할 수 있는 성향의 함양이 요구되는데, 이것이 바로 사회통합적 기능이다.

여러 개인이 모여 이룩한 사회생활이 원만하고 바람직하게 영위되기 위해서는 구성원들 간의 관계를 규율하는 행위의 원리를 공유해야 한다. 사회구성원들이 행위의 원리, 곧 도덕적 규범들을 공유함으로써 그 사회는 집단으로서의 통합성을 유지할 수 있기 때문이다. 도덕과 교육은 우리 사회의 기본적이고 중핵적인 도덕규범들을 다음 세대에 전수시킴으로써 우리 사회구성원들 간의 통합성을 유지시키는 기능을 한다. 다시 말하여, 도덕과 교육은 사회를 구성하는 개인이 자신의 자율적 선택과 판단에 의해 다원적이고 이질적인 신념체계들을 사회를 성립·유지시키는 원리들과 조화를 이루며 공유하게 하고, 나아가 그러한 가치체계에 따르는 성향을 함양시킴으로써 사회의 통합을 이루게 한다. 이와 같은 개인의 가치통합적 기능과 사회의 가치통합적 기능은 도덕과 교육의 기능을 설명하는 핵심적인 축이다.

부연해서 설명하자면, 한 사회가 유지·발전되기 위해서는 개성, 다원성, 일정한 정도의 갈등이 필요하다. 다만 이런 요소들이 공통성, 동시성, 동질성 등과 조화를 이루어야 하며, 또 갈등도 일정 수준에서 규제되면서 창조적으로 승화되어야 한다. 이때 공통성과 동질성을 기반으로 갈등이 창조적으로 해결되기 위해서는 사회구성원들 사이의 가치와 도덕규범 등이 공유되어야 한다. 도덕과는 이처럼 개성과 다원성, 그리고 이질성 및 동질성 사이의 조화를 통해 사회적 통합을 이루어낼 수 있는 바탕을 마련하는 데 중요한 역할을 수행한다.

(3) 교과통합적 기능

교과통합이란 여러 교과에서 단편적으로 체계 없이 다루어진 가치 및 도덕규범과 관련된 내용을 도덕과에서 체계적으로 다루면서 보다 심화·발전시켜 건전한 인격형성에 의미 있게 연결시켜 주는 것을 의미한다. 가치 및 도덕규범과 관련된 내용은 여러 교과에서도 다루어진다. 그러나 다른 교과는 교과 나름대로의 본질과 특성을 가지고, 각 교과목표에 도달하기 위해 각 교과가 다루어야 할 내용이 많고 이 내용이 우선적으로 지도될 수밖에 없는 한계를 지니고 있으므로, 각 교과에서 다루어지는 가치 및 도덕규범 관련 내용은 단편적이고 일회적인 성격을 지닐 수밖에 없다.

예를 들어 자연보호를 가르친다면 도덕과에서는 자연을 보호하는 가치의 의미와 중요성을 깨닫고 이를 일상생활에서 실천하고자 하는 열정을 지니게 하여 실제로 자연보호를 실천하면서 이를 생활화하는 데까지 이르게 하기 위해 노력한다. 그러나 국어과에서는 논설문이나 설명문을 통해 자연보호의 당위성을 깨닫게 하는 데 주력할 것이다. 사회과에서는 자연보호로 얻게 되는 삶의 질 등 이와 관련된 사실적 지식을 중심으로 자연보호 태도의 중요성을 역설할 것이고, 과학과에서는 가치중립적으로 생태계 파괴와 환경오염의 원인과 폐해를 이해시키면서 그 중요성을 역설할 것이다. 음악과는 자연보호를 주제로 한 노래를 지도하고, 또 미술과에서는 자연보호와 관련된 포스터 등을 지도하면서 정서적으로 감정에 호소하지만 주된 관심은 실기 지도에 있을 것이다.

도덕과는 각 교과에서 이루어지는 가치 및 도덕규범 관련 내용의 이러한 문제와 한계를 극복하고 각 교과에서 가치 및 도덕규범에 관련되어 부분적이고 단편적이며 일회적으로 지도된 것들을 심화·발전시켜 체계적으로 지도하여 바람직한 인격형성을 도모한다. 이런 점에서 도덕과는 교과 교육을 도덕적 가치 및 규범의 측면에서 종합하고 보완함으로써 통합하는 기능을 수행한다.

2. 도덕과 교육과정의 변천

오늘날 우리가 초등학교에 '도덕'을 교과로 설정하고 도덕교육을 수행하고 있는 것은 우리 민족의 독특한 정신문화와 윤리, 교육, 역사 및 전통에 뿌리를 두고 있다. 인의도덕(仁義道德)을 숭상해 온 문화민족으로서 동방예의지국으로 칭송되어 온 도덕적 문화민족으로서의 전통은 줄기차게 이어져 내려와 조선시대에 이르러서는 성리학을 중심으로 정신문화의 꽃을 피웠다. 이는 최고 교육기관이었던 성균관에서부터 중등 교육기관인 사학, 향교, 서원은 물론 초등학교 수준의 서당에 이르기까지, 사서삼경에서부터 『소학』, 『근사록』, 『명심보감』, 『격몽요결』, 『동몽선습』, 『천자문』 등에 이르기까지 도덕 관련 교과목을 가르쳐 온 노력의 결과였다.

이러한 노력은 구한말 근대국가로 발전해 가던 시대에도 그대로 이어졌다. 우리 역사상 갑오개혁 후 근대적 교육제도가 최초로 수립될 때 고종은 교육 소칙을 발하여 덕양(德養), 체양(體養), 지양(智養)이라는 3대 강령을 제시하면서 국민의 도덕성 함양이 학교 교육에서 최우선적으로 고려되어야 함을 천명하였다. 그리고 이 소칙에 의거하여 1895년 소학교령이 반포되었는데, 여기에는 수신, 독서, 작문, 습자, 산술, 체조 등이 설정되어 이미 이때부터 도덕을 가르쳤다. 그리고 수신을 가장 수위 교과로 설정함으로써 도덕교육을 매우 중시하였음을 알 수 있다. 여기에서 우리의 학교 도덕과 교육은 공식적으로 이때부터 실시되었음을 알 수 있다.

도덕교육을 중시하는 이러한 정신과 전통은 광복 이후에 되살아나 제3차 교육과정 시기에 이르러 도덕을 학교 교육의 한 교과로 설정하게 되었다.

1) 교수요목기(1945–1954년)

우리나라의 교육과정은 1945년 미군정 아래에서 마련된 '교수요목'에서 출발하였다. 이때 일본 제국주의 시대의 수신과가 폐지되고 공민과에 도덕과 교육이 통합되면서 도덕과 교육이 시작되었다. 공민 교과는 새 나라의 민주시민을 기르기 위한 교과로서 전 학년에 걸쳐 주당 2시간을 할당하였다. 공민과는 저·중·고학년용 3권으로 발행되었고, 횡서로 편찬된 것이 특징이다. 미군정 학무국은 '교육심의회'를 조직하여 일본 제국주의 시대의 낡은 교육체제로부터 벗어나서 민주주의에 입각한 우리나라 교육의 이념과 제도 및 방향을 설정하였다. 또 교육심의회에서는 1946년 9월 초등학교의 교과 편제를 종래 공민, 역사, 지리로 구분하였던 교과내용을 '사회생활과'로 통합하였다. 그 특징은 교과내용이 지식 중심에서 생활 중심으로 바뀐 데 있다[3].

1948년 8월 15일 정부수립 이후 교육법이 제정·공포되고 새로운 교육과정과 의무교육 6개년 계획을 준비하던 중 6·25 전쟁으로 인해 중단되고 말았다. 당시가 전시라는 점을 중시하여 '전시 하의 교육의 특별조치 요강'을 제정·발표하여 1952학년도 교육방침을 자활인, 자유인, 평화인의 양성에 두고 지식교육, 기술교육, 도의교육, 국제교육을 강조하였다. 여기에서 도의교육은 민주국가에서 갖추어야 할 인격 존중, 권리존중, 의무수행 등 관련되는 덕목이 무엇인지를 연구·실천하여 건전한 인생관을 정립하고, 나아가 민주국가의 국민으로서의 자질을 갖추도록 하는 데 역점을 두었다.

또 1952년 4월에는 문교부령 제35호로 '교육과정 시간배당 기준령'이 처음 제정·공포되어 사회과의 일부로 실시되어 왔던 초·중등학교의 도덕교육을 연간 35시간 이상 확보하도록 하였다. 그 이유는 도덕적 의지가 부족하고 감수성이 예민한 청소년들의 무분별한 행동과 학생 도의의 문란이

3 서강식, 『초등 도덕과 교육과정의 이해』(서울: 양서원, 2001), pp. 41-44.

6·25전쟁 직후 크게 사회문제화되었기 때문에 도덕교육의 시간확보를 강조한 것이라고 하겠다. 도의교육은 학교 교육뿐만 아니라 가정과 사회에서도 서로 유기적인 관련을 맺으면서 실시하여야 한다는 점에서 대다수 국민들의 공감을 얻었으나 별도의 도의 시간을 신설하는 데에는 이르지 못하였다.

2) 제1차 교육과정 시기(1954–1963년)

제1차 교과과정 시기의 특징은 반공교육과 도의교육을 일원화 한 데 있었다. 종전에는 인정교과서이던 것을 1957년에 국정교과서로 바꾸어 학년별로『초등 도의』6종을 편찬·발행하고 다음해에는 교사용 도서와『도의생활 지도요령』을 출판하였다. 당시의 시대적 요청이 반공과 국력 증강에 의한 국토 통일 및 산업 재건에 의한 국민경제의 안정이었고, 이에 따라 과학·기술교육과 직업적 능력의 육성을 위해 교육과정 개선의 구상이 점차 본격화되었다. 그후 4·19의거와 5·16 군사정변을 거쳐 제3공화국 정부가 들어서면서 반공교육 체제를 강화하고, 민족 도의를 진작시키며, 국민경제를 부흥하게 함으로써 민주국가의 기반을 굳건히 마련하고자 교육과정의 전면적 개칭을 1962년에는 초등학교 전학년 도덕과 교과서를 개편하였다.[4]

---

4 *Ibid.*, pp. 45–48.

3) 제2차 교육과정 시기(1963–1973년)

1961년 5·16 군사정변 후 혁명정부는 조국의 근대화를 목표로 하여 학교 교육 측면에서는 인간개조를, 사회교육 측면에서는 재건국민운동을 강력히 추진하였다. 아울러 1963년 2월 15일 문교부령 제199호로 초·중·고등학교의 제2차 교육과정을 개정·공포하였다. 제2차 교육과정의 개정 취지를 보면 구성면에서 자주성, 생산성, 유용성, 조직면에서 합리성, 운영면에서 지역성을 강조하였다. 교육과정의 영역은 교육활동, 반공·도덕생활, 특별활동 등 셋으로 구분하였다. 이는 반공·도덕생활이 교과나 학교 활동 전반에서 얻어지는 성과를 종합하고 체계화하여 실천력을 기르는 데 중점을 두려는 의도였다. 1968년 12월 5일, 국민교육헌장의 선포로 제2차 교육과정은 1969년 9월 문교부령 제251호에 따라 부분 수정을 하여 반공교육을 종래 주당 1시간에서 2시간으로 확대함으로써 국민교육헌장의 이념구현과 반공교육을 강화하는 방향으로 개편하였다.[5]

4) 제3차 교육과정 시기(1973–1981년)

제3차 교육과정의 개정은 문교부령 제310호에 의거하여 1973년 2월 14일에 공포되어 현대적인 도덕과 교육이 시작되었다. 그 기본 방침은 국민적 자질의 함양, 인간교육의 강화, 지식·기술교육의 쇄신 등이었다. 교육과정에

---

5 *Ibid.*, pp. 49–66.

나타난 도덕과 교육의 특징은 다음과 같이 요약할 수 있다.

첫째, 교육과정의 전체 구조가 교과활동과 특별활동의 2대 영역으로 조정됨에 따라 반공·도덕생활이 『도덕과』로 신설되고, 교과활동에 포함된 초등학교의 학교의 교과는 9개로 확대되었다.

둘째, 국민교육헌장의 이념과 관련된 가치덕목을 계통성 있게 전개하고, 도덕과의 학문성을 확립하여 '체계 있는 도덕교육'을 시도하였다.

셋째, 도덕과 교육의 목표와 내용을 예절생활, 개인생활, 사회생활, 국가생활 이외에 반공생활을 신설하여 5개 생활영역으로 구분함으로써 반공교육의 독자적인 영역을 확보하였다.

넷째, 종래의 전 학년을 통한 지도내용의 제시에서 저학년(1, 2학년), 중학년(3, 4학년) 고학년(5, 6학년)별로 구분하여 42개 덕목을 해당 학년별로 실정에 맞게 배열하였다.[6]

5) 제4차 교육과정 시기(1981–1987년)

제4차 교육과정은 제5공화국 국정지표와 관련하여 교육은 민주, 복지, 정의사회의 건설에 적극적으로 이바지할 수 있는 자주적이고 창의적인 국민을 길러내는 것을 목적으로 하였다. 제4차 도덕과 교육과정의 특징을 알아보면 다음과 같다.

첫째, 행동과 인지의 두 가지 측면을 절충하여 초등학교의 저학년에서는

6 *Ibid.*, pp. 67–86.

행동적 접근을 모색하고, 고학년으로 올라감에 따라 점차 인지적 접근에 비중을 두었다.

둘째, 초등학교는 덕목 중심, 중·고등학교는 생활영역인 문제사태의 유형 중심으로 내용을 구성하였다.

셋째, 제3차 교육과정의 기본 체제를 토대로 하여 발전적으로 개편하였다.

넷째, 학생들의 사고와 이해를 중시하여 합리적으로 판단하고, 도덕적 문제 사태를 능동적으로 해결해 나가도록 하였다.

다섯째, 생활영역을 종래의 5개 영역(예절, 개인, 사회, 국가, 반공생활)에서 4개 영역(개인, 사회, 국가, 반공생활)으로 재조정하였다.

여섯째, 국가와 반공생활 영역을 50–60%로 늘려서 국민 정신교육의 내용을 강화시켰다.

일곱째, 저·중·고학년으로 2개 학년씩 묶어서 제시되었던 지도내용을 각 학년별로 제시하였다[7].

6) 제5차 교육과정 시기(1987–1992년)

이제까지의 교육과정 개정이 주로 교육학의 이론적 추세와 국내의 정치적 여건의 변화에 따랐다면, 1987년 6월 공포된 제5차 교육과정은 이러한 외적 여건보다는 각 과 교육이 안고 있는 문제점을 보완하고 발전적인 방향

---

7 *Ibid.*, pp. 87–104.

을 모색하기 위한 것이었다. 다시 말해서, 제5차 교육과정은 제4차 교육과정의 내실화를 위한 부분적인 수정을 꾀했다는 것이 특징이다. 제5차 도덕과 교육 과정의 특징을 살펴보면 다음과 같다.

첫째, 제4차 교육과정에서 학년 목표를 2개 학년씩 구분하여 제시하던 것을 제5차 교육과정에서는 각 학년별로 제시하여 교사의 학습 편의를 도모하였다.

둘째, 생활영역을 재조정하여 제4차 교육과정의 4개 영역에서(개인, 사회, 국가, 반공생활) 5개 영역(개인, 가정·이웃, 시민, 국가, 통일·안보생활)으로 확대하였다.

셋째, 교육내용 결정의 자율성을 교사의 수준에까지 확대하여 지역화가 가능한 내용을 선정하였다. 제5차 도덕과 교육과정 시기에는 '생활의 길잡이'가 보조 교과서로 개발되어 활용되었다.[8]

7) 제6차 교육과정 시기(1992–1997년)

제6차 도덕과 교육과정에는 사회적인 요구로 대두된 학교 도덕과 교육의 강화 차원에서 교육과정 개정이 이루어졌다. 초등학교 도덕과 수업시간을 종전의 2시간에서 1시간으로 축소하는 대신 모든 교과에서 도덕교육을 강화하고, 도덕과에서는 그러한 교육의 결과를 통합하고 보완하도록 하였다. 제6차 도덕과 교육과정의 특징을 다음과 같이 요약할 수 있다.

---

8 *Ibid.*, pp. 105–118.

첫째, 제6차 도덕과 교육과정은 통합적 기능을 강조하고 있다. 교과통합적 기능 면에서 도덕과 교육이 학교에서 여러 교과교육을 통하여 획득된 지식, 능력, 태도를 통합하여 자신의 인격형성에 의미 있게 연결해 주고, 가치통합적인 면에서는 가정, 학교, 사회의 전체적인 생활과정을 통하여 획득한 다양한 가치와 규범들의 상호 의존적인 관계와 그 모순성을 파악할 수 있도록 하면서 학생들에게 하나의 통합된 가치체계를 가진 인격을 형성하는데 중점을 두었다.

둘째, 도덕적 발달단계의 고려가 강조되고 있다. 제6차 교육과정에서는 1–2학년 바른생활과가 기본적인 예절과 도덕규범의 습관화를 강조함으로써 3–6학년 도덕과 교육을 위한 행동의 토대가 저학년에서 이미 마련되었다고 볼 수 있으며, 3–6학년 도덕과에서는 이를 기초로 학생들에게 도덕적 규범의 내면화를 중심으로 교육과정을 구성하여 다음 단계인 중학교 도덕과 교육과 연계되도록 하였다.

셋째, 도덕과 교육의 성격을 제시하였으며, 생활영역을 종래의 5개 영역(개인, 가정·이웃, 시민, 국가, 통일·안보)에서 4개 영역(개인, 가정·이웃·학교, 사회, 국가·민족)으로 재조정하였다.[9]

8) 제7차 교육과정 시기(1997–2007년)

제7차 초등 도덕과 교육과정은 지식·정보화와 세계화가 더욱 심화되던

---

9 *Ibid*., pp. 119–144.

시점에서 현재의 문제를 개선하고 미래에 대비하기 위한 관점에서 개정이 도모되었다. 즉 보다 발전된 도덕공동체로서의 한국 사회를 형성하기 위해, 그리고 자라나는 세대들로 하여금 건전한 인성을 지닌 유덕한 인격인으로 자라날 수 있도록 하기 위해서는 보다 실효성 있고 강화된 학교 도덕교육이 실행되어야 한다는 국민적 공감대 위에서 그 개정이 이루어지게 된 것이다. 그리하여 제7차 도덕과 교육과정에서는 다음과 같은 방향을 추구하였다.

첫째, 일상생활에 필요한 기본 생활습관과 예절 및 도덕규범을 가르쳐 건전한 도덕성, 유덕한 인격의 토대를 튼튼히 하고자 하였다. 둘째, 도덕과 교육의 사회적 적절성을 높이고자 하였다. 셋째, 교육내용의 적정화를 도모하고자 하였다. 넷째, 초등학교 단계의 도덕과 교육의 특성과 중점을 분명히 하면서도 국민공통기본교육 과정 전체에 걸쳐 연계성과 계열성을 고려하여 구성을 도모하였다. 다섯째, 실천과 활동, 적극적인 참여와 체험 위주의 교육방법을 강화하고자 하였다. 여섯째, 종래의 인지적 접근을 넘어 통합적 인격교육 접근 내지 덕교육적 접근을 도모하고자 하였다.

이와 같은 방향을 추구한 제7차 초등 도덕과 교육과정은 교과 전체의 목표는 제시하였으나 초등학교의 목표를 따로 설정하지 않는 아쉬움을 남겼다. 내용영역은 개인생활, 가정·이웃·학교생활, 사회생활, 국가·민족생활의 4개 영역으로 구분하여 생명존중, 성실, 절제, 경애, 효도, 예절, 배려, 정의, 준법, 국가애, 평화통일, 인류애 등 총 20개의 주요 가치·덕목을 설정하였고, 이를 다시 한 단계 상세화하여 하여 성취기준형 방식으로 학년별 교육내용요소를 제시하는 방식을 취했다. 이때 선정과 조직의 방식으로는 주요 가치·덕목들을 고려하는 가운데 개인의 도덕적 성장과 인격형성에 필수적인 규범들, 우리의 전통적 규범과 가치 및 서구 민주사회의 가치와 덕목 중에서 오늘날 우리 사회현실에 적절한 내용들, 학생들의 생활경험과 관련되고 실천 가능한 내용들, 그리고 우리 사회에서 크게 부각되고 있는 도덕적 문제들에 대해 숙고하고 판단해 볼 수 있는 내용 등을 중심으로 총 40개의 지도요소를 선정하였다.

지도방법으로는 도덕성을 여러 측면들을 통합적으로 지도할 수 있는 방법, 도덕적 판단력과 가치 선택 능력을 신장시키기 위한 탐구식 토의방법, 생활에서 경험하는 여러 도덕적 문제들을 교과서 내용과 관련지어 자기 주도적으로 탐구하는 방법, 지역의 특성이나 시사성을 고려한 재구성과 다양한 학습자료 개발 및 공유 활용, 교사의 도덕적 모범, 학생들의 지적·도덕적 발달수준 및 학년, 그리고 목표와 내용에 부합하는 방법, 도덕실(예절실)의 적극적인 활용 등을 강조하였다. 평가에서는 도덕성의 여러 측면에 따른 적절한 평가요소 및 기준의 설정과 통합적 평가의 추구, 평가방법의 다양화, 학생들의 계속적인 도덕적 성장과 도덕과 수업 및 교사의 자기 장학을 위한 평가결과 활용, 그리고 등급과 서열화가 아닌 학생들의 도덕적 성장과 개선을 지향하는 평가 등을 제시하였다.[10]

9) 2007년 개정 교육과정 시기(2007년-2009년)

2007년 개정 교육과정은 전면 개정이 아닌 부분 수시 개정이다. 부분 수

---

10 *Ibid.*, pp. 143-198.

시 개정이란 제7차 교육과정의 기본 편제 유지, 즉 국민공통기본교과의 편제를 유지한다는 것이다. 이처럼 기본 편제가 정해진 '기본 편제의 유지'라는 대원칙이 있다. 따라서 도덕 교과는 다른 교육과정기보다 내실화를 기하는 노력을 체계적으로 할 수 있다. 이런 연구의 하나로 제7차 교육과정의 운영 실태를 파악하고, 도덕과 교육과정 관련 각종 쟁점과 문제점을 명료하게 분석하며, 이를 개선하기 위한 기본 방향을 제안하였다. 특히『도덕과 교육과정 개선 방안 연구』(조난심 외, 2005)는 도덕과 교육과정 개정안 마련에 기본과 구체성을 갖춘 교과개정 연구의 중추적 역할을 하였다. 주요 내용은 다음과 같다.

첫째, 제7차 도덕과 교육과정의 문제점과 쟁점 분석, 선행 연구 분석 등을 통해 제7차 도덕과 교육과정 편성 및 운영상의 문제점을 분석하였다. 그 내용인 제7차 도덕과 교육과정의 문제점 극복과 도덕과 교육의 개선을 위해 요구되는 변화와 방향을 수용하여 도덕과 교육과정 개정의 방향을 설정하였다. 그러한 문제로는 현행 도덕과 교육의 문제를 극복하기 위한 대안적 방안, 새로운 사회변화에 따라 요구되는 가치 규범의 수용, 도덕교육 관련 학문적 동향을 반영한 개정의 방향 검토, 국민공통기본 도덕과 교육과정 개선 방안 제시 등이 있다.

이러한 기본 틀을 통해 2007년 개정 도덕과 교육과정은 미래 사회에서 요구되는 학생들의 특성을 반영하고자 노력하였다. 미래 사회에 살아갈 학생들의 도덕성 형성에 주요한 관심을 두고, 세계시민으로서 지구촌의 도덕적 문제를 다룰 줄 아는 인간으로 육성하는 데 주력하였다. 또한 2007년 개정 교육과정에서는 학교 교실에서 도덕과 수업을 지도하는 교사의 의견을 주로 수렴하고 반영하고자 하였다. 현장교사의 의견수렴 과정은 2006년 상반기의 교육과정 현장검토 과정에서 더욱 광범위하고 충실하게 이루어졌다.

도덕과 교육과정은 관련 연구 공동체의 구성을 통한 참여식 교육과정을 통해 개발하였다. 도덕과 교육관련 7개 학회·단체들–한국도덕윤리과교육학회, 한국윤리교육학회, 한국철학윤리교육연구회, 한국윤리학회, 한국초등도덕교육학회, 전교조 도덕과 교사모임, 한국교총 도덕과 교사모임–이 참여하였다. 이번 개정 도덕과 교육과정은 관련 연구 공동체의 참여를 통해 이루어져 도덕과 교육의 성격에서 평가에 이르기까지 구체적인 제안을 수렴하였다. 이러한 과정은 세 차례에 걸친 워크숍에서 '도덕과의 성격과 목표', '도덕과의 내용과 방법' 및 '도덕과 교과서 개발과 심의의 방향'을 통해 통합적이며 민주적인 내용을 강화하였다.

10) 2009년 개정 교육과정 시기(2009년–2015년)

2009년 개정 도덕과 교육과정은 엄밀히 말하면 2011년 개정 도덕과 교육과정(2011년 8월 9일 교시, 교육과학기술부 고시 제2011–361호)과 2012개정 도덕과 교육과정(2012년 7월 9일 고시, 교육과학기술부 고시 제2012–14호)의 두 가지가 있다. 2011년 개정 도덕과 교육과정에서는 2007년 개정 교육과정의 기본 편제를 바탕으로 2009년 개정 교육과정 총론의 중점 사항을 반영하여 전체적인 방향을 추구하는 가운데, 이러한 틀에서 도덕과의 내실화를 위한 문제 극복과 새로운 대안을 모색하고자 했다. 그동안 도덕과 교육에서 제기되어 온 여러 가지 문제와 쟁점을 극복하고, 교사와 학생들이 학교 현장에서 내실 있게 도덕과 교육을 수행할 수 있도록 국가 수준의 교육과정을 구성하고자 했다[11].

교과 목표와 내용 구성 측면에서 보면, 2009년 개정 도덕과 교육과정에서는 2007년 개정 교육과정에서와 마찬가지로 교과의 궁극적 목표를 '자율적이고 통합적인 인격'을 형성하는 것으로 설정하고 교육과정 상 내용 체계 영역을 도덕적 주체로서의 나, 우리·타인과의 관계, 사회·국가·지구 공동체와의 관계, 자연·초월적 존재와의 관계의 4가지로 하였다. 그리고 자율적·통합적 인격을 함양하기 위하여 전체 지향의 주요 가치·덕목으로서 존중, 책임, 정의, 배려를 그리고 영역별 가치·덕목으로서, 자율, 성실, 절제, 효도, 예절, 협동, 준법·공익, 애국심, 통일 의지, 인류애, 자연애, 생명 존중, 평화 등을 설정하고 추구하였다.

특히, 2009년 개정 도덕과 교육과정에서는 도덕과가 우리 사회의 공동체 구성원들이 공유해야 할 '행위의 표준' 혹은 '도덕적 가치의 공통 기반'을 제공할 뿐만 아니라, 보편적 가치 기준의 토대 위에서 도덕적 탐구와 성찰의 기회를 부여하여 학생들이 '사람다운 사람'으로 성장해 나가는 데 공헌한다는 점에서 인성 교육의 중핵 교과이며 주관 교과임을 분명히 하면서 인성 교육에 매진하는 입장을 취했다.

동시에 이러한 관점에서 총론의 교육 전반에 걸친 실천 중심의 인성 교육 교육과정 개선 방침에 부응하여 인성 교육 및 정보 통신 윤리 교육 내용 요소의 강화, 인성 핵심 역량 요소의 추구, 사례 및 실천, 체험 및 활동 중심의 교육 원리의 성취 기준, 교수·학습 방법, 평가 등에의 반영, 프로젝트형

11 교육부, 『도덕과 교육과정 별책 6』, 교육인적자원부 고시 제 2007-79호, 2007.

인성 교육 실천에 적합한 지도 방안 제시 등에 역점을 두었다.

3. 2015년 개정 도덕과 교육과정의 특성

'인성을 갖춘 창의 융합형 인재 양성'이라는 목표를 지닌 2015년 개정 교육과정의 기본 정신에 부응하여 2015년 개정 도덕과 교육과정에서는[12] 특히 학교 현장의 실효성 있는 인성 교육의 추구라는 과제에 초점을 맞추고 있다. 인성 교육의 중심 교과로서의 위상을 유지해 온 도덕 교과가 보다 적극적이고 체계적으로 학교 인성 교육을 이끌고 뒷받침할 수 있는 중심축이 되도록 하는 것이 2015년 개정 도덕과 교육과정의 기본 방향의 하나이다.

이를 위해 2015년 개정 도덕과 교육과정은 4개의 전체 지향 핵심 가치 설정 형태를 유지하면서도 가치 관계 영역과의 연계성 강화를 위해 자신과의 관계에서는 성실, 타인과의 관계에서는 존중에 기반을 둔 배려, 사회 및 공동체와의 관계에서는 정의, 자연 및 초월과의 관계에서는 책임을 4개의 핵심 가치로 설정하였다. 그리고 이 핵심 가치를 중심으로 영역별로 내용 요소를 설정함으로써 내적인 타당성과 유기성을 동시에 확보하고자 했다. 이처럼 앞선 교육과정과의 연계성에 유의한 것은 우리의 학교 상황에서 국가 수준의 교육과정의 잦은 개정으로 초래되는 교육과정 자체에 대한 무관심을 극복하고 교육과정의 연계성 및 안정성을 확보함으로써 무리 없이 개

12 교육부, 『도덕과 교육과정 별책 6』, 교육부 고시 제 2015-74호, 2015.

정된 교육과정을 학교 현장에 적용하고 안착시키기 위함이다.

우리의 학교 현실에서 자신의 마음에 초점을 맞추면서 삶의 가치론적 차원에 관심을 두고 자신을 둘러싸고 있는 도덕 현상을 탐구할 뿐 아니라 그 시선을 내면의 세계로 돌려 성찰하는, 무척 생소하기는 하지만 일명 '도덕함'[13]의 성향과 실천 능력을 길러주는 것을 강조했다. 이미 앞선 교육과정에서도 일정 부분 포함된 이러한 성향과 실천 능력을 무척 생소하기는 하지만 소위 '도덕함'이라는 개념을 새롭게 도입하여 보다 더 명확하게 드러냄으로써 이를 도덕 교과의 핵심 목표 중의 하나로 설정하고자 노력하였다. 이러한 실천적 도덕함의 능력은 도덕 현상에 관한 탐구와 내면에 대한 윤리적 성찰을 기반으로 학생들의 생활 세계에서 그 결과를 구체적인 실천으로 연결할 수 있는 도덕 수업의 구현을 통해 길러질 수 있다.

아울러 2015 개정 도덕과 교육과정에서는 도덕적 인간과 정의로운 시민이라는 두 인간상 사이의 연계성 강화도 추구하고 있다. 도덕적 인간이라는 개념 속에 이미 정의로운 시민이라는 인간상이 포함되어 있다고 볼 수 있으므로 21세기 초반 한국 사회에서 도덕과 정치 사이의 연계성과 차별성에 유의하면서도 도덕적 인간상을 중심축으로 삼아 그것을 시민 영역으로 확장하는 방식으로 내용 요소를 선정하고 조직하는 방식을 택하였다. 이러한 2015년 개정 초등 도덕과 교육과정의 기본 방향과 중점을 보다 자세하게 살피면 다음과 같다.

---

13 교육과정에서 사용하고 있는 '도덕함'이라는 용어를 차용한 것일 뿐이며, 필자 역시 장동익 교수가 2017년에 "도덕함의 허구성," 한국도덕윤리과교육학회, 『도덕윤리과교육』, 제57권에 게재한 논문과 같은 의견임.

1) 2015년 개정 교육과정 총론의 추진 내용 반영

학습량을 적정화하여 학생 참여 수업으로 전환할 수 있는 교육과정 개발을 위해 2009년 개정 교육과정 성취 기준 및 내용의 80% 선에서 핵심 내용을 구성하였고, 생활 속 실천을 통해 시민 의식 함양이 가능한 교육과정으로 구성했다. 또 핵심 역량(일반 역량 및 교과 역량)을 반영하였으며, 유의미한 학생 경험 제공을 위한 교육 내용 적정화를 도모하였고, 내용 체계 또한 핵심 가치(핵심 개념), 일반화된 지식, 내용 요소(주제 및 가치·덕목), 기능(skills)으로 재구조화하였다.

2) 2015 개정 도덕과 교육과정의 중점 사항 반영

도덕과의 정체성을 확립하고, 도덕과의 지식, 기능(탐구 과정 및 전략), 가치 및 태도 등의 요소가 유기적으로 연계되어 통합적으로 발현될 수 있도록 했다. 그리고 교육 내용을 적정화하기 위해 도덕과의 핵심 가치를 중심으로 엄격하게 내용을 선정하였으며, 도덕과 기능 요소를 설정했다. 핵심 가치는 성실, 배려, 정의, 책임의 4가지로 했는데, 이는 4개 영역 모두의 공통된 기반이 되는 가치이다. 일반화된 지식은 핵심 가치와 학년(군)별로 내용 요소 간의 가교 역할을 하는 것이다. 이는 학년(군) 및 학교급을 통해 학생들이 체득해야 할 일반화된 지식으로 사실·정보 지식, 개념 지식, 원리·법칙 지식 등에 해당한다. 기능은 도덕과 지식을 활용하여 할 수 있고, 또 할 수 있기를 기대하는 것을 나타내며 도덕 교과 및 영역, 핵심 개념, 일반화된 지식, 학년(군)별 내용 등의 성격 및 특성을 면밀하게 분석하여 반드시 요구되는 학습 경험, 해야할 수행(기능, 실천, 과정, 경험, 기대 등)으로 제시되었다.

3) 내용 체계 구성의 원칙과 내용 적정화

초등학교 도덕과 내용 체계 구성은 2015년 문과 및 이과 통합형 교육과정 총론 팀에서 제시한 내용 체계 표의 틀에 따라 5개의 항목으로 구분하여 제시하였고, 영역은 가치 관계 확장법에 따라 4개의 영역, 즉 자신과의 관계, 타인과의 관계, 사회·공동체와의 관계, 자연·초월과의 관계로 구성하였다. 3–4학년군에서는 초등학교 저학년 바른생활 교과에서 학습한 바를 토대로 보다 발전된 기본적 도덕 학습을 추구하고, 5–6학년군의 경우에는 탐구할 거리나 깊이 생각하고 토론할 수 있는 탐구형 내용에 중점을 두어 깊이와 범위를 확장하여 제시하였으며, 중학교 도덕과의 내용 중복 문제와 연계성의 관점을 고려하여 조정하였다. 그리고 내용 적정화를 위해 관련 가치를 최대한 통합하여 설정하고, 내용(일반화된 지식)을 대폭적으로 축소했다. 또 학년별로 가르쳐야 할 내용인 주제(단원)를 앞선 교육과정에서는 8개를 제시하였으나 이번에는 6개로 축소했다. 즉 32개 주제에서 24개로 대폭 축소했다.

4. 초등 도덕과의 성격, 목표, 내용

1) 초등 도덕과의 성격

2015년 개정 도덕과 교육과정에서 규정하고 있는 도덕과의 성격을 보면 다음과 같다. 도덕과의 의의와 목적, 과제 등과 관련하여 도덕 교과는 학교 인성 교육의 핵심 교과이다. 도덕과는 도덕적인 인간과 정의로운 시민이라는 인간상을 지향하며 21세기 한국인으로서 갖추고 있어야 할 인성의 기본 요소인 핵심 가치를 확고하게 내면화하고, 학생의 경험 세계에서 출발하여 자신을 둘러싼 도덕 현상을 탐구하고 내면의 도덕성을 성찰함과 동시에 자신의 삶 속에서 실천하는 과정을 추구하는 도덕함의 시간과 공간을 제공하는 교과이다.

이러한 도덕과에서는 교육과정 총론에서 추구하는 핵심 역량의 바탕 아래 다음과 같은 교과 역량들을 기르는 것을 중점으로 제시하고 있다.

- 자신을 존중하고 사랑하는 토대 위에서 자주적인 삶을 살고 자신의 욕구나 감정을 조절하며 이겨낼 수 있는 자기 존중 및 관리 능력
- 일상의 문제를 도덕적으로 인식하고 도덕적 판단 및 추론의 탐구 과정을 거쳐 타당한 근거로 옳고 그름을 분별할 수 있는 도덕적 사고 능력
- 의사소통 과정에서 타인의 도덕적 요구를 인식, 수용하고 이상적인 의사소통 공동체를 지향하면서 타인과 더불어 살아갈 수 있는 도덕

적 대인 관계 능력

- 도덕성을 전제로 자신과 타인의 감정을 인식하고 배려할 수 있는 도덕적 정서 능력
- 도덕규범과 정서 및 유대감을 근간으로 자신이 속한 다양한 공동체의 구성원으로서 소속감을 느끼고 살아갈 수 있는 도덕적 공동체 의식
- 일상 세계에서 자신의 삶을 윤리적으로 성찰하는 토대 위에서 도덕적 가치와 규범을 지속적으로 실천할 수 있는 윤리적 성찰 및 실천 성향

도덕과는 성실, 배려, 정의, 책임이라는 네 개의 핵심 가치를 내면화함으로써 인성의 기본 요소를 갖추게 함과 동시에 도덕적인 삶을 자율적으로 이끌어 갈 수 있는 자율성과 책임성을 길러 주고자 하는 실천적 성격의 교과로서의 특성을 보인다. 자신과의 관계 영역에서는 자신에 대한 존중을 바탕으로 진정성을 추구하는 성실을 내면화하고, 타인과의 관계에서는 타자에 대한 존중을 토대로 바람직한 관계 설정을 지향하는 배려를 중심에 두며, 사회 및 공동체와의 관계에서는 공정성을 토대로 바람직한 사회를 추구하는 정의를 중심에 둔다. 자연 및 초월과의 관계에서는 자신의 행위에 대한 인과적 책임과 삶의 의미에 대한 물음에 존재적 책임을 포용하는 포괄적인 의미의 책임을 지향하며 도덕적인 인간과 정의로운 시민을 이상적 인간상으로 삼는다.

도덕과는 학교가 인성 교육의 중심축 역할을 해내야 한다는 시대적 요청을 적극적으로 수용하여 바람직한 인성의 핵심인 도덕성 발달뿐만 아니라, 학생들의 정서적 및 사회적 건강을 제고함으로써 인성 교육의 핵심 교

과로서의 역할을 수행한다. 나아가 인문학적 사유와 성찰을 바탕으로 삶의 의미를 탐색하도록 함으로써 타 교과 및 학교생활 전반을 통한 인성 교육을 통합하는 역할을 담당하는 학교 인성 교육의 주관 교과로서의 성격을 갖는다.

도덕과에서는 자율적이고 통합적인 인격 형성을 위해 윤리학적 접근을 중심으로 하되, 다루는 주제의 성격에 따라 도덕심리학, 정치철학 등 연관된 여러 학문의 접근 방법을 학제적으로 활용한다. 또한 도덕과에서 추구하는 도덕함은 학문적 탐구로서의 윤리학 공부나 윤리 사상사에 관한 지적 이해를 넘어서서 한 사회에서 작동하고 있는 도덕 현상에 대한 민감성에 기반을 둔 관심과 분석, 그 도덕 현상과의 상호작용을 통해 개인 내면에서 작동하는 도덕성에 관한 성찰과 실천 과정 자체를 의미하는 개념이다.

2) 초등 도덕과의 목표

(1) 총괄 목표

도덕과는 기본적으로 성실, 배려, 정의, 책임 등 21세기 한국인으로서 갖추고 있어야 하는 인성의 기본 요소를 핵심 가치로 설정하여 내면화하는 것을 일차적 목표로 삼는다. 이를 토대로 자신의 삶의 의미를 자율적으로 찾아갈 수 있는 도덕적 탐구 및 윤리적 성찰, 실천 과정으로 이어지는 도덕함의 능력을 길러 도덕적인 인간과 정의로운 시민으로 살아갈 수 있도록 돕는 것을 목표로 한다.

① 21세기 한국인으로서 보편적으로 갖추고 있어야 하는 핵심 가치인 성실, 배려, 정의, 책임을 내면화하는 것을 목표로 삼는다. 가치관계 확장을 전제로 자신에서 타자, 사회와 공동체, 자연과 초월로 이어지는 각 영역의 핵심 가치를 내면화하여 인성의 기본 요소를 실천적으로 확립하는 것을 목표로 한다.

② 자신을 둘러싸고 전개되고 있는 삶의 상황 속에서 어떻게 살아야 할 것인가라는 물음을 근간으로 삼는 가치의 차원이 있음을 인식하고, 그것을 현실 속에서 어떻게 구현해 갈 것인가를 고민할 수 있는 실천적인 시간과 공간을 제공하는 것을 목표로 한다. 이러한 목표는 자신을 둘러싼 도덕 현상에 대한 탐구와 내면의 도덕성에 대한 윤리적 성찰과 일상적 실천을 포함하는 도덕함의 능력을 길러주는 것으로 구체화된다.

③ 독립된 인격체로서의 개인이 시민 사회와 국가, 지구 공동체를 어떻게 인식하고 받아들일 것인가의 문제를 특히 삶의 의미 물음과 연관지어 찾아볼 수 있는 능력과 실천 성향을 기르는 것을 목표로 한다. 특히 이러한 능력과 성향은 교사와 학생 사이의 도덕적 담화 공동체 형성이라는 과정적 목표를 통해 길러질 수 있을 것으로 기대된다.

(2) 학교급별 목표

초등학교 단계에서는 '바른 생활'과에서 형성된 인성을 바탕으로 자신, 타인, 사회·공동체, 자연·초월과의 관계에서 자신의 생활을 반성하고 다양한 도덕적 문제를 탐구하며, 더불어 살아가는 데 필요한 기본적인 가치·덕목과 규범을 이해하고 도덕적 기능과 실천 능력을 함양한다.

3) 초등 도덕과의 내용 체계 및 성취기준

(1) 내용 체계

영역	핵심 가치	일반화된 지식	내용 요소		기능
			3-4학년군	5-6학년군	
자신과의 관계	성실	인간으로서 바르게 살아가기 위해 자신에게 거짓 없이 정성을 다하고 인내하며, 스스로 자신의 욕구를 다스린다.	•도덕시간에는 무엇을 배울까? (근면, 정직) •왜 아껴 써야 할까? (시간 관리와 절약) •왜 최선을 다해야 할까? (인내)	•어떻게 하면 감정을 잘 조절할 수 있을까? (감정표현과 충동조절) •자주적인 삶이란 무엇일까? (자주, 자율) •정직한 삶은 어떤 삶일까? (정직한 삶)	•도덕적 자아정체성 -자기인식 및 존중하기 -자기감정 조절하기 -자기감정 표현하기 •도덕적 습관화 -생활계획 수립하기 -모범사례 반복하기 -유혹 이겨내기
타인과의 관계	배려	가족 및 주변 사람들과 더불어 살아가기 위해 서로 존중하고 예절을 지키며 봉사와 협동을 실천한다.	•가족의 행복을 위해 무엇을 해야 할까? (효, 우애) •친구와 사이좋게 지내기 위해 어떻게 할까? (우정) •예절이 없다면 어떻게 될까?(예절) •함께 하면 무엇이 좋을까?(협동)	•사이버 공간에서 지켜야 할 것은 무엇일까? (사이버 예절, 준법) •서로 생각이 다를 때 어떻게 해야할까? (공감, 존중) •우리는 남을 왜 도와야 할까? (봉사)	•도덕적 대인관계능력 -경청·도덕적 대화하기 -타인 입장 이해·인정하기 -약속 지키기 -감사하기 •도덕적 정서능력 -도덕적 민감성 갖기 -공감 능력 기르기 -다양성 수용하기

사회·공동체와의 관계	정의	공정한 사회를 만들기 위해 법을 지키고 인권을 존중하며, 바람직한 통일관과 인류애를 지닌다.	• 나는 공공장소에서 어떻게 해야 할까? (공익, 준법) • 나와 다르다고 차별해도 될까? (공정성, 존중) • 통일은 왜 필요할까? (통일의지, 애국심)	• 우리는 서로의 권리를 왜 존중해야 할까? (인권존중) • 공정한 사회를 위해 무엇을 해야 할까? (공정성) • 통일로 가는 바람직한 길은 무엇일까? (통일의지) • 전 세계의 사람들과 어떻게 살아갈까? (존중, 인류애)	• 공동체 의식 –관점 채택하기 –공익에 기여하기 –봉사하기 • 도덕적 판단 능력 –도덕적 가치·덕목 이해하기 –올바른 의사결정하기 –행위 결과 도덕적으로 상상하기
자연·초월과의 관계	책임	인간으로서 도덕적 책임을 다하기 위해 인간의 생명과 자연, 참된 아름다움과 도덕적 삶을 사랑하고, 긍정적인 삶의 자세를 가진다.	• 생명은 왜 소중할까? (생명 존중, 자연애) • 아름답게 살아가는 사람들의 모습은 어떠할까? (아름다움에 대한 사랑)	어려움을 겪을 때 긍정적 태도가 왜 필요할까? (자아 존중, 긍정적 태도) 나는 올바르게 살아가고 있을까? (윤리적 성찰)	• 실천 능력 –실천 의지 기르기 –책임감 있게 행동하기 • 윤리적 성찰 능력 –심미적 감수성 기르기 –자연과 유대감 갖기 –반성과 마음 다스리기

(2) 성취기준

① 자신과의 관계

도덕적 주체로서 자신의 삶에서 도덕적 삶의 중요성과 도덕적 행동을 하는 데 필요한 것이 무엇인지를 탐구하고 삶의 목적과 행복에 대해 성찰하도록 함으로써 성실한 삶을 살고자 하는 태도를 갖도록 한다.

[4도01-01] 도덕 시간에 무엇을 배우며 도덕 공부가 왜 필요한지를 알고 공부하는 사람으로서 지켜야 할 규칙을 모범 사례를 통해 습관화한다.
① 도덕 시간에 배우는 것은 무엇이며, 도덕 공부는 왜 필요할까?
② 자신의 공부 습관에서 반성할 점은 무엇이며, 도덕공부를 위해 바람직한 태도와 방법은 무엇일까?

[4도01-02] 시간과 물건의 소중함을 알고 자신이 시간과 물건을 아껴 쓰고 있는지 반성해 보며 그 모범 사례를 따라 습관화한다.
① 시간과 물건을 아끼는 것의 중요성을 알고 이를 생활 속에서 실천하고 있는가?
② 시간과 물건을 아껴 쓰는 방법은 무엇이고, 이를 어떻게 실천할 수 있을까?

[4도01-03] 최선을 다하는 삶을 위해 정성과 인내가 필요한 이유를 탐구하고 생활 계획을 세워본다.
① 최선을 다하는 삶의 모습은 어떤 모습이고, 이를 위해 인내와 정성이 필요한 이유는 무엇일까?
② 최선을 다하는 삶의 방법은 무엇이고 이를 어떻게 실천할 수 있을까?

[6도01-01] 감정과 욕구를 조절하지 못해 나타날 수 있는 결과를 도덕적으로 상상해 보고, 올바르게 자신의 감정을 조절하고 표현할 수 있는 방법을 습관화한다.
① 다양한 감정과 욕구는 무엇이며, 이를 조절하고 적절하게 표현하는 것이 왜 중요할까?
② 대상과 상황에 따라 어떻게 하면 자신의 감정과 욕구를 적절하게 조절하고 표현할 수 있을까?

[6도01-02] 자주적인 삶을 위해 자신을 이해하고 존중하며 자주적인 삶의 의미와 중요성을 깨닫고 실천 방법을 익힌다.
① 자주적인 삶의 의미와 중요성은 무엇이며, 일상생활에서 어떻게 하면 자신을 이해하고 존중할 수 있을까?
② 자주적인 삶을 살아가기 위해 어떻게 하면 그 모범 사례에 따른 생활계획을 수립할 수 있을까?

[6도01-03] 정직의 의미와 정직하게 살아가는 것의 중요성을 탐구하고 정직과 관련된 갈등 상황에서 정직하게 판단하고 실천하는 방법을 익힌다.
① 정직의 의미와 정직하게 살아가는 것이 중요한 이유는 무엇이며 어떻게 하면 올바른 의사 결정을 할 수 있을까?
② 정직하게 살아가는 데 필요한 것은 무엇이고, 어떻게 하면 유혹을 이겨낼 수 있을까?

(가) 학습 요소

- 감정의 도덕적 표현, 감정 표현의 규범 상황, 도덕적 감정 표현 점검 등

(나) 성취기준 해설

- [6도01-01] 이 성취 기준은 3~4학년군에서 시간과 물자를 아껴 쓰는 내용을 중심으로 욕구와 그것을 조율하는 절제를 다루던 것을 감정의 문제로 이어지도록 설정되었다. 발달 단계 상 초등학교 학생들의 욕구는 많은 부분 감정에 의존하여 표현된다. 그래서 감정이 표현되는 상황을 중심으로 옳은 것과 거기에 미치지 못하는 것들을 구분하면서 욕구에 대한 이해력을 기를 수 있게 성취기준을 구성하였다. 따라서 성취기준에선ㄴ 행위 결과의 옳고 그름을 판단하는 것은 물론이고 대상에 따라 자신이 표현한 감정이 적절한가를 점검하는 것도 주요한 학습 내용으로 다룬다.

(다) 교수·학습 방법 및 유의 사항

㉮ 교수·학습 방법

- 도덕이야기 수업모형을 예로 들 수 있다. 도덕이야기 수업모형은 학생들에게 도덕적인 이야기를 통해 가치 규범과 덕에 관한 이해를 심화시키고, 도덕적 문제 해결에 필요한 사고력과 판단력을 높이는 데 적합하다. 이 성취기준에 적용 가능한 활동으로는 위인의 감정 다스리기 일화를 공유하는 '모범 사례에 대한 탐구', 학급의 주요한 행사(현장 학습, 운동회 등)에서 느꼈던 '감정을 돌아가며 말하기', 상대의 감정 상태를 대화를 통해 알아내는 '감정 맞추기 놀이' 등이 유용하다.

㉯ 유의 사항

- 도덕 이야기는 덕스런 인간의 모습이고 학생들의 본보기가 되는 것이기 때문에 교사는 이야기 내용을 점검해야 한다. 그리고 학생의 흥미를 높이기 위해 교육 연극적 요소(역할극, 무언극 등)나 역할놀이 등의 다양한 방법을 적절히 활용한다.

(라) 평가 방법 및 유의 사항

㉮ 평가 방법

- 도덕 생활 평가표를 예로 들 수 있다. 도덕 생활 평가표는 학생들이 수업 시간에 배운 도적 지식을 일상생활에서 잘 실천하는가를 스스로 평가하는 방법이다. 도덕 생활 평가표는 체크리스트 평가와 유사하다. 하지만 도덕성의 형성 과정을 평가하기 위해서는 성찰 일기,

간단한 감사의 글, 반성의 글 등을 써 보는 것도 효과적이다.

㉯ 유의 사항

- 도덕 생활 평가표 작성 시, 실천 가능성을 염두에 두어야 한다. 그래서 교사는 학생 스스로가 실천 가능한 덕목을 구성하게 하고, 이를 꾸준히 실천하도록 도와야 한다.

② 타인과의 관계

타인과의 다양한 관계 속에서 발생하는 갈등을 도덕적으로 해결하려는 자세와 태도에 대해서 탐구하고 성찰하도록 함으로써 존중과 배려를 바탕으로 다른 사람들과 원만한 관계를 맺으려는 태도를 갖도록 한다.

[4도02-01] 가족을 사랑하고 감사해야 하는 이유를 찾아보고, 가족 간에 지켜야 할 도리와 해야 할 일을 약속으로 정해 실천한다.
① 현대 사회에서의 가족의 모습은 어떠하며, 가족 간에 사랑하고 감사해야 하는 이유는 무엇일까?
② 가족 간에 지켜야 할 도리와 내가 해야 할 일은 무엇이며, 어떻게 그 실천 의지를 기를까?

[4도02-02] 친구의 소중함을 알고 친구와 사이좋게 지내며 서로의 입장을 이해하고 인정한다.
① 친구의 소중함은 무엇이며 친구 사이에 지켜야 할 예절에는 무엇일 있을까?
② 친구 사이에서 발생할 수 있는 갈등은 무엇이며, 이를 적절하게 해결하는 방법은 무엇일까?

[4도02-03] 예절의 중요성을 이해하고 대상과 상황에 따른 예절이 다름을 탐구하여 이를 습관화한다.
① 예절을 지키는 것이 왜 중요하며 일상생활에서 지켜야 하는 예절에는 무엇이 있을까?
② 대상과 상황에 따라 달라지는 예절은 무엇이며, 이를 어떻게 실천할 수 있을까?

[4도02-04] 협동이 의미와 중요성을 알고, 경청·도덕적 대화하기·도덕적 민감성을 통해 협동할 수 있는 능력을 기른다.
① 협동의 의미와 중요성은 무엇이며, 협동을 위해 어떤 자세와 태도가 필요할까?
② 다양한 활동을 통해 알게 된 협동의 방법은 무엇이며, 이를 어떻게 실천할 수 있을까?

[6도02-01] 사이버 공간에서 발생하는 여러 문제에 대한 도덕적 민감성을 기르며, 사이버 공간에서 지켜야 할 예절과 법을 알고 습관화한다.
① 사이버 공간에서 필요한 예절은 무엇이며, 어떻게 하면 이를 책임감 있게 행동할 수 있을까?
② 저작권 침해, 사이버 폭력, 온라인 중독이 갖는 문제점은 무엇이며 이를 해결하기 위해 무엇을 해야 할까?

[6도02-02] 다양한 갈등을 평화적으로 해결하는 것의 중요성과 방법을 알고, 평화적으로 갈등을 해결하려는 의지를 기른다.
① 다양한 갈등이 발생하는 이유는 무엇이며, 갈등을 해결하기 위한 공감 능력을 어떻게 기를 수 있을까?
② 갈등을 평화적으로 해결하기 위해 경청, 도덕적 대화하기 능력을 어떻게 기를 수 있을까?

[6도02-03] 봉사의 의미와 중요성을 알고, 주변 사람의 처지를 공감하여 도와주려는 실천 의지를 기른다.
① 봉사의 의미와 중요성은 무엇이며, 자신이 할 수 있는 봉사 계획을 어떻게 수립할 수 있을까?
② 봉사를 실천하는 데 필요한 태도는 무엇이고, 봉사의 모범 사례를 따라 어떻게 하면 책임감 있게 행동할 수 있을까?

(가) 학습 요소

- 사이버 예절, 사이버 공간에서 발생하는 문제점(저작권 침해, 사이버 폭력, 온라인 중독 등)과 해결 방안 등

(나) 성취기준 해설

- [6도02-01] 이 성취 기준은 사이버 공간에서 발생하는 문제점과

그 해결 방안을 탐구하여 학생 스스로 사이버 공간에서의 예절과 법을 실천하고 습관화하는 것을 주된 목적으로 한다. 더불어 사이버 공간에서도 타인의 권리를 존중하며 배려하는 예절을 생활화하여 건전한 사이버 문화를 만들 수 있도록 성취기준을 설정하였다.

(다) 교수·학습 방법 및 유의 사항

㉮ 교수·학습 방법

• 자기주도적 프로젝트 학습 모형을 통하여 사이버 공간에서 일어나는 다양한 문제점들을 찾아보고 해결 방안을 탐구하여 이를 생활 속에서 실천해 볼 수 있다. 학생들은 개인 또는 소집단을 구성하여 사이버 공간에서 일어나는 여러 문제 중에 관심 있는 주제를 선정한다. 이 문제 해결을 위해 구체적으로 활동을 계획한 수, 조사와 자료 수집 등을 거쳐 결과물을 작성하고 발표할 수 있다. 또한 사이버 공간에서 발생하는 문제에 대해 민감하게 반응하고 다른 사람을 위해 자신이 할 수 있는 것을 실천해 보는 배려 모형을 활용할 수 있다.

㉯ 유의 사항

• 교사는 프로젝트 학습 모형을 활용할 경우, 단순한 조사 학습으로 끝나지 않도록 학생들이 자신의 동기와 흥미를 충분히 고려하여 주제를 선정하도록 안내하며 학생들의 자율적 활동을 지원하기 위해 적절한 도움을 제공한다. 또한 정보를 탐색하고 수합하는 과정에서 저작권 침해 등과 같은 문제가 발생하지 않도록 유의한다. 배려 모형을 적용하는 경우, 배려는 관심 속에서 이루어지는 것이므로 학생

서로 간에 관심을 가지고 상호 존중적인 관계를 형성하도록 유도하는 것이 중요한다.

(라) 평가 방법 및 유의 사항

㉮ 평가 방법

- 교사는 연구 보고서법을 활용하여 사이버 상황과 관련된 문제 해결 능력을 평가할 수 있으며 보고서를 평가할 때, 자기 평가, 동료 평가, 교사 평가 등 다면적인 평가가 이루어지도록 한다. 그리고 다른 사람을 배려하는 행동 등에 대한 평가는 학생 상호 평가법을 사용할 수 있다.

㉯ 유의 사항

- 보고서의 평가는 보고서의 질뿐만 아니라 저작권 준수 여부 및 작성 과정에서의 노력 정도를 평가하고, 소집단별로 학습 활동을 하는 경우 학생 상호 간에 협력하는 태도록 함께 평가한다. 학생 상호 평가법을 활용하는 경우 질문의 내용을 쉽고 명확히 하여 학생들이 흥미를 가지고 선택할 수 있도록 해야 한다.

③ 사회·공동체와의 관계

자신이 살아가고 있는 사회와 공동체에서 일어날 수 있는 다양한 문제를 도덕적으로 탐구하고 성찰하도록 함으로써 사회와 공동체 속에서 정의를 지향하는 성숙한 도덕적 시민으로 살아갈 수 있도록 한다.

[4도03-01] 공공장소에서 지켜야 할 규칙과 공익의 중요성을 알고, 공익에 기여하고자 하는 삶의 실천 의지를 기른다.
① 공공장소에서 지켜야 할 다양한 규칙과 그것의 중요성은 무엇이며, 어떻게 습관화할 수 있을까?
② 공익의 의미와 중요성은 무엇이며, 공익을 위해 어떻게 하면 책임감 있게 행동할 수 있을까?

[4도03-02] 다문화 사회에서 다양성을 수용해야 하는 이유를 탐구하고, 올바른 의사 결정 과정을 통해 다른 사람과 문화를 공정하게 대하는 태도를 지닌다.
① 다문화 사회에서 다양성을 수용해야 하는 이유는 무엇이며, 다른 사람과 문화에 대한 자신의 태도는 어떠한가?
② 다문화 가정과 타문화를 공정하게 대하는 데 필요한 것은 무엇이며, 어떻게 하면 이에 대한 실천 의지를 기를 수 있을까?

[4도03-03] 남북 분단 과정과 민족의 아픔을 통해 통일의 필요성을 알고, 통일에 대한 관심과 통일 의지를 기른다.
① 통일의 의미와 필요성은 무엇이며, 통일을 위해 어떻게 하면 나라사랑을 위한 실천 의지를 기를 수 있을까?
② 북한이탈주민을 배려하는 것이 왜 중요하며, 생활 속에서 어떻게 통일 의지를 기를 수 있을까?

[6도03-01] 인권의 의미와 인권을 존중하는 삶의 중요성을 이해하고, 인권 존중의 방법을 익힌다.
① 인권이란 무엇이고 인권을 존중하기 위해 타인의 입장을 이해하고 인정하는 것이 왜 필요할까?
② 인권을 존중하고 보호할 수 있는 방법은 무엇이며, 인권 문제에 대해 어떻게 올바른 의사 결정을 할 수 있을까?

[6도03-02] 공정함의 의미와 공정한 사회의 필요성을 이해하고, 일상생활에서 공정하게 생활하려는 실천 의지를 기른다.
① 공정함의 의미는 무엇이며, 공정한 사회를 이루기 위한 관점 채택 능력을 어떻게 기를 수 있을까?
② 공정하게 살아가기 위한 태도와 능력은 무엇이고, 이를 생활 속에서 어떻게 책임감 있게 행동할 수 있을까?

[6도03-03] 도덕적 상상하기를 통해 바람직한 통일의 올바른 과정을 탐구하고 통일을 이루려는 의지와 태도를 가진다.
① 통일의 과정과 방법, 통일의 미래상은 무엇이며, 통일에 대한 도덕적 민감성을 어떻게 기를 수 있을까?
② 통일 이후에 예상되는 문제점은 무엇이며, 통일에 대한 도덕적 민감성을 어떻게 기를 수 있을까?

[6도03-04] 세계화 시대에 인류가 겪고 있는 문제와 그 원인을 토론을 통해 알아보고, 이를 해결하고자 하는 의지를 가지고 실천한다.
① 우리가 겪고 있는 다양한 지구촌 문제들은 무엇이며, 어떻게 하면 지구촌 문제에 대한 도덕적 민감성을 기를 수 있을까?
② 지구촌 문제를 올바르게 해결하기 위한 방법은 무엇이며, 어떻게 하면 이 문제를 해결하기 위한 올바른 의사 결정을 할 수 있을까?

(가) 학습 요소

- 민족 분단, 통일, 통일 의지, 통일 비용, 통일 편익 등

(나) 성취기준 해설

- [6도03-03] 학생들은 통일의 중요성을 알고 있음에도 불구하고 실제로 통일이 되는 것에는 무관심하거나 통일이 자신들의 삶과 동떨어진 것으로 여기는 경향이 매우 높다. 이에 분단으로 인한 고통을 공감하고 통일의 의미와 필요성을 이해하며 나아가 학생들이 나라 사랑의 올바른 방법을 익혀 통일 의지를 갖도록 성취기준을 설정하였다.

(다) 교수·학습 방법 및 유의 사항

㉮ 교수·학습 방법

- 주변에 있는 전쟁 관련 사적지를 직접 방문하거나 혹은 전쟁을 경험한 어른들을 찾아가서 그들과 이야기를 나누는 체험 학습을 하게 한다. 체험 활동을 통해 알게 된 내용과 느낀 점을 활동 기록지에 기록하는 과정을 통해 통일이 필요한 이유에 대해 학생들 스스로 탐구하고 성찰해 보도록 한다. 이러한 체험 학습은 사전에 계획하여

프로젝트 수업으로 진행할 수도 있다. 프로젝트 수업을 계획할 경우 활동 과정에서 올바른 의사 결정하기, 행위 결과 도덕적으로 상상하기 등의 기능을 경험하게 할 수 있다.

㉯ 유의 사항

• 교사는 학생들이 전쟁과 분단을 직접 경험하지 않은 세대임을 충분히 인지하고 지적인 접근보다는 실천과 체험을 통한 방법을 활용한다. 체험 활동은 개인별 혹은 모둠별로 이루어질 수 있으며 학생들의 상황과 조건에 알맞은 형태를 선택하여 실시한다.

(라) 평가 방법 및 유의 사항

㉮ 평가 방법

• 포트폴리오 평가 방법을 활용한다. 주기적이면서도 지속적인 체험 활동을 하게 한 후 통일과 관련하여 자신의 느낀 점을 기록한 작품집을 제출하게 한다. 평가는 제출된 작품집을 이용하는데, 통일에 대한 관심, 자신의 생활과 연계해 실천하려는 의지 등 학생 내면의 변화를 드러내는 과정을 중심으로 실시한다.

㉯ 유의 사항

• 교사는 학생들이 체험 학습을 충실히 계획하고 실시하였는지 그리고 체험 활동 후에 통일과 관련하여 학생들의 어떤 부분이 변화하였는지 등을 중심으로 평가한다.

④ 자연·초월과의 관계

자신과 자연 및 초월과의 관계에 대해 올바르게 이해하고 자연과 생명에 대한 외경심을 함양하며, 도덕적 삶을 위해 성찰하는 태도를 갖도록 한다.

[4도04-01] 생명의 소중함을 이해하고 인간 생명과 환경 문제에 관심을 가지며 인간 생명과 자연을 보호하려는 태도를 가진다.
① 인간 생명이 소중한 이유는 무엇이고, 어떻게 하면 책임감 있게 인간 생명을 존중할 수 있을까?
② 자연을 보호해야 하는 이유와 방법은 무엇이고, 어떻게 하면 자연과 유대감을 가질 수 있을까?

[4도04-02] 참된 아름다움을 올바르게 이해하고 느껴 생활 속에서 이를 실천한다.
① 아름다움의 의미와 종류는 무엇이며, 참된 아름다움을 느끼고 아는 것이 왜 필요할까?
② 참된 아름다움을 행하는 사람들의 모습은 어떠하며, 어떻게 심미적 감수성을 기를 수 있을까?

[6도04-01] 긍정적 태도의 의미와 중요성을 알고, 어려움을 극복하기 위한 긍정적 삶의 태도를 습관화한다.
① 긍정적 태도의 의미와 중요성은 무엇이며, 어려움에 직면했을 때 어떻게 반성하고 마음을 다스릴 수 있을까?
② 긍정적 태도를 기르기 위한 자세와 능력은 무엇이고, 이를 생활 속에서 어떻게 습관화할 수 있을까?

[6도04-02] 올바르게 산다는 것의 의미와 중요성을 알고, 자기 반성과 마음 다스리기를 통해 올바르게 살아가기 위한 능력과 실천 의지를 기른다.
① 올바르게 산다는 것의 의미와 중요성은 무엇이고, 어떻게 하면 올바른 삶을 살 수 있을까?
② 올바르게 살아가는 데 필요한 능력은 무엇이며, 이를 생활 속에서 어떻게 하면 습관화할 수 있을까?

(가) 학습 요소

- 사람의 아름다움, 참된 아름다움, 아름다운 삶의 모습 등

(나) 성취기준 해설

- [6도01-01] 이 성취 기준은 참된 아름다움이 외면적 아름다움뿐만 아니라 내면적 아름다움과 도덕적 삶의 아름다움을 포함하는 것임을 알고, 아름다운 마음과 심미적 감수성을 기르도록 하기 위해 설정하였다.

(다) 교수·학습 방법 및 유의 사항

㉮ 교수·학습 방법

- 개념분석 수업모형을 적용하여 아름다움, 아름다운 사람의 의미와 중요성을 이해하고 이를 바탕으로 아름다운 사람의 모습을 탐구하도록 한다. 아름다운 사람을 찾아보는 활동을 통해 이해한 개념을 실생활에 적용해 보도록 하고, 수업을 통해 심미적 감수성이 자극될 수 있도록 한다. 또한 참된 아름다움을 탐구하는 과정에서 가치갈등 수업모형을 활용할 수도 있다.

㉯ 유의 사항

- 단순히 개념 정의를 이해하는 수준에 머무르지 않고, 이해한 개념을 자신의 모습에 적용하며 또한 자신을 돌아볼 수 있는 학습 활동이 될 수 있도록 한다.

(라) 평가 방법 및 유의 사항

㉮ 평가 방법

- 자기 평가 방법을 사용할 수 있다. '자연·초월과의 관계' 영역의 성취

기준 도달은 자기 스스로를 살펴보고 숙고하는 과정을 통해 가능하므로 자기 평가 방법이 효과적일 수 있다. 자기 평가는 자기 평가표를 활용할 수 있으며 구체적이고 진실하게 작성하도록 한다. 또한, 자기 평가 과정을 통해 자신의 아름다움에 대한 관점이 드러나도록 한다.

㈏ 유의 사항

- 학생 개인이 자신을 평가하는 자기 평가표의 결과뿐만 아니라 평소의 생활 습관 및 관찰 기록 등과 비교하여 평가하도록 한다. 자기 평가의 과정을 통해 내면의 변화를 발견하고 심미적 감수성을 기를 수 있도록 한다.

4) 초등 도덕과의 교수·학습 및 평가의 방향

(1) 교수·학습 방향

(가) 현대 사회와 일상생활에서 학생들이 직면하는 도덕 문제와 현상을 도덕적인 옳고 그름의 관점에서 탐구하고 성찰하며, 바람직한 행동을 의욕하고 실천할 수 있는 적합한 방법을 활용하도록 지도한다. 특히 학생들이 배우는 도덕적 가치·덕목이나 기본적 예절 및 규칙이 지적 인식에만 머무르지 않고 정서적 공감, 민감성, 열정, 실천 기능 습득을 통해 습관화 될 수 있도록 다양한 방법을 적용한다.

(나) 도덕 수업을 통해 도달하고자 하는 인격 또는 도덕성의 3가지 주요 요소(도덕적 지식, 판단력과 같은 인지적 요소, 도덕적 감정, 의지, 태도와 같은 정의적 요소, 도덕적 실천 기능 및 습관과 같은 행동적 요소)가 조화롭게 통합적으로 발달할 수 있도록 지도한다. 또한 교과 역량인 자기 존중 및 관리 능력, 도덕적 사고 능력, 도덕적 대인 관계 능력, 도덕적 정서 능력, 도덕적 공동체 의식, 윤리적 성찰 및 실천 성향 등이 함양될 수 있도록 4개의 가치관계 영역에 적합한 다양한 교수·학습 방법을 선택하여 적용한다.

(다) 학생들의 발달 단계와 수준 및 도덕 수업에의 흥미 등을 고려하고, 학생들의 구체적인 도덕적 경험과 연결될 수 있는 학습 목표, 탐구 주제 및 활동 내용을 구성하며 학습하게 함으로써 학생들의 자기주도적인 도덕적 사고력과 판단력, 도덕적 민감성, 실천 기능을 함양하도록 한다.

(라) 도덕 수업의 목표, 학습 내용, 수업 상황, 물리적 환경, 멀티미디어 기기, 학습 자료, 영상 자료 등 교수·학습에 영향을 미치는 변인들을 고려하여 강의, 탐구, 토론, 도덕 각오를 글로 쓰기, 자신의 도덕적 가치 공언하기, 행위 결과를 도덕적으로 상상하기, 내러티브를 통한 또래 간 도덕적 경험 교류하기, 웹 자료 활용, 역할놀이, 협동학습, 봉사 학습, 프로젝트 학습, 갈등 해결 학습, 사회정서 학습, 실천·체험 등 다양한 교수·학습 방법을 융통성 있게 활용한다. 특히 학습자의 개인차를 고려하여 다양한 학습 집단을 구성하고 구성원들이 서로 상호작용할 수 있도록 협력 체제를 구축하며 함께 참여하는 공동의 탐구 기회와 실천 기회를 제공한다.

(마) 학습자들이 모범 사례를 본받아 자율적으로 도덕적 가치·덕목을 실천할 수 있도록 다양한 도덕적 모범을 제시하고, 도덕 수업 시간에 배운 도덕적 옳음이 생활 속에서 지속적으로 실천되고 지지받을 수 있도록 학생들이 정의로운 학급 공동체의 분위기 속에서 민주적이고 도덕적 관계를 형성하도록 한다.

(바) 학습자들이 속한 지역의 특성이나 시의성을 고려하여 다양한 계기 자료들을 적절히 재구성하여 활용하되, 특정 지역, 집단 문화, 이념, 종교 등에 편향되지 않은 객관적인 입장을 유지하도록 한다.

(사) 학습내용과 방법을 고려한 가정, 지역 공동체와의 연계 프로그램(학부모 또는 지역 자원 및 인사를 도덕 수업에 참여시키기, 지역 사회의 기관들을 도덕 교육의 학습장으로 이용하기 등)을 통해 학생들의 도덕적 실천을 강화함으로써 도덕 수업의 실효성을 제고한다.

(2) 평가 방향

(가) 도덕 수업을 통해 도달하고자 하는 도덕성의 인지적, 정의적, 행동적 요소에 대해 통합적으로 평가한다. 즉, 인지적 요소에서는 도덕적 가치·덕목의 의미에 대한 이해, 도덕적 사고력과 판단력, 가치 판단의 합리성 등을 평가한다. 정의적 요소에서는 도덕적 감정의 적절한 절제력과 표현력, 도덕적 민감성과 열정성 등을 평가한다. 행동적 요소에서는 도덕적 가치·덕목과 예절 및 준법에 대한 행위 기능과 실천의 습관화 등을 평가한다. 특히 이 3요소들 각각이 학습되고 발달되었는지의 여부를 적절히 평가할 뿐만 아니라 이 3요소들의 조화

로운 발달을 통합적으로 평가할 수 있도록 한다.

(나) 평가 목표와 내용 특성, 학생 개인의 인지, 정서, 도덕성 발달 정도와 도덕 학습의 성취 수준 등을 면밀히 분석하여 이에 적합한 평가 방법을 활용함으로써 학생들의 도덕성 및 인성을 발달시키는 데 기여할 수 있도록 한다. 특히 평가 방법과 기법 및 도구를 사용할 때에는 그것의 주 된 용도와 장점 및 단점을 살펴 가장 적합한 것을 선택하여 활용하도록 한다. 문항을 제작하면서 동시에 채점 기준을 만들되, 도덕과의 특성을 반영하며 도덕적 지식과 판단력, 도덕적 민감성, 도덕적 문제에 대한 창의적이고 타당한 문제 해결 방안 모색, 도덕적 실천 의지와 실천 기능 등이 포함되도록 한다.

(다) 다양하고 창의적인 평가 방법과 기법 및 도구를 적절히 활용하여 객관적이고도 신뢰성 있는 평가를 실시한다. 선택형과 서술형을 포함한 지필 평가, 행동 관찰, 자기 평가, 구술·논술 평가, 포트폴리오, 토론 및 발표에 대한 평가, 상호 평가 등 다양한 방법을 활용하여 도덕성과 인성을 종합적으로 평가하도록 한다.

(라) 평가 내용과 방법이 교육 내용과 일치하도록 한다. 평가 내용과 방법은 도덕과에서 강조되고 있는 도덕적 성찰 및 탐구 능력, 즉 도덕함의 제고와 밀접한 관련이 있어야 한다. 도덕과 평가에서 활용하는 선택형 문항, 서술형 및 논술형 문항을 제작할 때에는 수업 목표와 평가 목표의 일치, 학습 내용과 문항 내용의 일치, 학습 내용과 문항 내용의 초점 일치, 교육 내용의 중요도와 문항 수준의 일치를 확인하도록 한다. 특히 문항 내용과 기술하는 언어가 학생들의 발달 수준에 적합하도록 한다.

(마) 성취기준을 평가의 기준으로 활용한다. 성취기준은 도덕 수업 내용의 범위와 수준, 도덕 수업을 통해 학생들이 성취해야 할 여러 기능, 평가의 목표와 초점, 문항 내용의 범위와 깊이를 정하는 준거가 된다. 따라서 평가 목표의 구체화, 문항 내용의 범위와 수준, 문항 정답률 설정, 문항 배점 결정의 기준으로 활용하도록 한다.

(바) 평가 결과는 학생들의 인성과 도덕성 발달을 도모하고 교수·학습을 개선하는 데 필요한 자료로 활용한다. 즉, 평가 결과는 수업 목표의 도달 및 수업 내용의 성취 여부를 파악하고 이에 따른 앞으로의 수업 목표와 내용, 교수·학습 계획과 방법 등 전반적인 도덕 수업 활동을 개선하는 데 활용한다. 또한 교사의 자기 평가와 자기 성찰에 이용할 수 있다.

제6장
세계의 도덕교육

우리의 삶 그 자체는 도덕과 분리될 수 없다. 지구상의 나라들을 살펴보면 도덕을 가르치지 않는 나라는 없다고 해도 과언이 아니다. 일부 학자 중에는 외국에서는 도덕이라는 교과가 없으므로 우리나라도 도덕교과를 폐지해야 한다고 주장하기도 한다. 그러나 조금만 주의 깊게 외국의 교육과정을 살펴보면 이러한 주장이 허구임을 쉽게 간파할 수 있다. 거의 대부분의 국가에서 어떤 형태로든 도덕교육을 실시하고 있기 때문이다. 2009년 수행된 PISA중상위권 국가(1–39위)의 분석연구에 의하면 필수교과로서 '종교교육'을 가르치는 국가는 10개국, 필수로 '윤리학'을 가르치는 국가는 27개국, '시민성교육'은 11개국, '공민교육'은 9개국이다.[1]

1 박장호, "PISA(2009)에 나타난 도덕교육의 의미," 한국도덕과윤리과교육학회, 『도덕윤리과교육』, 제34호, 2011, pp. 8–9.

도덕교육은 가치교육으로서, 도덕교육보다 상위의 개념은 종교교육이다. 기독교, 이슬람교, 불교권 국가에서는 종교교육이 집중적으로 이루어지고 있다. 종교교육이 도덕교육을 대신하고 있다. 그러나 우리나라에서는 종교교육이 거의 이루어지지 않고 있다. 그러므로 종교교육 대신 가치교육을 담당하는 교과로 도덕교과를 이야기하고 있다.

외국에서 도덕이라는 교과가 없으므로 도덕교과를 없애야 한다는 주장을 펼치는 학자들은 학문의 사대주의에 빠져 있다는 인상을 지우기 어렵다. 외국에 없으면 그대로 우리가 따라야 한다는 그릇된 관념에서 헤어나지 못하고 있기 때문이다. 우리나라 교육과정의 교과편제 준거가 외국 교육과정의 교과편제가 되어야 한다는 생각은 외국 교육과정의 교과편제가 모범이 될 정도로 우수하므로 우리나라의 정치, 문화, 사회 및 교육적 상황을 고려하지 않고 그대로 본받아야 한다는 생각이 은연중 저변에 깔려 있기 때문이다. 세계 여러 나라의 교육과정이 모두 동일하지는 않다. 그 주된 이유는 교육과정의 교과편제가 학문의 분화뿐만 아니라 각 국가 나름의 현실적 요청에 토대를 두고 이루어졌기 때문이다. 그러나 대부분의 국가에서 윤리, 도덕교육은 보편적으로 실시되고 있으나 각 국가마다 자국의 특수한 역사적·사회적·문화적·환경적 영향에 따라 그 교육의 명칭과 추구하는 목표 및 내용요소가 다양한 형태로 이루어지고 있다. 그러므로 외국의 예를 들면서 도덕과를 폐지하자는 주장은 타당성과 설득력이 없다.

교육의 목적이 도덕적 및 지적 성장과 발달이라고 할 때[2] 우리의 교육은 도덕적 성장에 더 많은 비중을 두어 왔다. 즉 유교적인 전통에서 이루어졌

---

2 John Dewey(1916), *op cit.*, p. 62.

던 우리 교육은 교육 자체가 바로 도덕교육이었다. 이러한 우리 교육의 전통은 서구의 교과 중심 교육체제가 들어옴에 따라 명맥을 유지하기가 어렵게 되었다. 이러한 상황에서 우리의 전통적인 교육의 맥을 잇기 위한 교과가 필요하게 되었다. 이것이 바로 교과로서 도덕과를 설정하게 된 주요한 이유이다.[3]

한국, 중국, 일본, 말레이시아와 같은 동양의 유교권 국가에서는 산업화와 더불어 가치관 및 의식구조까지 서구화되어 가는 자국민들로 인하여 많은 고심을 하고 있다. 자국민들을 전통적인 가치관을 지닌 아시아인으로 육성하기 위하여 가치교육에 높은 관심을 보이고 있다.[4] 물질적인 면에서는 서구의 산업화를 뒤따라 가더라도 정신만은 절대로 서구인이 될 수 없다는 현실적 요청 속에서 가치교육을 체계적으로 실시하기 위하여 도덕교육에 많은 관심을 쏟고 있다.

특히 한국의 도덕 교과 교육은 전통적으로 실시해 온 교육의 맥을 이어 가는 교과로서 서구의 도덕교육 이론을 접목시켜 우리 나름대로의 교육 이론을 세우고자 노력하는 교과이다. 이러한 노력과 성과가 외국에서도 인정을 받고 있기에 외국의 여러 국가들이 우리의 도덕교육에 그처럼 많은 관심을 표명하는 것이다. 많은 교과가 외국에서 들여온 지식 및 교수·학습 이론을 그대로 가르치고 있는 데 비하여, 우리의 도덕 교과는 우리 나름의 지식과 교수·학습 방법을 가지고 교과 교육에 적용하려 노력하고 있다.

---

3 조난심, "도덕교과서의 비판과 재검토," 윤구병, 『교과서와 이데올로기』(서울: 천지, 1981), pp. 183–184.

4 *The Economist*, October 8th, 1994, p. 33.

우리의 도덕 교과 설정의 또 다른 현실적 요청은 외국의 많은 국가처럼 도덕 교과 대신으로 종교교육을 실시하기가 어렵다는 것이다. 서구의 많은 국가들은 기독교적인 전통을 갖고 있어 종교교육을 실시하기가 용이하다. 이것은 회교권 국가와 불교권 국가 역시 마찬가지이다. 그러나 특정 종교를 앞세우지 않는 우리는 도덕 교과 대신 종교교육에서 가치교육을 실시하기가 어렵다. 더욱이 현재의 사회적 상황이 도덕적으로 매우 혼란스러울 뿐만 아니라, 도덕 교과 교육의 효과를 떠나서 도덕 교과의 폐지가 미치는 심리적인 영향을 고려하지 않을 수 없다. 또 만약에 도덕 교과가 폐지되었을 경우 다른 교과의 교사들이 도덕 교과의 폐지를 감안하여 자신의 교과 수업 시간에 도덕교육을 더욱 충실히 지도할 수 있는가도 고려해 보아야 할 사항이다.

이하에서는 우리의 도덕교육 및 도덕과 교육에 대해 올바른 인식을 지니기 위해 외국에서는 도덕교육이 어떻게 이루어지고 있는가를 살펴보고자 한다.

1. 유교 문화권의 도덕교육

1) 일본의 도덕교육

메이지 유신 이후 1872년 소학교에서는 도덕교육이 중시되어 1, 2학년 학생에게 '수신구수'(修身口修)라는 '수신'(修身)의 전신이 되는 교과를 두고 구두로 충효를 가르쳤다. 1880년 '개정교육령'에서 수신을 수위교과로 놓고 도덕교육을 더욱 중시하였다. 이런 정책상의 결정은 '교육칙어'(敎育勅語)의 취지에 따라 이루어진 것이었다. 1904년 수신의 국정교과서가 사용되게 됨으로써 제2차 세계대전 이전의 일본인의 국민성 육성에 수신교육이 지대한 역할을 해왔다. 이 시기 도덕교육의 방법은 종래의 덕목주의나 헤르바르트(J. K. Herbart)의 5단계 교수법(예비, 제시, 연결, 총괄, 응용)에 의한 인물 전기를 가르치는 것이었다.[5]

1948년 8월부터 1951년 9월까지 GHQ(General Head Quarter)의 점령 하에서 수신(修身) 교과가 폐지되었으나 1950년 한국전쟁과 이듬해 샌프란시스코 평화조약으로 도덕교육의 부활·강화가 주장되었다. 그래서 1952년 문부성에서 도덕교육의 강화, 고교에서 윤리과의 설치 등의 교육정책을 주장했으나 전쟁 이전으로의 회귀적인 면도 있었기에 반대하는 사람들이 적지 않아 도덕교육의 내실화에 많은 어려움 겪었다. 그래서 1958년 '학교기본법 시행규칙'을 개정하고, 초·중학교 교육과정 개선의 기본으로서 도덕교육의 강화와 기초학력의 충실 및 과학기술의 향상을 들고 도덕교육 강화에서는 공립소학교와 중학교에서 교육활동 전체를 통해서 실시하는 것과 아울러 새로 도덕시간을 설치하여 학년마다 매주 1시간씩 '도덕 시간'(道德の時間)을 두고 계속해서 일관된 지도를 한다는 방침을 정했다.

그리하여 교육과정이 교과, 특별활동, 도덕 시간의 세 영역으로 구분되었다. 도덕을 교과로 설정하지 않은 이유는 도덕이 수신 교과의 부활이라는

---

5 박병춘, "일본 도덕교육의 변천과정과 특징," 한국도덕윤리과교육학회, 『도덕윤리과교육』, 제13호, 2001, pp. 175-192.

오해를 피하기 위한 것이었다. 결과적으로 학생의 인격평가나 학습평가를 하지 않기 위해 교과서를 이용하지 않고 평가를 하지 않기로 했으며, 지도에서도 전임 교사가 아닌 학급 담임에 맡기기로 했다. 도덕시간을 학교 교육 전체에서 이루어지는 도덕교육을 보충·심화하여 통합하는 역할을 하게 되었다.[6]

특설된 도덕시간을 놓고도 극심한 찬반논쟁이 있어 왔고, 그런 동안 세 차례의 개정이 있었으나 인간존중의 정신에 기초를 둔 기본적 목표와 도덕시간의 교육과정상 위치에는 기본적으로 변함이 없었다. 오늘날 도덕교과는 필수교과로서 초등학교 1학년에서 중등학교 9학년에 이르기까지 1단위를 이수하도록 되어 있다. 그리고 고등학교에서는 공민 영역 안에 '현대사회', '윤리', '정치경제'의 세 교과가 있고, 각각의 이수단위는 주당 2시간이며, '현대 사회' 혹은 '윤리'와 '정치경제'를 필수로 이수해야 한다.[7]

1989년 3월에 발표된 새 학습지도 요령에 의하면, 일본 도덕과 교육의 의의는 완성된 인간상을 구하는 것이 아니라, 학생이 자신의 사는 법에 대한 관심을 갖고 인생을 보다 좋게 살기 위해서 필요한 도덕성을 양성하는 데 있다고 하였다. 도덕교육의 목표로 인간존중, 생명외경, 개성이 풍부한 문화의 창조, 민주사회 및 국가발전, 국제사회에 공헌할 수 있고 주체성 있는 일본인 육성을 설정하였다.

도덕교육의 내용은 '자기 자신에 관한 것(절도, 자제·자립, 사려·반성, 희망,

6 손은혜, "일본의 도덕 교육과정 분석-도덕의 교과화 과정을 중심으로," 한국도덕윤리과교육학회, 『도덕윤리과교육』, 제51호, 2016, pp. 145-167.

7 UESCO-IBE, World Data on Education, 2012, 7th Edition.

용기, 불요불굴, 근면·노력, 자유·규율, 성실·명랑, 창조·진취, 향상심·개성신장 등)', '타인과의 관계에 관한 것(예의, 배려·친절, 우정·신뢰·서로 도움, 관용·겸허, 존경·감사·보은 등)', '자연이나 숭고한 것과의 관계에 관한 것(자연애, 동식물 애호, 환경보전, 생명존중, 외경에 대한 생각 등)', '집단이나 사회와의 관계에 관한 것(공덕심, 규칙의 존중, 준법, 권리·의무, 근로, 가족애, 애교심, 향토심, 애국심, 국제 이해, 친선 등)'의 네 영역으로 구분하여 일본 사회에서 전통적으로 중시되어 왔던 동양적 가치들과 민주적 가치들을 학생들의 발달수준에 따라 초등학교 저·중·고학년, 중학교, 고등학교로 나누어 제시하고 있다.[8]

도덕교육 방법은 학교 나름대로 도덕교육 계획을 수립하여 각 교과나 특별활동을 통한 도덕교육과 도덕시간을 중심으로 한 도덕교육의 통합, 가정 및 지역사회와의 연계 등을 주요 방법으로 채택하고 있다. 그러나 도덕수업은 상당히 자유로운 형태로 수업이 가능하기에 일부 열성 있는 교사를 제외하면 대개 어려움을 느낀다. 교재는 대개 출판사의 부독본(소학교 72.7%, 중학교 77%)을 이용한다. 현재 일본의 도덕교육 방식은 이론적으로 구축된 것이 아니라 정치적·이데올로기적 갈등 속에서 하나의 절충안으로서 이루어진 것이다. 즉 교과가 아닌 도덕을 일주일에 한 시간씩 수업을 실시하고 있다. 그러나 교과 전공 교사가 아닌 학급 담임이 수업을 실시하고 평가를 하지 않는다. 그러다 보니 수업이 제대로 이루어지지 않는 경향이 있다.

일본의 교육계는 21세기를 전망하는 근본적인 교육개혁이 진행 중에 있으며, 이지메 문제와 같은 교육 폐해를 극복하기 위한 대책의 하나로 도덕교

8 구니이유타가, "일본 2008년 개정 도덕교육 교육과정에 관한 고찰," 한국도덕윤리과교육학회, 『도덕윤리과교육』, 제31호, 2010, pp. 317–350.

육에 대한 강조에 박차를 가하고 있다. 그동안 일본의 도덕교육은 우리와 달리 교과가 아닌 생활영역의 하나로서 지도되어 왔다. 하지만 최근 일본에서는 한국의 도덕교육을 본받아 교과로서 지도하려는 움직임을 보이고 있다. 도덕교육을 생활 중심으로만 실시해 온 결과 도덕교육에 대해 전문적으로 연구하고 교육할 수 있는 인력이 부족하며 체계적인 도덕교육도 실시되기 어렵다는 것을 일본은 현 시점에서 크게 자각하고 있다.[9]

그래서 2015년 3월 27일 일본 문부과학성은 도덕을 '특별 교과'로 승격시킨다고 새로운 학습지도요령을 발표했다. 이에 근거해서 교과서 작성의 지침이 되는 학습지도요령해설과 교과서 검정기준을 새롭게 발표했다. 그리하여 2018년부터 초등학교에서 도덕수업이 새롭게 이루어지고 있으며, 중학교는 2019년부터 새로운 도덕교육 수업이 시작되었다.

이와 같은 일본의 도덕교육 역사에서 얻을 수 있는 중요한 교훈은 도덕교육을 학교교육 전체 속에서 행하되 중심이 되는 교과가 반드시 필요하다는 것이다. 일부 학자 중에서 우리나라의 도덕교과를 폐지하고자 했던 사람들은 일본의 사례를 보면서 큰 교훈을 얻어야 할 것이다.

2) 중국의 도덕교육

중국의 도덕교육은 그 역사만큼이나 오래 되었는데, 우리가 일반적으로

9 남경희, "일본의 도덕교육의 성립·전개와 도덕의 교과화 시도," 한국도덕윤리과교육학회, 『한국일본교육학연구』, 제19권 제1호, 2014, pp. 1-18.

사용하는 '교육과정'이라는 말에 해당하는 중국식 표현은 1992년 8월에 반포된 '9년 의무교육 전일제 초등학교 중학교 과정 계획' 이후에 '과정'(課程)이라는 말로 사용하고 있다. 그러나 그 이전까지는 '교학'(敎學)이라는 말로 표현되었다. 더불어 교육과정 표준은 1952년부터 1997년까지는 교육요강이라고 불렸다.[10] 1997년 4월 이후 국가 교육위원회에서 '9년제 의무교육 소학교 사상품덕과 초급중학교 사상정치과 과정 표준시안'을 공포하고, 2001년 7월 의무교육단계 18개 교과목 과정표준이 발표된 이후, 2005년 가을 새로운 학기부터 모든 과목과 활동은 새로운 교육과정 표준을 전면적으로 실시하게 되었고, 원래 교학대강(敎學大綱)으로 불려졌던 것은 모두 폐지되었다.[11]

사실 이웃 국가인 중국은 우리와 문화적인 배경이 비슷한 연고로 교육과정과 교과서의 내용이 많은 부분에서 닮아 있다고 할 수 있다. 학제의 경우도 우리와 같이 초등학교 5학년 혹은 6학년, 중학교 3학년, 고등학교 3학년을 기본으로 하고 있다. 우리의 초등학교에 해당하는 중국의 소학교는 기본적으로 5년제이지만 대도시와 소도시에서는 6년제로 운영되고 있는 경우도 적지 않다.

2001년 중국 교육부에서 발표한 '기초교육과정 개혁요강'은 중국의 8번째 교육과정으로서 오늘날 시행되고 있는 중국교육의 표준이다. 원래 중국의 도덕교육은 사상품덕(思想品德) 교과에 의해 초등학교 1학년부터 중학

---

10 안지영, "중국과 홍콩 도덕교육과정 비교연구," 『교사교육연구』, 제53권 제1호, 2014, pp. 162–174.

11 서강식, "중국 초등 도덕 교육과정 및 도덕 교과서 분석," 한국초등도덕교육학회, 『초등도덕교육』, 제46권, 2014, pp. 1–28.

교 3학년까지 9년 동안 이루어져 왔다. 그러다가 2001년 개정된 교육과정에 의해 사상품덕 교과가 초등학교의 경우 품덕과 생활(品德與生活)과 품덕과 사회(品德與社會)로 분리되었다. 전자는 초등학교 1–2학년 교과이며, 후자는 3–6학년 교과이다.[12]

품덕과 생활 교과는 '공민도덕건설 시시 요강'의 정신에 따라 아동들의 '배우는 생활'을 잘 이끌어 줌으로써 올바른 공민도덕 소질과 탐구적이고 창조적인 과학정신을 길러 중국 기초교육의 중대한 책임을 완수하고자 하고 있다. 품덕과 생활은 아동의 생활을 기초로 하여 품덕을 올바르게 하고, 탐구하기를 즐겨하며 적극적인 생활을 하는 아동을 기르는 것을 목표로 하는 활동형 종합과정이라 할 수 있다.

이 과정의 기본적인 특징으로는 생활성, 개방성, 활동성의 세 가지를 들 수 있다. 품덕과 생활의 기본 이념은 첫째로 도덕은 아동들의 생활 속에 있다는 것, 둘째로 아동들을 적극적인 생활화 학습인으로 인도하는 것이 이 과정의 핵심이라는 것, 셋째로 아동기의 생활의 가치를 귀하게 생각하고 아동의 권리를 존중하는 것, 넷째로 아동의 생활 세계와 관련된 교육과정이라는 것이다.

중국 도덕과 교육과정의 총괄목표는 "바람직한 품덕과 행위 습관을 갖추며, 즐거운 마음으로 탐구하며, 생활에 열정과 사랑을 갖는다"는 것이며, 하위목표는 정감과 태도, 행위와 습관, 지식과 기능, 과정과 방법의 네 영역별로 구분하여 제시하고 있다. 여기에서 말하는 품덕이라 함은 우리의 인격

---

12 조기제, "중국 소학 도덕교육의 이해를 위한 시론–품덕교과서를 중심으로," 한국초등도덕교육학회, 『초등도덕교육』, 제45권, 2014, pp. 421–448.

이나 인성, 덕과 거의 같은 의미로 이해하여도 큰 무리가 없다. 즉, 우리 한글로 표현하면 덕스런 성품을 나타내는 말로 이해하여도 큰 무리가 없다.

중국 도덕과 교육과정의 총괄목표는 우리 정서와 부합하며 우리 도덕과 교육과정의 목표와 비교할 때 큰 거리감이 없는 것으로 드러나고 있다. 총괄목표와 하위목표로 구분한 것도 우리나라 도덕과 교육과정과 매우 유사하다. 그렇지만 하위 목표에서 '정감과 태도', '행위와 습관', '지식과 기능', '과정과 방법'의 네 영역으로 구분하여 목표를 제시하는 것은 독특하다. 특히 '과정과 방법'은 우리에게 매우 생소한대, 학생들의 학습 방법 습득과 학습능력향이라는 메타적 관점에서 유용한 구분이 될 수 있다.

품덕과 생활 교과의 교육과정 구조는 3가지의 중심 내용과 4가지의 구성 요소로 되어 있다. 영역을 자아, 사회, 자연으로 크게 구분하고, 각 영역마다 건강, 안전, 유쾌, 능동, 책임, 사랑, 사고, 창의와 연계시켜 교육과정 내용을 구성하고 있다. 우리나라의 교육과정은 영역 구분을 생활환경 확대법에 따라, 혹은 주제 중심으로 구분하였는데, 중국과 같은 영역 구분도 또 도덕과 교육과정의 영역 구분에서 또 다른 시사점을 줄 수 있는 것으로 보인다.

4가지 구성 요소에 따라 교육목표를 구현하기 위하여 가르쳐야 할 내용의 기준을 제시하고 있는데, 중국에서는 이를 '내용 표준'이라는 말로 표현하고 있다. 이러한 내용 표준은 각 시나 지역에서 교수학습활동을 할 때와 도덕교과서를 편찬할 때에 기준이 된다. 중국식 표현으로는 '교학활동'이라는 말을 사용한다. 내용표준은 우리나라 도덕과 교육과정의 내용체계표와 유사한데, 다른 점은 우리는 개조식으로 나타내지만 중국은 서술형으로 나타내고 있다는 점이다.

품덕과 사회 교과는 중국 초등학교 중학년 및 고학년에 개설되는 교과목으로 학생들의 바람직한 품덕 형성과 사회발전을 촉진하고자 하는 종합적인 과정이다. 이 교과에서는 총괄목표를 "학생들의 바람직한 품덕을 형성하고 사회성 발전을 촉진하여 학생들이 사회를 인식하고 사회에 참여하며 사회에 적응하도록 사랑, 책임감, 바람직한 행위 습관 등과 개인적인 자질을 갖춘 사회주의 공민으로서의 기초를 다지는 데 있다." 등으로 제시하고 있다. 하위목표는 '정감, 태도, 가치관', '능력', '지식'의 세 영역으로 구분하여 개조식으로 "생명을 사랑하고, 생활에 열정을 갖기, 자존, 자주적이며 발전과 향상에 관하여 낙관적이며 과학과 노동을 사랑하고 근검절약하는 태도 기르기" 등과 제시하고 있다.

품덕과 사회 교과의 내용 표준은 '성장하는 나', '나와 가정', '나와 학교', '나의 향촌', '나는 중국인', '세계'의 여섯 영역으로 구분된다. 이러한 영역별 내용 표준은 기본 표준으로서 이를 근거로 하여 교재 편찬과 교학활동의 전개가 이루어진다. 내용 표준은 경직된 것이 아니라 각 지역이나 학교 또는 아동들의 실제 상황을 근거로 하여 확장될 수 있는 융통성을 지니고 있다. 각 항의 내용 표준 및 배열의 순서와 교재 및 과목 시수는 일대일 대응이 아니지만, 각 학년의 내용 분포는 내용 표준에 근거하여 이루어지고 있다. 내용 표준에서 함께 제시되고 있는 교학활동건의는 교수학습활동으로서 권고 되는 것으로 이해하면 된다.

기본적으로 중국의 도덕교육은 중국의 교육과정 이념이 상당 정도 반영되어 있다. 즉 마르크스 레닌주의와 마오쩌둥 사상, 덩샤오핑 이론과 3개 대표를 지도사상으로 중국 정부가 헌법과 의무교육법에 명시한 교육원칙과 목표가 상당정도 반영되어 있다. 그래서 초등학교와 중학교의 도덕교육은 애국주의, 집체주의, 사회주의를 3대 교육원칙으로 5애(5愛)를 주제로 하고 있다. 다시 말해 중국의 도덕교육의 목표와 내용은 대체로 유교적 정치 전통과 사회주의 이념, 경제발전을 통한 현대화라는 세 가지 변수에 의해 결정된다고 볼 수 있다. 중국과 같은 사회주의 국가 도덕의 기본원칙은 집체주의(집단주의)라고 할 수 있는데, 이것은 사회 내의 개인과 소집단의 이익관계에서는 집단의 이익이, 소집단과 대집단의 이익관계에서는 대집단의 이익이 중시되어야 하고, 또 계급 내부의 각 집단 간의 이익은 모두 사회 전체의 발전을 위해 전체 계급의 이익에 복종해야 한다는 것을 뜻한다.

이런 중국 도덕교육의 기본 바탕에는 오애교육, 즉 나라사랑(愛祖國), 인민사랑(愛人民), 노동사랑(愛勞動), 과학사랑(愛科學), 사회주의 사랑(愛社會主義)이 깔려 있다. 오애를 기본 내용으로 하고 사회 공중도덕 교육과 이와 관련된 사회상식 교육을 진행하여 학생들이 좋은 도덕적 습관을 지닐 수 있도록 도덕교육의 목표를 설정하고 있다는 점에서 보편적인 도덕윤리를 가르치는 우리나라의 도덕교육과는 거리가 있다.

도덕교육과 관련된 교과 외 활동으로 '소년 선봉대' 활동이 있는데, 학교교육과 긴밀한 관계를 유지한다. 소년 선봉대의 교육담당자인 교관은 오애의 덕을 함양하기 위해 회의, 관찰, 견학, 야영, 여행, 이야기 듣기, 문화·과학 활동, 군사, 스포츠 활동, 공공 노동과 사회봉사 활동 등 다양한 종류의 활동을 한다. 그리고 중국에서의 교외 교육, 즉 가정 및 지역사회와 연계된 도덕교육은 '사상품덕' 교과의 보완과 신장을 위한 중요한 역할을 수행하고 있다.

중국 도덕교육의 방법은 다양한 입체적 교육방법, 개인시범과 모범을 통한 유도방법, 집체와 사회적 영향을 통한 방법, 구체적 대상 분석을 통한 대응방법을 들 수 있다. 중국에서는 도덕적 품성을 도덕적 인식, 도덕정감, 도덕의지, 도덕적 신념, 도덕습관 등으로 이루어져 있는 것으로 보고, 도덕교육의 과정을 사람의 도덕적 품성이 형성되고 선을 완성해 나가는 과정과 일치하는 것으로 보고 도덕적 품성처럼 5단계로 구분하고 있다.

특히 입체적 방법이란 다섯 가지 요소를 동시에 상호 조정하여 체험한 모든 경험을 활용하여 교육적 효과를 높이는 것을 뜻한다.[13] 중국은 천안문 사태 이후 이데올로기-정치사상 교육을 더욱 강화하였다. 현재 중국의 도덕교육은 국가적 목표를 달성하기 위한 이념들을 학생들에게 인식시키고 경제적 현대화에 따르는 문제점들을 도덕교육으로 해결해야 하는 이중적 과제를 안고 있다.

2. 기독교 문화권의 도덕교육

1) 미국의 도덕교육

1620년 종교적 자유를 찾아 메이플라워(The Mayflower)호를 타고 영국에서 신대륙으로 건너온 선조(Pilgrim Fathers)들은 누구든지 성경을 읽을 수 있을 만큼 기본적인 능력을 지녀야 한다고 믿었기에 아주 초기부터 학교를 설립하기 시작했다. 학교에서는 3R(읽기·쓰기·셈, Reading·Writing·Arithmetic)

13 조용관, "중국사회주의 도덕교육론," 한국국민윤리학회, 『국민윤리연구』, 제33호, 1994, pp. 204-206.

과 더불어 종교교육 형태의 도덕교육을 실시하였다. 즉 미국의 도덕교육은 식민지시대부터 19세기 말까지 종교교육과 혼합되어 있었다.[14]

그래서 식민지 시대부터 1800년대 후반 사이에 도덕과 교육과 관련하여 성경 이외의 많은 교육자료들이 개발되어 활용되었다. 예를 들면, 각재(角材)로 만든 책(Horn Book), 『뉴잉글랜드 독본』(New England Primer), 맥거피(Willaim McGuffey)가 만든 『맥거피 독본』(McGuffey Readers) 등이다.[15] 뉴잉글랜드 독본이나 맥거피 독본은 도덕적 행동을 가르치고 인격을 형성하게 하는 데 도움을 줄 수 있는 도덕적 교훈을 모아 만든 책으로 종교적 중심에서 탈피하려는 노력이 엿보인다.

1830–1840년대에 접어들면서부터 공교육 운동이 활발해졌는데, 이때 공립학교의 세속적 도덕교육의 제도화에 만(Horace Mann)이 큰 기여를 하였다. 이 시기 도덕교육은 종교적 요소에 민주주의 및 자본주의 사회의 세속적 도덕이 결부되어 발전되었다. 이는 뉴잉글랜드 독본보다 더욱 종교적 색채를 탈피한 『맥거피 독본』(McGuffey Readers)이 1억 권 이상이나 팔리면서 초등학교에서 널리 활용된 데서도 알 수 있다.

이후 19세기 말엽에는 공립학교의 도덕교육이 종교교육과 상당히 분리되었다. 20세기에 접어들어서는 인격교육이라는 이름으로 공립학교에서 세속적 도덕교육이 활발하게 이루어졌다. 이 시기의 인격교육 운동은 대체로 허친스(William Hutchines)의 '아동들의 도덕강령'(Children's Morality Code)과

14 추병완, "미국의 도덕교육," 『본질과 현상』, 제42호, 2015, pp. 102–117.

15 김항인, "미국의 도덕교육 및 도덕교육 연구의 역사와 과제," 한국도덕윤리과교육학회, 『도덕과교육론』(서울 : 교육과학사, 2000), p. 374.

같은 행동강령과 학교 클럽활동을 통한 집단활동을 활용하는 형태로 이루어졌다. 이를 조금 자세하게 살펴보면 다음과 같다.

이 시기의 인격교육은 과외활동, 국기예절, 학생 단체활동, 의식행사 등을 통하여 정직, 극기, 친절, 인내 등의 상식적인 도덕적 덕목들의 내면화를 목표로 이루어졌다. 1930년대까지 인격교육은 행동강령과 학교 클럽에서의 집단활동을 인격교육의 수단으로 활용하였다. 올바른 삶을 위한 10가지 규범—자아통제, 친절, 좋은 건강, 스포츠맨십, 자기 의존, 의무, 신뢰, 진실, 훌륭한 솜씨, 팀워크—을 포함한 '아동들의 도덕강령'이 광범위하게 활용되었다.

도덕적 전통과 인습적 가치에 대한 순응, 도덕적 의지의 계발과 실천의 습관화, 당시 사회의 지배적인 덕성의 계발에 중점을 둔 인격교육 운동은 듀이(J. Dewey)를 중심으로 하는 실용주의 및 교육적 진보주의가 등장하면서 그 성격과 형태 있어 큰 도전을 받게 되었다. 듀이와 진보주의 교육자들 역시 학교 교육의 목적 자체가 인격의 발달이라고 생각했지만 인격교육을 문제 해결의 지적 능력, 사고방식, 과학적 탐구방법, 도덕적 판단능력, 민주적 의사결정 능력을 기르는 것으로 이해했다. 이러한 주장은 당시에는 획기적인 것으로 교육행정 측면에 큰 영향을 주었으나 실제로 학교 현장의 도덕교육에는 그리 영향을 미치지 못했다.

전통적인 인격교육 운동은 1940–1950년대에 접어들면서 쇠퇴하기 시작했다. 그 이유는 첫째, 미국의 교육계가 도덕적 인간을 기르는 일보다 재능 있는 사람을 기르고자 하는 인지적·학문적 능력 중시의 풍조에 의해 지배되었기 때문이었다. 비록 지성을 강조하기는 했지만 듀이와 진보주의 교육자들이 여전히 학생들의 전인적인 도덕적 성장에 초점을 두었던 데 비해,

1940−1950년대의 교육자들은 학교교육의 평등한 성취와 보상을 위한 교육, 그리고 지적으로 영리하고 능력 있는 학생들을 기르는 데 강조점을 두었다.

둘째는 하트숀(Hugh Hartshorne)과 메이(Mark A. May)에 의해 실시되어 1920년대 말에 발표되었던 '인격교육탐구'(Character Education Inquiry) 연구결과의 영향 때문이었다. 여기에 다윈(C. Darwin)의 진화론과 아이쉬타인(A. Einstein)의 상대성 이론, 논리실증주의의 영향, 개인주의의 등장, 미국 사회의 급격한 다원화, 그리고 공공영역의 세속화 경향 등으로 공립학교에서의 인격교육에 대한 지지기반이 무너지게 되었다. 이때부터 제2차 세계대전 이후까지 미국에서는 도덕교육에 대한 공백이 생겼다.

1960년대 말에 이르러 콜버그(Lawrence Kohlberg)의 인지발달론적 도덕교육이론(Cognitive Developmental Moral Education Approach)과 래스 등(Louis Raths, Merril Harmin, Sidney Simon)의 가치명료화 이론(Value Clarific−ation Approach)이 대두되었다. 먼저 콜버그는 도덕적 판단의 발달이 도덕교육의 목표가 되어야 함을 주장하였다. 즉 도덕교육이 도덕적 가치를 주입시키고 모범사례를 보여주는 전통적 형태에서 벗어나 학생들로 하여금 보다 높은 수준의 도덕적 추론을 할 수 있도록 하는 데 그 목표를 두어야 한다는 것이었다. 이에 따라 학생들을 단순히 도덕적 가치를 주입시키는 대상에서 도덕적 사고를 하는 주체자로 인식하게 되었고, 구체적인 도덕교육의 방법으로서 학생들 스스로가 도덕적 딜레마에 대한 토론을 하도록 하였다.

그리고 래스의 가치명료화 접근은 가치를 선택하여 긍지를 갖고 선택한 가치에 따라 행동하도록 하는 일곱 단계의 가치화 과정을 통하여 학생들 스스로 자신의 가치를 명료화하게 하는 경험을 갖게 하는 데 초점을 두었다. 1970년대까지만 해도 이와 관련된 서적이 40권이나 출간되어 '가치명료화 핸드북'은 60만 부 이상 팔릴 정도로 도덕교육에서 가치명료화 접근에 대한 열기는 대단하였다. 이 두 접근법은 이성이 도덕적 행동을 동기화함에 있어서 주요한 역할을 감당하고 있다는 점에 의견의 일치를 보이고 있다.

따라서 두 접근은 학생들의 도덕적 의사결정 기능을 발달시키는 데 중점을 두었으며, 교사가 도덕적 가치를 학생들에게 주입하는 것에 대하여 강한 거부감을 표시하였다. 이들은 도덕성의 내용보다는 형식에 치중하여 도덕적으로 자율적인 인간 형성에 있어서 판단과 결정이 중요함을 부각시켰다고 할 수 있다. 그러나 가치명료화는 교사가 가치를 가르치는 것이 아니라 학생 자신이 지닌 가치를 명료화하도록 도와주기만 하는 것이다. 결국 가치명료화는 도덕적 상대주의를 학교에 도입하였다. 가치명료화는 학생이 원하는 것(want to do)과 해야 할 것(ought to do)을 구분하지 않았다는 비판을 받게 되었다.

1960년대에서 1970년대에 걸쳐 미국 도덕교육의 주요한 흐름이었던 인지발달론적 도덕교육 이론과 가치명료화 이론은 1980년대에 들어와서부터 서서히 쇠퇴하기 시작하였다. 도덕적 추론과 가치명료화 접근은 어린이들을 도덕적으로 표류하게 만드는 경향이 있으므로 새로운 대안으로서 학교는 학생들의 도덕적 인격 형성에 도움이 되는 구체적인 인격 특성들을 가르쳐야 한다는 주장과 미국 청소년들의 도덕적 타락이 사회의 존속을 위협할 만한 수준이라는 주장에서 젊은 세대에게 올바른 가치와 태도를 전수하려는 인격교육의 움직임이 일어나기 시작하였다.

1990년대에 들어와 미국의 도덕교육은 인격교육이라는 용어를 폭넓게 사용하기 시작하였다. 즉 미국의 도덕교육은 발달의 관점에서 사회화 관점으로 다시 돌아가고 있는 경향이다. 이처럼 미국에서 인격교육이 다시 부활되기 시작한 것은 앞에서 지적한 청소년들의 도덕적 타락의 심각성, 가정의 기능 상실, 공통된 윤리적 가치 전승의 필요성에 대한 절실한 공감대 형성 등을 지적할 수 있다.

1940년대까지만 하더라도 미국 공립학교에서 규율위반의 문제는 잡담, 껌씹기, 복도에서 뛰기, 새치기, 휴지 버리기, 옷차림의 문제 등이었다. 그러던 것이 1980년대에 이르러서는 성폭력, 임신, 음주, 흡연, 약물남용, 자살, 절도, 강탈, 폭력, 절도 등의 감당하기 어려운 문제들이 학교의 심각한 도덕적 문제로 대두되게 되었다. 덧붙여 산업화 사회의 역기능으로 도덕교육이 이루어지는 최초의 장인 가정기능의 축소와 이혼으로 인한 가정의 해체는 상대적으로 학교에 대한 도덕교육의 부담을 가중시키고 있다.

산업사회 이전의 전통적인 사회구조에서는 가정에서 가르쳐 왔던 가치들마저도 오늘날에 이르러서는 학교에서 가르쳐야 하게 되었다. 한편 미국인들이 공유하고 있는 중요한 윤리적 가치들의 회복 필요성도 인격교육의 필요성을 정당화해 주고 있다. 도덕적 위기의 극복은 도덕적 가치의 재건에 의해 이루어져야 한다는 여론이 조성되고 있으며, 민주주의 또한 기본적인 가치에 대한 합의 없이는 존속이 불가능하다는 자성의 계기가 마련된 것이다.

그리하여 오늘날 미국의 도덕교육은 도덕적 사회화의 접근을 강조하는 인격교육으로 회귀되고 있는데, 이러한 인격교육으로의 회귀에 선도적 역할을 하고 있는 학자들이 다수 있다. 리코나(Thomas Lickona), 베넷(William Bennett), 위인(E. A. Wynne), 라이언(K. Ryan), 킬패트릭(W. Kilp—atrick) 등이 바로 그러한 학자들이다. 베넷은 교사들이 미국 사회의 전통적 가치였던 위인에 대한 존중, 애국심, 희생, 용기, 정직, 신뢰와 같은 가치를 학생들에게 확신을 가지고 제시해야 한다고 역설하였고, 위인은 미국 사회의 도덕적 위기와 미국 교육의 위기는 위대한 전통들을 일찍 포기했기 때문이라고 주장하면서 위대한 전통들로 되돌아갈 것을 역설하였다.

또 위인은 라이언과 함께 저술한 책에서 도덕교육은 선을 아는 것, 선을 사랑하는 것, 선을 행동에 옮길 수 있도록 이루어져야 한다고 주장하였다. 킬패트릭 역시 도덕교육은 학생들에게 영웅적인 도덕적 모델들에 접하게 함으로써 도덕생활에 대한 하나의 비전을 제시해 주고, 이야기를 통하여 구체적인 덕목들을 전수하는 데 초점을 두어야 한다고 주장하였다.

이러한 일군의 학자들의 노력 및 미국 사회의 구조적 필요성에 따라 대두된 인격교육은 여러 과정을 거쳐 조직화되고, 이런 노력의 결과들이 학교교육과정에 반영되고 있다. 1992년 7월 죠셉슨 윤리학 연구소(The Josephon Institute of Ethics) 주최로 열린 세미나에서는 인격교육에 관한 애스펜 선언(Aspen Declaration)이 채택되었다. 콜로라도의 애스펜에서 합의된 사항은 학교에서의 가치명료화 접근을 포기하고 존중, 책임감, 정의와 공평, 신뢰, 배려, 시민적 덕(civic virture), 시민성(citizenship) 등의 여섯 가지 인격특성을 교육시켜야 한다는 것이었다.

이어서 1993년 3월에는 인격발달을 미국 교육의 최우선 과제로 설정한 '인격교육협회'(Character Education Partnership)가 전국적 조직으로 결성되었다. 에치오니(Amitai Etzioni)와 윌슨(Cheryl Landon Wilson)에 의하여 주도된 이 조직은 미국 각계 각층의 인사들이 참여하고 있는 매우 영향력 있는 조직이 되었다. 인격교육협회는 그 설립목적을 '더욱 동정심이 풍부하고 책임감이 강한 사회를 만들기 위하여 젊은 세대에게 시민적 덕과 도덕적 인격을 발달시키는 것'에 두고 있다.

이 협회는 현재 버지니아의 알랙산드리아에 본부를 두고 학교에서의 인격교육을 실행하는 데 대한 다양한 정보를 제공해 주고 있다. 이 외에도 텍사스의 인격교육 연구소, 캘리포니아의 제퍼슨 센터(Jefferson Cent-er), 펜실베니아의 하트우드 연구소(Heartwood Institute) 등 10 여 개의 연구기관들이 신설되었다. 이러한 연구조직의 활성화와 더불어 인격교육에 관련된 전문서적들과 학회지의 발간도 활발하게 이루어지고 있다. 이와 같이 오늘날 미국의 도덕교육은 인지발달론적 접근이나 가치명료화 접근에서 서서히 벗어나 보편적이고도 핵심적인 가치를 가르치는 인격교육으로 다시 돌아가고 있다.

미국은 주(州)마다 사정이 매우 달라 도덕교육 실태에 대해 일반적으로 말하기 어려우며, 대체적으로 '사회과학 교육'(Social Science Educati-on)이나 '사회과 교육'(Social Studies Education)을 통해 도덕교육(moral education)이 실시되고 있다. 도덕교육 혹은 가치교육의 내용이나 시수 등은 주(州)마다 사정이 매우 다르다. 하지만 최근 들어와 미국에서도 청소년들의 도덕적 황폐화 현상을 개탄하며 도덕교육 내지는 가치교육의 중요성을 강조하고 있다.

한편, 최근 민주적 도덕가치에 가장 심혈을 기울이고 있는 조지아 주의 가치교육 프로그램을 살펴보면 다음과 같다. 1991년 3월 조지아 주 교육위원회는 유치원부터 12학년에 이르기까지의 모든 학생들이 가치 개념들에 관한 교육기회에 접할 수 있도록 하는 규정을 입법화하였으며, 모두 29개로 이루어진 핵심 가치들의 목록을 제시한 바 있다. 가치목록들은 시민성, 타인 존중, 자기 존중 등 크게 세 가지 영역으로 구분되어 있다.

먼저, 시민성 영역은 권위에 대한 존중과 수용, 평등, 양심 및 표현의 자유, 정의, 자유, 관용, 용기, 충성, 환경 보전 등 모두 9개의 가치 등을 포함하고 있다. 타인 존중의 영역은 교양, 동정심, 예의, 정직, 진실, 신뢰 등 모두 6개의 가치들을 포함하고 있다. 그리고 자기 존중 영역은 헌신 몰입, 인내, 자아통제, 절약, 지식, 중용, 건강에 대한 존중, 성취, 협동, 신용, 근면, 긍지, 생산성, 창의성 등 13개 가치들을 포함하고 있다.

최근 미국의 인격교육 교재를 활동 중심, 이야기 중심, 극본 중심의 교재로 분류한 후, 각 범주에 속한 교재의 특성을 분류한 연구에 의하면, 활동 중심의 교재는 인격 교육 수업에 즉시 투입할 수 있는 활동과 학습 활동 자료들이 매우 다양하게 제공되는 것으로 드러났다.[16] 그리고 이야기 중심의 교재는 서사적 접근을 기본으로 하면서 활동 중심의 교재와 마찬가지로 다양한 학습 활동과 학습 활동 자료들이 제시되고 있는 것으로 드러났다. 극본 중심의 교재는 연극을 인격 교육의 가장 효율적인 수단으로 인식하고 있는 것 외에는 다른 교재와 마찬가지로 다양한 학습 활동과 학습 활동 자료를 제시하고 있는 것으로 드러났다. 연구 결과가 주는 시사점은 우리나라 도덕교과서에 수록하는 학습 활동과 학습 활동 자료를 현행보다 더 실천적이고 구체적인 방향으로 개발이 이루어지는 것이 바람직하다는 것이다.

2) 영국의 도덕교육

교양과 품위를 갖춘 인격자로서의 신사를 육성하는 것이 영국의 학교가

16 서강식, "미국의 인격 교육 교재 고찰," 한국도덕윤리과교육학회, 『도덕윤리과교육』, 제47호, 2015, pp. 83-105.

대체로 추구하고 있는 목표로서, 이의 밑바탕에는 기사도 정신과 기독교적 윤리가 깔려 있다. 영국의 학교 교육은 전통적으로 도덕교육을 강조해 왔는데, 이는 거의 종교교육을 통해 이루어진다. 1944년에 제정된 교육법(Education Act)이 공립학교에서 종교교육과 종교적 행사를 의무적으로 실시할 것을 규정함으로써 1950년대에는 기독교적 전통 문화와 국민적 합의에 따라 학교 교육과정에 집단 예배가 포함되었다.

1970년대에 들어서면서부터 영국 사회의 세속화가 심화되면서 전반적으로 기독교 교리와 기독교 윤리에 대한 회의가 대두되면서 교회로부터의 이탈이 증가되자 사회 일각에서는 부정적 사회현상을 염려하여 종교교육에 대한 회의론도 대두되었다. 그리하여 사회의 세속화와 현대적 의미에서의 도덕교육의 강화를 이유로 종교교육과 도덕교육을 분리하자는 주장도 제기되었다.

그러나 1989년 개정된 교육개혁법(Education Reform Act)에서는 국가 교육과정과는 별도로 제3절에 종교교육에 관한 규정을 설정하고 "공립학교에 재학 중인 모든 학생은 매 수업일의 집단 예배에 참가해야 한다"는 명문 규정을 두었다. 이후 학계의 논의를 거쳐 영국 교육부가 역사상 최초로 공표한 '학교 교육과정'에서는 "종교적·도덕적 가치를 중요히 여기고 다른 인종, 종교, 생활방식에 관용적인 태도를 가지게 한다"는 종교·도덕교육적 목표와 내용이 구체적으로 설정되었다. 종교교육의 내용은 주로 기독교 교리와 윤리, 기독교적인 생활자세, 기독교 공동체 구성원으로서의 기독교적 시민정신 익히기 등으로 일반적으로 주당 1–2시간씩 가르치게 되어 있다.

이와는 별도로 학교에 따라서는 자발적으로 도덕교육을 실시하기도 한다. 예컨대, 학교협의회(School's Council)가 '도덕교육 교육과정 개발' 사업의 하나로 개발한 'Life-Line Series'를 들 수 있다. 여기서는 도덕교육을 '개인적 필요를 위한 교육'으로 그 개념을 확장하여 건강교육, 성교육, 인종문제에 관한 교육까지도 포함시키고 있다. 생명선 시리즈 교재는 '다른 사람의 입장이 되어', '규칙의 증명', '너라면 어떻게 하겠는가?', '우리 학교' 등이 있는데, 대체로 이야기식으로 문제 상황을 설정하여 교사가 이를 실마리로 하여 교사 나름대로 도덕교육을 전개하도록 되어 있다.

현재 영국에서는 학교 교육과정 내에 도덕교육 시간을 별도로 두자는 문제에 대해 교사들의 지지도가 점점 증가되고 있어 조만간 종교교육을 탈피한 순수하고도 합리적이며 세속적인 도덕교육이 실시될 가능성이 그만큼 높아져 가고 있다.

그러한 현상의 반영으로 '시민교육'(citizenship)의 교과를 거론할 수 있다.[17] 이 교과는 의무교육인 초·중등교육에서 시행되고 있다. 현재 초등 교육과정에 해당하는 핵심 단계 1·2(Key Stage 1·2)에서는 비(非)법정 교과로 독립된 시민교육만을 위해 개발된 독립적인 교과서 없이 학교 교육 전반에서 운영되고 있는데, 중등 교육과정에 해당하는 핵심 단계 3·4(Key Stage 3·4)에서는 법정 교과로서 독립된 교과서와 시수를 확보하여 운영되고 있다. 이러한 시민교육은 다음과 같은 중요성을 갖는다.[18]

- 시민교육은 학생들이 지역, 국가, 국제적 수준의 사회에서 영향력 있

---

17 서강식, "교과서분석을 중심으로 한 영국의 도덕교육 고찰," 한국도덕윤리과교육학회, 『도덕윤리과교육』, 제57호, 2017, pp. 131-157.

18 정창우 외, "미래사회 대비 국가 수준 교육과정 방향 탐색 연구," 교육과학기술부 정책연구, 2012, pp. 136-137.

는 역할을 수행하는데 필요한 지식·기능·이해력을 제공한다.

- 시민교육은 학생들로 하여금 자신의 의무와 권리를 인식하는 풍부한 지식과 사고력 및 책임감 있는 시민으로 성장하는데 도움을 준다.
- 시민교육은 학생들의 영적·도덕적·사회적·문화적 발달을 도모하고 교실 내외 모두에서 보다 많은 자신감과 책임감을 길러준다.
- 시민교육은 학생들로 하여금 자신들의 학생·이웃·지역사회와 보다 넓은 세계에서의 생활에서 유익한 역할을 수행할 수 있도록 장려한다.
- 시민교육은 학생들에게 우리의 경제 및 민주제도와 가치를 학습시키며, 상이한 국가, 종교 및 민속적 정체성에 대한 존중감을 길러주며, 쟁점에 대한 반성 능력과 토론참여 능력을 개발시킨다.

3) 프랑스의 도덕교육

우리의 도덕 교과에 해당하는 교과목으로 프랑스에서는 '시민교육'(civique education)이라는 교과가 있다. 프랑스의 시민교육은 순수 도덕 교과라기보다는 사회과와 도덕과가 합쳐진 성격의 교과라고 하겠다. 시민교육은 그 연원이 프랑스 대혁명에서 비롯되었다. 혁명 직후 계몽주의 교육관에 근거하여 도덕교육을 종교교육에서 분리하여 '공화주의 도덕'을 교육과정에 설치하였다. 뒤르껭(Emile Durkheim)은 도덕교육을 종교교육과 분리하여 세속적이고 합리적인 도덕교육을 학교에서 실시해야 자유민주주의에 토대를 둔 프랑스를 건설할 수 있고, 또 프랑스 국민을 진정한 의미의 민주시민으로 육성할 수 있음을 강조하였다.

1975년 아비 교육개혁으로 그동안의 지식 위주 교육에서 생활 주체의 인간 형성 교육으로의 대변환을 도모하면서 초등학교에서는 지식의 기본적인 수단 및 필기에 의한 표현능력과 읽기 및 계산능력을 습득시키고, 도덕교육과 민주시민 교육을 강화하는 동시에 이를 가정과의 밀접한 연관 속에서 추진하도록 하였다. 이러한 아비 교육개혁의 이념과 개혁 방침에 따라 초·중등학교에서의 시민교육 강화 방안이 추진되었다.

프랑스의 학제는 매우 복잡한데, 1980년 이후로 학제 및 편제가 네 번이나 바뀌었다. 프랑스의 학생들은 대략 유치원 3년, 초등학교 5년, 중학교 4년, 고등학교 3년의 과정을 거친다. 초등학교는 초기학습 과정, 기초학습 과정, 심화학습 과정으로 나누어져 있고, 중학교는 관찰과정과 확정과정으로 나뉘어 있다. 교육과정 역시 학년별로 나뉘어 있지 않고 과정에 따라 제시되어 있다.

초등학교 교과 편제방식은 교육과정 개정 때마다 변화를 거듭해 왔는데, 1995년부터는 다시 이전과 마찬가지로 교과를 영역별로 제시하여 시민교육은 과학·기술, 역사·지리와 함께 묶어서 3시간 30분 내지 4시간을 배정하여 실제로 시민교육은 초등학교와 중학교에서 1주일에 1–2시간 정도의 시간이 배정되어 있다. 이를 도표로 정리하면 다음의 〈표 6–1〉과 같다.

프랑스의 국립 교육과정 센터에서 제시하는 시민교육 교과목을 학습한 어린이가 가져야 하는 학과적 능력은 다음과 같다.

◐ 초기학습 과정에서 길러야 할 능력

– 교실 안에서 책임감을 갖기

– 학교 공동생활에서의 규칙을 수용하기(다른 사람을 존중하기, 다른 사람

의 수고하여 이루어 놓은 것 및 다른 사람의 물건을 존중하기 등)

- 프랑스 공화국과 그 상징에 대한 지식 갖기

◐ 기초학습 과정에서 길러야 할 능력

- 학년과 학교 수준에 따른 책임감 갖기
- 학교의 범주 안에서 공동생활의 규칙을 설명하고, 사례에 따라 의미를 주기(위생규칙, 안전·복장 규칙과 교칙 등)
- 시민생활의 요소 알기(시립 자문 회의와 시청(=읍·면), 일반투표 과정 등)

◐ 심화학습 과정에서 길러야 할 능력

- 그룹을 조직하고 그리고 학교, 학년, 교실 안에서 규칙을 존중하기 등 기능적인 규칙을 알고 협동적이고 상호 부조적인 구조에 참여하기(협동적인 학교생활, 스포츠 단체 등)
- 인간과 시민의 의무와 권리 실행에 있어서 상황의 예를 들기(투표권, 세금의 의무 등)
- 프랑스 정치기구와 역사의 과정과 관계 있는 정확한 지식을 어휘로 묘사하기(일반 선거, 선출된 대표자들, 공화국 대통령), 그리고 국제기구(유럽 공동체 등)와의 역사의 과정과 관계 있는 어휘를 정확한 지식으로 묘사하기

이상의 학과적 능력을 함양하기 위해 초등학교 시민교육에서 주로 다루는 학습주제는 개인 위생, 안전, 타인 존중, 책임감, 근면, 성실, 규칙준수, 협

동, 환경보호 등이다. 이러한 학습주제의 하위 영역으로 '획득하여야 개념 및 관념'으로 상세화된 내용이 제시되고 있다. 이와 같은 학습주제는 과정에 따라 심화·확대되어 제시되고 있다. 시민교육이라는 교과목을 학교에서 어떻게 가르쳐야 하는가에 대하여 교육과정에서 다음과 같이 제시하고 있다.

'시민교육'은 학교의 시간표에 게시된 특별한 과정으로서 준수해야 할 교과 시간을 갖고 있다. 하지만 이 교과목은 다른 과목들과 같이 과목 자체로 끝나는 것은 아니다. '시민교육'은 교과목으로 이루어지는 교육인 동시에 매일 학교생활에서 주의 깊게 이루어지는 실천인 것이다. 이것은 학교에서 이루어지는 교육활동의 총체성 속에서 이루어지는 것이다. 시민교육은 단순히 시민으로서 갖추어야 할 자질을 어린이들에게 가르치는 데 기여하는 과정만은 아니다. 시민교육에 대한 교사의 배려가 학교생활에서 쉴 새 없이 이루어져야 한다. 즉 학교에서 이루어지는 교사의 모든 교육활동 속에서 시민교육에 대한 배려가 있어야 한다.

교육과정을 보면 시민교육 역시 우리의 도덕 교과와 마찬가지로 교과시간뿐만 아니라 이외의 모든 학교생활 영역에서 교사가 계속하여 관심을 가지고 지도할 것을 요구하고 있다. 시민교육의 교육방법은 공동체에서 추구하는 가치의 직접적인 교수를 거부하고 대신 학생들이 스스로 자신의 가치를 선택할 수 있도록 하는 간접적인 접근법을 취하고 있다. 그리고 도덕적 행동의 변화를 목표로는 전통적인 접근법 대신에 도덕적 판단력의 향상을 목표로 하여 교사가 가치중립적 입장을 취하는 현대적인 도덕교육의 접근 방법을 선호하고 있다.

학교의 모든 영역에서 실천과 연계시켜 지도되어야 한다는 사실과 시민교육 교육과정 내용에서 도덕적 요소가 차지하는 비중을 보면 시민교육은 사회과 보다는 도덕교육에 보다 더 중점을 두고 있다고 할 수 있다. 바꾸어 말하면 프랑스의 시민교육은 프랑스인으로서 살아가는 데 필요한 사회과적인 지식을 획득하게 하고, 아울러 프랑스인으로 만들기 위한 가치의식을 함양하는 데 중점을 두고 있다. 즉 프랑스 국가공동체 일원으로서 덕성과 자질을 기르는 데 중점을 두면서 인간 이성에 기초한 진실과 신념의 추구, 지적 엄격성, 자신의 생각과 행동에 대한 책임, 자신과 타인에 대한 존경, 민족주의의 거부, 자유·평등·박애의 추구, 프랑스에 대한 애국심 등의 증진을 도모하고 있다.

프랑스의 도덕교육 중에서 특기할 만한 것은 2012년에 프랑스 초등학교에서 도덕이 교과로 다시 부활되었다는 것이다. 이러한 현상은 종교교육이 더 이상 가치교육으로 기능하기 어렵기 때문에 벌어지는 현상으로서 영국이나 독일도 또한 마찬가지다.

4) 독일의 도덕교육

독일의 학교 교육에서 도덕교육을 감당해 온 교과는 '종교'(Religion)이다. 오랜 기독교적 전통 때문에 독일 헌법은 종교교육을 공립학교의 정규교과로 규정해 놓고 있다. 다만 사상과 신앙의 자유를 존중하여 종교교육을 강제로 이수하도록 규정하지는 않고 있다. 종교교육의 실질적 교과서는 성경이며, 이와 함께 교리문답서, 성경 이야기, 일반적 도덕규범의 내용이 담긴 부독본이 사용되기도 한다. 가르치는 내용은 기독교적 소재를 다루면서 학생의 경험 및 이해범위 내에서 인생의 의미, 진리, 정의, 가치, 책임 있는 행동규범 등으로 구성된다.

필수 정규과목이면서 필수로 강요될 수 없는 성격을 지닌 종교 과목은 1970년대에 접어들면서 1968년 절정에 달했던 학생운동과 더불어 범사회적인 해방의 물결로 종교교육을 거부하는 사람들이 늘어났다. 그래서 1974–1975년에 종교 과목의 대체과목으로 '윤리'(Ethik)과가 등장하게 되어 이후 3년 내에 여러 주가 '윤리'교과를 공식으로 채택하기에 이르러 1980년대 전반기에 교육과정이 마련되었다. 즉 독일에서 윤리 교과가 설정된 가장 근본적 이유는 기존의 정규 교과인 '종교'의 부작용을 해소하기 위한 것이었다.

독일에서 종교 과목은 전통 문화와 규범의 전수와 유지를 담당해 오고 있어 하나의 보편적 교양교육의 역할을 해왔다고 볼 수 있다. 그러나 최근 언어, 문화 그리고 종교가 서로 다른 사람들이 물밀듯 이주해 온 독일 사회는 종교 과목이 오히려 기존의 가치관이나 신념체계를 교화한다는 저항으로 사회통합의 역기능을 초래할 수도 있다. 오히려 서로의 차이와 다양성을 인정하고 존중해 주는 바탕 위에서 보다 보편적인 규범교육을 실시하는 방향으로 나아가는 것이 보다 바람직하고 합리적일 것이다.

최근 많은 주에서 윤리 교과를 더 이상 대체과목(Ersatzfach)이 아닌 선택필수과목(Wahlpflicht–fach)으로 채택하고 있는 것은 바로 이러한 추세를 반영하고 있는 것 같다. 독일 통일과 더불어 우여곡절 끝에 대부분의 동독 지역 역시 윤리 교과가 선택필수과목으로 자리를 잡아가고 있다. 아주 최근에는 윤리 교과를 초등학교 저학년부터 정규 교과로 채택하는 주가 점차 늘고 있다.

독일은 오랜 지방자치의 역사를 지닌 연방국가이므로 윤리 교과 역시

각 주별로 법적 규정, 시행방식, 내용 면에서 매우 다양한 모습을 지니고 있다. 그러나 각 주 및 각급 학교에서 시행되고 있는 실제 수업은 대단히 유사한 모습을 보여주고 있다. 이것은 윤리교과의 목표와 내용이 지닌 보편적 성격을 반영하고 있는 현상으로 이해된다. 1982년에 만들어진 바이에른 주의 초등학교 교육과정(Lehrplan)의 예를 들면, 윤리교과는 삶-배움-가치, 기쁨과 슬픔, 주어진 시간의 활용, 일, 규칙-질서-약속/질서 있는 공공생활, 판단과 결심, 친구, 대화, 협동, 갈등 조절 등 10개 주요 덕목을 다루게 되어 있다.

독일의 윤리과 교육은 오랜 합리주의 철학의 전통과 20세기에 겪은 쓰라린 역사적 체험으로 인해 무엇보다 '자발적이고 비판적인 사고능력'의 함양에 비중을 두고 있다. 윤리과 교육은 근래 독일의 세계화 과정에서 독일에 정착한 다양한 국적의 외국인 근로자 자녀들의 교육문제와 더불어 생겨난 과목이기도 하다. 그럼에도 불구하고 현재의 윤리 교과는 독일 대부분의 지역에서 성공적으로 자리를 잡아 기독교 중심의 보수적인 독일 사회가 급속히 다원화되면서 과거의 종교교육으로는 더 이상 감당할 수 없게 된 부분들을 메워주는 대안으로 기대를 모으고 있다.

특히 공교육 체제에 미치는 교회의 입김이 그 전에 비해 현저히 약화되었을 뿐만 아니라, 기능적으로 다원화된 사회에 있어서 모두가 공유할 수 있는 가치관을 교육한다는 것은 사회통합의 측면에서도 매우 바람직한 일이었다. 특히 대부분의 동독지역 주민들은 40년간이나 국가에 의해 마르크스-레닌 사상을 필수적으로 배워야 했기 때문에 '종교'라는 새로운 필수과목을 반기지 않았고, 따라서 윤리과가 서독지역과 달리 선택필수과목으로 자리를 잡았다.

최근의 독일 도덕교육에 관한 연구에 의하면 종교교과의 대체성격을 지니는 교과로 설정된 주가 10개주, 종교교과와 동일한 교과군에 묶여서 의무선택 교과의 성격을 지니는 교과로 설정된 주가 3개주, 필수교과로 설정된 주가 3개주이다. 또한 도덕교육이 초등학교 1–4학년에 개설된 주는 바이에른 주를 비롯한 6개주, 5–6학년에 개설된 주는 브란덴부르크 주를 비롯한 7개주로서 총 16개 주 가운데 13개 주에서 도덕이 초등학교 교과로 설정되어 운영되고 있다.[19]

3. 기타 문화권의 도덕교육

유교문화권과 기독교문화권 이외의 국가는 기타 문화권으로 묶어서 살펴보고자 한다. 여기에는 기독교문화권에 속하기는 하지만 앞서 기독교문화권에서 언급하지 않은 국가도 여기에 포함시켜 간략하게 살펴보고자 한다.

남아메리카는 국가 차원이 아닌 민간 차원에서 순수하게 도덕교육을 추진하고 있다. 그 배경은 순전히 가치를 중핵으로 하여 바른 인성을 함양하기 위한 교과로서의 도덕이라기보다는 현실적으로 남아메리카의 학생들이 당면한 문제 상황을 해결하고자 하는 현실적 측면이 강하다고 할 수 있다.

19 김남준, "독일의 윤리교육과 '윤리' 교과서 분석," 한국도덕윤리과교육학회, 『도덕윤리과교육』, 제36호, 2012, pp. 125–137.

즉 그들이 당면한 가정의 문제, 청소년 문제, 교육 문제 등을 해결하기 위하여 민간학회 차원에서 적극적으로 발 벗고 나서는 상황으로 이해된다. 또 다른 상황은 이들의 교과서 구성이다. 교과서 구성에서 이들은 매우 독창적이라고 할 수 있다. 이들의 독창성은 아마도 민간학회 차원에서 뜻을 같이 하는 많은 사람들이 아이디어를 모으기 때문이 아닐까 하는 생각도 해 본다.

부연하면, 남아메리카의 도덕교육은 볼머(Christina Vollmer de Burelli)를 중심으로 하여 이루어지고 있다. 특히 그와 뜻을 같이 하는 사람들뿐 아니라 세계가정연합회(AFF: Alliance for the Family)와 남아메리카가정연합회(ALAFA: Alianza Latinoamericana para la Familia) 등을 중심으로 하여 도덕교육을 추진하고 있다. 볼머가 추진하는 도덕교육 프로그램은 "AW: Alive to the World"라고 불리는데, 이는 매우 강력한 인격교육 프로그램으로 평가를 받고 있다.[20]

AW는 인성교육을 기획하고 추진함에 있어서 학습과정과 인간 발달에 대한 두 가지 이론적 관점을 배경으로 한다. 첫째, 학습 과정이다. AW는 인간 존재가 전인적으로 능동적으로 학습에 임한다는 가정을 지니고 있다. 즉, 통합적이고 총체적인 인격을 가정하고 있다. 이러한 점은 우리 도덕교육이 통합적 접근을 기저로 하고 있는 것과 마찬가지이다. 우리 도덕과 교육과정은 도덕성의 인지적 영역, 정의적 영역, 행동적 영역의 요소가 통합된 덕스런 인격을 목표로 하여 도덕성의 인지적 영역의 요소, 정의적 영역의

20 서강식, "남미의 내러티브 도덕교과서 고찰," 한국초등도덕교육학회, 『초등도덕교육』, 제55권, 2017, pp. 31-58.

요소, 행동적 영역의 요소를 통합적으로 함양하고자 노력하고 있다.

AW 역시 이성을 통해 도덕적 가치규범을 인식하고, 감정과 의지를 통하여 인식한 도덕적 가치규범을 자신의 것으로 수용하며, 궁극적으로는 자기 행동 속에 수용한 도덕적 가치규범을 통합함으로써, 도덕적 가치규범에 따른 삶을 살아가는 것을 목표로 하고 있다. 이러한 관점에서 AW는 세 가지 차원에서 도덕교육의 교수–학습을 접근하고 있다. 먼저 앎(knowing)으로써 이성과 지성을 통하여 사물의 현상에 대해 이해하고 학습하고 도덕적 가치규범을 배우는 것이다. 다음으로는 수용(acceptance)으로써 감정과 의지를 통해 학습한 것을 확인하고 개인의 가치와 규범으로 받아들이는 것이다. 끝으로 행동으로 실천하는 것(doing)인데, 이는 알고 깨닫고 수용한 것을 일상생활 속에서 행동에 옮기는 것이다. 교실에서 지식으로 배운 것으로 끝나는 것이 아니라 배운 것을 행동 속에 통합시키고 적용하면서 바람직한 방향으로 자신의 삶을 영위해 나가는 것이다.

둘째, 인간 발달이다. AW는 인간 발달과 관련하여 인간의 전인적이고도 통합적인 인격체로 보는 관점에서 접근한다. 즉, 인간을 생물학적 존재, 심리적 존재, 지적, 정신적 및 영적 존재, 사회적 존재로 바라본다. 이와 같이 여러 측면을 지닌 통합적 존재로 인간을 이해하면서 4가지 차원을 적절하게 통합적으로 발달시키기 위하여 인간을 아동기와 청소년기의 두 단계로 구분한다. AW에서 이해하는 4가지 차원의 행동 수준은 다음과 같다. 첫째, 생물학적 행동 수준으로 정체성, 겸손, 건강, 자기 통제 및 그 기능들이다. 둘째, 심리학적 행동 수준: 심리적 및 성적 인성 발달, 자기 이해, 자기 존중, 결단력, 좋은 습관들이다. 셋째, 지적, 정신적, 영적 행동 수준으로 지적 성숙(객관성과 일반적 교양), 도덕적 성숙(덕과 행복에의 개방성, 자유정신의 성장, 신중함과 사리분별, 생명존중), 영적 측면에 대한 열린 자세 등이다. 넷째, 사회적 행동 수준으로 가족 관계, 친구, 공동체, 결혼에서의 성숙함이다.

핀란드에서는 의무교육 기간 동안 필수교과로서 도덕교육과 종교교육 중 한 과목을 선택하여야 하며, 주당 1–2시간 초등(6시간), 중등(5시간)을 의무적으로 수강해야 한다. 고등의 경우 필수로 3년간 필수 3학점과 심화 2 학점을 이수하도록 규정하고 있으며, 철학의 경우 3년간 필수 1학점, 심화 3 학점, 부가적으로 1년을 더 수학할 경우 도덕/종교교육과 철학은 필수 1학점을 이수하도록 규정하고 있다.[21]

스페인에서는 핀란드와 마찬가지로 필수교과인 도덕교육과 종교교육 중 한 과목을 선택해서 수강하여야 하며, 도덕교육은 의무교육 기간 동안 첫 번째 단계에서는 4시간, 두 번째 단계에서는 2시간, 세 번째 단계에서는 4.5 시간, 그리고 고등에서는 3시간을 수강해야 한다. 필수 선택 교과인 도덕교육과 종교교육 중 도덕교육을 선택하는 비중이 점차로 늘어나고 있는 추세이며, 현재 도덕교육을 선택하는 학생수가 종교교육을 선택하는 학생수를 넘어서고 있다.

노르웨이에서는 2005–06년에는 교과 명칭이 기독교, 종교, 윤리에 대한 지식(Knowledge of Christianity, religion and ethics)에서 2011–12년 종교, 삶의 철학과 윤리(Religion, philosophies of life and ethics)로 바뀌었으며, 필수교과로서 초등 227시간, 중등 157시간—2005/06년도와 동일—이 배정되어 있다.

21 김은수·정창우, "핀란드의 '윤리' 교육," 한국도덕윤리과교육학회, 『도덕윤리과 교육』, 제38호, 2013, pp. 305–329.

폴란드에서는 윤리와 종교가 필수교과로서 두 과목 중 한 과목을 선택하여야 하고, 초·중등에서 각각 주당 2시간씩 이수하여야 하며, 역사와 공민은 초등 고학년에서는 총 4단위, 중등에서는 총 3단위를 이수하여야 하며, 공민교육은 고등에서 총 2단위를 이수하도록 규정하고 있다.

터키에서는 필수교과로서 생활 지식—우리의 생활의 길잡이— 이 초등 1–3학년까지 주당 15시간, 종교문화와 윤리가 4–8학년까지는 주당 2시간, 9–11학년까지는 1시간, 철학은 11학년에 2시간이 배정되어 있다.

슬로바키아에서는 필수교과로서 윤리와 종교교육 중 1과목을 선택하여야 초등에서는 총 4단위, 중등에서는 총 4단위, 고등에서는 총 2단위를 이수하여야 하며, 공민은 중등에서 4단위, 고등에서 3단위를 이수하도록 시행하고 있다.

라트비아에서는 2004년에 새롭게 도입된 윤리와 기독교 입문 과목 중 1과목을 선택하여 1–3학년까지 필수로 수강하여야 하며, 또한 새로 도입된 사회과학 과목은 1–9학년까지 필수로 1단위를 수강하도록 하고 있다. 특히 사회과학 과목은 윤리, 건강교육, 경제학 입문, 공민 등이 포함되어 있는 통합교과이며, 앞으로 진로와 상담 과목이 추가될 예정이다.

덴마크에서는 종교교육인 개신교 연구를 1학년에서 60시간, 2–5학년까지 각각 30시간, 6학년에서 60시간, 8학년에서 30시간, 9학년에서 30시간씩 수강하도록 하고 있다.

사이프러스에서는 종교교육을 1·2학년, 3·4학년, 5·6학년에서 각각 1.5단위를 이수하도록 하고 있으며, 7–9학년까지 각각 2시간을 수강하도록 하고 있다.

싱가포르에서는 공민·도덕교육을 5–8학년에 각각 3시간을 배당하고 있으며, 고등 9–10학년에 각각 2시간을 배당하고 있다. 그리고 특이한 것은 중국어/말레이/타밀어(Chinese/Malay/Tamil language)는 윤리교육과 공민을 포함하며, 1학년에 주당 15시간, 2학년에 주당 13시간, 3학년에 주당 12시간, 4학년에 주당 11시간으로 구성되어 있다.

필리핀에서는 1–3학년에 공민과 문화를 각각 300시간, 7–10학년에 『가치교육』을 각각 60시간 배당하고 있으며, 1–2학년에서의 과학은 영어와 마카바얀(Makabayan)—건전한 개인과 국가적 자기정체성을 개발하기 위한 독특한 홀리스틱적 교육환경—과 혹은 공민과 문화와 통합해서 학습하도록 하고 있으며, 6학년 사회에서는 정부와 공민(Civics)을 학습하게 되며, 가치교육은 모든 교육활동에서 통합적으로 학습하도록 하고 있다.

인도네시아에서는 종교교육을 4–6학년까지 각각 3시간, 7–10학년까지 각각 2시간을 배정하고, 11–12학년에서는 IPA(Natural science option : 우리의 자연계열 내지 이과와 유사), IPS(Social science option : 우리나라의 인문사회 계열 내지 문과와 유사), Language(어문계열) 공통으로 각각 2시간을 배정하고 있다.

태국에서는 종교, 도덕과 윤리, 공민, 문화와 사회 속에서의 삶, 경제, 지리 과목을 1–6학년까지 각각 80시간, 7–9학년까지 각각 120시간, 10–11학년까지 각각 240시간을 배당하고 있다. 이 종교, 도덕과 윤리, 공민, 문화와 사회 속에서의 삶, 경제, 지리는 역사와 함께 사회과 교육, 종교와 문화(Social studies, religion & culture)에 속해 있다. 이상에서 언급한 여러 나라의 도덕교육에 관한 상세한 자료는 UNESCO에서 발간한 'World Data on Education'에 수록되어 있다.

신앙을 자유를 찾아 신대륙 미국으로 이주해 온 청교도들은 종교교육을 매우 중요하게 생각했고, 종교교육은 공립학교에서 이루어졌다. 미국 사람들이 종교교육을 어느 정도나 중요하게 생각했는가는, 그들이 종교교육을 도덕교육의 상위 차원에 해당하는 가치 및 인격교육으로서 종교교육이 제대로 이루어지기만 하면 굳이 학교 교육에서 도덕교육을 별도로 수행할 필요가 없다고 생각한 것에서 미루어 짐작할 수 있다.

지구상에서 종교교육을 하면서 도덕교육을 동시에 추구하는 국가는 그리 많지 않다. 지구상에서 이슬람권 국가가 가장 강력한 종교교육을 실시하고 있다. 이런 나라에서는 별도로 종교교육을 실시하지 않는다. 유럽이나 미국과 같은 기독교권 국가 역시 강력한 종교교육을 실시해 왔다. 그러나 종교가 쇠퇴하면서 종교교육을 대체하기 시작하여 학교에서 교과로 등장한 것이 바로 도덕교육이다. 영국의 경우를 살펴보면 1880년대에 주일학교에 참석하는 학생 수가 가장 절정을 이루었고, 그 이후로 감소하기 시작해서 1920년대에는 5살에서 15살 사이의 아동들 중에서 최대한으로 늘려 잡아도 60% 정도의 아동들만 주일학교에 참석했다.

독일 같은 경우는 종교교과가 필수 교과였지만 1980년대에 이르러서는 많은 주에서 선택교과가 되었고, 도덕이나 윤리교과 혹은 이와 유사한 교과로 종교교과의 대체 선택 교과가 되었다. 그러다가 점점 더 세월이 흐르면서 종교교과 대신에 도덕이나 윤리교과 혹은 이와 유사한 교과를 선택하는 학생들의 수가 늘어나면서 종교교과가 폐지되고 대신에 선택교과였던 도덕이나 윤리교과 혹은 이와 유사한 교과를 필수교과로 하는 주가 점차 늘어났다. 이러한 과정은 아래 글에서 잘 드러난다.[22]

독일의 윤리교과(Ethik)는 독립 교과로서 비교적 짧은 기간 내에 독일의 대부분의 주들에 안착되었다고 평가된다. 독일은 1970년대 후반 기독교, 가톨릭 중심의 종교적 세계관의 영향력이 감소하고 사회 전반에 걸친 '세속화 과정'(Säkularisierungsprozess)이 진전되면서 종교교과(Religion)를 대체할 수 있는 새로운 교과로서 윤리교과에 대한 요구가 본격적으로 제기되었다. 독일 사회는 청소년들의 도덕적, 가치론적 차원에서의 '방향성의 부재'(Orientierungsdefizite), 가정과 교회 공동체를 통한 '사회화의 실패' 등 '가치상실'(Werteverlust) 개념으로 대변되는 도덕적, 사회적 위기에 직면하여 종교의 자유가 문제되지 않으면서도 학생들에게 도덕적 옳고 그름을 구분할 수 있도록 도덕규범을 가르치고 윤리적 가치를 전수해야 하는 과제를 갖게 되었다(Raupach–Strey, 2003: 284). 즉, 독일 사회는 가치 상실의 위기에 직면하여 학생들의 도덕 판단력과 가치–방향 설정 능력을 기를 수 있는 '도덕', '윤리' 교과에 대한 요구를 제기하게 되었다. 그래서 독일의 윤리교과는 가치, 규범, 행위 모범, 도덕적 전통, 도덕 지식 등을 가르침으로써 학생들로 하여금 인간과 세계의 도덕적 관계를 이해하고 참된 삶의 의미를 찾을 수 있도록 하는 과제를 지니게 된 것이다(Domsgen, 2003: 20). 또한, 독일의 윤리교과는 1989년 동서독의 통일, 다문화 현상의 진전 등 새로운 정치·사회적 변화에 대응하여 도덕적, 가치론적 차원에서 사회통합에 기여할 수 있는 교과로 기대를 모으고 있다.

영국이나 독일과 마찬가지로 북구 유럽 역시 종교교육이 영향력을 발휘

22 김남준, *op. cit.*, pp. 34–35.

하지 못하면서 도덕이나 윤리교과를 선택이나 필수로 선택하고 있다. 핀란드에서 도덕교육은 다른 유럽 국가들과 마찬가지로 종교교육과 밀접한 관련을 맺고 있는데, 엄밀히 말해 종교교육은 도덕교육의 전신이라고 말할 수 있다. 근대 이후 합리적 도덕의 기반으로서 종교를 배제하는 경향이 없는 것은 아니지만, 여전히 종교가 일상적 도덕이나 윤리를 포괄하는 이념체계로서 기능하는 경우가 존재하며, 보다 엄격하고 일반적인 도덕원칙을 강조하고 있다는 점에서 종교교육은 가장 보수적인 도덕교육 형태이다. 종교교육에 대한 이와 같은 이해를 토대로 하여 종교교육은 핀란드에서도 역시 도덕교육의 상위 차원에 존재하는 가치교육으로 중시 되어왔고, 오늘날에도 일부 종교적 배경을 지닌 사립학교에서는 여전히 종교교육이 이루어지고 있다. 핀란드는 과거에 국민의 대다수가 루터파 신교도였던 배경 하에서 미국과 마찬가지로 종교교육이 도덕교육을 대신해 왔다. 그러나 종교의 영향력이 쇠퇴하고 동시에 세속화가 진행되어 소위 종교해방을 맞이하면서 종교교육을 대체할 교과에 대한 요구가 일어나면서 도덕교육에 대한 탐색이 시작되었다. 오늘날 핀란드에서 도덕 혹은 윤리교과가 차지하는 위상은 다음 글에 잘 드러나 있다.[23]

> 우리나라의 도덕과 교육과 직접적으로 연관관계가 있는 되어 있는 교과는 초·중학교 교육에 해당하는 기본교육에서의『윤리(Ethics)』교과와 고등학교 교육에 해당하는 상위중등교육에서의『윤리(Ethics)』와『철학(Philosophy)』교과 등이 있으며, 이 교과들 모두 구조적·내용적으로 우리

23 김은수 · 정창우(2013), *op. cit.*, p. 313.

의 공통교육과정으로서의『도덕』과 선택교육과정으로서의『생활과 윤리』, 『윤리와 사상』과 유사한 형태를 취하고 있다. 현재 핀란드의 국가핵심교육과정에서 도덕교육이 차지하는 비중은 상당히 높은 편에 속한다고 할 수 있다. 핀란드 국가교육위원회(Finnish National Board of Education)는 『윤리』와『철학』을 기본교육과정과 상위중등교육과정에서 모두 필수교과목으로 지정하고 있다.『윤리』의 경우 기본교육에서는 1–5학년은 필수 6학점, 6–9학년은 필수 5학점으로 총 11학점을 이수하도록 명시하고 있으며, 상위중등교육에서는 필수 3학점, 선택심화과정 2학점을 이수하도록 명시하고 있다. 『철학』의 경우 필수 1학점, 선택심화과정 3학점을 이수하도록 하고 있으며, 부가적으로 1년을 더 수학할 경우 『윤리』필수 1학점, 『철학』필수 1학점을 이수하도록 명시하고 있다. 기본교육의 경우 국어와 문학, 언어 A, 수학을 제외하고는 단일교과로서는 가장 많은 시수를 차지하고 이며, 상위중등교육의 경우 국어와 문학, 외국어 A·B, 수학, 역사를 제외하고는 가장 많은 시수를 차지하고 있다.

미국의 근대화가 세속화를 가속화시켰고, 이로 인하여 미국의 학교교육은 종교 교육적 색채에서 벗어나려는 많은 시도가 있었다. 특히 1837년 호레이스 만(Horace Mann)과 같은 매사추세츠주의 교육부 장관은 종교의 영향력을 벗어난 일반학교 체계를 수립했고, 이는 큰 성공을 거두었다. 이에 대해 보스톤의 성직자였던 매튜 헤일 스미스(Mathew Hale Smith)는 공립학교가 성경을 더 이상 가르치지 않게 되었다면 강력하게 비판했다. 미국 자체 내에서도 이러한 영향으로 보편적 공립학교 교육을 옹호하는 진영과 종교교육을 옹호하는 진영으로 분열되어 대립하게 되었다. 이들이 대립하면서 미국 자체 내에서 심각하게 고려해야 할 5가지 주제가 부상했다. 즉 보편적 시민으로서의 자질 교육, 보편적 신조(예를 들면 널리 공유되는 가치의 전수), 보편적 경험(다양한 배경을 지닌 사람들이 함께 어울려 살 수 있는 경험), 사회적 약자들에 대한 평등한 기회의 제공(특히 상이한 사회적 및 경제적 계층의 구성원들에 대한), 사회적 문제의 해결을 통하여 사회를 개선하기 위한 개혁에 대한 일반적 합의 등이다. 이와 같은 문제는 여전히 종교교육이나 혹은 도덕교육이 지닌 문제를 그대로 반영하고 있는 것이다.

근대화 및 세속화로 인하여여 종교교육의 쇠퇴에 덧붙여 미국 공립학교에서 종교교육의 폐지를 가져온 일련의 사건은 미국의 도덕교육 쇠퇴에 있어 결정적 사건이다. 즉 1963년에 미국 공립학교에서 성경을 가르치고 주기도문을 가르치는 것 등을 포함한 일련의 종교교육을 금지한 미국 대법원의 판결(Schempp)은 미국 전역의 공립학교에서 종교교육 혹은 가치교육을 금하는 결과를 초래했고(Will, 1981, 3), 이로 인하여 미국 학교교육에서 종교교육 혹은 도덕교육의 진공상태가 초래되었다. 이에 대한 반발로 자발적으로 미국 학교 교육에 전통적인 종교교육 혹은 인격교육를 도입하고자 하는 노력이 이루어지고 있으나, 한번 엎지른 물은 결과적으로 다시 담는 것은 매우 어렵다는 것을 오늘날 미국의 도덕적 상황이 잘 보여주고 있다.

도덕교육의 한 형태로 종교교육이 실시되던 시기에 미국 학생들의 문제는 줄 바로서기, 휴지 버리지 않기, 복도에서 뛰지 않기, 용의 단정하게 하기 등이었는데, 학교에서 종교교육 혹은 가치교육의 형태의 도덕교육이 추방된 이후로 미국 학생들의 주된 문제는 성적 문란, 약물 및 마약 중독, 술과 담배 문제, 폭행, 집단따돌림 등이 되었다. 이러한 문제 중의 어느 하나도 예전의 학생들의 주된 문제를 모두 합쳐도 감당이 안 되는 심각한 문제인 것이다.

종교교육의 쇠퇴를 도덕 혹은 윤리교과로 대체한 유럽과 종교교육 혹은 도덕이나 윤리교육을 전면적으로 금지한 미국을 사례를 우리는 타산지석으로 삼아야 한다. 학교교육에서 도덕 혹은 윤리 등의 가치 교육을 전면적으로 폐지하였을 때의 후폭풍을 감당하기 어려운 것을 내다보고 미국과 같은 어리석음을 범하지 않도록 해야 한다. 지구상에서 도덕 혹은 윤리교육이나 종교교육, 그리고 가치교육을 교과로 시행하지 않는 나라는 찾아보기 어렵다. 만약 그러한 국가로 미국을 예로 든다면 오늘날 미국이 당면한 학생들의 문제를 우리 역시 그대로 답습하고 말 것이라는 사실을 직시해야 한다. 그러한 면에서 유럽은 상당히 이성적인 선택을 하고 있다.

특별히 도덕을 일찍부터 교과로 설정한 나라가 바로 유교권의 한국, 중국, 일본이라는 점을 살펴보아야 한다. 유교가 가치교육이나 종교교육을 감당할 수 있는 종교라면 굳이 유교 문화권 국가에서 근대식 학교교육 제도를 도입하면서 도덕 혹은 윤리를 교과로 설정하지 않았을 것이다. 오늘날도 이슬람 문화권이나 불교 문화권 국가에서는 굳이 도덕 혹은 윤리 교과를 별도로 교과로 설정하지 않고 있다. 종교교육만으로도 충분하게 도덕 혹은 윤리교육이나 가치교육을 감당할 수 있기 때문이다. 이슬람권이라 하더라도 인도네시아나 말레이시아[24], 혹은 싱가포르 같은 곳에서는 이슬람종교를 믿지 않는 국민을 위해 별도로 선택교과로 도덕 혹은 윤리교과를 설정한 것은 바로 이와 같은 관점을 뒷받침하는 국가적 사례이다.

---

24 손경원, "다문화 시대의 도덕과 교육의 실효성에 관한 말레이시아와 한국의 비교연구," 한국초등도덕학회, 『초등도덕교육』, 제59권, 2018, pp. 71–106.

오늘날 미국이 학교교육에서 당면하고 있는 도덕적 혼란의 상황을 미국 학자들 스스로 도덕적 진공 (moral vacuum)상태라고 부르기도 한다. 세계 여러 나라의 도덕교육을 살피면서 특히 유럽과 미국의 도덕교육의 쇠퇴가, 도덕적 관점에서 볼 때 오늘날 학교와 사회의 많은 문제점을 초래하고 있다는 점에 유념해야 한다. 유럽이나 미국과는 반대로 바로 이웃에 위치한 일본은 도덕교육을 특별교과로 강조하는 것을 보면서 우리는 우리나라 도덕교육의 미래를 어느 문화권에서 시사점을 받아야 하는지를 심각하게 고민해야 할 것이다. 즉, 현재보다 더 열린 시각으로 세계 여러 나라의 도덕교육을 고찰하면서 우리나라 도덕교육의 강화 방안을 모색해야 할 것이다.

제7장
도덕과 교육의 과제와 방향

1. 인성과 창의성을 결합하며

도덕과 교육은 건전한 인성 교육과 창의성 교육의 진척을 도모하여 왔다. 도덕과 교육은 오늘날 인성과 창의성을 도덕 속에서 밝혀 왔으며, 실천적인 인성·창의성 교육을 이루고자 노력하여 왔다. 여기서 도덕과 교육의 진수는 그것은 바로 한 학생을 전인적으로 성장하게 하며 동시에 시대적인 진척을 이루고자 하는 교육과정을 실시하는 것이다.

즉 오늘날 인성이나 창의성 교육은 매우 어려운 위기를 맞아하고 있다. 우리의 학교가 자살, 학업중단, 일탈 등의 문제로 사로 잡혀 있는 학생을 구출하여야 한다. 그렇기에 교실에서 자신의 문제나 한계를 극복하려는 학생들의 의지를 고양할 수 있는 길을 찾아야 한다. 교사들은 오늘날 교육을 통해 학생 스스로 주체성을 갖추도록 하는 교육적 기조를 요청받고 있다. 2015 교육과정에서의 도덕과 교육은 오늘날의 더불어 살아야 하는 학생에게 자율적이고 통합적인 인격을 갖추게 하는 데 일조하도록 하는 성격을 갖고 있다.[1] 여기서 자율적이고 통합적인 인격은 인성과 창의성을 갖추는 것을 의미한다. 그 방향성을 현실화하는 중요한 방안 중의 하나는 도덕과 교육에서의 다양한 학습을 접목하는 것이다. 학교는 현장에서 학생들이 자신의 주장과 행동에 대해 도덕적 학습 방법을 찾도록 지원하여야 할 것이다. 여기서 접목은 융합을 의미한다. 즉 융합은 곧 통섭적인 취지로 단순한 결합이나 응용을 뛰어넘는 방법론을 갖추는 것을 의미한다.

그렇기에 도덕과 교육과의 내용을 수업으로 융합하기 위해 먼저 학생의 도덕성을 강화하는 취지에서 인성을 교육하는 것이다. 즉 도덕과 교육은 '사람의 성품'을 스스로 인식하고 강화하는 배려적인 차원도 포함하는 것이다. 학생이 가지고 있는 성품은 타고난 성질, 성정, 성격이라는 사전적 의미를 갖는 한 인간의 총체적 혹은 전인적 인격 상태를 말한다. 이러한 인격 상태를 지속하고 유지하기 위해 가치를 교육받고 시행하는 것이 인성교육이다. 인성은 계속적인 연마와 논의 속에서 그 자체 가치를 확산하며 연마하며 지니게 된다.

도덕과 교육의 내용은 가치를 배우고 가치에 대해서 배우는 교육인 것이다. 그렇기에 자신의 생각과 주장을 논의하도록 하는 학습은 한 사람이 도덕적으로 옳은 삶을 존중하고 실천할 수 있는 개인적 특성을 고양하는 것이다. 도덕과 수업은 한 공간이 있는 학생들을 교육하는 것과 매우 밀접한

1 교육부, 『도덕4 교사용지도서』(서울: 지학사, 2018), p. 25.

관계가 있다. 한마디로 도덕과 교육 학습은 학생 스스로 논의를 주도적으로 실시하거나 참여하는 방안을 모색하는 것이다. 교사는 학습을 통해 도덕과 교육에서 중시되는 가치를 배우게 하며, 한편 학생 서로에 대한 입장을 파악하면서 사람마다의 인격, 기질, 개성, 성격, 성품, 품성, 심성, 마음 등을 알게 한다. 또한 이는 그동안 도덕과에서 강조하고 있는 주요가치 덕목의 전체 교육과정의 내용에 지향하는 가치들을 들어다 보게 하면서, 학습과 매우 밀접한 관련이 되어 있다. 즉 도덕과에서 배운 정의, 배려, 존중, 책임과 성실은 수업에 매우 적절하게 쓰일 수 있다. 학생들이 도덕적 자료를 수집하거나 그 자료를 파악하는 일들은 토의, 토론을 구현하는 과정으로 수업의 배경 지식을 강화한다. 협동학습이나 조별활동을 통해 학생들은 올바른 학습을 진척하게 된다. 그 과정이 잘 구현되면 그에 따른 도덕과 수업의 성과가 얻어지게 될 것이다.

이처럼 도덕 인성적 덕목인 존중, 책임, 정의, 배려는 토론의 덕목인 진정성과 합리성을 고양하는 중요한 기조가 될 수 있다. 도덕과는 초등학교 시기부터 중·고등학교, 대학교, 성인교육 시기에 이르기까지 '스스로 생각하고 판단하고 행동하는 일련의 행동 과정'과 관련성이 매우 높다. 토의 토론 학습은 삶 속에서 이루어지는 다양한 문제에 대한 이해를 강화하는 것이다.

도덕과 수업은 교실 내에서 인간에 대한 존중으로 시작하여야 한다. 도덕과 수업은 학급의 모두를 생각하고 논의하는 진정성이 드러나는 교육의 한 형태이다. 그렇기에 교사는 학생에게 자기가 한 발언도 중요하게 생각하지만, 다수의 청중인 일반 학생들이 무엇을 생각하는 지를 파악하여야 한다. 학급 구성원 모두를 위한 논의에 대해 책임을 지는 교사의 모습이 중요하다. 즉 교사는 도덕과 수업을 통해 인성과 창의성에서 중시하여야 할 덕목임을 학생에게 제시해 주어야 한다.

교사는 도덕과 수업에서의 공감을 불러일으킬 수 있는 내용을 계속 제공하여야 한다. 예를 들면 교사는 수업을 통해 정의의 올바름을 추구하려는 입장을 강조하려면, 인성의 숭고한 성정을 인식시켜야 한다. 아울러 수업에서의 성과를 얻을 수 있는 인간 존중의 기본적 근거를 통해 교사와 학생 간의 논의에서 이루어지도록 노력해야 한다. 이는 약자를 배려하는 것이며, 훈훈한 마음의 실천으로 인성의 중요한 가치이다. 교실 안에서 더불어 논의하고 생각하는 것은 굳건히 도덕과 수업에서 기초가 되어야 할 것이다. 여기서 도덕과 학습을 통해 학생들은 자신의 주장에 대해 앞으로 다가오고 있는 문제의식과 미래에 대해 인식하는 기회를 갖고 가치관의 올바른 지향을 실천할 수 있는 것이다.

이제 교사는 학생들이 도덕과 교육을 통해 막연한 두려움을 갖지 않는 수업을 하는 창조적인 인간을 육성하는 데 노력하여야 한다. 학생들이 수용할 수 있는 현실의 길과 미래의 선택을 만들어 나가도록 하는 것이 도덕과의 학습인 것이다. 그러한 의미에서 도덕과 교육은 오늘날 성실과 진정성을 보이면서 자신의 창의적 능력을 배양하는 길을 찾는 것이다. 더불어 교실에서 선생님과 학생들과 사회적 문제나 개인적 가치 선택을 연구하려는 의지와 자신의 능력을 배양하는 것이 도덕과 교육의 중요한 실천이라고 하겠다.

2. 우리의 현재와 미래

우리 교실과 학교 그리고 사회가 갖고 있는 문제에 대해 직시하며 그것에 대한 해결책을 도덕과 수업에서 절실히 필요하다. 이러한 관점에서 본 연구는 도덕과 교육이 도덕과 교육적 검토와 논의 속에서 강화하여 적극적으로 도덕적 인간으로 학생들을 자라게 하는 방도를 찾고자 한다.

오늘의 신자유주의적 변화는 교실에서도 의사소통이 잘 이루어지지 않는 무한 경쟁의 논리가 주도되고 있다. 이러한 상황에서 도덕과 학습의 조성은 또 다른 변화하는 환경에서 더불어 사는 적응과 더불어 상호 존중을 가능하게 하는 것이다. 즉 도덕과 수업은 규범을 준수하면서 동시에 가능한 한 자신의 입장을 파악하고 논의하는 성장의 기회를 갖는 것이다. 도덕과 수업은 바로 자기 합리화로 끝나는 것이 아니라 늘 존재하는 사회적 약자에 대해 배려하는 창의적인 사회 민주주의적 입장이 요청된다.

예를 들면 자신의 능력을 최대한으로 발휘하는 노력을 중시하는 수업이 있다고 하자. 취직한 회사에서 주는 임금이 비정규직의 임금과의 과도한 차이가 나면 어떻게 해야 할까? 그것을 자기 능력으로 생각하고 살아야 할까? 아니면 더불어 생각하는 기회로 생각하고 그대로 인정하지 말아야 할까? 바로 이러한 문제에 대해 논의, 토론하면서 학생들은 사회 구조를 파악하고, 자신의 입장을 발표할 수 있는 것이다. 차이가 나는 임금 체계에서 우월한 임금 수여자들은 그 임금 중에서 세금으로 기꺼이 낼 수도 있다.

그러나 판단과 실천은 그리 쉬운 것은 아니다. 그러한 경우에도 많은 변수를 생각하여야 하기 때문에 도덕과 수업은 중요하다. 다양한 판단에 대해 올바른 선택과 행동을 할 수 있어야 한다. 그렇기에 교사는 다양한 논의 문제에 대해 학생들이 기꺼이 수업 속에서 토론할 수 있는 의식을 가져야 한다. 그러한 의식을 도덕과 수업에서 생각하고 접근하게 하는 것이 토론인 것이다. 즉 도덕과 수업에서 교사는 수업을 적응하고 학생들의 생각을 발표하도록 요청할 필요가 있다.

우리 사회가 갖는 다양한 문제에 대해 학생들의 생각을 정리하고 수용하는 진척이 필요하다. 자신의 능력에 대한 인정도 필요하지만 그 능력에 대한 공공선을 위한 지출을 당연히 수용하는 민주적 삶의 분위기가 우리 사회에서 요구된다. 이는 올바른 교육으로 승화하려는 도덕과 교육의 중요한 과제인 것이다.

3. 현대 사회의 도덕적 위기 극복

거듭되는 상황의 악화에도 불구하고 우리 아이들은 가정과 사회, 친구관계, 사회와 국가에 대해 생각하며 대비하는 길을 찾아 나서야 하는 것이다. 이러한 상황에 대해 우리 교사들은 행복한 사회가 어떻게 만들어질 수 있는지에 대해 학생들의 이야기와 행동을 토의하고 토론하게 하는 일을 한번쯤 제대로 회상할 수 있는 기회를 주어야 한다.

이러한 상황에서 도덕과 교육은 올바른 관점에서의 학습을 확장하려는 내용을 갖추어야 할 것이다. 오늘날 21세기의 도덕과 교육은 본질적인 사회의 분위기와 잘 조우되지 못하는 상황에 놓여 있는 것도 사실이다. 분명

2015 개정 교육과정이후 지속되어 온 도덕과 교육의 기능인 국가관 및 도덕관 지식 전수, 상급 학교 및 현장에서의 윤리적 학습 기회 제공, 사회 관계성 증진 등을 지지해 주는 내용이 조성되었음에도, 도덕과 교육은 오늘날 사회의 심층적 대안을 조성하지 못하고 있는 실정이다.

그러한 측면에서 도덕과 교육은 진정한 인간의 만족과 행복을 지향하는 인성교육을 실천하지 못하였다. 도덕과 교육은 다른 교과와 달리 학생들에게서 성적이나 양적 공리로 평가하는 측정에서 벗어나 있다는 인식을 가능하게 하였다. 그러한 의미에서 앞으로 도덕과 교육은 지나치게 양적 평가가 좌우하는 세계관을 지양하고 질적인 교육의 과정에서의 학생과의 인격적 도덕적 만남에 관심을 두어야 할 것이다.

즉 양적 능력이 중요하다고 하나 그것으로 과잉이나 부조화되어서는 안 되며, 질적 능력으로 전환되는 반대적인 요인들의 통합을 이루려는 의지를 도덕과 수업에서 강화하여야 한다는 것이다.

대립들의 통합 즉 반대적인 내용을 수렴 통합을 하려는 노력이 필요하다.[2] 이는 뒤르깽이 주장하는 교실 사회를 조화롭고 질서정연하며 협동적인 사회관계에 기여하는 규범과 가치들을 학생들이 배우게 하여야 한다는 것과 일맥상통하는 것이다. 사실상 인간은 전통적이고 인습적인 가치들이 심

2 니체의 이론은 대립되는 것의 통합이나 조화를 시도하는 것이다. 사람에게는 인성과 창의성이라는 요소가 대립적일 수 있다. 그렇기에 인성이 좋은 사람들이 창의성을 갖춘 사람들과 잘 어울리지 못하고 이해하지 못하는 경향이 있다. 이러한 경향을 극복하는 방안을 윤영돈은 니체가 희구했던 초인은 '아폴론적 디오니소스 내지 디오니소스적 아폴론'이며 '예수 그리스토의 영혼을 가진 시저'이라고 말한다.(윤영돈, "정신건강의 관점에서 본 니체의 미학적 세계관과 주인도덕의 문제"『倫理硏究』 69호, 2008, p. 24)

각하게 파괴된 결과로 나타난 문제에 빠져 있는 것이다. 그러한 규범적인 것에 대한 인식을 하는 교육적 준비를 도덕과 교육은 실시하는데 중심이 되어야 한다. 학생들이 생동감 있게 살 수 있는 힘은 바로 자기의 좋은 성품을 이어가게 하는 인성을 잘 주어지게 하는 것이다. 따라서 뒤르깽은 인성을 가름하는 도덕성은 일종의 명령적인 힘을 도덕적 규율을 통해 일정한 자기 통제(self control)를 수반하는 것이다.

이러한 차원에서 콜버그가 명시적 교육과정에서의 도덕적 토의 토론과 함께 일반적인 학교 환경의 도덕적 특성을 중대하게 파악한 것은 매우 중요한 시사라고 하겠다. 그는 "정의에 대한 교실 토론을 실생활에로 확장하기 위해 학교는 정의의 이슈를 다루어야만 한다. 그 때 정의교육은 학교를 보다 정의롭게 만드는 것, 그리고 학교를 보다 정의롭게 만드는 일에서 학생들로 하여금 적극적인 활동을 하도록 격려하는 것을 필요로 한다"[3]고 말하였다.

바로 이러한 정의에 대한 훈련처럼 교실에서 가능하게 하는 올바른 도덕적 토의, 토론 환경이 조성되는 조건을 만들어 주어야 한다. 그럼에도 부분적인 인권 개선만이 이루어지고 총괄적인 인권의 노력이 가능하지 않는 상황에 놓여 있는 것이 문제이다. 도덕과의 토의 토론의 생활화는 교실을 뒤르깽의 규율, 사회적 애착, 자율성이 가능하게 이루어지는 구조를 만드는 것이다. 바로 이러한 일상적인 교실환경은 좀 더 정의롭고 좀 더 상식적인 자유와 평등으로 이루어진 학생 동료 관계를 조성하는 것이다.

그러한 차원에서 도덕과 교육은 내러티브나 타인에 대한 지각과 경험을

---

3 김태훈, 『도덕성 발달이론과 교육』(고양: 인간사랑, 2004), p. 269.

확대하면서 강화할 필요가 있다. 이것이 인성을 키우고 보다 정의로운 창의성을 길러내는 것은 도덕과 교육과의 융합을 실제적으로 가능하게 할 것이다. 학교 사회에서 영향력을 주는 방안은 바로 도덕과 교사가 바람직한 시민들의 삶을 보여 주고 사회적 네트워크와 민주적 작동이 학교에서 가능하게 하는 것이다(박찬석, 2012, 131).

우리 교실은 학생들이 자기만의 잘못된 행동을 보이는 것을 개인의 자율이나 개성으로 파악하려는 환경에서 벗어나게 해 주어야 한다. 모든 것은 상황에만 노출되어 있다고 늘 나쁜 결과만 나오게 하지 않는다. 즉 학생들에게 도덕과 교육 수업 시간을 통해 스스로 토의하고 토론하는 기회를 제공해 준다면, 덕의 능력은 함양될 것이다. 즉 교사가 학생의 토의, 토론을 통해 덕의 모방에 의한 습관화가 순차적으로 일어날 수 있다는 것이다(박영주, 2013). 이러한 의미에서 도덕과 교육의 토의와 토론은 개성과 보조를 맞춘 인성교육을 가능하게 한다. 또한 토의와 토론의 결과를 통해 교사는 학생들에게 일관되게 '한 인간을 형성하는 외형이나 본질'이 작동하는 도덕적 사실을 배우게 할 수 있다. 교사가 빨간 색을 싫어한다고 학생들이 빨간 양말을 신고 학교에 오는 것을 교사가 비난할 근거는 없다. 만약 그러한 비난을 한다면 그것은 토의, 토론이 제대로 조성되지 않는 교실 환경이라는 것을 보여 주는 것이다. 개성적인 것이 아무렇지도 않게 드러날 수 있다고 생각할 수 있는 학생들의 덕도 토의 토론 학습이 이루어져야 한다. 더욱 더 확실하게 자신의 주장과 타인의 주장을 수용하려는 태도는 과정 속에서 교사가 화를 내더라도 그 화가 덕에 기반한 유덕한 행위가 아니라는 도덕적 사실도 알게 되는 것은 중요하다. 학생들은 교사의 정당한 기질적 변화를 인식하는 것도 토의, 토론의 과정에서 배울 수 있는 상호 주관성에 기반한 사회적 인식을 갖게 하는 것이다.

또한 학생들은 교사나 친구들, 심지어는 일진이 화가 난 요인에 대해 인식 없이 여유도 없이 당하는 경우가 허다하다. 그러나 학교 사회가 적어도 교실에서 학생들이 늘 토의, 토론 학습에 잘 수용한다면, 어리지만 상황이 바뀐 학교에서 그 화를 내는 행위나 그 화에 당하는 경우는 매우 줄어들 것이다. 토의, 토론을 통해 화를 정당하고 합리적으로 풀려는 방법을 찾는 것만 이루어져도 교실의 평화는 가능할 것이다. 늘 생각할 수 있는 기회를 학생들이 주는 것은 도덕과 교사의 배려이자 문제의식일 수 있다. 그렇기에 학생들의 상황에 대한 토의, 토론 교육적 기반을 갖추어야 한다.

도덕과 교육적 기반은 학교 환경이 학교폭력에 단호하면서도 완결적인 조치를 취하는 것이다. 학교폭력은 집단적 동조와 방관자 학생들이 가해자의 폭력을 관찰하며 모방하게 되는 경우가 많다. 즉 인권적 학교 분위기를 조성해 주어야 학생들의 토의, 토론 학습은 강화되고 방관자들을 줄이고 다양한 의견에 대한 동정이나 아픔을 공감하는 분위기가 만들어질 것이다. 즉 학교는 늘 폭력의 가해자들이나 피해자들이 더불어 이야기할 수 있는 분위기를 만들어 줌으로써 학교의 소통을 가능하게 할 것이다. 이러한 인식에 대해 교장, 교감, 교사가 자각해야 한다. 다수가 가해학생이 되는 듯한 무의식적인 폭력 노출이 많아지면 그에 따르는 폭력의 일반화가 형성된다. 따라서 폭력을 줄이는 방법은 방관자적 태도를 벗어나 피해자의 입장을 올바르게 파악하는 학생 스스로의 노력과 교사의 노력과 능동적 관찰자 그리고 가해자의 반성을 촉구하는 교실 분위기가 필요한 것이다. 폭력성, 일방적 지시가 순화하여 표현하는 학교 공간을 만들어야 한다.

그렇기에 교사들은 학생들의 마음을 알고 마음을 주목하게 하고 도덕과의 토의, 토론 학습 공부를 하며, 실천할 수 있는 교실을 만들어야 한다. 그러한 환경을 조성하여야 학교는 늘 주장과 공공선을 실천하는 토의, 토론의 장을 증진할 수 있을 것이다.

4. 2015 개정 초등 도덕과 교육과정의 지향

초등 도덕교육의 주된 특징으로 인식되어왔던 통합적 인격과 도덕적 실천중심의 교육방법을 전개할 필요가 있다. 도덕적 행동의 습관과 실천 등은 교과뿐만 아니라 일상생활에서 연속적이며, 개개인의 경험의 세계와 연계되어야 의미 있게 작동할 수 있다. 초등 도덕교육에서 하나의 단원은 덕목을 중심으로 제시되며 대체로 4개의 차시로 구분된다. 1차시는 주로 도덕적 모범 탐구 및 지식 이해로 구성되는 데, 여기서 목표로 하는 지식은 이론적인 내용에 머무는 것이 아니라 도덕적 행동과 실천을 위해 필요한 지식임을 강조할 필요가 있다. 이후의 도덕 판단중심과 도덕 심정중심의 차시에서도 도덕적 실천을 위해 필요한 판단과 그것을 이끌어 낼 수 있는 정도의 정서적인 감동을 자극할 수 있어야 한다. 4차시에 이루어지는 도덕 행동중심의 수업은 실천계획을 세우고 실천의지를 마음에 다지는 것에서 머물러서는 안 된다. 학생이 경험한 것은 그 자체로 깊이 있는 의미를 주지 못하기에, 반성하는 활동을 통해 학생들의 경험을 정리된 상태로 옮기는 과정이 필요하다.

이에 반드시 자신의 실천행동을 반성해보고 다짐하는 기회를 제공할 수 있어야 한다. 이러한 과정을 통해 학생들의 경험이 도덕교육과 밀접한 관련을 맺으면서 점진적인 발달이 가능할 수 있다. 최근의 도덕수업은 학생들의 흥미를 이끌 수 있는 다양한 활동을 활용하며, 수업의 과정도 다양하게 이끌고 있다. 이에 기존의 도덕 수업 과정·절차와 다르게 도덕적 행동의 실천을 단원의 뒤쪽에 위치하기보다는 내용의 주제에 따라 앞 차시에서 다루어 자신의 삶에서 경험한 것을 이끌어 내어 그것을 타인의 경험세계와 비교해 보는 것을 먼저 시도해 볼 수 있으며, 이런 활동을 통해 지적인 탐구를 시도해 볼 수 있다.이후 학습한 방향으로 실천을 시도해봄으로써 학습 결과를 직접 체험하여 통합적인 인격이 체득될 수 있을 것이다. 또한 도덕적 감정을 자극하는 활동을 먼저 제시하여 그에 따른 행동의 변화를 이끌 수 있도록 도덕수업을 구성해 볼 수도 있다.

한편, 초등 도덕교육을 통해 도덕적 실천을 연속적으로 지속하기 위해서는 가정과 지역사회와의 연계도 중요하지만, 1주일에 1번 있는 도덕수업사이의 공백을 최소화 할 필요가 있다. 다른 교과나 창의적 체험활동 등과 연계하여 도덕수업을 진행할 수도 있지만, 도덕수업 자체에서 한 차시의 수업 이후에 다음 수업까지의 시간 동안 생각하고 탐구하며 실천할 수 있는 기회를 부여하고, 그것을 다음 수업시간에 확인할 필요가 있다. 이를 통해 학생들의 도덕적 생활이 일상생활에서도 연속되며, 도덕과의 주당시수 부족 문제도 극복될 수 있을 것이다.[4]

4 이철주, "초등 도덕교육의 특징과 지향점 탐구-도덕과 교육과정을 중심으로-", 『초등도덕교육』 60집, 2018, pp. 114-115.

5. 앞으로의 지향

1) 인성교육적 내용 강화

도덕과 교육의 인성교육적 내용은 강화되어야 한다. 그렇게 하기 위해서는 도덕과 교육이 도덕적인 지식과 정서, 행동을 잘 결합하여야 한다. 도덕적 지식과 정서 그리고 행동은 분리 불가능한 것이다. 그렇기에 도덕교육활동도 통합적으로 이루어져야 한다. 단순하게 이론을 통해서 또는 정서를 자극하거나 습관을 반복시키는 방법으로는 불가능하다. 우리가 도덕 지식을 형성하는 과정을 되돌아보면, 앎과 동시에 느끼고 느끼는 순간에 인식하는 과정으로, 인지적인 작용과 정서적인 작용이 동시에 이루어지는 것이다.

인간이 자신들의 잘못된 행동을 인식하는 것은 그러한 잘못된 행동의 이유를 알고 동시에 잘못된 행동으로부터 발생되는 주변의 분위기나 느낌을 의식하는 순간이다.

반면에 잘못된 이유를 스스로 모르거나 혹은 주변으로부터 아무런 느낌을 받지 못한다면 자 신의 잘못을 의식하기가 어렵다. 통합적인 인격이나 덕은 인지적·정의적·행동적 요소들로 구분될 수 없다(이철주, 2013, 150).

이러한 통합적인 덕과 인격은 도덕적인 행동의 실천을 중심으로 이해될 수 있다. 따라서 덕 있는 행동의 실천과 습관, 또한 그것의 발휘 등을 통해 덕이 습득되고 인격이 함양될 수 있다. 이를 초등 도덕교육에서 구현하기 위해서는 도덕적 지식과 도덕적 판단,도덕적 정서 등이 도덕적 행동과 실천을 위해 반드시 필요한 것임을 강조해야 한다.

또한 학생들이 실천한 결과를 되돌아 볼 수 있는 반성과 성찰의 기회를 제공하며,나아가 도덕 수업의 과정을 다양하게 구성하고 도덕 수업 사이의 공백을 최소화하기 위한 노력을 기울일 필요가 있다.

2) 도덕과 교육의 지향, 한반도를 넘어 세계로

오늘날 사회는 다원주의 시대 세계시민교육의 의미와 역할을 다하여야 할 필요가 있다. 그 동안 도덕과의 통일교육은 냉전적 사고와 탈냉전적 경험을 통일로 승화하는 교육의 확장성을 보이지 못하였다. 그렇기에 점점 더 우리의 문제를 뛰어넘는 세계의 문제로 변화하는 도덕과는 통일교육, 시민교육, 공동체 교육을 통해 축소 지향적인 지위를 벗어나, 보다 새로운 대안을 제시할 필요가 있다.

사실 한반도의 분단은 바로 세계사적인 이념 대립의 산물이다. 조정되지 않는 분단 사회가 이제는 관리되는 분단 사회로 전환되어야 한다. 그렇게 되기 위해서는 도덕과 교육은 지난한 상황에서도 세계 평화와 다문화적 정서를 더불어 발전지향적으로 진행할 구조를 만들어야 한다.

분명 남북한은 상호 대결 구도에서 지속적인 대립과 대화 속에서 휴전상태에 놓여 있다. 이러한 측면에서 통일 논의는 세계사적 갈등을 극복하고 개선할 노력들이 필요하다.

현실적 관점에서 보면 도덕과 교육은 국제 관계와 힘의 정치와 국가 중심적인 관점에서 바라보고 안보적 내용을 담고 있다. 그렇기에 도덕과 교육은 국민 통합과 국가 발전 전략을 고안, 집행하는 논의를 가져야 한다. 즉 도덕과 교육은 국가적 차원에서 조직, 단체들이 일방적으로 자기의 논리를 극복하고 민주적 논리로 강화하게 하는 것이다. 이러한 의미에서 이념 지향적 도덕과 교육은 극복되어야 한다. 즉 공공성 지향을 위한 성찰성을 기초한 개개인이나 공동체의 민주성을 갖추어야 한다. 따라서 그 동안 도덕과 교육은 스스로 공정과 정의적 차원에서 사회 통합 목표를 추구함에 있어서 신중하여야 한다.

도덕과의 통일교육은 북한이라는 상대를 하고 있기에 안보적 측면이 강조되는 것은 사실이다. 즉 안보는 궁극적으로 군사적 위협 또는 무력에 의존하기 때문에 '군사적'이라고 할 수 있다. 따라서 다양한 우리 상황에 대한 인식이나 대북 인식에 있어서도 안보의 대안적 관점이 요구된다. 일반적으로 인류는 "국가 주권에 대한 극단적인 해석에 근거하는 세계에서는 더 이상 생존할 수 없으며, 전쟁이 체제 변화의 수단으로 인정받는 국가 간의 체제에서 더 이상 생존할 수 없다"는 전제를 가지고 있다(Newcombe, 1986).

이러한 환경을 파악하면서 이제 도덕과 교육은 국가 간의 대립 이데올로기도 평화롭게 지속하는 노력이 필요하다. 아울러 우리 내부의 진보와 보수 이데올로기에 대해서도 긍정적인 사회 통합의 길을 필요로 한다. 이제 이념의 문제는 구성주의적 측면에서 보면 내부 국민들의 문제이며 남남갈등과 남북갈등을 해결하여야 할 구조와 행위자의 논리인 것이다(박찬석, 2015: 92-93). 그렇기에 도덕과 교육은 통합적 논리를 더 조성할 필요가 있다. 통합적 논리는 국가 간의 관계 국제적 질서, 분단국가의 특수한 관계인 남북한 관계, 그리고 이를 바라보는 국내적인 이념 논리를 망라하여 파악하는 민주 시민적 관점이 필요하다.

한국의 민주 시민 사회는 현실적 관점에서 평화를 추구하는 안보론을 극복하고 평화와 안보를 균형 있게 파악할 시기에 이르렀다. 물론 한국은 북한과의 군사적 대치 국면에 있고, 북한의 도발적 행위가 간헐적으로 일어나는 상황이다. 그 속에서 안보의 현실적 관점으로 변화 모색이 어려운 것은 맞다. 그러나 이러한 대안적 접근은 한반도의 정세를 여러 가지 면에서 안보에 대한 지나친 강조를 주는 안보적 딜레마 상황을 변화하는 논리를 가지게 하였다.

이러한 전반적인 인식 속에서 도덕과 교육은 시민 교육 논리을 갖추어야 한다. 도덕과 교육은 국가 안보의 이해와 평화통일교육이 보다 합리적이며 명확한 원칙으로 교육되어야 한다. 따라서 안정적인 국가 체제를 유지하기 위해 도덕과 교육은 한국의 안보 조건과 민주 발전 그리고 지속가능한 사회 성찰에 대한 이해가 중요하다. 이를 강화하는 도덕과 교육은 줄기차게 시민 교육적 논의를 강화하여야 할 것이다.

3) 응용윤리 교육

(1) 사회윤리학의 등장과 도덕과 교육에의 수용

개인윤리가 개인이 자기 자신에 대해서 가지는 권리와 의무를 강조하는 데 비해서, 사회윤리는 개인이 살고 있는 인간 공동체에 대해서 개인이 가지는 권리와 의무를 강조한다.8) 그리고 개인윤리의 옹호자들은 행위의 주체인 개인의 안녕에 초점을 두고 개인의 도덕적 수행과 관련시켜서만 사회 문제를 고려한다. 하지만 개인윤리적 고려는 근본적인 사회의 구조와 제도를 개혁함으로써 공동선을 추구하고 사회정의를 구현한다는 생각에는 미치지 못하는 한계를 지니고 있다.

따라서 현대사회는 개인이나 가족 중심의 사회가 아니므로 과거의 개인 중심적 윤리로는 복잡다단한 사회문제의 해결이 불가능하다는 주장들이 생겨나면서 사회윤리가 대두되었다. 사회윤리는 공동선의 실현을 중요한 과제로 다루며, 사회문제의 해결을 사회정책과 제도, 사회구조에 의거해서 추구하는 데 초점을 두고 있다. 특히 신학자이면서 윤리학자인 니버(R. Niebuhr)는 사회의 많은 중요한 문제들이 개인의 도덕적 가치판단에 의해서가 아니라, 그 개인이 속해 있는 사회의 구조나 제도 자체의 개선에 의해서만 비로소 해결될 수 있다고 주장한다.

또한 그에 따르면 개인은 이성, 체면, 양심, 신앙 등에 의하여 어느 정도 윤리적이 될 수 있으나 개인으로 구성된 단체는 비록 그 구성원들이 개인적으로는 상당히 윤리적인 사람들이라도 매우 이기적이 된다는 것이다. 이러한 단체의 이기주의는 그 주체가 분명하지 못하고 얼굴이 없기 때문에 고치기도 매우 힘들다는 것이다. 그리고 그는 모든 단체 중에 국가가 가장 이기주의적 공동체라고 보았다.

이러한 문제를 해결하고자 새롭게 등장한 사회윤리학의 과제는 첫째로, 우리가 당면하고 있는 사회위기와 사회해체 현상을 밝혀주고 이를 검토하는 일이다. 둘째로, 사회위기를 자각하게 하고 이를 극복하려는 근본적인 방향과 방안을 제시하는 일이다. 셋째로, 사회비판적 기능과 함께 공동선과 정의 실현을 도모하는 일이다. 그리고 사회윤리학의 기능은 첫째로, 인간이 사회 공동생활을 영위해 가는 데 필요한 인간과 사회 간의 관계를 정립해 주는 기능을 수행한다. 둘째로, 사회 공동생활을 영위해 가는 데 인간이 무엇을 하여야 하며 또 해서는 안 되는가를 분명하게 알 수 있도록 하는 기능을 수행한다. 그래서 사회윤리학은 법과 제도와 같은 사회구조를 정의롭게 개선하는 데 많은 관심을 가지고 있다.

그렇다고 하여 현대사회에서 개인윤리가 더 이상 필요없다는 이야기는 결코 아니다. 개인윤리와 사회윤리는 도덕적 공동체를 이룩하기 위한 상호 보완의 관계이다. 앞으로 도덕교육에서는 개인과 국가 간의 상호 협력의 당위성과 실천력을 길러주는 데 중점을 두어야 할 것이다. 그리고 한 개인의 자아는 개인적 차원의 산물임과 동시에 사회·역사·문화적 차원의 산물임을 명확하게 인식할 수 있도록 하면서 개방된 자아관을 확립하게 하는 것이 도덕교육의 일차적 목표로 설정되어야 한다.

(2) 응용윤리학의 대두와 교육의 필요

현대사회는 제반 분야에 걸쳐서 급격한 변화를 겪고 있다. 그 변화의 크기나 범위는 전 세계적이어서 그 영향을 받지 않는 곳은 없다. 미래학자들이 제시하는 미래사회의 변화의 특징을 간략히 소개하면 다음과 같다.

앨빈 토플러(A. Toffler)에 의하면, 미래사회는 정보화 사회가 될 것이라고 한다. 그는 『제3의 물결』에서 첨단정보와 기술을 소유하는 것이 사회를 움직이는 힘이 될 것이라고 하였다.

다니엘 벨(D. Bell)은 『후기 산업사회의 도래』에서 후기 산업사회의 두드러진 특징은 산업사회에서 제품생산에 주력하던 산업구조가 서비스업을 포함한 3차 산업 중심으로 바뀌고, 직업분포에 있어서도 전문직 및 전문기술직 종사자의 비율이 증대되고, 기계의 테크놀로지보다는 지적 테크놀로

지와 이론적 지식이 혁신의 근원을 이루게 되며, 자본과 노동 중심에서 지식과 정보가 중심을 이루게 된다는 것이다.

피터 드러커(p. Drucker)는 미래사회를 후기 자본주의 사회로 규정하고, 지배의 중심축은 지난 250년 간 지배해 온 관료체제나 권력, 기본적인 경제자원이나 자본, 천연자원 등도 아닌 지식이라고 밝히고 지식 기반 사회가 될 것이라고 하였다. 급격한 사회변동과 거기서 발생한 문제점을 해결해야 할 우리의 다음 세대는 사회변동의 양상과 그에 대한 대처방법이 중요한 관심사가 아닐 수 없다.9)

그리고 오늘날 낙태, 법적 사망 시기, 장기 이식, 환경오염 문제, 유전공학의 발전에 따른 생명체들의 복제 및 조작의 가능성, 죽을 권리, 대리모 등 후기 산업사회의 윤리문제들에서 잘 나타나고 있는 바와 같이 어떤 것이 도덕적인 것인지 혹은 그렇지 않은 것인지에 대한 문제들은 상당한 논쟁을 불러일으키고 있다. 이와 같은 문제들은 과거에는 전혀 문제되지 않았던 것으로서 과학과 기술의 혁명적인 발전에 따라 새롭게 제기된 것들이기도 하다. 이러한 내용을 다루는 윤리학을 일컬어 응용윤리학이라고 부른다.

이러한 시대 변화에 따른 새로운 도덕·윤리교육의 정립이 그 어느 때보다 크게 요청되고 있다. 이제 이러한 문제들에 대해 학교가 어떻게 대처해야 하는가 하는 문제가 제기되고 있다. 우리의 초·중·고등학교의 도덕과 교육에서도 이 문제를 도외시할 수 없는 시점에 도달했다고 볼 수 있다. 다음에서는 응용윤리학(Applied Ethics)의 범주에서 다루고 있는 내용들을 하나하나 살펴보도록 하겠다.

① 생명의료윤리 교육

인간이 살고 있는 지구가 우주의 중심이라는 믿음은 코페르니쿠스에 의해 깨졌다. 다음으로 인간이 동물과는 다른 특별한 존재라는 주장 역시 다윈의 진화론에 의해 무너졌다. 그리고 인간은 스스로의 운명을 좌우하는 의식의 주체라 여겨졌는데, 프로이드 이래 무의식의 지배를 받는 허약한 존재로 전락했다. 그래도 인간은 인간이 만든 도구와 기계의 놀라운 발달 가운데 기계의 지배자로 살아왔다. 하지만 인간은 이제 기계의 주인자리도 포기할 수밖에 없는 단계에 왔다. 기계는 독자적 발달단계로 들어섰다고 판단된다.

더 나아가 인체의 여러 장기가 인공장기로 갈아끼워지기 시작했으며, 인간복제까지 가능해지려는 단계에 우리는 서 있다. 특히 제2차 세계대전 이후 의학이 급속도로 발전하면서 환자의 생명을 인위적으로 연장할 수 있는 기술이 등장하였고, 이는 의사가 환자의 죽음에 어디까지 개입해야 하는가에 대한 윤리적 논란을 불러일으켰다. 이 장에서는 오늘날 논의되고 있는 생명의료윤리의 중요한 문제들을 구체적으로 살펴보도록 하겠다.

첫째, 임신중절의 찬반논쟁이다. 태아를 인간으로 볼 것이냐 아니면 산모의 몸 속에 있는 세포조직으로 볼 것이냐 하는 문제이다. 태아를 인간으로 볼 경우 임신중절은 분명 살인행위가 된다. 이러한 입장의 지지자들은 출산할 경우 산모의 건강이 극도로 위험하게 되는 경우와 같은 예외적인 경우를 제외하고는 임신중절은 살인행위이자 신에 대한 배신행위이므로 중대한 죄악이라고 본다. 반면, 도토리가 참나무가 아닌 것처럼 태아도 인간일 수 없다고 주장하는 사람들은 산모의 자유의지에 따른 선택에 따라 임신중절은 얼마든지 가능하다는 입장이다. 이 양자 간의 논쟁은 쉽게 결론을 내릴 수 없는 중요한 윤리적 문제이다.

둘째로, 뇌사 및 안락사의 인정 여부이다. 뇌사가 법적 죽음으로 인정되기 전에는 심폐기능의 불가역적 정지상태를 법적 죽음으로 받아들였다. 뇌사를 완전한 죽음이라는 의학적 합의도 도출되지 않은 상태에서 장기의 안정적 공급과 뇌사상태에 빠진 환자 가족들의 경제적·정신적·신체적 고통을 고려하여 뇌사를 죽음으로 인정하는 법을 제정하여 시행하고 있다. 그러나 뇌사문제는 여전히 윤리학적·인간학적·종교적 논의를 남겨놓고 있다. 심각한 상태에 있는 중환자에게 생명유지 치료와 생명연장 치료는 어느 정도까지 강구되어야 하는가의 문제이다.

그리고 불치의 병에 걸린 환자의 생명을 그들 자신의 소망과는 반대로 인위적으로 계속 유지하는 것을 허용해야 하는가의 문제도 제기될 수 있다. 이 문제는 자연스럽게 안락사의 허용 여부 논의와 맞물려 있다. 호주나 네덜란드 같은 나라에서 안락사를 인정하는 법을 제정하였다. 지금까지 살펴보았던 임신중절이나 뇌사–안락사의 허용은 인간 생명존중의 경시를 부추길 수 있을 뿐만 아니라 중대한 윤리적 문제를 제기한다.

셋째로, 장기 이식의 문제이다. 의사가 다른 사람의 건강 유지나 회복을 위해서 '기증자'의 장기를 적출하여 이식해도 되는 때는 언제인가의 문제는 장기 밀매와 관련하여 중요한 윤리적 문제를 야기하고 있다. 장기 암거래는 인간 신체의 일부를 돈과 맞바꾸려는 것이며, 인간 신체가 수단적 가치로 전락하게 만든다.

넷째로, 고지의 의무 문제이다. 의사는 환자에게 환자의 병의 종류와 상태 및 건강 회복에 요구되는 수술과 조치의 위험성에 대해서 전부 알려야 할 의무가 있는가 하는 문제이다.

다섯째로, 최근의 유전자 공학의 발전과 함께 제기되고 있는 문제로서 의사가 인간을 대상으로 유전자 조작을 해도 되는가? 그리고 유전병을 제거하거나 예상되는 심각한 신체적 결함을 제거하기 위해서 유전자 조작하는 것은 허용되는가 하는 문제이다. 본래 유전공학은 인간 삶의 질을 향상시키기 위하여 동식물 및 인간의 유전물질의 개량을 목표로 한 것이었다. 그러는 사이에 유전공학은 악용될 위험이나 예측 불가능한 피해를 배제할 수 없다는 의혹을 받게 되었다.

생명체의 유전자 구조가 밝혀지고 생명복제 기술이 더 발전하면 인간의 신성함과 생명의 유일함은 무의미하게 되리라는 것이다. 예를 들어 원래의 나와 복제된 '나'가 나란히, 혹은 비동시적으로 존재할 때 나의 정체성은 어디서 찾아야 하는가? 이러한 문제는 인간의 존엄성의 근본적 토대를 허물 수도 있으며, 인간생명 탄생의 신비로움과 형이상학적 근간이 와해되는 심각한 윤리적 문제가 제기된다. 또한 이런 의문들은 인간을 괴롭히는 철학적·인간학적·종교적 문제가 될 뿐만 아니라 DNA 합성기술은 생명과학계를 넘어서 일반사회에 커다란 파장을 불러일으킬 것이다.

무엇보다 생명체를 실험실에서 합성시키는 일에 대한 윤리적 비판이 거세질 전망이다. 간단한 조각을 만드는 데 불과하던 인공 DNA 합성기술은 이제 미생물 수준의 유전체를 만들 수 있는 수준에 이르렀다. 1996년 복제양 돌리의 탄생, 2000년 인간 게놈 프로젝트의 완성과 이를 통한 인간에 대한 유전적 조작과 인간복제의 가능성 등은 생명의료윤리에 전혀 새로운 차원을 추가하였다. 이러한 주제는 자연과 인간의 관계, 인간의 생명에 대한 전통적인 개념을 뒤흔드는 것으로서 기존의 윤리관과 가치체계를 전복시킬 수 있는 가능성을 가지고 있다.

그 결과 의료윤리는 의료의 영역으로부터 생명관과 가치의 연구를 포함한 생명의료윤리로 확장되었고, 의사뿐만 아니라 생명과학 분야에 종사하는 모든 사람, 심지어 사회 전체가 관심을 가져야 하는 고민거리로 떠오르게 되었다. 따라서 생명의료윤리는 현대의 기술로 인해 야기되는 신체와 생명 및 인격의 자유와 존엄에 대한 엄청난 위험이 존재하는 학문과 연구에는 어디서나 요구된다.10) 이제 생명의 판도라 상자가 활짝 열리고 있는 지금 자연과 조화를 이루는 새로운 가치기준이 절실히 필요하다.

이상에서 살펴본 인간생명에 대한 발전된 의료적 처치들에 의한 인간 생명의 인위적 조작 가능성이 현실로 드러나고 있으며, 우리나라에서는 이에 대한 인간학적·윤리학적·종교적 합의가 이루어지지 않은 상태에서 별 제재 없이 과학자들에 의해서 연구가 진행되고 있는 실정이다. 이에 대한 위험성은 「프랑켄슈타인」이라는 영화를 통해서도 알 수 있듯이 인류 사회에 엄청난 재앙으로 부메랑이 되어 되돌아올 수도 있다.

그리고 죽어가는 사람이 자신과 100% 똑같은 존재를 세상에 남겨두고 싶다면 이 역시 안 될 것도 없다. 그러나 복제가 이쯤까지 전개된다면 기존의 사회윤리 체계는 더 이상 쓸모 없는 것이 될 수도 있다. 따라서 생명의료 문제는 사회윤리학적인 차원에서 새로운 법과 제도의 제정이 필요하며, 사회적으로 윤리학적인 활발한 논의와 함께 장차 도덕과 교육에서도 중요하게 다루어져야 할 문제이다. 또한 생명존중 의식은 학교 교육뿐만 아니라 대중매체, 종교단체, 학계와 부모가 각자의 처지와 역할에 따라 생명존중을 내면화하는 데 노력해야만 한다.

현행 초등학교 도덕과에서 다루어지고 있는 생명의료윤리 교육 분야의 내용은 다음의 〈표 7-1〉과 같다.

〈표 7-1〉 도덕교과서에서 반영된 생명의료윤리 교육 내용

영역	핵심 가치	일반화된 지식	내용 요소		기능
			3-4학년군	5-6학년군	
자연·초월과의 관계	책임	인간으로서 도덕적 책임을 다하기 위해 인간의 생명과 자연, 참된 아름다움과 도덕적 삶을 사랑하고, 긍정적인 삶의 자세를 가진다.	생명은 왜 소중할까? (생명존중, 자연애)	어려움을 겪을 때 긍정적 태도가 왜 필요할까? (자아 존중, 긍정적 태도)	• 실천능력 실천의지 기르기 책임감 있게 행동하기

② 환경윤리 교육

현대 산업문명은 눈부신 과학기술의 진보와 경제성장으로 경이로운 물질적 풍요를 창출함으로써 인류에게 일찍이 유례 없는 문명의 혜택을 안겨주었다. 그러나 그 과정에서의 심각한 지구 환경파괴와 오염으로 인해 오히려 삶의 질의 악화를 염려해야 하는 모순적인 상황을 맞고 있다. 또한 절대빈곤과 열악한 생활환경으로 고통받는 사람들이 많다는 현실도 극복되지 못하고 있다. 날로 심화되고 있는 이들 지구촌의 환경문제는 21세기 인류의 앞날에 어두운 그림자를 드리우고 있어, 그 근본적인 해결을 위해 우리는 삶의 터전인 지구와의 관계를 다시 정립해야 하는 처지에 놓였다.

구체적인 사례들로 인류는 지금 인구문제, 빈곤, 군비경쟁, 환경오염과 생태계 파괴, 대기오염, 식량 및 에너지 고갈 등 지구촌의 잠재적 위기의 징후들에 의해서 심각하게 위협을 받고 있다. 이와 같은 지구촌 전체에 대한 잠재적 위기 징후들은 인류 자신이 극복해야 할 문제요, 또한 이제 새로운 선택을 해야만 하는 절박한 상황으로 변질되고 있다. 인류가 어떤 선택을 하

느냐에 따라서 지구상의 생명체는 계속 번영을 누리느냐 아니면 파멸에 이르느냐 하는 두갈래치기점(기로, bifurfocation point)에 직면해 있다.11)

현재의 지구환경의 위기는 인간의 무절제한 욕망과 과도한 물질주의의 추구에서 그 뿌리를 찾을 수 있다. 뿐만 아니라 과학기술이 환경문제의 모든 것을 해결할 수 있다는 믿음은 이미 그 한계를 드러내고 있다. 이러한 우리의 왜곡된 가치관과 허구적 믿음을 버리지 못한다면 지구촌 생태계는 급격히 악화될 것이고, 결국에는 생명계를 떠받치는 생태계의 파멸에 직면하게 될 것이다. 따라서 지속 가능한 발전을 위해서는 자연의 수용능력 안에서 지구환경을 이용하고 그 혜택을 골고루 나눌 수 있도록 우리의 사고와 행동의 틀을 근본적으로 바꾸어야 한다.

이제 우리는 생태계의 파멸을 피하고 삶의 질을 높이기 위해 생명에 대한 새로운 인식으로부터 새로운 환경윤리가 모색되어야 할 것이다. 자연과 인간은 서로 떨어져서는 존재할 수 없다. 인간에게 자연은 단순한 이용의 대상이 아니라 더불어 삶을 영위해야 하는 공동운명체이다. 인간 사회 또한 다양한 문화, 민족, 국가, 세대로 이루어진 유기적 공동체로서 그 존립과 안녕은 이들 구성요소의 온전함에 의존한다.

따라서 환경위기를 극복하기 위한 새로운 패러다임은 자연과 인간, 그리고 인간과 인간에 대한 생태론적 관점에 바탕을 두어야 한다. 이러한 환경윤리의 구현을 위해서는 생명에 대한 외경심(畏敬心)을 바탕으로 숭고한 정신문화를 창달하고 형평성과 다양성을 존중하는 환경정의(環境正義)를 반드시 실현시켜야 한다. 이러한 새로운 패러다임은 세계를 부분들의 단순한 집합으로서가 아니라 통합된 전체로서 연계된 전체론적 세계관이다.

전체론적 세계관에 따르면 지구촌 어느 부분에서 문제가 일어나면 그것은 그 한 지역에만 국한해서 끝나는 것이 아니라 지구생태계 전체에 영향을 미치고 있다. 따라서 과학기술의 환경친화성을 더욱 증진시키고 모든 차원에서의 상호 협력을 극대화함으로써 지구환경을 살리기 위한 부단한 노력을 기울여야 한다. 그리고 자연에 대한 변화된 태도에 의해서 인간은 자기 자신과 후세대를 위해서 자연을 "자재창고처럼" 취급하는 것을 중지해야 한다.

결국 인간 의식의 전환이 가장 시급한 과제이다. 이러기 위해서는 지구촌 생태계를 유지하기 위한 새로운 환경윤리를 정립해야 할 시점에 있다. 새로운 환경윤리관은 반드시 우리의 숭고한 도덕성과 영(靈)성, 그리고 삶을 포옹하는 열린 마음가짐을 필요로 하며, 이와 같은 우리의 윤리적 재무장이 이루어진 후에야 자연환경을 보전하는 길로 나아갈 수 있을 것이다. 이제 우리의 자라나는 어린 세대에게 환경윤리 의식을 지니도록 환경윤리 교육을 충분히 실시하지 않으면 안 될 당위성을 지니고 있다.

앞으로 초등학교 도덕과의 환경윤리 교육에서 다루어야 할 주요 내용으로는 생태학적 비전을 심어주는 교육이 되어야 한다. 우리는 지금 매일 100개 정도의 생물종이 사라지고 있고, 매년 덴마크 면적의 두 배에 달하는 열대우림이 사라져 가고 있는 심각한 생태학적 위기의 시대에 살고 있다. 그러므로 도덕교육을 통해 우리는 학생들이 일상적인 삶의 양식 자체를 바꿀 수 있도록 해야 한다. 즉 자연 생태계를 남용·파괴·불경하는 태도 자체를 불식시켜야 한다.

현행 초등학교 도덕과에서 다루어지고 있는 환경윤리 교육 분야의 내용은 다음의 〈표 7-2〉와 같다.

〈표 7-2〉 도덕교과서에서 반영된 환경윤리 교육 내용

영역	핵심 가치	일반화된 지식	내용 요소		기능
			3-4학년군	5-6학년군	
자연·초월과의 관계	책임	인간으로서 도덕적 책임을 다하기 위해 인간의 생명과 자연, 참된 아름다움과 도덕적 삶을 사랑하고, 긍정적인 삶의 자세를 가진다.	아름답게 살아가는 사람들의 모습은 어떠할까? (아름다움에 대한 사랑)	나는 올바르게 살고 있을까? (윤리적 성찰)	• 윤리적 성찰 능력 심미적 감수성 기르기 자연과 유대감 갖기 반성과 마음 다스리기

③ 정보통신윤리 교육

산업혁명기에 등장한 증기기관의 터빈이 육체의 힘을 확장한 것과 마찬가지로 컴퓨터는 마음과 지식의 힘을 확장한다. 동시에 방대한 정보를 전 인류가 공유할 수 있도록 만든다. 네트워크가 복잡하게 형성될수록 우리는 예기치 않은 외부 충격에 점점 더 크게 노출되고 있다는 점이다. 꽉 짜여져 효율적으로 돌아가는 조직일수록 외부의 부분적 충격에 전체가 일순간에 무너질 가능성이 크기 때문이다. 디지털 혁명은 시장의 기능을 원활하게 하고 그 효율성을 높이는 데 일조하지만, 반면 어느 한 순간 '보이지 않는 손'이 마비되어 그 기능을 상실할 불행의 씨앗을 잉태하고 있다는 뜻이다.

구체적인 예로 사이버 공간에서는 타인의 이목을 끌기 위해 이름을 바꾸는 일, 연령을 속이는 일, 신체적 장애를 감추는 일 등이 얼마든지 가능하다. 따라서 사람들은 현실 자아와는 다른 가상적 자아를 갖는 일에 쉽게 매료될 수 있다. 이처럼 정보통신 기술은 통일된 주체로서의 인간 개념에

대해 심각한 도전을 제기하고 있다. 무엇보다 올바른 가치관이 정립되어 있지 못하면 기술 변동의 속도가 빠르고 폭이 클수록 사회는 더욱 혼란스러워진다.

그런데 전통적으로 도덕과 교육은 현실 공간에서의 도덕적 상황과 도덕적 행위만을 문제 삼아 왔다. 그러나 사이버 공간은 우리에게 새로운 도덕적 상황을 야기하고 있으나 도덕과 교육에서는 사이버 공간의 도덕적 중요성에 대한 세심한 고려를 하지 못했던 것이 사실이다. 현실 공간에서는 도덕적 덕목을 습관적으로 실천할 육체가 강조되지만 사이버 공간에서는 덕목을 실천할 육체가 중시되지 않는다. 사이버 공간에서는 도덕적 덕목을 실천할 수 있는 반복적인 상황의 경험이 흔하지 않기 때문에 현실 공간에서처럼 반복적 행동을 통한 도덕적 덕목의 습관화가 매우 어렵다.

그리고 정보화 시대의 역기능으로 첫째, 정보 과잉은 정보 중독이고, 정보 중독은 인간을 기계의 노예로 만들고 있다. 둘째, 정보 과잉은 사람들에게 생각할 여유를 박탈하고, 맥락과 숨은 뜻을 놓치게 하며, 모든 것에 말초적으로 반응케 한다. 셋째, 정보 과잉은 모든 사람들을 전문가로 만들어 주는 척하지만 그러나 실은 어정쩡한 전문가들로 가득 차게 만들어서 온당한 의사결정을 방해할 수도 있다. 넷째, 정보 과잉 사회는 사람들로 하여금 세상을 더욱 많이, 넓게 알게 해주는 것 같지만 그러나 실은 세상에 의해서 더욱 깊이 감시당하게 만든다. 끝으로 해킹과 바이러스, 소프트웨어 절도, 컴퓨터 범죄, 신뢰할 수 없는 데이터, 프라이버시 침해 등은 가장 대표적인 정보화 사회의 도덕적 역기능이라고 할 수 있다.

특히 최근에 각광을 받고 있는 인터넷은 예전에 TV가 그랬던 것보다 더욱 심각하게 개인의 공동체 참여시간을 줄인다. 인터넷은 궁극적으로 고립의 기술인지도 모른다. 인터넷 이용시간이 많아질수록 사람들과 함께 보내는 시간은 도리어 줄어든다. 많은 인터넷 이용자들이 이메일을 이용하고, 이것이 가족이나 친구와의 대화를 늘리기도 했지만 이메일을 통해 커피를 나눌 수도 없고 그들을 정겹게 포옹해 줄 수는 더더욱 없다.

그리고 우리의 아이들은 걸러지지 않은 다양한 콘텐츠들을 인터넷을 통해 접할 수 있게 되었다. 또한 그 공간을 통해 자신들의 감정과 의견을 거리낌 없이 표출할 수 있는 기회를 갖게 되었다. 개인마다 멀티미디어 네트워크에 접속되어 존재를 무한히 확장하는 동시에 그 익명성의 공간에 함몰되어 버릴 위험에 처해 있다. 그런 의미에서 정보화는 축복이면서 동시에 새로운 많은 문제들을 발생시키는 위험성의 원천이다. 또한 정보사회에서는 정보가 효율성이라는 기준에 의해서만 평가될 뿐 윤리적 기준은 크게 문제삼지 않을 위험성이 많다.

그러므로 우리가 살고 있는 정보사회가 지니고 있는 윤리적 의미를 비판적으로 성찰해 볼 수 있는 안목을 키워주면서 동시에 네티즌(netizen)으로서의 올바른 윤리적 가치관을 지니게 하는 데도 많은 관심과 교육적 노력을 기울여야 할 것이다. 그렇게 함으로써 기술자의 암호가 아니라 도덕적 가치관이 사이버 공간의 규제자가 되어야 한다.13) 따라서 우리는 도덕과 교육을 통해 학생들에게 정보통신 기술이 우리의 삶에 미치는 영향들을 윤리적 차원에서 예측하고 평가해 볼 수 있는 안목을 길러줄 필요가 있다.

구체적으로 정보화 사회에서는 자율성, 존중, 책임, 정의, 배려, 관용, 공동체 의식 등과 같은 덕목들이 더욱 중시된다. 도덕과 교육에서는 이러한 덕목의 학습에 있어서 그러한 덕목들이 사이버 공간에서 더욱 중시되는 이유를 명료하게 설명해 줄 수 있어야 한다. 이와 더불어 정보윤리 교육에서는 학생들이 인터넷을 안전하게 즐길 수 있는 방법, 인터넷을 사용할 때 학생들이 가져야 할 사회적·법률적·윤리적 책임, 학생들이 인터넷의 상업적 광고를 식별하고 자신들의 프라이버시를 지킬 수 있는 방법, 인터넷의 정보를 효율적으로 탐색하기 위해 학생들이 알아야 될 전략 등을 구체적으로 가르칠 필요가 있다.

현행 초등학교 도덕과에서 다루어지고 있는 정보통신윤리 교육 분야의 내용은 아래 〈표 7-3〉과 같다.

〈표 7-3〉 도덕교과서에서 반영된 정보통신윤리 교육 내용

영역	핵심 가치	일반화된 지식	내용 요소		기능
			3-4학년군	5-6학년군	
타인과의 관계	배려	가족 및 주변 사람들과 더불어 살아가기 위해 서로 존중하고 예절을 자키며 봉사와 협동을 실천한다.	예절이 없다면 어떻게 될까? (예절)	사이버 공간에서 지켜야 할 것은 무엇일까? (사이버 예절, 준법)	•도덕적 대인관계 능력 경청, 도덕적 대화하기 타인의 입장 이해,인정하기 약속 지키기 감사하기

④ 평화교육

도덕교육은 평화에 대한 비전을 심어주는 교육이 되어야 한다. 20세기에는 전쟁으로 모두 1억 3천만 명이 희생되었을 정도로 인류 역사상 가장 폭력적인 세기였다.14) 이제 우리는 평화적으로 갈등을 해결하고, 상이한 삶의 목적과 가치에 대하여 관용적인 자세를 가지며, 서로 차별하지 않는 가운데 더불어 공존할 수 있는 사람을 육성해야 한다. 도덕교육이 평화에 대

한 비전을 심어주는 교육이 되어야 한다고 주장할 때, 이때의 평화는 전쟁의 부재라는 소극적 평화를 의미하는 것이 아니라 보다 평등하고 정의로운 사회 구조를 지향하는 비폭력적 사회변혁과 협동을 함축하는 적극적인 의미의 평화이다.15) 따라서 평화는 전쟁이 없을 뿐만 아니라 삶의 조건들, 즉 사람이 사람답게 살 수 있는 조건들이 조성된 상태를 의미한다.

도덕교육에서 평화에 대한 비전을 심어주기 위해서는 먼저 평화교육에 대해 이해할 필요가 있다. 평화교육은 더욱 정의롭고, 지속 가능하며, 덜 폭력적인 세계를 향한 협력을 위해 평화적으로 갈등을 해결하는 데 필요한 지식, 기능, 태도를 발달시키는 것을 목적으로 한다. 그리고 평화교육은 전쟁과 폭력적인 행동은 인간의 복리에 도움이 되지 못한다는 사실, 전쟁과 폭력적 행동은 인간 본성의 필수적인 측면이 아니라는 사실, 존재·조직·행동하는 방식으로서의 평화는 학습될 수 있다는 사실을 기본 가정으로 설정하고 있다.16)

평화교육의 전문가로 널리 알려진 힉스(Hicks, 1990)는 평화교육의 학습목표를 기능, 태도, 지식의 측면에서 논의한 바 있다. 한편, 힉스의 논의에 바탕을 둔 가운데 강순원(2000)은 우리나라에서의 평화교육의 목표를 지식의 영역, 자세·가치·태도의 영역, 기술의 영역으로 삼분하여 제시한 바 있다. 지식의 영역에는 군축, 식민주의, 제국주의, 분단, 통일, 핵, 환경, 발전, 계급, 인종, 인권, 정의, 민주주의, 성, 관용, 전쟁이 포함되어 있다. 자세·가치·태도의 영역에는 양보, 비폭력, 생태학적 관심, 미래에 대한 전망, 진리에 대한 헌신, 공동체 의식, 자율, 자기 존중, 타인 존중, 상호 이해, 상생이 포함되어 있다. 그리고 기술의 영역에는 중재, 협동, 명상, 놀이, 노작 활동, 대화, 토론, 타협, 비판적 사고, 창의적 활동이 포함되어 있다.

따라서 도덕 수업을 통하여 학생들에게 평화에 대한 비전을 심어주고자 할 때 교사는 다음의 영역을 중시하는 것이 바람직하다.

• 개인적인 측면 : 개인의 내면상태의 조절능력, 평화를 사랑하는 마음.

• 관계의 측면 : 다른 사람과의 평화적 관계(타인 존중, 협동, 공존, 배려), 평화적 갈등 해결 능력.

• 평화 문화 형성의 측면 : 관용의 교육과 문화(다양성과 이문화 이해), 비폭력적 환경의 조성.

• 평화 실천의 측면 : 평화 관련 정보의 이해·의식화·실천, 개인적·사회적·국가적·세계적 차원에서의 실천.

한편, 도덕교육을 통하여 평화에 대한 비전을 심어주고자 할 때 교사는 무엇보다도 인간적인 태도를 보여주어야 한다. 휘태커(Whitaker)는 인간적인 태도를 보여주기 위한 교사의 기능과 자질을 다음과 같이 제시하고 있다.

첫째, 공감해 주고, 이야기를 잘 들어주고, 학생의 입장에 서서 학생의 경험을 바라볼 수 있어야 한다.

둘째, 각 학생을 개별적이고 독특한 인간으로서 다정하고 사려 깊은 존중을 해주어야 한다.

셋째, 학생들과 개인적으로 개방적이고 솔직할 수 있도록 충분히 안정적이어야 한다.

넷째, 학생들은 긍정적이고 건설적이며 효과적으로 학습하기를 원한다는 믿음이 있어야 한다.17) 도덕 수업에서 평화에 대한 비전을 심어주는 데 도움이 되는 교수·학습방법이 바로 협동학습과 구조화된 논쟁학습이다.

교사는 협동학습의 활용을 통하여 긍정적 상호 의존성, 개별/집단 책임감, 대면적·촉진적 상호작용, 집단분석, 개인 간/소집단 기능을 활성화시켜야 한다.18) 또한 교사는 구조화된 논쟁학습의 기회를 제공하여 학생들이 반대 입장과 논리를 이해하고, 반대 관점에서 상황을 바라보는 능력을 신장시켜 줄 수 있다.19)

현행 초등학교 도덕과에서 다루어지고 있는 평화교육 분야의 내용은 다음의 〈표 7–4〉와 같다.

〈표 7–4〉 도덕교과서에서 반영된 평화교육 내용

영역	핵심 가치	일반화된 지식	내용 요소		기능
			3–4학년군	5–6학년군	
사회·공동체와의 관계	정의	공정한 사회를 만들기 위해 법을 지키고 인권을 존중하며, 바람직한 통일관과 인류애를 지닌다.	통일은 왜 필요할까? (통일의지, 애국심)	통일로 가는 바람직한 길은 무엇일까? (통일의지) 전 세계 시민들과 어떻게 살아갈까? (존중, 인류애)	•공동체 의식 ·관점 채택하기 ·공익에 기여하기 ·봉사하기

⑤ 인권교육

인권교육은 모든 권리의 실현을 위한 기본적 권리이다. 세계인권선언은 그 전문에서 “모든 개인과 사회의 각 기관은 세계인권선언을 항상 마음 속에 간직한 채 교육과 학업을 통하여 이러한 권리와 자유에 대한 존중을 신장시키기 위하여 노력한다”라고 밝혔다. 1994년 12월 23일 유엔총회는

1995년부터 2004년까지의 10년간을 '인권교육을 위한 10년'으로 선포하고 구체적인 행동계획의 수립과 실천을 권장했다. 이 10년 동안의 구체적인 행동계획은 '유엔인권고등판무관실'이 유엔총회에 제출한 '유엔인권교육10개년 행동계획'에 잘 드러나 있다. 행동계획은 "인권교육은 기본적인 인권"이며, 각국 정부는 "사회 모든 구성원을 위한 교육활동을 통하여 모든 인권에 관한 존중과 보장을 증진시켜야 한다"는 원칙에 기반해 있다.

인권교육은 첫째, 인간의 기본적 권리로서 인권에 대한 보편적인 열망을 학생들에게 인식시키며, 둘째, 인권을 보호하는 국제기구에 대한 기본적 지식을 부여하며, 셋째, 인권이 부정되는 곳에서 이와 관련된 쟁점 혹은 쟁점이 적용되는 사례에 대해 비판적으로 사고할 수 있도록 하며, 넷째, 권리가 짓밟혀진 경험이 있는 사람들에 대한 관심을 갖고 그들의 입장을 내 입장에서 되돌아 생각해 보게 하기 위한 것이다.

인권교육을 종합하면, "학습자의 인권이 존중되는 과정을 통해 인권에 대한 지식을 획득하고 인권을 존중하는 태도를 형성하며, 인권을 옹호하고 방어할 수 있는 행동능력을 길러냄으로써 인간의 잠재된 능력을 개발하고 현실에 존재하는 다양한 억압으로부터 스스로를 해방시킬 수 있는 힘을 길러내기 위해 의도적으로 설계된 교수·학습 과정"이라고 할 수 있다.

학교 현장에서 아이들 사이에 '왕따'나 폭력행사 등으로 분쟁이 일어났을 때 교사의 권위에 기대어 해결하기보다는 '인권교육'이나 '권리교육'을 통해 조정하려는 노력이 요청된다. 인권교육은 인간으로서 갖는 기본 권리를 이해해 자신의 인권을 소중하게 여기고 남의 인권도 존중하게 만드는 것을 목표로 삼는다. 구체적으로 인격교육은 초등학교에서 "아이들이 교실 안에서 공동체 생활에 필요한 태도를 배우고, 자기들끼리 스스로 갈등을 조정하고 남에게 피해를 주지 않는 생활방식을 익히는 것"을 목표로 삼는다.

'하루 동안 팔에 붕대를 감은 채 생활하며 장애인 체험하기', '똑같은 도형을 보고 연상되는 그림을 그려 각자 생각을 발표하기' 등을 통해 아이들이 '남과 나 사이에는 신체나 생각의 차이가 있고, 차이는 특징일 뿐 차별의 대상이 아니라는 사실'을 자연스럽게 깨닫도록 교육시키는 것도 한 방법일 수 있다. 이러한 인권교육은 아이들의 행동에 변화를 목표로 한다. 인권교육은 지식을 전달하는 교육이 아니라 인권존중의 가치를 체화하게 하는 대인적 교육이며, 무엇보다 아이들 인권을 존중하고 평등하게 대하려는 교사들의 자세와 장기적인 교육을 통해 가치관을 변화시키겠다는 의지가 필요하다.

현행 초등학교 도덕과에서 다루어지고 있는 인권교육 분야의 내용은 아래 〈표 7-5〉와 같다.

〈표 7-5〉 도덕교과서에서 반영된 인권교육 내용

영역	핵심 가치	일반화된 지식	내용 요소		기능
			3-4학년군	5-6학년군	
사회·공동체와의 관계	정의	공정한 사회를 만들기 위해 법을 지키고 인권을 존중하며, 바람직한 통일관과 인류애를 지닌다.	나와 다르다고 차별해도 될까? (공정성, 존중)	우리는 서로의 권리를 왜 존중해야 할까? (인권 존중)	•도덕적 판단 능력 ·도덕적 가치, 덕목 이해하기 ·올바른 의사 결정 하기 ·행위 결과 도덕적으로 상상하기

참고문헌

• 국내 단행본

강인애, 『우리 시대의 구성주의』(서울 : 문음사, 2003).

강재륜, 『윤리학의 역사』(서울 : 대왕사, 1996).

강창동, "과거제 선발 경쟁의 교육사회학적 성격에 관한 연구," 고대교육문제연구소, 『교육 문제연구』 제22집, 2005.

고병헌 역, 『평화교육의 이론과 실천』(서울 : 서원, 1993).

교육부, 『국민학교 교육과정』, 교육부 고시 제1992-16호.

______, 『도덕3 교사용지도서』(서울: 지학사, 2018).

______, 『도덕과 교육과정 별책 6』, 교육부 고시 제2015-74호.

______, 『초등학교 교사용 지도서 도덕 5』(서울 : 한국교육개발원, 1997).

______, 『초등학교 교육과정 해설(I)』(서울 : 서울시인쇄공업협동조합, 1998).

______, 『초등학교 교육과정 해설(II)-우리들은 1학년, 바른생활, 슬기로운 생활, 즐거운 생활, 특별 활동-』(서울 : 대한 교과서 주식회사, 1999).

교육인적자원부, 『도덕과 교육과정』, 교육인적자원부 고시 제2007-79호[별책 6], 2007.

김광자, 『교수학습방법의 이해』(서울 : 집문당, 2000).

김상봉, 『호모에티쿠스』(서울 : 한길사, 1999).

김인식·최호성, 『교육과정 및 교육평가』(서울 : 교육과학사, 1992).

김정규, 『교육과정 및 교육평가』(서울 : 형설출판사, 1992).

김종서 외, 『교육과정과 교육평가』(서울 : 교육과학사, 1998).

김창걸, 『교육과정 및 교육평가』(서울 : 교학연구사, 1995).

김태길, 『한국윤리의 재정립』(서울 : 철학과 현실사, 1995).

김태훈, 『덕교육』(서울 : 양서원, 1999).

김태훈, 『도덕성 발달이론과 교육』(고양: 인간사랑, 2004).

나종만 · 유영국 · 이병화 · 이정호 · 전동진, 『현대 민주주의의 이해』, 국제지역연구소 (CIAS) 연구시리즈(Ⅲ)(서울 : 세종출판사, 2000).

남궁달화, 『도덕교육론』(서울 : 철학과 현실사, 1996).

데이몬 저, 조강모 역, 『아동도덕발달과 열린교육』(서울 : 문음사, 1997).

로저 트리그 저, 박정희 역, 『도덕성이란 무엇인가』(서울: 철학과 현실사, 2006).

리차드 스피넬로 저, 이태건 · 노병철 역, 『사이버 윤리–사이버 공간에 있어서 법과 도덕』(고양 : 인간사랑, 2001).

마크 릴라 저, 서유경 역, 『분별 없는 열정』(서울 : 도서출판 미토, 2002).

문용린, 『도덕과 교육』(서울 : 갑을출판사, 1991).

민문홍, 『에밀 뒤르케임의 사회학』(서울 : 아카넷, 2001).

박덕규 편역, 『에밀 뒤르껭의 도덕교육』(서울 : 교학연구사, 1987).

박선목, 『서양 윤리학의 흐름』(서울 : 세진사, 1991).

박재주, 『동양의 도덕교육사상』(성남: 청계, 2000).

서강식, 『도덕 · 윤리과 수업모형』(서울 : 양서원, 1999).

______, 『초등도덕과 교육과정 및 평가』(서울 : 양서원, 2001).

______, 『도덕 · 윤리과 교수–학습과정』(서울 : 양서원. 2002).

______, 『도덕과 교육론』(서울 : 양서원, 2002).

서울대학교 교육연구소 편, 『교육학 대백과 사전』(서울 : 하우동설, 1998).

셀리그만 저, 김인자 · 우문식 역, 『마틴 셀리그만의 긍정심 리학(개정판)』(서울: 도서출판 물푸레, 2014).

석현호 · 유석춘 공편, 『현대 한국사회 성격논쟁 식민지, 계급, 인격윤리』(서울 : 전통과 현대, 2001).

손경애, 『인간교육 방안 연구』(성남 : 현대사회연구소, 1994).

송호근,『나는 시민인가』(파주: 문학동네, 2015).

신세호 외,『교육과정 국제비교 연구』(성남 : 한국교육개발원, 1991).

심성보 ,『도덕교육의 담론』(서울 : 학지사, 1999).

안네마리 피퍼 저, 진교훈·유지한 역,『현대 윤리학 입문』(서울 : 철학과 현실사, 1999).

오성삼·구병두,『교육과정 및 평가의 이해』(서울 : 양서원, 1997).

울포크 저, 김아영 외 5인 역,『교육심리학』(서울 : 학문사, 1997).

유병열·이택휘,『도덕교육론』(서울 : 양서원, 2000).

윤구병,『교과서와 이데올로기』(서울 : 천지, 1988).

이근철·림용경·고대혁·오기성 공저,『도덕과 교육론』(서울 : 양서원, 2002).

이돈희,『도덕교육 원론』(서울 : 교육과학사, 1986).

이범웅, "윤리과 교육의 사회공동체적 접근,"『심공 정세구 교수님 정년논문집』(서울 : 교육과학사, 2005).

이스튼 저, 이용필 역,『정치체계분석』(서울 : 서울대학교출판부, 1984)

이용필·박지운·변종헌·이범웅 공저,『지구촌생태계 위기와 환경윤리교육』(서울 : 서울대학교 출판부, 2002).

이초식,『논리교육』(서울 : 대한교과서, 1995).

이태건·이범웅·권장희·오기성 공저,『21세기 북한학 특강』(고양 : 인간사랑, 2003).

임삼진,『21세기 가치』(서울 : 현재, 2000).

제레드 매슨 다이어몬드 저, 강주헌 역,『어제까지의 세계』(서울: 김영사, 2013).

정건영,『존 듀이 교육 철학』(서울 : 교육출판사, 1993).

진원중,『교육사회학』(서울 : 법문사, 1981).

최병태,『덕과 규범』(서울 : 교육과학사, 1996).

崔丞,『동양윤리학사』(서울 : 새문사, 1989).

추병완,『도덕 교육의 이해』(서울 : 백의, 2000).

추병완·박병기·이경원·변종헌,『윤리학과 도덕교육』(고양 : 인간사랑, 2000).

추병완 외 8인 공저,『통일교육』(서울 : 하우, 2002).

추병완 외,『초등교사 교육을 위한 교과교육 프로그램 개발(도덕) 연구』(교사교육 프로그램개발과제 2003-9-1), 2003.

킬랜, M. & 스메타나, S. D. 저, 김태훈 역,『도덕성 발달 핸드북』(고양: 인간사랑, 2010).

토마, S. J. 저, 김태훈 역,『도덕성 발달 핸드북 I』(고양: 인간사랑, 2010).

토마스 리코나 저, 박장호·추병완 역,『인격교육론』(서울 : 백의출판사, 1998).

통일부,『2003년도 통일문제의 이해』(서울 : 통일교육원, 2003).

틸리 저, 현대지성사 간,『서양 철학사』(서울 : 현대지성사, 1998).

파울 테일러 저, 김영진 역,『윤리학의 기본원리』(서울 : 서광사, 1985).

페터슨, C. & 셀리그만, M. E. P. 저, 문용린·김인자 외 공역,『성격의 강점과 덕목의 분류』(서울: 한국심리상담연구소, 2009).

피터 싱어 저, 김성한 역,『사회생물학과 윤리』(고양 : 인간사랑, 1999).

하워드 커센바움 저, 추병완·김항인·정창우 역,『도덕·가치교육을 위한 100가지 방법』(서울: 울력, 2009).

한국도덕윤리과교육학회 엮음,『도덕·윤리교과 교육학 개론』(서울 : 교육과학사, 1998).

______,『세계의 도덕·윤리교육』(서울 : 교육과학사, 1998).

______,『도덕과 교육론』(서울 : 교육과학사, 2000).

______,『도덕과 교육론—제7차 교육과정 초·중·고 도덕과 교육의 과제와 방향』(서울 : 교육과학사, 2001).

• 외국 단행본

Aristotle, edited by D. A. Rees, *The Nicomachean Ethics*(Oxford : The Clarendon Press, 1951).

Beck, C., Critter don, B., and Sullivan, E., *Moral Education*(Toronto : University of Toronto Press, 1970).

Becker, L. C. & C. B. Becker (eds.), *Encyclopedia of Ethic*(Garland Publishing, Inc., 1995).

Bellah, Robert, *Introduction to Emile Durkheim on Morality & Milieu*(Chicago : Chicago Uni. Press, 1973).

Benninga, J. S., Moral, *Character and Civic Education*(New York : Teachers College Press, 1991).

Bobbit, F., *The Curriculum*(Boston : Houghton Mifflin, 1918).

Brownwell, B., *The Human Community : It's Philosophy and Practice for a Time of Crisis* (N. Y. : Harper & Row, Inc., 1995).

Burrett, K. and T. Rusnak, *Integrated Character Education*(Phi Delta Kappa Educational Foundation, 1993).

Character Education Partnership, *Character Education in U. S. Schools : The New Consens-us−A Report on Developments During 1993−1995*(CEP, Inc., 1996).

Coser, L. A., *Masters of Sociological Thought : Ideas in Historical an Social Context, 2nd ed.* (New York : Harcourt Brace Jovanovic, 1977).

Crittenden, B. S., *Bearings in Moral Education : A Critical Review of Recent Work* (Australian Council For Educational Research, 1978).

Daly, Markate(ed.), *Communitarianism−A New Public Ethics*(Belmont : Wodsworth Publishing Company, 1994).

Dewey, John, *Democracy and Education*(New York : The Macmillan Co., 1916).

______, *Democracy and Education*(New York : MaCmillan Publishing, 1916).

______, *Moral Principles in Education*(N.Y. : Philosophical Library, 1956).

______, 임태평 역, 『도덕교육』(서울 : 이문 출판사, 1986).

Downey, M. & A. V. Kelly, *Moral Education : theory and practice*(Harper &

Row Ltd, 1978).

Durkheim, E., *Suicide : A study in Sociology*, John A. Spaulding and G. Simpson (trans.) (New York : Free Press, Routledge & Kegan Paul, 1952).

______, *Sociology and Philosophy*, D. F. Pocock(trans.)(Glencoe : Free Press, 1953).

______, *Education and Sociology*, S. Fox(trans.)(New York : Free Press, 1956).

______, *The Rules of Sociological Method*, Sarah A. Solovay & John H. Mueller(trans.)(New York : MaCmillan, 1966).

______, *Moral Education : A Study in the Theory&Application of the Sociology of Education*, Everett K. Wilson & Herman Schnurer(trans.)(New York : Free Press, 1973).

______, *Moral Education*, trans. by Wilson, E.K. & Schnurer, H.(N.Y. : The Free Press, 1973).

Elias, J. L., *Moral Education : Secular and Religious*(Robert E. Krieger Publishing Company, 1989).

Eysenck, H. J., *Crime and Personality*(Granada Publishing, 1977).

Freud, S., *An Outline of Psychoanalysis*(London : Hogarth, 1973).

Guthrie, W.K.C., *The Greek Philosophers : From Thales to Aristotle*(New York : Harper & Row, Publisher, 1960).

Heater, *Derek, Citizenship : The Civic Ideal in World History, Politics and Education*(London : Longman, 1990).

Hicks, D., "Peace Education : Attempting to Teach for a Better World," In D. Dafour (Ed.), *The New Social Curriculum*(Cambridge : Cambridge University Press, 1990).

Jackson, P. W., Boostrom, R. E., Hansen, D. T. *The Moral Life of School*(San Francisco, Jossev–Bass Publishers, 1993).

J. A. K. Thomson, trans., Aristotle, *Ethics*(London : Penguin, 1976).

Kegan, R., *The Evolving Self : Problem and Process in Human Development*(Cambridge : Harvard University Press, 1982).

Kessler, R., *The Soul of Education*(Washington, DC : ASCD, 2000).

Kilpatrick, William, *Why Jonny Can't Tell right from Wrong*(New York : Touchstone, 1993).

Kirschenbaum, Howard, *Advanced Value Clarification*(California : Internationl Authors, B.V. 1977).

P. A. Linley & S. Joseph(Eds.), *Positive Psychology in Practice*(New Jersey: John Wiley & Sons, Inc. 2004).

Lockwood, A. T., *Character Education－Controversy and Consensus*(Corwin Press, Inc., 1997).

Norman, Richard, *Free and Equal : A Philosophical Examination of Political Values*(Oxford : Oxford University Press, 1987).

Par Jean－Louis Auduc et Jacqueline Bayard－Pierlot, *Le système éducatif français*, CRDP, 1995.

Raths, Louis E., Merril Harmin, Sidney B. Simon, *Values and Teaching*(Columbus : C. E. Merril Publishing Co., 1978).

Rorty, Amile Oksenberg, *Essays on Aristole's Ethics*(Berkely : University of California Press, 1980).

Sherman, Robert R., *Democracy, Stoicism, and Education : An essay in the History of Freed-om and Reason*(Gainesville : University of Florida Press, 1973).

Sidgwick, Henry, *Outlines of the History Ethics*(Boston : Beacon Press , 1931).

Simon, Sidney B., & Howard Kirschenbaum, *Readings in Values Clarification*(Minneap－olis : Winston Press, 1973).

Spinello, Richard A. & Herman T. Tavani (ed.), *Readings in Cyber Ethics*(Sundbury, Mass—achusetts : Jones and Bartlett Rublishers, 2001).

Thomas, R. Murray, *Moral Development Theories—Secular and Religious : A Comparative Study*(Greenwood Press, 1997).

Timmons, Mark, *Conduct and Character*(Belmont, California : Wasworth Publishing Company, 1989).

Turiel, E., *The Development of Social Knowledge: Morality and Convention*(Cambridge, U.K.: Cambridge University Press, 1983).

Verbeke, Gerard, *Moral Education in Aristole*(Washington D.C : The Catholic University of America Press,1990).

Wynne, Edward A., & Kevin Ryan, *Reclaiming Our Schools*(New York : Macmillan Publ—ishing Company, 1993).

• 논문

강창동, "과거제 선발 경쟁의 교육사회학적 성격에 관한 연구," 고대교육 문제연구소, 『교육문제연구』, 제22집, 2005.

구니이유타가, "일본 2008년 개정 도덕교육 교육과정에 관한 고찰," 한국도덕윤리과교육학회, 『도덕윤리과교육』, 제31호, 2010.

김경훈, "산업 구조는 어떻게 변화하나?," 국제미래학회·한국교육학술정보원, 『제4차 산업혁명 시대 대한민국 미래교육 보고서』(파주: 광문각, 2017).

김남준, "독일의 윤리교육과 '윤리' 교과서 분석," 한국도덕윤리과교육학회, 『도덕윤리과교육』, 제36호, 2012.

김신복, "초등교사 교육체제의 과제와 개선방안," 교육대학발전 교사교육프로그램개발 추진 기획단 2004년 합동 연구발표회, "초등교사교육 내실화를 위한 교육프로그램의 개발과 적용," 2004.

김은수·정창우, "핀란드의 '윤리' 교육," 한국도덕윤리과교육학회, 『도덕윤리과교육』, 제38호, 2013.

김항인, “미국의 도덕교육 및 도덕교육 연구의 역사와 과제,” 한국도덕윤리과교육학회, 『도덕과교육론』(서울: 교육과학사, 2000).

남경희, “일본의 도덕교육의 성립·전개와 도덕의 교과화 시도,” 한국도덕윤리과교육학회, 『한국일본교육학연구』, 제19권 제1호, 2014.

림용경, “Emile Durkheim 도덕교육론의 실천적 적용에 관한 연구,” 한국교육과정평가원(KICE), 도덕과 교육목표 및 내용체계 연구(I) 연구보고, RRC 2002−5.

림용경, “한·중초등학교 도덕과 교육내용의 비교 고찰,” 한국초등도덕교육학회, 『초등도덕교육』, 제3집, 1997.

박병춘, “일본 도덕교육의 변천과정과 특징,” 한국도덕윤리과교육학회, 『도덕윤리과교육』, 제13호, 2001.

박장호, “PISA(2009)에 나타난 도덕교육의 의미,” 한국도덕과윤리과교육학회, 『도덕윤리과교육』, 제34호, 2011.

서강식, “중국 초등 도덕 교육과정 및 도덕 교과서 분석,” 한국초등도덕교육학회, 『초등도덕교육』, 제46권, 2014.

서강식, “미국의 인격 교육 교재 고찰,” 한국도덕윤리과교육학회, 『도덕윤리과교육』, 제47호, 2015.

서강식, “교과서분석을 중심으로 한 영국의 도덕교육 고찰,” 한국도덕윤리과교육학회, 『도덕윤리과교육』, 제57호, 2017.

서강식, “남미의 내러티브 도덕교과서 고찰,” 한국초등도덕교육학회, 제55권, 『초등도덕교육』, 2017.

손경원, “다문화 시대의 도덕과 교육의 실효성에 관한 말레이시아와 한국의 비교 연구,” 한국초등도덕학회, 『초등도덕교육』, 제59권, 2018.

손은혜, “일본의 도덕 교육과정 분석−도덕의 교과화 과정을 중심으로,” 한국도덕윤리과교육학회, 『도덕윤리과교육』, 제51호, 2016.

신현석, “한국 교육의 변화와 미래 전망,” 한국행동과학연구소 창립 50주년 기념 학술세미나 발표 논문집,『한국사회의 변화와 행동과학연구』, 2018. 9.
엄정식, "자유와 질서," 성숙한사회가꾸기모임,『성숙의 불씨』 469호, 2016. 3. 8.
안지영, "중국과 홍콩 도덕교육과정 비교연구," 『교사교육연구』, 제53권 제1호, 2014.
유병열, "아리스토텔레스의 도덕교육론," 제8회 한중윤리학 국제학술회의 「21세기 국민윤리 교육의 방향과 과제」, 충주 수안보 상록호텔 대회의실, 2000. 7. 11–12.
유병열, "아동들의 공동체 윤리의식과 학교 도덕 교육의 과제," 한국정신문화 연구원,『한국의 교육과 윤리』, 제5집, 1995.
윤영돈, "정신건강의 관점에서 본 니체의 미학적 세계관과 주인도덕의 문제" 『倫理硏究』, 69호, 2008.
윤평중, "한국의 시민정신과 공화(共和)의 사람," 한국행동과학연구소 창립 50주년 기념 학술세미나 발표 논문집,『한국사회의 변화와 행동과학연구』, 2018. 9.
이경화, "미래 학교 교사의 역할은 어떠해야 하나?," 국제미래학회·한국교육학술정보원, 『제 4차 산업혁명 시대 대한민국 미래교육 보고서』(파주: 광문각, 2017).
이범웅, "공동체주의의 통합적 기능에 관한 복합체계론적 연구," 서울대학교 대학원 국민윤리교육과 교육학박사학위 논문, 1997. 8.
이철주, "초등 도덕교육의 특징과 지향점 탐구"–도덕과 교육과정을 중심으로–, 『초등도덕교육』, 60집, 2018.
이훈구, "인간심리 연구: 과거와 미래," 한국행동과학연구소 창립 50주년 기념 학술세미나 발표 논문집,『한국사회의 변화와 행동과학연구』, 2018. 9.
장순흥, "글로벌 시민 교육으로 함께 행복한 사회를 만든다," 국제미래학회·한국교육학술정보원,『제4차 산업혁명 시대 대한민국 미래교육 보고서』(파주: 광문각, 2017).
정창우 외, "미래사회 대비 국가 수준 교육과정 방향 탐색 연구," 교육과학 기술부 정책연구, 2012.

조기제, "중국 소학 도덕교육의 이해를 위한 시론—품덕교과서를 중심으로," 한국초등도덕교육학회, 『초등도덕교육』, 제45권, 2014.

조벽, "미래 사회는 인성교육으로 지속 가능해진다," 국제미래학회·한국교육학술정보원, 『제 4차 산업혁명 시대 대한민국 미래교육 보고서』(파주: 광문각, 2017).

조난심, "도덕교과서의 비판과 재검토," 윤구병, 『교과서와 이데올로기』(서울: 천지, 1981).

조난심, "도덕교육의 목적으로서의 자율성," 서울대학교 대학원 교육학박사학위 논문, 1991.

조용관, "중국사회주의의 도덕교육론," 한국국민윤리학회, 『국민윤리연구』, 제33호, 1994.

주형근·김선태, "사회적 자본이 경쟁력이 된다," 국제미래학회·한국교육학술정보원, 『제4차 산업혁명 시대 대한민국 미래교육 보고서』(파주: 광문각, 2017).

추병완, "미국의 도덕교육," 『본질과 현상』, 제42호, 2015.

하정혜, "중국의 윤리교육 및 이념교육," 한국도덕윤리과교육학회, 『도덕윤리과교육』, 제8호, 1997. 《한국교육신문》, 1995. 6. 28.

한만길, "학생의 건전한 통일관 형성을 위한 교육방안," 한국교육개발원, 『교육개발』, 1997. 1월호.

Bebeau, M. J., Rest, J. & Narvaez, D., "Moving beyond the promise: a perspective for research in moral education," *Educational Researcher,* Vol. 28, Issue 4, 1999.

Eysenck, H. J., "The Development of Moral Values in Children," *British Journal of Educational Psychology,* 1960.

Gilligan, C., "In a different voice : Women's Conceptions of Self and Morality," *Harvard Educational Review,* 47(4), 1977.

______, "New Maps of Development : New Visions of Maturity," *American*

Journal of Orthopsychiatry, 1982.

Green, Thomas F., "The Formation of Conscience in an Age of Techonology," *American Journal of Education*, Vol. 94, No. 1, 1985.

Kupfersmid, J. H. & D. M. Wonderly, "Moral Maturity and Behavior : Failure to Find a Link," *Journal of Youth and Adolescence*, 1980.

Leming, J. S., "Reflections on Thirty Years of Moral Education Research," *Moral Education Forum*, Volume 20, Number 3, Fall, 1995.

Lickona, Thomas, "The Return of Character Education," *Educational Leadership*, November 1993. The Economist, October 8th, 1994.

Seligman, M. E. P., Positive psychology, positive prevention, and positive therapy, C. R. Snyder & S. J. Lopez (Eds.), *Handbook of positive psychology*(New York: Oxford University Press, 2002).

Smetana, J. G., Toddler's social interactions in the context of moral and conventional transgressions in the home, *Developmental Psychology*, Vol. 25, 1989.

Tilly, C., "Social Movements as Historically Specific Clusters of Political Performances," *Berkely Journal of Sociology*, 1994.

Turiel, E., The Development of Morality: Social, Emotional, and Person\-ality Development, W. Damon & R. M. Lerner (Ed.), *Handbook of Child Psychology*, Vol. 3, ch. 13(John Wiley &Sons, Inc. 2006).

저자약력

■ 서강식

서울대학교 대학원 윤리교육과 졸업
교육학 석사 및 박사
현재 공주교육대학교 윤리교육과 교수

〈저서 및 논문〉

『도덕·윤리과 교수–학습과정』(양서원, 2000).
『초등 도덕과 교육과정의 이해』(공저, 교육과학사, 2001).
『도덕과 교육론』(공저, 교육과학사, 2001).
『도덕과 교육론』(양서원, 2001).
『도덕과 평가』(양서원, 2002).
『피아제와 콜버그의 도덕교육이론』(인간사랑, 2007).
『새로운 시대의 인격교육』(공역, 인간사랑, 2008).
"전통적 미국 도덕교육의 역사연구," 『초등도덕교육』, 제50집, 2015.
『일제강점기의 보통학교 수신서교육』(고양: 신성출판사, 2016).
"교대생의 도덕과 교수–학습 발문작성 지도연구," 『초등도덕교육』, 제61집, 2018.

■ 김태훈

서울대학교 대학원 윤리교육과 졸업
교육학 석사 및 박사
현재 공주교육대학교 윤리교육과 교수

〈저서 및 논문〉

『덕교육론』(양서원, 1999).
『도덕·윤리 교과교육학 개론』(공저, 교육과학사, 1999).
『윤리학과 덕교육』(공저, 한국정신문화연구원, 2001).

『공동체주의 교육』(공저, 교육과학사, 2002).
"퍼스낼리티 구조에서의 도덕성 발달과 도덕교육의 방향," 『교과교육학 연구』, 제49호, 2002.
"신콜버그파의 이론적 관점에 관한 고찰," 『국민윤리연구』, 제49호, 2002.
『새로운 시대의 인격교육』(공역, 인간사랑, 2008).
『도덕성 발달이론과 교육』(수정판)(인간사랑, 2008).

■ 이범웅

서울대학교 대학원 윤리교육과 졸업
교육학 석사 및 박사
현재 공주교육대학교 윤리교육과 교수

〈저서 및 논문〉
『국가정책과 체계과학』(공저, 도서출판 신유, 1997).
『지구촌생태계 위기와 환경윤리교육』(공저, 서울대학교 출판부, 2002).
『21세기 북한학 특강』(공저, 인간사랑, 2003).
"공동체주의의 통합적 기능에 관한 복합체계론적 연구," 박사학위 논문, 1997.
"공동체주의의 통합원리를 통한 남북한 사회통합과 통일교육 방향의 모색," 『초등도덕교육』, 제7집, 2001.
"한국사회에서의 공동체주의의 적실성에 관한 탐색," 「한중윤리학회 연차학술대회」, 2001.

■ 박찬석

서울대 및 동 대학원 윤리교육과 졸업
교육학 석사 및 박사
현재 공주교육대학교 윤리교육과 교수

〈저서〉
『도덕·원리 교과교육학 개론』(공저, 교육과학사, 1999).
『공동체주의 교육』(공저, 교육과학사, 2002)
『도덕윤리과 교육의 발전방향과 과제』(공저, 교육과학사, 2005).
『초등교사를 위한 도덕과 교육실제』(공저, 인간사랑, 2009).
『도덕, 통일 그리고 통합』(한국학술정보(주), 2011).

초등도덕과 교육론

초　판 1쇄 2019년 2월 28일
지은이 서강식 · 김태훈 · 이범웅 · 박찬석
펴낸이 여국동

펴낸곳 도서출판 인간사랑
출판등록 1983. 1. 26. 제일-3호
주소 경기도 고양시 일산동구 백석로 108번길 60-5 2층
물류센타 경기도 고양시 일산동구 문원길 13-34(문봉동)
전화 031)901-8144(대표) | 031)907-2003(영업부)
팩스 031)905-5815
전자우편 igsr@naver.com
페이스북 http://www.facebook.com/igsrpub
블로그 http://blog.naver.com/igsr
인쇄 하정인쇄 **출력** 현대미디어 **종이** 세원지업사

ISBN 978-89-7418-390-5 93190

이 도서의 국립중앙도서관 출판시도서목록(CIP)은 서지정보유통지원시스템 홈페이지(http://seoji.nl.go.kr)와 국가자료공동목록시스템(http://www.nl.go.kr/kolisnet)에서 이용하실 수 있습니다.(CIP제어번호: CIP2019004367)